侵权责任纠纷案件

实务观点与案例精释

宋 毅◎著

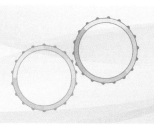

中国法制出版社

CHINA LEGAL PUBLISHING HOUSE

序 言

作为与社会生活紧密联系的法律领域之一，侵权法始终都是学者、法官、媒体和民众等关注的焦点。每一个侵权案件的裁判背后，不仅经常涉及社会的善良风俗，而且更关系到普罗大众的生活方向。因此，倘能将一些具有典型意义和指引作用的裁判案例呈现给公众，其产生的积极意义自不待言。宋毅庭长撰写的这本融案例分析与论证说理于一体的侵权法著作正是这样一本好书。在粗略翻阅一遍全书后，我认为，本书具有以下三个鲜明特点，令人印象深刻。

第一，在案例的选择上具有很强的问题意识和时代特色。全书分为12个部分，总共50个案例。仅从案例名称可知，选入的案例远非局限于传统的侵权领域，而是紧紧立足于当下社会发展，自媒体侵害名誉权、读书软件非法收集个人信息、AI（人工智能）虚拟人物侵害人格权等极具时代、科技特色的侵权领域新型案件扑面而来。细读案例内容和作者的评析后可以发现，其中不仅有传统侵权纠纷中的疑难问题，如机动车交通事故领域的承保公司责任、饮酒类案件中同饮人责任判断；还有就网络信息科技引发的侵权新类型案件的裁判思路进行了认真的梳理辨析，如AI虚拟形象是否构成侵害人格权的判断规则、应用软件擅自公开读书信息与侵害个人信息的认定标准等。

第二，作者对案件焦点、疑点与难点问题的评论分析非常精彩，立足于案例而又不囿于案情。案例是社会生活在法庭上的缩影式再现，透过案例看到社会发展中的共性问题，体现了一个裁判者成熟的业务素养。作者在本书中的"法官评析"部分没有将目光局限于本案的案件事实，而是由点及面，提炼出了同一类案件中的共性问题进行深入分析，进而给出富有针对性的裁判思路，这对于审判工作、行政管理乃至未来立法的完善都具有很强的意义。举例来说，在女童因马术训练致死案件中，除了分析案件的裁判要素之外，作者还进一步拓宽视野，针对马术培训致人损害与饲养动物致人损害关系、自甘风险规则与体育培训及体育比赛等不同规则制度间的适用关系进行了辨析，对于类似案件的审理以及体育培训行业的规范都具有很强的指导作用。

第三，全书的体例安排充分考虑实践需求和读者感受。一本法律专业类书籍，首先就是要做到条理清晰、逻辑严谨且重点突出，能够使读者便捷准确的了解作者所要传递的观点和表达的思想。在这些方面，该书的作者下了很大功夫，对全书内容进行了用心的编排。比如，每个案例的前面都列明了实务观点，以"问题"和"观点"的形式予以呈现，前者提炼出案例中反映的焦点问题，后者有重点的作出了回答。相信全书以此形式形成的100个"实务问题"，一定会成为读者阅读全书和每个案例的"金钥匙"。

侵权法立足于丰富多彩的社会生活、日新月异的科技发展，更离不开司法实践提供的疑难问题以及学术研究的理论支撑。理论与实践的密切结合才能推动侵权法的不断发展。相信宋毅庭长这本来自实践又不失理论深度的著作，对广大从事侵权法理论研究与司法实务工作的读者一定会有所裨益！

程啸

清华大学法学院副院长、教授、博士生导师

2023 年 8 月

自 序

作为人民法院审判工作的重要领域，侵权类案件不仅在民事案件中占据了很大比重，而且经常成为社会的关注热点。近年来，伴随着经济社会发展和科学技术的进步，人们的生活质量逐步提高，交往领域不断拓展，新生事物频繁涌现，再加上《中华人民共和国民法典》的颁布施行，如此种种都给侵权法领域提出了很多新问题，也带来了很多新变化。

首先，在侵权主体方面。过去相当长的一段时间内，侵权类案件中的侵权主体主要是自然人，但随着人工智能、AI（人工智能）技术和互联网的迅猛发展，侵权主体也产生了很多变化。例如，互联网侵权成为侵权领域的主要类型，网络用户和网络服务提供者成为新类型的侵权主体，并且在肖像权、名誉权、隐私权等方面表现得尤为突出。再如，算法侵权逐渐增多，在算法对被约束者合法权益进行侵害之后，算法开发者、算法服务者、算法管理者都以"新面孔"的形式进入了侵权主体的行列。

其次，在侵权方式方面。传统侵权领域，侵权行为的方式更多体现为人与人之间的"短兵相接"，通过直接的肢体冲突、语言暴力等方式对他人实施侵害。当下时代，侵权方式则体现出强烈的技术中介性和手段隐蔽性特征。所谓技术中介性，是指部分侵权人通过自媒体、手机应用软件、AI虚拟形象等新技术从事散播他人隐私、盗用他人形象、侮辱他人名誉等不当行为。所谓手段隐蔽性，是指部分企业通过算法、程序设计等技术优势，以一般人难以察觉的方式对他人合法权益进行侵害。例如，部分企业未经自然人同意，擅自收集、储存、使用个人信息；或者将某软件收集到的个人信息擅自与其他软件共享等。

最后，在侵害人身权益内容方面。《民法通则》时代，人身权益侵权类案件大多是人身损害、名誉权、肖像权纠纷，被侵害的人身权益内容相对单薄。当下时代，伴随着《中华人民共和国民法典》的施行，经济社会飞速发展、人民生活质量普遍提高，人身权益的内涵不断丰富，被侵害人身权益的案件类型也不断增多。例如，骨灰安葬权益被侵犯的要件如何判断，其行使主体包括哪些？再如，平等就业权的内容包括什么？如何认定劳动者的该项权利被侵犯？

在社会的发展给侵权法领域带来丰富的实践素材的同时，也带来很多具有时代特征的新问题、难问题，这些都需要司法审判积极作出回应。在应对的过程特别是新类型案件的审判中，笔者认为树立两种裁判理念至关重要。

第一，树立系统的审判理念，避免僵硬的片段式判断。互联网时代的新类型案件，突出的特点是融合了科学技术的探索、应用，同时也不乏经营模式的创新要素。一种新的模式、行为、产品是否构成侵权，如果裁判者仅仅局限于其中的某一个片段、某一个环节，可能会轻易得出"是"或"否"的结论，但如此结论往往难以经受住社会和时代的考验，也难说完全符合法律规范的本质要义。故此，如果裁判者能够立足于时代背景，树立系统观念，真正弄懂、厘清一个新类型案件产生的具体原因、运营模式、域外认知、发展前景等内容，以相对宏大的视野、前瞻性的眼光去判断是否构成侵权行为时，不仅能够得出更为妥当、统一的法律结论，也会在科技发展与法律规制的关系中找到结合点，促进两者的良性互动。

第二，树立平衡保护的价值理念，避免片面的"一刀切"式倾斜。新类型侵权案件审判中，时常会出现如下情景：一边是创新企业的经营模式，另一边是自然人的权利诉求。应当说，二者都包含了合法的权利范畴，都应得到相应的保护。但是，当两种正当权利发生冲突时，应当如何选择？是保护科技发展还是自然人的个人权利？这是当下时代摆在裁判者面前亟须回答的问题。笔者认为，从长远来看，两者并非二选一的问题，而且科技发展与人身权益保护也不应该存在本质冲突。所以，笔者建议，在价值的判断与选择上，裁判者应在综合考量发展阶段、时代要求、行政监管等要素的基础上，树立平衡保护的价值理念，裁判结果既有利于企业经营模式和科学技术的创新发展，又充分考虑到个人权利的依法保护，避免主观化的"一刀切"式判断。

有鉴于此，笔者结合侵权领域的上述变化，兼顾传统侵权领域的难点问题，以审判经历为基础，从互联网相关案件、新类型人格权相关案件、产品责任、机动车交通事故责任等12个方面选取了50个具有典型意义的案例，形成了本书主要内容，并通过"法官评析"形式将贯穿其中的实务共识、裁判理念呈现给读者，希望为该类案件的裁判提供一个有益的借鉴视角。当然，考虑到新类型侵权的出现时间较短，书中的很多观点也只是实践中的一些初步思考，笔者相信，伴随着司法实践和理论研究的逐步发展，裁判者对于当下面临的新问题、难问题的认识会越来越成熟，裁判规则也会越来越完善。

宋毅

2023 年 8 月

目　录

第一章　责任主体特殊规定相关侵权责任

1

新业态侵权

📄 实务观点

📖 案例精释

2

安全保障义务

📄 实务观点

3

监护人责任

4

雇主责任冲抵

5

补充责任范围

第二章　互联网相关侵权责任

6

自媒体侵权名誉权

第三章　新类型人格权相关侵权责任

11
虚拟形象侵犯人格权

📄 **实务观点**

📖 **案例精释**

12
手机号码与私人生活安宁

📄 **实务观点**

📖 **案例精释**

16

侵害安葬权益

17

平等就业权

📖 **案例精释**

第四章　一般人身权相关侵权责任

18

预警通知义务

📄 **实务观点**

📖 **案例精释**

19

共同饮酒人责任

📄 **实务观点**

📖 案例精释

20
体育训练与自甘风险

📋 实务观点

📖 案例精释

21
社会保障与侵权赔偿

📋 实务观点

📖 案例精释

26

鉴定意见与损害后果

📄 **实务观点**

📖 **案例精释**

第五章　一般财产权相关侵权责任

27

财产保全错误赔偿

📄 **实务观点**

28

"凶宅"侵权责任

29

自助行为认定

30

财产损害赔偿范围

📄 **实务观点**

📖 **案例精释**

31

邮寄物品灭失责任

📄 **实务观点**

📖 **案例精释**

第六章　产品责任

32
产品缺陷认定

📋 实务观点

📖 案例精释

33
汽车产品缺陷

📋 实务观点

📖 案例精释

34

产品监制者责任

📄 **实务观点**

📖 **案例精释**

35

职业打假索赔

📄 **实务观点**

📖 **案例精释**

第七章 机动车交通事故责任

36
安全统筹相关责任

📄 **实务观点**

📖 **案例精释**

37
车辆贬值损失

📄 **实务观点**

📖 **案例精释**

38

电动车转化机动车相关责任

📄 实务观点

📖 案例精释

39

出租车承包金损失

📄 实务观点

📖 案例精释

42

投保义务人与侵权人责任

📄 实务观点

📖 案例精释

第八章　环境污染和生态破坏责任

43

部分侵权人履行全部责任

📄 实务观点

第九章　建筑物和物件损害责任

44

树木折断归责原则

第十章　饲养动物损害责任

45

马术训练致死责任

📖 **案例精释**

46

烈性犬致人损害

📄 **实务观点**

📖 **案例精释**

第十一章　交叉领域相关侵权责任

47

刑事判决与民事责任

📄 **实务观点**

📖 案例精释

48

非法期货交易平台责任

📄 实务观点

📖 案例精释

第十二章　其他侵权责任

49

业委会决议撤销权

📄 实务观点

$$50$$

业主知情权

第一章
责任主体特殊规定相关侵权责任

1

新业态侵权

📄 实务观点

问题 1：众包骑手发生交通事故致人受伤，众包骑手与互联网平台间有关法律关系性质的约定是否约束被侵权人？

观点：众包骑手在送货过程中造成他人损害，众包骑手与平台间的协议约定对被侵权人不发生法律效力。

问题 2：众包骑手送货过程中致人受伤，应该由谁对被侵权人承担赔偿责任？

观点：如果众包骑手的行为属于履行用人单位即平台企业的工作任务，平台企业应对外承担相应责任，即对被侵权人承担相应责任。

📖 案例精释①

众包骑手送货致他人损害，平台应否对受害人承担赔偿责任

——刘某诉赵某等机动车交通事故责任纠纷案

关键词： 骑手　挂靠关系　合同相对性

案情要览

2019 年 9 月 9 日，平台送货员赵某驾驶车辆和骑电动车的刘某发生交通事故，交警部门认定赵某负全责。事故导致刘某受伤住院，经鉴定构成十级伤残。赵某的肇事车辆在某保险公司投保交强险。事发时，赵某正在送货过程中。然而某科技公司提交该平台注册信息，证明在赵某注册平台送货员时双方已签订合作协议，约定双方是合作关系，不存在用人单位与劳动者之间的劳动关系，也不存在劳务关系。对于送货所得运费，赵某获得 80%，某科技公司获得 20%。

各方观点

原告刘某观点： 此次事故导致本人严重受伤，并造成多项损失。交警部门认定骑手赵某对此负有全责，而其作为某科技公司的员工，肇事车辆在某保险公司投保交强险，因此三者均应当向我承担赔偿责任。故向法院提起诉讼，要求三被告赔偿医药费 81952.51 元、住院伙食补助费 800 元、营养费 4500 元、护理费 18000 元、伤残赔偿金 125543.3 元、精神损害抚慰金 10000 元、残疾辅助器具费 658.98 元、鉴定费 4350 元、财产损失 800 元、交通费 1500 元，扣除

---

① 注：本书案例除特别标注来源外，其他案例均为作者结合实际工作经历，为说明相关问题，编辑加工而得。

赵某垫付的 14500 元，共计 233604.79 元。

被告赵某观点：本人与原告发生交通事故，认可对事故负有全部责任。但本人是某科技公司员工，事发时在接受订单送货过程中，应由某科技公司承担赔偿责任。肇事车辆在某保险公司仅投保交强险，应当由保险公司先行理赔。

被告某科技公司观点：公司和赵某之间既不是劳动关系也不是劳务关系，是合作关系，被告公司不同意赔偿。某科技公司与赵某之间是否存在挂靠关系不应当仅依据外观判断，而是应根据实质上的合作模式综合判断。典型挂靠关系常见于出租车行业，挂靠人与被挂靠人之间并不分享收益，而是缴纳定额的管理费，并接受被挂靠人的统一管理。被挂靠人除授权挂靠人使用其品牌外，并不提供其他服务。在本案中，赵某线上阅读并点击确认《合作协议》即可注册成为某科技公司平台送货员，协议中已明确双方属于平等商业合作关系及双方权利义务，某科技公司向赵某提供互联网信息服务，帮助赵某与下单用户达成交易，对于订单递送的全过程并不参与。订单完成后依据双方事先约定的比例收取信息费，不收取任何形式的管理费。以上特点不具有挂靠关系的一般特征，而是符合居间合同的特点，应当认定为居间服务。在坚持上述意见的前提下，某科技公司认为，即便认定某科技公司为提供配送服务的实际承运人，某科技公司与赵某之间也应当构成承揽关系，而非挂靠关系。因赵某是否接取平台订单取决于个人主观意愿，具有独立性。赵某以完成平台订单为目的，利用自有的交通工具进行递送仅仅是完成工作成果的手段。赵某接取何种订单、选择何种工具、路线均不受公司的安排、指挥。因此，即便某科技公司作为承揽关系的定作人，对于定作、指示或选任在没有过失的前提下也不应对赵某的行为承担连带赔偿责任。

被告某保险公司观点：肇事车辆在我公司投保交强险，同意在交强险范围内承担责任。

裁判要旨[①]

一审法院经审理认为：肇事车辆在某保险公司投保交强险，某保险公司应在保险责任范围内赔偿，保险责任外赵某虽称是某科技公司员工，但双方合同明确约定不是劳动或劳务关系，且运费主要由赵某获得，法院对赵某关于职务行为的答辩意见不予采纳。赵某作为事故全责方应对原告刘某的合理损失进行赔偿，赵某以某科技公司的名义对外从事经营活动，双方符合挂靠关系外观，某科技公司应承担连带赔偿责任。关于各项赔偿费用，法院结合在案证据、鉴定结论、赵某已垫付费用等具体情况进行认定。

一审法院判决：一、某保险公司给付刘某医疗费 10000 元、残疾赔偿金 110000 元、财产损失 800 元，共计 120800 元；二、赵某、某科技公司给付刘某医药费 71952.51 元、住院伙食补助费 800 元、营养费 4500 元、护理费 18000 元、残疾赔偿金 15543.3 元、精神损害抚慰金 6000 元、残疾辅助器具费 658.98 元、鉴定费 4350 元、交通费 1000 元，共计 122804.79 元（已支付 14500 元）；三、驳回刘某的其他诉讼请求。

某科技公司不服，提起上诉。

二审法院经审理认为：机动车发生交通事故造成人身伤亡、财产损失的，由承保交强险的保险公司在责任限额范围内予以赔偿；不足部分，由承保商业三者险的保险公司根据保险合同予以赔偿；仍有不足的，依照道路交通安全法和侵权责任法的相关规定由侵权人予以赔偿。本案中，刘某驾驶的电动自行车因与赵某驾驶的二轮摩托车发生交通事故遭受损失，赵某被交通管理部门认定负事故全部责任。涉案肇事车辆在某保险公司投保交强险，某保险公司应在保险责任范围内承担赔偿责任；对于超出交强险范围之外的损失，刘某作为案涉交通事故无责方，有权向侵权人主张。因二审期间各方均对一审法院核定的赔偿数额无异议，一审法院依据刘某提供的相关证据核实的各项损失金额亦具有

---

① 本书【裁判要旨】适用的法律法规等条文均为案件裁判当时有效，下文不再对此进行提示。

事实和法律依据，法院亦不持异议。综合各方诉辩意见，本案二审的争议焦点系某科技公司是否应当承担对刘某的赔偿责任。

本案中，某科技公司上诉主张最核心的依据系其与赵某之间存在合作协议，并据此认为无论双方是合作关系、居间合同关系还是承揽关系，均不属于挂靠或劳动、劳务关系，故某科技公司无义务承担赵某造成的侵权损害后果。对此，法院认为，随着我国经济社会和技术的高速发展，在互联网平台用工模式下，用工平台公司与注册使用人之间存在多种复杂的协议约定，但上述协议系对平台公司与注册使用人之间产生约束效力，不当然对第三人发生法律效力。本案系机动车交通事故责任纠纷，案涉事故系发生在赵某派送过程中，对于刘某而言，显然其无从知晓某科技公司与赵某之间关于双方所述关系的约定内容，而仅能简单从外部标识来判断赵某系为何主体提供劳动或工作任务。通过庭审中各方当事人对本次事故的描述以及在案证据可知，案涉交通事故发生时，赵某系以某科技公司的名义进行派送活动，故刘某作为第三人，其基于赵某派送活动中的外观呈现形式，具有合理理由相信在案涉事故发生时，赵某的派件行为属于正在履行某科技公司指派的工作任务或活动，而至于赵某与某科技公司之间究竟是何种法律关系，责任应当如何分担，并不能推翻刘某作为善意第三人的上述合理信赖，亦非本案机动车交通事故责任纠纷中对于受害人责任承担问题的关注重点。因此，刘某有权依据赵某在为某科技公司完成订单派送过程中造成的本次侵害后果而要求某科技公司承担相应赔偿责任。一审法院认定某科技公司与赵某之间认定为挂靠关系虽似不妥，但考虑到赵某、刘某均未提出上诉，并认可一审判决结果，故法院二审期间对一审判决第二项关于赵某与某科技公司共同赔偿刘某各项损失的认定，不再作调整。关于某科技公司与赵某之间的责任问题，其可另行解决。某科技公司以其与赵某签订《合作协议》为由，主张其不应当承担相应赔偿责任的上诉意见均不能成立，法院不予支持。

二审法院判决：驳回上诉，维持原判。

法官评析①

在城市的大街小巷，骑电动车争分夺秒的外卖骑手便利了民众的生活，但与此同时，过快的车速易造成交通事故和人员受伤。在此类外卖骑手引发的侵权案件中，责任主体的判断往往是个难题。部分案件中，外卖平台通过合同约定，以合作关系为由希望达到避免承担雇主责任的目的，但由此也引发了责任主体承担方面的诸多争议。

一、众包骑手与外卖平台关系判断

骑手与外卖平台的关系判断，与侵权责任的主体确定具有一定联系。如果双方建立的是劳动关系时，《民法典》② 第一千一百九十一条第一款规定："用人单位的工作人员因执行工作任务造成他人损害的，由用人单位承担侵权责任。用人单位承担侵权责任后，可以向有故意或者重大过失的工作人员追偿。"依照上述规定，应由平台经营者等用工主体承担替代赔偿责任。如果双方建立的是承揽关系时，《民法典》第一千一百九十三条规定："承揽人在完成工作过程中造成第三人损害或者自己损害的，定作人不承担侵权责任。但是，定作人对定作、指示或者选任有过错的，应当承担相应的责任。"此种情形下平台经营者等用工主体一般情况下不承担赔偿责任。故此，准确认定平台经营者等相关用工主体与劳动者之间用工法律关系的性质，是认定侵权纠纷中民事责任主体的基本前提。

随着互联网经济的快速发展，互联网外卖平台用工关系中，出现了一种新的就业形态："众包模式"，即指外卖平台对所有公众开放，任何人可通过外卖平台运营的配送 APP 注册，并自行决定是否接单配送外卖，平台对骑手的工作

---

① 本书【法官评析】对此类法律问题涉及的法律法规等内容进行了时效性更新，下文不再对此进行提示。

② 为行文简洁方便读者阅读，本书法律名称均为简称，如《中华人民共和国民法典》简称为《民法典》。

时间、接单数量不作硬性要求，通过该模式参加配送活动的骑手就是"众包骑手"。该种情形中，平台企业通过《众包用户协议》的方式，与骑手形成权利义务的约定。至于两者之间的法律关系，平台企业时常认为其与众包骑手之间不存在任何形式的劳动或者劳务关系，两者之间是平等的合同相对方，骑手是否接单以及配送的次数均由其自己决定，不受平台的管理和指派，也不受外卖平台劳动规章制度的约束，外卖平台向众包骑手付款也不属于支付劳动报酬的行为。但是，骑手却认为自己在工作中要接受外卖平台的管理，报酬也是由外卖平台支付，自己与外卖平台之间理应构成劳动关系。

就此问题，笔者认为，认定双方是否属于劳动关系，不应仅关注合同名称，而应审查协议约定的双方权利义务内容、实际履行情况等是否符合劳动关系认定标准。但是就众包骑手用工模式而言，很难套用劳动关系从属性判断，首先，在众包骑手模式下，骑手的工作时间碎片化以及工作地点自由化，导致了这种相对自由的劳动方式与《劳动法》《劳动合同法》所规定的劳动的持续性不相符合；众包骑手与外卖平台之间没有签订正式的劳动合同，骑手有权决定是否接受任务以及是否按照平台的要求或指示去执行。其次，经济依赖性弱化。骑手取得收入的方式也与传统的劳动关系有很大的差异，主要收入是跑单收入加奖励所得。最后，组织从属性减弱。在传统的劳动关系中，劳动者与用人单位之间的关系归属唯一，用人单位的规章制度通常对劳动者在外兼职有较为严格的规定。但是，在众包骑手用工模式下，骑手可以同时选择在几个外卖平台工作，骑手与各个外卖平台之间的关系归属并不唯一。

有鉴于此，笔者认为，在当下的实践中，如果未有充分证据显示平台企业和众包骑手之间存在劳动关系，从对新就业形态、平台经济长期健康发展的保护角度出发，审判实践中可将其界定为一种处于劳动关系与平等民事主体关系之间的"中间状态"的新型合同关系。随着互联网平台经济迅速发展，新就业形态劳动者劳动保障权益维护等问题受到社会广泛关注。人力资源和社会保障部、最高人民法院联合发布了新就业形态劳动争议典型案例，通过以案释法引导裁判实践，对于切实提高新就业形态劳动争议案件办理质效，充分实现平台经济良性发展与劳动者权益保护互促共进具有重要意义。①

二、众包骑手致人损害时责任承担主体的认定

上文所述的新型合同关系,其主体范围发生在平台企业和众包骑手之间,但该种关系对于受害的第三人而言并非重点,受害第三人所关注的是平台企业是否属于用工主体、众包骑手是否在执行工作任务。笔者认为,新型合同关系的判断,是因为该种形式的用工区别于传统模式,具有互联网时代的新特点,但并不意味着否认了平台企业的用工主体资格,主要理由如下:首先,外卖平台对"众包骑手"所从事的配送活动具有一定程度的控制力。比如,平台企业可以通过超时扣费及客户投诉扣费等惩罚措施、依据接单数量核定报酬等激励措施,在配送质量、配送时间等方面对骑手进行控制从而保证骑手按照平台的要求履职。其次,外卖平台是众包骑手配送活动的受益方。消费者接受标的物或服务的同时要支付两笔费用,一笔是给商家的费用,另一笔是配送费。配送费由平台统一收取并在收取一定比例提成之后支付给骑手。再次,众包骑手作为平台企业的重要配送力量,对平台提升市场占有率有很大帮助。最后,对于被侵权人来说,发生交通事故时,其根本无从知晓骑手与平台之间复杂的协议约定内容,从常规来看,被侵权人仅可从骑手的工服、交通工具等外部标识来判断骑手为何主体提供劳动或者工作任务。有鉴于此,笔者认为,在众包骑手和平台企业形成合同关系的前提下,其内部权利义务依照当事人约定处理,但在骑手从事配送活动致他人损害时,平台企业依然要根据《民法典》第一千一百九十一条的规定承担用工主体责任。平台企业不能依据其与众包骑手之间的协议作为其对外不承担侵权责任的理由。本案中二审采取的就是这样的思路,只不过考虑到骑手和受害人均没有上诉,故维持了一审的裁判结果。

---

① 参见《人力资源社会保障部、最高人民法院联合发布新就业形态劳动争议典型案例》,载最高人民法院,https://www.court.gov.cn/zixun/xiangqing/401162.html,最后访问时间:2023 年 8 月 1 日。

2

安全保障义务

☰ 实务观点

问题1：《民法典》第一千一百九十八条规定的公共场所需要具备哪些特征？

观点： 行为人是否尽到安全保障义务，前提需要判断发生损害的场所是否属于经营场所、公共场所，该类场所的共同特征是具有符合一般人合理期待的公众开放性和安全性，如果依据一般常识即可判断并非公共场所或具有明显的危险性，则难以以此作为认定安全保障义务发生的基础。

问题2：自然人在河道拦河闸侧面消力池冰面遛狗导致溺亡，河道管理机关是否需要对此担责？

观点： 安全保障义务系针对经营场所、公共场所管理人的法定义务。结合河道的性质、所处位置以及抵达河道的路径分析，均难以认定自然人溺亡的消力池属于公共场所，故其管理人不负有安全保障义务。

📖 案例精释

冰面遛狗溺亡，河道管理机关是否负有安全保障义务
——支某某诉某市水务局等生命权、健康权、身体权纠纷案①

关键词： 溺亡　河道管理机关　过错　安全保障义务

案情要览

2017 年 1 月 16 日，支某某外出遛狗未归，后被发现于某河拦河闸自西向东第二闸门前南侧消力池内溺亡。其近亲属提起民事诉讼，以对某河河道及河道水利设施存在行政管理职能的某市水务局、某区水务局、某市某河管理处、某区某河管理所未尽到安全保障义务为由，要求四被告共同赔偿丧葬费、死亡赔偿金、幼儿抚养费和精神损害抚慰金等共计 62 万元。

各方观点

原告支某某观点： 四被告对大坝下存水疏于采取安全措施，事发河道无人监管，且无明显警示标志，大坝下存水对周围民众生命安全构成巨大威胁，未尽到合理限度范围内的安全保障义务，致使支某某溺水而亡。

被告某区水务局观点： 死者死亡地点不属于某区水务局管辖范围，某区水务局对支某某的死亡不应承担民事责任。第一，遗体被发现的地点为某河拦河闸下游方向闸西侧消力池，该位置为某桥分洪枢纽水利工程的组成部分。第二，某河分洪枢纽工程的日常管理、维护和运行由某市某河管理处负责。第三，事发地点周边安装了防护栏杆，在多处醒目位置设置了多个警示标牌，标牌注明

---

① 指导案例 141 号。载最高人民法院，https：//www.court.gov.cn/fabu/xiangqing/263581.html，最后访问时间：2023 年 8 月 1 日。

管理单位为"某市某河管理处"，管理单位已经采取了安全警示措施，尽到了相应的管理职责。第四，支某某作为有完全民事行为能力的成年人应对自己的行为有完全的辨识、控制能力。综上，不同意原告的诉讼请求。

被告某区某河管理所观点：死者的溺亡地点属于某河拦河闸的范围，是由某市某河管理处下属的分洪枢纽管理所管理，不是我所管理的范围。

被告某市水务局观点：我方不是适格主体，根据相关规定，某市水务局属于行政机关，不直接管理河湖，不应当承担赔偿责任。

被告某市某河管理处观点：第一，我方不应当成为本案被告，即被告主体不适格。第二，假使我方有管理责任，是本案适格的被告，四被告也无须承担任何责任。该死亡后果是因受害人自身过错造成的，应由其自行承担相应后果，与我方无关。四被告已经尽到管理义务。第三，我方对受害人的死亡不存在任何过错，无须承担任何责任，所以不同意支某某的诉讼请求。我们仅是对设施有管理职责，但造成支某某溺亡的是水，河流水域部分的管理者是某区某河管理所。故请求法院依法驳回支某某的诉讼请求。

裁判要旨

一审法院经审理认为：支某某溺亡地点位于某河拦河闸侧面消力池。从性质上看，消力池系该河拦河闸的一部分，属于水利设施的范畴，并非对外开放的冰场；从位置上来看，消力池位于拦河闸下方的该河河道的中间处；从抵达路径来看，抵达消力池的正常路径，需要从该河的沿河河堤下楼梯到达河道，再从该河河道步行至拦河闸下方，因此无论是从消力池的性质、消力池所处位置还是抵达消力池的路径而言，均难以认定消力池属于公共场所，而侵权责任法中的安全保障义务是针对经营性公共场所管理人的法定义务，故某市某河管理处对消力池冰面不负有安全保障义务。

且从侵权责任的构成上看，一方主张承担损害赔偿责任，应就另一方存在侵权行为、主观过错、损害后果且行为与损害后果之间具有因果关系等承担举证责任。本案所涉某河河道并非正常的活动、通行场所，依据一般常识即可知，无论是进入河道还是进入冰面的行为，均容易发生危及人身的危险，对此类危险后果的预见性，并不需要管理机关事先的警告、告知，亦不需要专业知识就可知晓。支某某在明知进入河道、冰面行走存在风险的情况下，仍进入该区域并导致自身溺亡，其主观上符合过于自信的过失，其行为属于侵权责任法上的自甘风险行为，应自行承担相应的损害后果。

支某某意外溺亡，其家庭境遇令人同情。但是赔偿的责任方是否构成侵权需要法律进行严格界定及证据支持，不能以情感或结果责任主义为导向将损失交由不构成侵权的他方承担。成年人是自身安危的第一责任人，不能把自己的安危寄托在国家相关机构时时刻刻的提醒之下，不随意进入非群众活动场所是每一个公民应自觉遵守的行为规范。综合全案证据，一审判决驳回了支某某家属的全部诉讼请求。

支某某的近亲属不服提起上诉，**二审法院同意一审法院裁判意见**，维持一审判决。

法官评析

近年来，随着社会的发展，公共场所不断增多，同时与公共场所安全保障义务相关的案例也不断增多，本案即属其中一例，具有很强的代表性和典型性。该类案件的审判中，侵权事实发生地是否构成公共场所及管理人是否尽到安全保障义务成为争议焦点。

一、安全保障义务的内涵与规范

所谓安全保障义务，核心内容是出于保护他人需要，义务人必须采取一定的行为来维护他人的人身或财产免受侵害。至于安全保障义务所包含的措施、方法，需要考量义务人所在行业的具体情况、所组织活动的具体规模等因素确定。具体到法律规范，《侵权责任法》① 第三十七条规定："宾馆、商场、银行、

---

　　① 　注：《婚姻法》《继承法》《民法通则》《收养法》《担保法》《合同法》《物权法》《侵权责任法》《民法总则》已于 2021 年 1 月 1 日《民法典》施行之日废止。下文不再对上述法律规范的效力作特别指示。

车站、娱乐场所等公共场所的管理人或者群众性活动的组织者，未尽到安全保障义务，造成他人损害的，应当承担侵权责任。因第三人的行为造成他人损害的，由第三人承担侵权责任；管理人或者组织者未尽到安全保障义务的，承担相应的补充责任。"现行《民法典》第一千一百九十八条规定："宾馆、商场、银行、车站、机场、体育场馆、娱乐场所等经营场所、公共场所的经营者、管理者或者群众性活动的组织者，未尽到安全保障义务，造成他人损害的，应当承担侵权责任。因第三人的行为造成他人损害的，由第三人承担侵权责任；经营者、管理者或者组织者未尽到安全保障义务的，承担相应的补充责任。经营者、管理者或者组织者承担补充责任后，可以向第三人追偿。"两相对比，可以发现两部法律的相关内容大部分一致，但《民法典》在文字表述、责任考虑层面更为周全一些，如《民法典》上述条文中明确了经营者、管理者或者组织者承担补充责任后，可以向第三人追偿，该项内容在《侵权责任法》时代并未写入规范。

二、安全保障义务的性质

对安全保障义务性质的准确把握，有助于在司法裁判中准确认定相关主体是不是安保义务责任人以及是否违反安保义务。有关安全保障义务的性质，主要有以下三种观点。[1] 一是附随义务说，其认为安全义务责任主体承担的是《民法典》第五百零九条第二款规定的"当事人应当遵循诚信原则，根据合同的性质、目的和交易习惯履行通知、协助、保密等义务"。二是法定义务说，其认为大量公法对经营者在具体情形下应承担的安保义务予以列举（如消费者权益保护法、铁路法、民用航空法等），这是我国法律所特有的安保义务立法保障模式，故将安保义务界定为法定义务，符合国情。[2] 三是一般侵权责任说，其认为安保义务是赋予相关经营主体、管理主体、组织主体的合理注意义务，

---

[1] 参见江必新编著：《民法典编纂若干争议问题实录》，人民法院出版社 2021 年版，第 325 页。
[2] 张新宝、唐青林：《经营者对服务场所的安全保障义务》，载《法学研究》2003 年第 4 期。

受过错责任归责原则统率。① 换言之，安保义务责任主体承担的是对所管控场所具有防范风险发生的义务。依损害的可预见性、严重程度及合理防范措施成本等多因素而综合确定，并非无限责任，该说渐成学术界和实务界的通说，笔者亦赞同该学说。

三、未尽到安全保障义务的认定

行为人是否尽到安全保障义务，依赖于两个基本前提，其一，发生损害的场所属于经营场所、公共场所，除了《民法典》第一千一百九十八条所列举的具体场所之外，该类场所的共同特征是具有符合一般人合理期待的公众开放性和安全性，如果依据一般常识即可判断并非公共场所或具有明显的危险性，则难以以此作为认定安全保障义务发生的基础。比如，本案中，受害者无论是进入河道还是进入冰面的行为，均容易发生危及人身的危险，对此类危险后果的预见性，并不需要管理机关事先的警告、告知，亦不需要专业知识就可知晓，故此法院认定其溺亡场所不是公共场所。其二，如果公共场所界定后，需要解决的问题是义务人未履行应该尽到的安全保障义务。但是，还应该指出，在过错归责下，完全民事行为能力人是风险防范的第一责任人，负有不主动开启风险、不随意从事冒险活动的首要义务。首先，从侵权责任立法价值上看，自由与安全是当代侵权责任法的两项最基本的立法价值；侵权责任法的任务就是协调"权益保护"与"行为自由"，因此实践中必须同时关注加害人和受害人的利益，在二者之间谋求平衡。其次，理性人在从事某种行为时，能够认识到行为后果的，应当为行为的后果负责，在行为自由与安全之间，完全民事行为能力人是自身安危的第一责任人，不能把自己的安危寄托在国家机构时时刻刻的提醒之下。具有完全民事行为能力的成年人，作为法律意义上的"理性人"，在充分享受法律赋予的自由的同时，也承担自身抉择带来的风险。

---

① 程啸：《侵权责任法》（第二版），法律出版社 2015 年版，第 460 页。

3

监护人责任

📄 **实务观点**

问题 1：监护人的责任包括哪些具体情形？

观点： 监护人如果不履行监护职责或者侵害被监护人合法权益的，应当承担相应的责任，主要包括两个方面：一方面对被监护人侵害他人的行为承担责任；另一方面监护人不履行监护职责或者侵害被监护人合法权益，造成被监护人人身、财产损害的，应当承担民事责任。

问题 2：母亲在看护子女过程中导致子女受伤，子女和作为法定监护人的父亲起诉主张母亲承担侵权责任能否支持？

观点： 父母在看护子女过程中，非因主观故意或重大过失致子女受伤，父母不构成特殊主体关系下侵权法意义上的过错，不应承担侵权责任。

📖 **案例精释**

监护人非因故意或重大过失导致子女损害，不应承担侵权责任

——秦某某诉陈某某生命权、身体权、健康权纠纷案

关键词： 身体权　监护责任　主体混同　侵权责任

案情要览

2016 年 7 月 8 日，秦某与陈某某经法院判决离婚，其未满两岁的女儿秦某

某由秦某负责抚育，陈某某每月支付秦某某抚育费 1500 元至其十八周岁止。2015 年 5 月 10 日，秦某某在陈某某独自看护时造成手部烫伤。2015 年 9 月 11 日，某派出所委托司法鉴定所作出法医临床学鉴定意见书，鉴定结果秦某某的损伤程度属重伤二级。案件审理过程中，法院依法委托某司法鉴定所就秦某某的伤残等级进行鉴定。2019 年 12 月 19 日，该鉴定机构作出司法鉴定意见书，秦某某所受损伤属八级伤残（致残率 30%）。秦某某认为系其母陈某某看护不力导致自己受伤，故其向法院提出诉讼请求：1. 陈某某赔偿秦某某医疗费、护工费、营养费共计 36026 元；2. 陈某某赔偿秦某某伤残赔偿金 611910 元；3. 陈某某赔偿秦某某精神损害赔偿金 50000 元。

各方观点

原告秦某某观点：秦某某的法定代理人秦某与陈某某原系夫妻关系，秦某某系双方之女。2015 年 5 月 10 日，陈某某独自在家中照看秦某某时，故意将孩子烫伤，造成其右手、右臂烫伤三度，经鉴定为重伤二级。我方怀疑系陈某某故意所为。理由为：第一，事发时孩子才 8 个月，刚刚学会爬行，厕所距离客厅的垫子 2.8 米，孩子自己爬过去的可能性很小。第二，第一个绿色盛放冷水的脸盆在盛放热水的粉色脸盆旁边，绿色脸盆更靠近客厅，孩子即便自己爬过来，也会先碰到绿色脸盆。第三，孩子手臂烫伤面积达 5%，而且是整个手掌和手腕。即使是孩子不小心自己伸进去的，根据人的正常生理反应，当时孩子就会立刻把手拿开，绝对不会烫伤如此严重。如果孩子将水盆打翻，那么手背的烫伤程度应该比手心严重，但是孩子整个手臂整体被烫伤。如此严重的烫伤程度只能是整个手臂在盆内浸泡了一定时间才会形成。陈某某的行为严重侵害了秦某某人身健康，作为监护人，特代其向法院起诉，要求陈某某承担赔偿责任。

被告陈某某观点：第一，本案是一起意外事件，并不是侵权行为。事发时陈某某独自一人在家照看秦某某，孩子又太小，母亲难以避免孩子乱爬，导致误伤。当时的情况是，陈某某把秦某某放在客厅垫子上玩，然后准备去卫生间给秦某某洗尿布,陈某某先去厨房拿热水壶把水倒入卫生间的水盆里,之后去厨房放水壶,这期间秦某某还在客厅垫子上玩耍。陈某某到厨房刚放下水壶就听到秦某某哭声,陈某某赶紧冲出来,就发现秦某某手已经在热水盆里了。在秦某某被烫伤之后,陈某某第一时间采取了急救措施并拨打了120救护电话、联系了秦某某父亲,并对秦某某进行了积极的后续治疗,已经尽到了对未成年子女的抚养、保护义务,无侵害其健康权的主观故意和重大过失。秦某某要求其母赔偿有悖社会伦理道德,有悖公序良俗原则。第二,秦某某的医疗费等费用已均由陈某某及秦某某之父以夫妻共同财产予以支出,秦某某再次主张于法无据。第三,陈某某作为孩子母亲,自然会通过母亲的方式陪伴孩子,照顾孩子,为孩子的康复尽自己最大限度的努力。如果要认定陈某某责任,那么秦某某父亲也要共同承担责任,并且秦某某父亲承担主要责任,事发当时只有陈某某一人在照看秦某某,照顾家庭是两个人的责任。第四,2017年秦某某曾经提起过诉讼后撤诉。当时诉讼时鉴定秦某某的伤残等级为九级,本案中秦某某的伤残等级为八级。这种伤情的扩大是秦某某之父在与陈某某离婚后照管不利的情况下造成的,扩大损失应当由秦某某之父独自承担。第五,如果支持了秦某某的诉讼请求将对社会造成不良影响,加大父母责任,将会导致父母不敢照看孩子,甚至不敢生养孩子,互相推卸责任,不利于社会和谐与进步,不符合最基本的公序良俗。

裁判要旨

一审法院经审理认为:公民的生命权、健康权、身体权应受到法律的保护。行为人因过错侵害他人民事权益,应当承担侵权责任。监护人的法定监护职责包括:保护被监护人的身体健康、照顾被监护人的生活。秦某某提交医疗费、护工费、营养费等票据可以证明相关费用均系秦某、陈某某婚姻关系存续期间产生。秦某、陈某某作为秦某某父母已交纳该笔费用,故秦某某向陈某某主张医疗费、护工费、营养费没有事实和法律依据,一审法院不予支持。关于秦某某要求赔偿残疾赔偿金的主张。第一,秦某某受伤时,不满一周岁。第二,秦某某受伤发生在陈某某单独照看秦某某期间。第三，根据陈某某陈述，事件发生在陈某某在将热水倒在卫生间水盆之后，回到厨房放水壶期间，而此前秦某某还在客厅垫子上玩耍，陈某某有足够的时间注意到秦某某已爬向危险源并作出防范措施。陈某某作为秦某某的监护人，并未尽到足够的监护义务，防止其受到人身侵害，具有一定的过错。秦某某现已致残，该伤残事实确会影响其日后的生活。不能因秦某某、陈某某之间的亲子关系而免除陈某某赔偿其残疾赔偿金的责任。综上，秦某某要求其赔偿残疾赔偿金的主张，并无不当，故一审法院最终结合双方提交的证据和本案查明的事实确定陈某某按照80%的比例对秦某某承担责任，经一审法院核算，陈某某应向秦某某赔偿残疾赔偿金325228.8元。关于要求陈某某赔偿秦某某精神损害赔偿金的主张，考虑到秦某某的损害将对其造成长期影响，故一审法院结合秦某某伤情、年龄、陈某某过错程度等因素，酌定陈某某向秦某某赔偿精神损害赔偿金30000元。

一审法院判决：一、陈某某赔偿秦某某伤残赔偿金325228.8元；二、陈某某赔偿秦某某精神损害赔偿金30000元；三、驳回秦某某的其他诉讼请求。

一审宣判后，陈某某不服提起上诉。

二审法院经审理认为：根据当事人陈述及在案证据显示，本次事件发生于家庭内部，系未成年人秦某某在其母亲陈某某看护期间被热水烫伤所引发。根据双方的诉辩意见，本案的主要争议焦点在于陈某某作为秦某某之监护人是否应对秦某某的烫伤承担侵权赔偿责任。行为人因过错侵害他人民事权益，应当承担侵权责任。侵权责任的一般构成要件包括加害行为、损害后果、因果关系和主观过错。本案的特殊之处在于事件发生于特定关系的主体之间。父母是未成年子女的监护人，负有保护被监护人的人身权利、财产权利以及其他合法权益的职责。父母对未成年子女的保护义务是基于特定监护关系而产生的作为义务。在判断监护人是否存在侵权法意义上的过错时，除要以"善良管理人"的衡量标准外，还应考虑社会一般道德和家庭伦理观念。当然，如果监护人故意或存在重大过失时，不因亲子关系而免除监护人之侵权责任。实践中，大部分情况是监护人因为疏忽或完全无法预见导致子女受到伤害，此时若动辄认定父母存在过失构成对子女的侵权，甚至允许父母一方以代理人身份起诉另一方要求赔偿，则有违一般生活常识和家庭伦理道德。本案中，虽然秦某某之法定代理人秦某主张陈某某故意将秦某某烫伤，但其提交的现有证据均不足以证明该事实，法院不予采信。根据现有证据，结合事发时的家庭环境、陈某某一人看护、秦某某的年龄等情况，亦不足以认定陈某某存在明显过失。因此法院认为，陈某某不构成特殊主体下的侵权法意义上的过错，不应承担侵权责任。

退一步讲，即使按照一般侵权理论认定陈某某因未尽到充分注意义务对秦某某的烫伤存在一定过错，构成侵权，法院认为秦某作为秦某某之法定代理人亦无法主张赔偿责任。理由如下：

第一，父母是监护责任的共同主体，不因一方单独实施监护行为而免除另一方的监护责任。现实生活中，由于家庭内部分工不同，父母作为子女的法定监护人不可能时刻同时实施监护行为。基于特殊的家事关系，夫妻关系存续期间，因一方看护中存在过失导致子女受伤，即使存在疏于监护之责，亦应由父母双方共担后果，而不应因承担看护职责就将责任完全归结于看护的父或母一方，否则，亦有违家庭伦理道德。

第二，因诉的发起主体与责任承担主体混同导致赔偿责任无法实现。根据民法等相关规定，父母是未成年子女的法定监护人。父母与子女间的关系，不因父母离婚而消除。父母离婚后，子女无论由父或母直接抚养，仍是父母双方的子女。换言之，只要父母的监护人资格未被撤销，即使父母离婚后，父和母仍为子女的监护人。不满八周岁的未成年人为无民事行为能力人，由其监护人作为法定代理人代理实施民事法律行为。故从诉的主体罗列角度分析，可出现如下情形：其一，陈某某应同时作为原告的法定代理人参加诉讼，但其在本案中也是被告，此时形成了主体的第一种混同，难以完成赔偿责任的实现。其二，退一步而言，即使仅由秦某作为原告的代理人，鉴于前文所述，秦某亦应对疏于看护承担相应责任，也应被列为被告，同样会出现主体混同，亦难实现赔偿责任。

当然，不构成侵权行为，不承担侵权责任，并不意味着陈某某无须负担秦某某的任何费用。父母对未成年子女负有抚养、教育和保护义务。离婚后，父母对于子女仍有抚养和教育的权利和义务。子女由一方直接抚养的，另一方应负担部分或全部抚养费。抚养费包括子女生活费、教育费、医疗费等。故，负担秦某某因此次事故所产生的医疗费、护理费、营养费等相关费用是秦某、陈某某作为监护人应当履行的法定义务。由于秦某某在本案中主张的医疗费、护理费、营养费发生于秦某、陈某某夫妻关系存续期间且已经实际支付，故其再行主张缺乏依据。如日后再发生因治疗产生的相关费用，陈某某作为母亲理应负担，但该费用应属于抚养关系项下解决的问题，并非侵权赔偿责任。综合以上分析，法院认为秦某某上诉主张陈某某构成故意侵权应承担全部赔偿责任，缺乏事实和法律依据，二审法院不予支持。陈某某关于其不承担侵权责任之上诉请求成立，一审法院认定有误，二审法院予以纠正。另外，考虑到本案的特殊性，对于本案的诉讼费及鉴定费，二审法院酌情确定由双方各负担一半。

二审法院判决：一、撤销一审判决；二、驳回秦某某的全部诉讼请求。

法官评析

本案的焦点问题在于监护人在履行监护职责过程中非因主观故意或重大过失造成被监护人人身损害时，应当如何确定侵权责任的赔偿问题。就该问题，《民法典》及相关法律规范并未予以明确，正如本案一二审所载裁判理由，实践中亦有不同的认识。

一、监护人承担责任的法律规定

具体到《民法典》的内容，其中关于"监护人责任"的规定主要分为两类。第一类是被监护人造成他人损害时监护人承担的"替代责任"，属于侵权责任中关于责任主体的特殊规定，如该法第一千一百八十八条规定："无民事行为能力人、限制民事行为能力人造成他人损害的，由监护人承担侵权责任。监护人尽到监护职责的，可以减轻其侵权责任。有财产的无民事行为能力人、限制民事行为能力人造成他人损害的，从本人财产中支付赔偿费用；不足部分，由监护人赔偿。"第二类是监护人未履行监护职责对于被监护人造成损害时所要承担的"监护责任",如《民法典》第三十四条第三款规定:"监护人不履行监护职责或者侵害被监护人合法权益的,应当承担法律责任。"至于该条规范中监护人承担"法律责任"的内容,相关的立法资料载明:"监护人如果不履行监护职责或者侵害被监护人合法权益的,应当承担相应的责任,主要包括两个方面:一是对被监护人侵害他人的行为承担责任。二是监护人不履行监护职责或者侵害被监护人合法权益,造成被监护人人身、财产损害的,应当承担民事责任。"①,由此可见,上文所述的"监护责任"同时包含了"替代责任"。

二、监护人对子女承担监护责任的判断

监护人侵害被监护人合法权益,监护人应当依据《民法典》第一千一百六十五条第一款的过错责任原则承担侵权责任。依据该款规定,侵权责任的成立,必须具备违法行为、损害事实、因果关系和主观过错四个要件,四者缺一不能构成侵权责任。主观过错是对行为人主观心理状态的否定性评价或非难。过错分为故意与过失。依据过失的严重程度,可以分为重大过失、一般过失与轻微过失。笔者认为,如监护人存在故意或重大过失,须对被监护人承担赔偿责任;如监护人在履行监护职责过程中非因主观故意或重大过失造成被监护人人身损害,则不宜在侵权责任体系中处理,主要基于以下两个理由。

首先,从公序良俗的角度,父母子女之间具有天然的血缘关系,是最亲密的直系亲属,如要求父母在非主观故意或重大过失的情形下对子女承担侵权责任,有违社会伦理道德和公序良俗原则。客观而言,未成年人成长中难免会遭受一些损伤,如果动辄将孩子的伤害归结为父母因未尽到注意义务而定性为父母对子女的侵权行为,不符合一般社会伦理价值。

其次,从侵权责任规范的立法目的角度,该类规范的主要功能是填补被侵权人一方遭受的损失,通过损害赔偿、恢复原状等方式使被侵权人遭受损害的

---

① 黄薇主编:《中华人民共和国民法典释义及适用指南》,中国民主法制出版社 2020 年版,第51 页。

财产或人身尽可能恢复到受害前的状况。具体到本案中，如果判决监护人承担侵权责任，某种程度上可以部分补偿被监护人所受损失，但单纯的金钱赔偿是否足以抚慰被监护人的身心创伤，诉讼程序对监护关系是否会造成不利影响，这些问题均值得探讨。法院认为，一方面，补偿被监护人所受损失并不限于判令监护人承担侵权赔偿责任，而更有赖于监护人积极履行监护义务，在后续治疗中共同负担被监护人的医疗、康复费用，陪同被监护人进行相应康复训练；另一方面，诉讼程序必然消耗监护人时间精力，对于家庭关系、亲子关系亦有不利影响，反而不利于被监护人的身心康复。在亲子关系中，损害赔偿并非填补损害的唯一方法，也不是最佳途径。亲子关系的本质为监护关系、抚养关系，父母作为监护人有履行监护义务，承担抚养费用的义务。因此，法院虽未认定侵权责任成立，但指明因治疗产生的相关费用属抚养关系下的监护义务与责任，应由父母共同承担。

4

雇主责任冲抵

📄 实务观点

问题 1：依据《保险法》第三十九条的规定，在雇主为雇员投保人身保险时，是否禁止雇主从保险合同中享受间接利益？

观点：依据《保险法》第三十九条第二款的规定，投保人为与其有劳动关系的劳动者投保人身保险，不得指定被保险人及其近亲属以外的人为受益人。立法禁止的是雇主投保时将自己设定为受益人，禁止雇主成为保险合同的直接利益享有者，但并不禁止雇主从保险合同中享受间接利益。

问题 2：劳务关系中，雇主为雇员投保人身意外伤害保险，在雇员发生人身损害后，其基于该保险合同所获保险理赔款能否冲抵雇主应承担的责任？

观点：雇主为雇员投保人身意外伤害保险的目的是分散其用工风险，而商业保险本身即具有补偿风险损害的功能，雇主为雇员投保人身伤害意外险，符合《保险法》的立法目的，投保目的具有正当性。雇主为雇员投保往往系雇员从事的行业具有较高的意外风险，保险赔偿条件触发后，保险理赔款由雇员或其近亲属受领，将保险理赔款在雇主应承担的赔偿责任中予以扣除，符合被保险人从事行业的特征和投保人的投保目的，也有利于鼓励雇主为雇员提供更全面的利益保障。因此，雇主为雇员投保人身意外伤害保险，在雇员发生人身损害后，雇员基于该保险合同所获保险理赔款可以冲抵雇主应承担的赔偿责任。

📖 **案例精释**

雇主为雇员投保人身意外伤害保险，基于该保险合同所获理赔款能否冲抵雇主应承担的责任

——刘某等诉杨某提供劳务者受害责任纠纷案

关键词：雇主　雇员　意外保险　冲抵　责任

案情要览

李甲受雇于杨某，从事大货车司机工作。2019年8月30日21时36分，李甲驾驶大货车由东向西遇红灯停车时，车辆所载货物（水泥管）与车辆驾驶室相挤撞，造成李甲经抢救无效死亡的交通事故。交警部门作出事故认定书，分析事故原因为：1. 李甲驾驶重型半挂牵引车/重型平板半挂车未安全驾驶；2. 李甲驾驶违反装载规定的重型半挂牵引车/重型平板半挂车；3. 李甲驾驶重型半挂牵引车/重型平板半挂车未按规定车道行驶；4. 李甲驾驶重型半挂牵引车/重型平板半挂车违反禁令标志指示通行，认定李甲负事故全部责任。李甲驾驶车辆注册所有人为案外人某有限责任公司，实际所有人为杨某。杨某曾为李甲在某保险公司投有保险金额为50万元的机动车驾驶人员意外伤害保险，在该份保险中，杨某是投保人，李甲是被保险人，没有指定受益人，保险期间自2019年8月4日起至2020年8月3日止。李甲因交通事故死亡后，刘某、李乙、李丙作为李甲的法定继承人已经获得了该50万元的保险金赔付。刘某等人认为该笔保险赔偿金不足以弥补李甲身故的损失，杨某仍然需要承担雇主赔偿责任。

各方观点

原告刘某等人观点： 2019年8月30日21时36分，李甲驾驶杨某所有的大

货车遇红灯停车时，车辆所载货物（水泥管）与车辆驾驶室相撞，造成李甲经抢救无效死亡。虽然经过交警部门认定李甲负事故全部责任，但是当时李甲受雇于杨某从事大货车司机工作，杨某应当承担雇主赔偿责任。事故发生后，杨某垫付了 3 万元的丧葬费，同意扣除杨某垫付的该项费用。刘某等人作为李甲的法定继承人，有权维护李甲及原告的合法权益，故请求法院：依法判令杨某赔偿原告医疗费 520 元、救护车费 386 元，死亡赔偿金 578560 元，丧葬费 63552 元，精神损害抚慰金 100000 元，亲属处理丧葬事宜误工费 5000 元、交通费 1000 元。

被告杨某观点：第一，李甲系杨某雇员，在发生交通事故时正在从事雇佣活动。第二，刘某等人的损失数额应为 604508 元，其中医药费 520 元、救护车费 386 元、死亡赔偿金 578560 元、丧葬费 50802 元、精神损害抚慰金 20000 元（依据李甲负此次事故的全部责任，且交通事故认定书认定李甲未安全驾驶的违法行为是事故发生的全部原因）、亲属处理丧葬事宜的误工费 2500 元、交通费 500 元。第三，李甲自身存在过错。首先，根据事故认定书认定李甲未安全驾驶的违法行为与本起道路交通事故的发生有因果关系，是事故发生的全部原因；其次，李甲作为司机，驾驶的车辆所装载的水泥管也是李甲用钢丝绳、木块等工具勒紧，在车辆正常行驶的情况下，应保证水泥管不会危及安全，该起事故系因水泥管未固定结实导致刹车时前滚致李甲死亡，责任全在李甲。根据《侵权责任法》的规定，根据双方各自的过错承担相应的责任，李甲与杨某应各自承担 50% 的责任，即杨某应承担的损失数额为 302254 元。第四，杨某所投保的保险所获保险金应抵扣其应赔偿的数额。杨某投保了机动车驾驶人员意外伤害保险，保险金额为 50 万元，保险期间自 2019 年 8 月 4 日起至 2020 年 8 月 3 日止，2019 年 8 月 30 日发生涉案交通事故时在保险期间内，刘某等人因李甲死亡事宜已经于 2019 年 10 月 30 日获得上述保险的保险金 50 万元。第五，刘某等人获得的杨某所投保的保险金额已经超过杨某应当承担的损失数额，故杨某垫付的 30000 元应予返还。

裁判要旨

一审法院经审理认为：个人之间形成劳务关系，提供劳务一方因劳务自己受到损害的，根据双方各自的过错承担相应的责任。雇主应当为雇员提供安全的生产条件，本案中，杨某雇用李甲从事大货车驾驶工作，但未提供相应的安全保障，存在过错，应对李甲的损害后果承担赔偿责任；李甲在驾车运输中未保障安全，导致本次交通事故的发生，具有重大过失，自身亦应承担相应损失。关于杨某所称刘某等人获得的意外伤害保险金应该抵扣侵权赔偿的问题。法院认为，机动车驾驶人员意外伤害保险是商业保险，根据《合同法》和《继承法》的相关规定，即使保险合同未注明特定受益人，这笔商业保险赔偿也应作为遗产，按死者法定继承人顺序来继承，杨某不能作为该商业保险的受益人，其要求抵扣没有法律依据。综上，法院根据双方的过错程度，认定李甲承担50%的责任，杨某承担50%的责任。医疗费、救护车费，死亡赔偿金，丧葬费，精神损害抚慰金，亲属处理丧葬事宜误工费及交通费属于因此事故造成合理损失的范围。对于上述合理损失的具体数额，法院根据双方一致确认的事实、原告提交的证据以及相关法律规定予以确认，对于其诉讼请求数额过高的部分，法院不予支持。经过庭审质证，法院审核确认因此次事故造成合理损失的项目及具体数额如下：医疗费520元、救护车费386元，死亡赔偿金578560元，丧葬费50802元，精神损害抚慰金20000元，亲属处理丧葬事宜误工费2000元、交通费1000元，杨某已向刘某等人垫付的费用，应从总损失中予以扣除。

一审法院判决：一、被告杨某于本判决生效之日起七日内赔偿原告刘某等人各项经济损失共计296634元；二、驳回原告刘某等人的其他诉讼请求。

杨某不服，提起上诉。

二审法院经审理认为：本案的争议焦点为：第一，杨某与李甲责任比例的认定；第二，刘某等人因杨某为李甲投保机动车驾驶人员意外伤害保险所获得的理赔款，是否可以抵扣杨某应承担的赔偿责任。

关于争议焦点一，《侵权责任法》第三十五条①规定："个人之间形成劳务关系，提供劳务一方因劳务造成他人损害的，由接受劳务一方承担侵权责任。提供劳务一方因劳务自己受到损害的，根据双方各自的过错承担相应的责任。"依据已经查明的事实，杨某雇用李甲从事大货车驾驶工作，李甲在驾驶杨某提供的大货车过程中死亡，交警部门作出道路交通事故认定书，认定李甲未安全驾驶、违反装载规定、未按规定车道行驶、违反禁令标志指示通行，故李甲对本次事故的发生具有重大过失，其应当承担相应责任。而杨某作为雇主，应当为雇员李甲提供相应的安全保障，包括与劳务相应的安全生产条件、环境等，但杨某未提供与劳务相应的安全保障，存在过错，应对李甲的损害后果承担相应赔偿责任。因此，一审法院根据双方的过错程度，认定李甲和杨某各承担50%的责任，并无不当。就杨某提出的责任比例失当的上诉理由，依据不足，法院不予采信。

关于争议焦点二，应从杨某为李甲投保的目的、杨某对李甲是否具有保险利益以及本案行业特征三个方面进行考量。首先，《最高人民法院关于审理人身损害赔偿案件适用法律若干问题的解释》第十一条第一款规定，雇员在从事雇佣活动中遭受人身损害，雇主应当承担赔偿责任。本案中，李甲受雇于杨某，从事大货车司机工作，系具有一定危险性的劳务，在李甲驾车发生人身损害或死亡时，杨某作为雇主具有承担赔偿责任的较高风险。杨某为李甲投保机动车驾驶人员意外伤害保险系为避免或减轻意外事件给其所造成的损失，杨某与保险公司签订保险合同的目的在于分散和转移风险，故该保险自其产生之初就与损失赔偿密切相关。其次，《保险法》第十二条第一款规定，人身保险的投保人在保险合同订立时，对被保险人应当具有保险利益。该条第六款规定，保险利益是指投保人或者被保险人对保险标的具有的法律上承认的利益。同时，

① 对应《民法典》第一千一百九十二条。该条规定："个人之间形成劳务关系，提供劳务一方因劳务造成他人损害的，由接受劳务一方承担侵权责任。接受劳务一方承担侵权责任后，可以向有故意或者重大过失的提供劳务一方追偿。提供劳务一方因劳务受到损害的，根据双方各自的过错承担相应的责任。
提供劳务期间，因第三人的行为造成提供劳务一方损害的，提供劳务一方有权请求第三人承担侵权责任，也有权请求接受劳务一方给予补偿。接受劳务一方补偿后，可以向第三人追偿。"

《保险法》第三十一条第一款第四项规定，投保人对与投保人有劳动关系的劳动者具有保险利益。根据上述规定，雇主为雇员投保人身保险，其对雇员具有保险利益。当雇员发生死亡、残疾等情况时，雇主可能要承担部分责任并赔偿损失，雇主为分散或转移风险作为投保人，以雇员为被保险人，同保险人订立人身保险合同，保险费由雇主负担，在保险事故发生时，保险金由雇员或其家庭成员受领，雇主所应承担的损失赔偿数额应相应扣除。具体到本案中，杨某为其雇员李甲投保机动车驾驶人员意外伤害保险并支付相应保险费，现李甲的法定受益人基于上述保险获得赔偿，理赔款应当冲抵杨某应承担的雇主责任。最后，从保险的性质结合杨某雇用李甲所从事的行业来看，杨某为李甲所投保的是机动车驾驶人员意外伤害保险，系商业保险，并非强制险，该险种是针对杨某雇用李甲所从事的行业的保障措施。在驾驶员发生人身损害或死亡时，能够及时获得保险赔偿。在该行业的雇佣关系里，若将雇主给雇员投保的与劳务危险性相关的保险赔偿视为雇员的个人所得，则雇主为降低经济损失风险而购买保险的目的将不能实现。基于上述分析，刘某等人因杨某为李甲投保机动车驾驶人员意外伤害保险所获得的理赔款，应当抵扣杨某应当承担的赔偿责任。一审法院对此认定有误，法院予以纠正。因各方当事人对一审法院认定的案涉损失项目及数额均无异议，法院予以确认，并在扣除50万元保险理赔款后，由杨某按照责任比例承担赔偿责任。

二审法院判决如下：一、撤销一审判决；二、杨某赔偿刘某等人各项经济损失共计46634元；三、驳回刘某等人的其他诉讼请求。

法官评析

在部分具有危险性的行业中，雇主通常选择为雇员购买人身意外保险方式来分散风险，避免自身因此承担过重的赔偿责任进而影响正常经营。但是，一旦发生侵权责任纠纷，雇员或其继承人通过上述保险获得赔偿后，雇主就该部分能否免除赔偿，实践中存在不同意见。本案中一、二审法院对此问题的认识并不相同，二审法院最终认为雇员近亲属因意外伤害保险所获得的理赔款，应当抵扣雇主应当承担的赔偿责任。

一、雇主投保的意外伤害保险能否冲抵雇主责任

实践中，就该问题主要存在两种观点。第一种观点坚持该种保险赔偿可以冲抵雇主责任。究其原因，在于雇主投保目的系为减轻自身责任、转移用工风险，应当按照雇主的意思确定保险用途。雇主通过为雇员投保人身意外伤害保险，转嫁自身用工风险、分散了自身在劳务提供者从事雇佣活动期间因意外事故造成的人身伤残或死亡其所应承担的经济赔偿，雇主出资为雇员购买人身保险具有合理正当性。第二种观点认为该种保险赔偿不能冲抵雇主责任。雇主为雇员投保的意外伤害保险属于人身保险，雇员系该人身保险中的被保险人，享有保险金请求权。雇主作为投保人已经被明确排除在受益人和保险金请求权人的范围之外，保险赔偿条件触发后，保险金不由雇主实际享有。雇员发生人身损害后，其基于侵权责任有权向雇主主张雇主责任，雇员作为人身意外伤害保险合同中的被保险人亦享有对保险人的保险金请求权，其享有的两项权利的请求权基础不同，且现行法律及司法解释并未否定对雇员的双重救济。

二、肯定雇主投保的意外伤害保险能够冲抵雇主责任的积极意义

相对而言，笔者更加赞同上述第一种观点。主要理由集中在以下三个方面。

首先，从目的上分析，雇主为雇员投保人身意外伤害保险的目的是分散其用工风险，而商业保险本身即具有补偿风险损害的功能，雇主为雇员投保人身伤害意外险，符合《保险法》立法目的，投保目的具有正当性。

其次，根据《保险法》第三十九条第二款的规定，投保人为与其有劳动关系的劳动者投保人身保险，不得指定被保险人及其近亲属以外的人为受益人。按照该规定，虽然有观点认为如果认定保险金能够抵扣，则相当于通过变相的方式让雇主成为实质意义上的受益人，有违立法本意。但笔者认为，在雇员或其近亲属已经获得保险赔偿的前提下，上述观点的立论基础难以成立。正如最高人民法院保险法司法解释起草小组所指出："旧保险法施行过程中，逐渐暴

露出一个问题，雇主以雇员为被保险人投保人身保险时，经常利用其与劳动者的不平等地位，迫使雇员作出同意雇主为受益人的意思表示，并且据此指定雇主为受益人。在保险合同成立之后，保险事故一旦发生，保险人因劳动者生命健康受到损害而给付的保险金或者只是其中的一部分作为雇主承担责任的资金给付劳动者，以此变相逃避雇主责任，甚至克扣保险金并因此获利。"可见，《保险法》第三十九条规定的初衷是为了切实保护雇员的权益，防止雇主牟利，确保保险合同利益直接归雇员或劳动者所有，而非有意禁止雇主从保险合同中间接受益。① 换言之，立法禁止的是雇主投保时将自己设定为受益人，禁止雇主成为保险合同的直接利益享有者，但并不禁止雇主从保险合同中享受间接利益，相反，《保险法》第三十一条第一款规定："投保人对下列人员具有保险利益：（一）本人；（二）配偶、子女、父母；（三）前项以外与投保人有抚养、赡养或者扶养关系的家庭其他成员、近亲属；（四）与投保人有劳动关系的劳动者。"按照上述规定，雇主作为投保人可以从保险合同中享受间接利益，如当雇员已经领取保险金时，雇主的赔偿责任就可以得到适当减轻。

再次，从雇员本身的权益分析，如果保险金不能抵扣，意味着作为投保方的雇主已经无法实现其最初的投保目的，雇主自然也不再愿意为雇员购买相应的保险。在此前提下，一旦发生人身损害，特别是在雇主自身的赔偿能力不足的情况下，雇员的索赔效果将大打折扣，反而难以及时获得有效的救助。故此，将保险理赔款在雇主应承担的赔偿责任中予以扣除，符合被保险人从事行业的特征和投保人的投保目的，也有利于鼓励雇主为雇员提供更全面的利益保障。

最后，从侵权责任的法理基础分析，侵权人承担的赔偿责任一般以填平原则为基础，即应该完全弥补受害人因为侵害行为所遭受的损失。有鉴于此，如果雇员基于雇主的投保而从保险公司获得赔偿后，再就该笔相同数额向侵权人主张，就意味着受害人因此获得了双重赔偿，已经超过了其所遭受的损失范围，有违侵权责任的立法目的和法理基础。

---

① 刘干、张金星：《为雇员购买团体人身意外伤害险能否抵扣雇主责任》，载《人民法院报》2019年8月22日。

5

补充责任范围

📄 实务观点

问题 1：第三人侵权时，如何判断物业公司是否尽到安全保障义务？

观点：如果物业公司对物业管理区域具有足够控制力，却未按照法律规定或合同约定做好安全隐患的防范、制止、报告和事后救助义务，可以认定物业公司在小区物业管理过程中对小区内相关人员未尽到安全保障义务。

问题 2：第三人侵权，物业公司未尽到安全保障义务时，如何判断物业公司承担的补充责任范围？

观点：根据物业公司的过错程度，如果物业公司尽到必要的安全保障义务则损害根本不会发生时，物业公司承担补充责任的范围可与实际侵权第三人的赔偿范围一致。

📖 案例精释

第三人侵权时物业公司未尽到安全保障义务的责任承担

——廖某某诉王某、某物业公司健康权纠纷案

关键词：补充责任　安全保障义务　责任范围

案情要览

2020 年 1 月 27 日 22 时许，某小区楼道一层入口内的公共区域发生火灾，该单元 402 室的廖某某在沿楼梯逃生过程中被熏倒，烧伤致残。公安消防机关调查认定，起火原因可排除用火不慎和电气线路故障引发火灾的因素，不排除遗留火种引发火灾的因素。经查，起火点是大量堆放在楼道内的该单元 201 室业主王某收集的废旧纸箱等易燃杂物。遗留火种的人是谁，未确定。同时，物业公司虽事发前曾提示、要求王某清理其在楼道内堆积的易燃物，但在劝阻无效后，物业公司并未主动清理，亦未将相关情况向公安消防机关报告。物业公司不能详细说明火灾前后物业公司采取的消防安全保障措施、春节期间值班人员名单、巡视情况及火灾后的处理措施等情况。现廖某某向法院提起诉讼，请求王某与物业公司共同向其赔偿医药费、误工费、残疾赔偿金等共计 1000 余万元。

各方观点

原告廖某某观点：王某堆放在小区楼道口公共区域内的杂物燃烧发生火灾。廖某某在沿楼梯逃生过程中被熏倒、烧伤。物业公司作为物业管理单位，对楼道公共区域负有管理责任；王某将易燃物品长期大量堆放在公共区域导致火灾事故的发生。王某、物业公司应当对廖某某因本次火灾事故所产生的损失承担赔偿责任。故请求判令王某、物业公司共同向其赔偿医药费 371400.25 元、住院伙食补助费 15900 元、营养费 15000 元、护理费 923727.8 元、误工费 48166.7 元、残疾赔偿金 1209632 元、鉴定费 7350 元、残疾辅助器具费 7679832 元、康复训练食宿费 3890 元、精神损害抚慰金 100000 元、交通费 5914 元、财产损失费 1000 元。

被告王某观点：本案系侵权责任纠纷，王某并未对廖某某施加任何伤害，也未实施投放火种等引发火灾的侵权行为，故王某非本案适格被告，无须承担相应的侵权责任。物业公司没有做好物业管理区域内的安全防范工作，也没有对造成本起火灾事故的侵权人进行及时发现并制止，致使实际的侵权人至今逍遥法外，物业公司应对此承担相应的法律责任。王某与物业公司之间既不存在实施共同侵权行为的意思联络，也没有实施共同侵权的加害行为，王某与物业公司之间不存在共同侵权。因此，请求驳回廖某某对王某的诉讼请求。

被告某物业公司观点：我公司作为物业服务公司，积极宣传消防安全知识，定期或不定期地组织楼道清理工作，对该单元201室堆放杂物的行为多次进行劝说，要求其清理，消除消防安全隐患。在事故发生后我公司第一时间报火警、组织灭火、对伤者进行积极救助，已经尽到了物业公司的安全保障义务，因此不应当承担责任。

裁判要旨

一审法院经审理认为：两人以上实施危及他人人身、财产安全的行为，其中一人或者数人的行为造成他人损害，能够确定具体侵权人的，由侵权人承担责任，不能确定具体侵权人的，行为人承担连带责任。本案的事故经消防部门认定"起火原因可排除用火不慎和电气线路故障引发火灾的因素，不排除遗留火种引发火灾的因素"。本案中，王某在楼道内堆放易燃物品，物业公司在日常管理中未及时发现该隐患，导致在遇火种时发生火灾及廖某某的损失，现无法确认火种的遗留人即具体侵权人。王某及物业公司应对廖某某的损失承担连带责任。

故对廖某某主张的医药费、住院伙食补助费、营养费、护理费、残疾赔偿金、绷带、尿垫、弹力套、一次性手套费用、假肢费用、康复期间食宿费、交通费、财产损失费一审判决予以支持。综合考虑廖某某的伤情、年龄、致残程度、今后生活所面临的困难以及造成其精神上的痛苦程度，一审法院酌情判处精神损害抚慰金。

一审法院判决：一、王某与某物业公司承担连带责任赔偿廖某某医药费369493.99元、住院伙食补助费15900元、营养费7500元、护理费748885元、残疾赔偿金1209632元、绷带、尿垫、弹力套、一次性手套费用9432元、假肢费用 3889600 元、康复期间食宿费 3404 元、交通费 4000 元、财产损失费 1000 元、精神损害抚慰金 80000 元；二、驳回廖某某的其他诉讼请求。

二审法院经审理认为： 在起火部位 7 号楼 6 单元一层楼道入口内西南侧，曾大量堆放 201 室王某收集的废旧纸箱等杂物。本案事发正值春节假期，因王某未能按照小区物业的提示及要求将其堆放在公共楼道内的大量废旧纸箱等易燃物自行清理，也未对上述易燃物采取相应的消除隐患措施，在不排除遗留火种引发火灾的前提下，最终引发火灾，造成廖某某身体受损。因此，王某对火灾的发生主观上具有过错，根据《侵权责任法》第六条①第一款之规定，王某因过错侵害他人民事权益，应当承担侵权责任。同时公安消防部门对起火原因认定为，可排除用火不慎和电气线路故障引发火灾的因素，不排除遗留火种引发火灾的因素。因此，本案中存在遗留火种人，火灾的发生是堆放易燃物品与遗留火种相结合的后果，在火种遗留人无法查明的情况下，法院根据王某的过错程度判定其承担相应的责任，现综合评判确定王某对本次火灾事故的后果承担百分之七十的赔偿责任。一审法院判令承担全部的侵权责任不当，法院在查明事实的基础上予以改判。对于物业公司的责任，法院认为，物业公司虽不是直接侵权人，但其作为专职为小区共用部位及共用设施提供维修养护、消防安全防范、绿化养护、环境卫生、公共秩序维护的单位，系受小区全体业主委托对小区共用部位及共用设施履行综合管理职能，特别是其中关于制止消防安全违法行为及排除火灾隐患的部分，关系到所在小区全体业主的生命财产安全，物业公司对此责任重大。而且，在物业公司自行制定的《某物业住宅物业服务标准》中，物业公司也明确规定自己负有"发现消防安全违法行为和火灾隐患，立即纠正、排除；立即纠正、排除有困难的，应向公安消防机构报告"的义务。物业公司作为物业管理单位，对于可能造成火灾隐患的事件，应当做到及时监督排除隐患才能视为其完成了法定义务，否则，应视为其未尽到必要的安全保障义务，危险发生时，物业公司必须承担相应的法律责任。综上，导致

---

① 对应《民法典》第一千一百六十五条。该条规定："行为人因过错侵害他人民事权益造成损害的，应当承担侵权责任。依照法律规定推定行为人有过错，其不能证明自己没有过错的，应当承担侵权责任。"

廖某某身体受伤的直接责任人是王某和火种遗留人，但物业公司在本案中也未尽到安全保障义务，存在过错，其明知王某是拾荒者，时值春节，只对其堆放行为进行提醒、提示，未直接清理，也未报相关部门处理，放任废旧纸箱等易燃危险物的存在，最终引发火灾，导致廖某某受伤。鉴于其不是直接侵权人，其应当就直接侵权人的侵权造成的损失承担补充赔偿责任。鉴于物业公司的过错，法院认为物业公司应当对王某及火种遗留人的侵权行为全额承担补充赔偿责任。关于王某及物业公司上诉认为廖某某采取了错误的逃生方式，其对损害结果的发生亦应承担相应的责任一节，法院认为，火灾的发生系由王某在公共区域大量堆放废旧纸箱等易燃物品，不排除遗留火种引发火灾的因素造成的。王某是直接侵权人，应承担侵权责任。物业公司未履行相应的管理义务，放任废旧纸箱等易燃危险物的存在，最终引发火灾，应全额承担补充赔偿责任。廖某某的逃生手段是否适当，不是减免责任人侵权责任的原因。基于此，一审法院判令王某承担对廖某某的侵权所造成的损失并无不当，法院对此予以确认。

二审法院判决：一、撤销一审判决；二、廖某某医药费369493.99元，住院伙食补助费15900元，营养费7500元，护理费748885元，残疾赔偿金1209632元，绷带、尿垫、弹力套、一次性手套费用9432元，假肢费用3889600元，康复期间食宿费3404元，交通费4000元，财产损失费1000元，精神损害抚慰金80000元，上述费用合计：6338846.99元，王某向廖某某赔偿上述费用金额的百分之七十，即4437193元；三、某物业公司对廖某某发生的费用合计：6338846.99元全额承担补充赔偿责任；四、驳回廖某某的其他诉讼请求。

法官评析

本案涉及的是安全保障义务人的补充责任问题。《民法典》第一千一百九十八条第二款规定："因第三人的行为造成他人损害的，由第三人承担侵权责任；经营者、管理者或者组织者未尽到安全保障义务的，承担相应的补充责任……"该条规定中的"补充责任"应当在什么范围内界定，实践中存在不同意见。

一、安全保障义务的理论依据

在第三人侵权情况下，公共场所的管理者即如本案中的物业公司承担安全保障义务的理论依据是什么？目前理论界主要有四种观点。

第一种是过失说，其认为既然负有安全保障义务的管理者、经营者对于损害结果的发生具有过失，就应承担因过失而产生的侵权责任。第二种是控制说，其认为管理者、经营者控制潜在危险的义务来源于其对危险源的控制力，作为专业的管理者、经营者，相较于其他个体，更为了解相关设施、设备的性能以及相应的法律、法规的要求，更能预见可能发生的危险和损害，更有可能采取必要的措施防止损害发生或减轻损害。第三种是利益说，其主张风险与收益相一致的理论，管理者特别是作为获取经济利益的经营者，当然要为每一位潜在的消费者负有相应安全保障义务。第四种是经济分析说，其从社会经济学的角度，要求管理者、经营者承担安全保障义务，避免损害发生，从社会整体角度而言更具有经济性。

具体到实践层面，通常认为，只有在法律明确规定、合同约定或者存在先前行为的情况下，安全保障义务才得以启动。依据《民法典》第一千一百九十八条第一款的规定，安全保障义务主要是指宾馆、商场、银行、车站、机场、体育场馆、娱乐场所等经营场所、公共场所的经营者、管理者或者群众性活动的组织者等安全保障义务主体，应尽的合理限度范围内的使他人免受人身及财产损害的义务。第三人侵权情况下，本案中的物业公司承担安全保障义务的法律依据在于该条的第二款规定，即"因第三人的行为造成他人损害的，由第三人承担侵权责任；经营者、管理者或者组织者未尽到安全保障义务的，承担相应的补充责任"。

除此之外，《物业管理条例》中也有相关的安全保障内容，如第四十五条第一款规定："对物业管理区域内违反有关治安、环保、物业装饰装修和使用等方面法律、法规规定的行为，物业服务企业应当制止，并及时向有关行政管理部门报告。"由此可见，物业公司在小区物业管理过程中对小区内相关人员负有安全保障义务，当第三人侵权时，物业公司有义务予以制止和处理，造成损害的，应当承担相应的责任。

二、物业公司未尽到安全保障义务时补充责任的判断

如果损害系因第三人行为导致，而物业公司疏于履行安全保障义务也是损害发生的原因，其承担的责任是补充责任。《民法典》之所以如此规定，立法者的主要考虑是在第三人介入实施加害行为的情形下，安全保障义务主体虽有过错但其与该第三人没有任何形式的共同意思联络，即不具有共同的主观过错，且一种积极的加害行为与一种消极的不作为行为并非直接结合对受害人产生损害，故两者不能承担共同侵权的连带责任。

《民法典》虽然规定了在第三人直接实施侵权行为的情况下，义务人应承担"相应的补充责任"，但现行法律法规、司法解释对何为"相应的"均无明确规定。对于补充责任人应当对受害人进行赔偿的部分，存在不同的观点：第一种观点认为赔偿权利人有权向补充责任人要求对在直接侵权人未赔偿范围内的其他剩余部分进行填补。第二种观点认为，义务人应当对受害人进行赔偿的部分应由其过错程度及其不作为在案件中对不利结果的产生所起到的具体作用来进行确定，而不必考虑其他。第三种观点认为，在确定补充责任人应当对受害人进行赔偿的部分，不仅需考虑其过错程度及其不作为行为对损害结果的原因力大小，还应将其在当时情况下的经济状况、对待该种风险时的风险转移能力、受到侵害人的经济状况等因素纳入考虑范围。

笔者认为，在司法裁量的过程中，首先要考虑物业公司的过错程度以及对不利后果所起的作用力大小，同时也要结合第三人侵权行为的性质与强度、管理者和经营者对场所、活动的控制力大小、相关安保措施和制度、侵权行为前后物业公司安保义务的实际履行情况等因素综合评判。[①] 如果物业公司作为专业的服务机构，在具备对物业管理区域有足够控制力的情况下，未按照法律规

[①]　最高人民法院民法典贯彻实施工作领导小组主编：《中华人民共和国民法典侵权责任编理解与适用》、人民法院出版社 2020 年版，第 293-294 页。

定或合同约定做好安全隐患的防范、制止、报告和事后救助义务，对于第三人侵权行为的损害结果具有直接、全部的原因力的情况下，直接责任人应承担所有损失的最终责任，而物业公司应承担相应的补充责任。根据物业公司的过错程度，如果物业公司尽到必要的安全保障义务则损害根本不会发生时，物业公司承担补充责任的范围可与实际侵权第三人的赔偿范围完全一致。

本案中，物业公司作为专业的物业服务企业，系受小区全体业主委托履行综合管理职能，根据法律规定和合同约定，其对制止小区内的消防安全违法行为及排除火灾隐患负有安全保障义务。但是，本案事故发生前，所涉小区火灾事故频发，消防安全管理制度形同虚设，物业公司不能举证证明其发现并督促王某清理或自行直接清理堆放物品，亦没有上报有关公安消防机关请求清理。事发时，物业管理人员消防职责缺位，出现火情时未能及时报警，亦未能妥善组织人员疏散和对伤者进行救治。事发后，物业公司在案件审理中仍不能详细说明火灾前后物业公司采取的消防安全保障措施、春节期间值班人员名单、巡视情况及火灾后的处理措施等情况，故法院综合评判以上因素，确认物业公司应对被侵权人的损失全额承担补充赔偿责任。

第二章
互联网相关侵权责任

6

自媒体侵权名誉权

📄 **实务观点**

问题 1：消费者借助网络自媒体，对第三方服务的评论是否构成侵害名誉权？

观点：网络自媒体针对第三方的产品、服务质量发表评论，如果该自媒体上的评论者是消费者本人，因消费者对生产者、经营者的产品或者服务质量进行批评、评论，本就是消费者监督权利的范畴，不应当被轻易认定为侵害他人名誉权。但是，如果超过必要界限，如借机诽谤、诋毁，损害生产者、经营者名誉的，则应当承担相应的责任。

问题 2：消费者以外的主体，借助网络自媒体对第三方服务进行评论是否构成侵害名誉权？

观点：如果评论者是消费者以外的非新闻媒体，借助网络自媒体针对第三方的产品、服务质量发表评论，则对于事实陈述，行为人需举证证明其所言为真实；对于意见表达，观点正确与否并非法律评价的范围，但言语上不得存在侮辱他人的情形。

📖 **案例精释**

网络自媒体对第三方服务的评论是否构成侵害名誉权的判断

——某公司诉王某网络侵权责任纠纷案

关键词： 自媒体　名誉权　言论自由　意见表达

案情要览

某公司系"××""××二手车""××二手车直卖网"的商标权人，是"××二手车直卖网"的主办单位和经营者。王某系某微信公众号的登记主体和实际运营者。

王某曾在其微信公众号中撰写文章多篇，文章1中引用的截图涉及"××二手车""这还是在车况摸清了，由××来鉴定的……"等用语。另，某公司主张文章1标题中有"黑"字，正文中"到底谁是奸商"中有"奸商"一词，还存在"诋毁同行，手段肮脏""各种手段诋毁别人""专业混乱，坑蒙拐骗""员工素质不齐，忽悠""数据作假，把1台5000元收入，当5台1000元收入""恶魔的果实""用户投诉""用人不当，管理混乱"等用语。另一篇文章中，含有"偷换概念""诋毁同行""没有规矩""坑害客户""卖家少卖钱，买家多花钱"等用语；文章2一文中含有"卖家少卖钱，买家多花钱""某二手车的投诉率真的遥遥领先"等用语。

各方观点

原告某公司观点： 2018年10月23日至11月27日，原告发现被告通过其微信公众号发布有关原告的不实文章。其中包括文章1和文章2等文章，这些文章大多为被告虚构的不实内容，同时被告又通过混淆逻辑，以偏概全，夸张、夸大等手段对原告进行侮辱、诽谤及诋毁，企图向公众营造原告的负面形象、误导公众，被告的恶意明显，已经严重侵犯了原告的名誉权。故要求被告王某立即删除涉案文章，停止侵权行为；并在全国性报纸、被告微信公众号及五家以上知名网络媒体以刊登公告的方式向原告赔礼道歉；赔偿原告经济损失人民币一百万元。

被告王某观点： 1. 原告诉请所涉多篇文章的内容均未直接针对原告，是其刻意将帽子扣在自己的头上。本人在全文中并没有直指"××二手车"等具体企业名称。文中所提及的"某些二手车电商""个别二手车电商""几家二手车电商"并不能代表原告，二手车电商一词是国家行业名词并不特指某一企业，原告的主张没有事实依据。其中文章 1 中论点论据强调的核心意思可以总结为：中国二手车行业发展至今实属不易，我们期待和希望有资本、有技术、有实力的二手车电商能够真正地赋能行业，引导行业，实质创新，真正地起到推动行业健康发展的作用，而不是一味地进行资本赌博、营销套路、内鬼纷争、数据造假。伤了行业坑了客户，最终倒霉的还是消费者，辛苦赚钱不容易，买个省钱放心的二手车，要让用户信任。文章 3 一文中论点论据强调：做二手车的，做服务的，把心搁中间！打好基本功，尊重消费者，真诚信好服务，这才是正理！尊重行业，尊重同行，尊重消费者，这是规矩！上述文章中逻辑清晰、观点明确，并不存在对原告的恶意侮辱诽谤诋毁，并未造成任何侵害。2. 被告所发表的文章并无虚构事实，相关数据均来自公开第三方。被告文章中所提供的图文均来自合法发布渠道和行业公开信息，如其业务收费标准高于行业平均收费标准 2 倍的事实依据，多个媒体平台公开并发布了有关原告在收费过高、管理混乱、侵害消费者权益、虚假扩大宣传方面的文章。3. 被告系本着客观专业的态度，帮助消费者减少损失和风险，提醒行业企业引以为戒注重管理和运营，实现中国二手车行业的健康发展，让广大老百姓想买敢买二手车，想卖、能卖合理价，实现产业的共同良性发展并无不妥，即使在个别文章中点名企业，也都是在证据和论据确认的情况下充分调查，合法合理发布。原告作为一家公众公司，理应依法依规进行正当经营，并接受各界及舆论正常的监督，不能小心思，含沙射影，将诸多合理合法的公众陈述自引为对自己的伤害，实为不妥。综上，原告的起诉没有事实和法律依据，请求法院依法驳回原告诉讼请求。

法院经审理认为：本案争议焦点有二：一是被告王某撰写的三篇文章是否侵害了原告公司的名誉权；二是被告王某是否应承担民事侵权责任。

关于争议焦点一，言论包括事实陈述和意见表达。事实陈述是指现在或过去的具体历程或状态，具有可以验证其真伪之性质。相对于事实的概念，可以泛称为意见。意见表达是指行为人表示自己的见解或立场，无论是纯粹的价值判断还是单纯的意见表述，均无真伪之别。判断某种言论是否侵害名誉权，对于事实陈述，行为人需举证证明其所言为真实，或经合理查证，有相当理由确信所言为真实。对于意见表达，观点正确与否并非法律评价的范围，但言语上不得存在侮辱他人的情形。[①] 本案中，从王某撰写的文章1中引用的截图来看，能够认定涉案文章指向的系某公司运营的"××二手车"平台，而在文章标题中使用"黑"字，文章内容中使用"奸商"等用词系从评论性文章对事实的描述转入对"××二手车"的定性评论。从王某提交的证据来看，王某的评价性论断失之偏颇，指称的内容缺乏确凿证据支持。另外，王某在文章中的评论观点，从行为定性的程度、观点用语的修辞来看，基本属实，但上述标题及文章采用的辞藻，带有贬损之意，用词有不当之处，超出了一般评论或批评的范围，使阅读者对某公司产生负面印象，对某公司及其运营的"××二手车"名誉权有所影响，构成侵权。

关于争议焦点二，王某自称为自媒体，根据一般认知，自媒体又称"公民媒体"或"个人媒体"，是指私人化、平民化、普泛化、自主化的传播者，以现代化、电子化的手段，向不特定的大多数或者特定的个人传递规范性及非规范性信息的新媒体的总称。2017年6月1日颁布的《互联网新闻信息服务管理

[①] 北京互联网法院编：《互联网典型案件裁判思维与规则（一）》，人民法院出版社2020年版，第128页。

规定》《互联网新闻信息服务许可管理实施细则》将各类新媒体纳入管理范畴：若需向社会公众提供互联网新闻信息服务，应当取得互联网新闻信息服务许可；限制有关社会突发事件的报道、评论。本案中，王某未提供证据证明其已获上述经营许可，故其自称作为自媒体于涉诉三篇文章中的评论均不合规。

王某发表上述文章，自称为消费者维权，但若作为自媒体，评论应坚持全面听取各方当事人意见、客观反映事实的原则，而涉案文章均有明确征集"××二手车"纠纷之意，对消费者诉求予以着重描写甚至夸大，未考量消费者诉求的合理性和合法性，带有倾向性，对某公司经营业务进行不当点评，可能对某公司的社会评价造成不良影响。综上，王某应承担相应的民事责任。但某公司也应当就在履约过程中是否违约有所反思：若违约，有无及时解决；若不违约，是否在经营过程中未将重要信息向消费者着重说明，告知义务是否完备，客服对消费者的答复是否中肯、专业，若涉及为第三方提供服务，有无在显著位置或以醒目字体提示消费者等问题及现象。如果某公司提供的服务更周到，那么某公司的投诉数量可能会下降。在经营过程中满足用户需求和打"擦边球"只有一墙之隔。某公司在追求公司利润的同时，应当重视客户消费体验，勿忘以提升客户满意度为企业之责任，严抓企业质量管控。

公民、法人的名誉权受到侵害的，有权要求停止侵害、恢复名誉、消除影响、赔礼道歉。综上所述，王某应删除本案所涉的多篇文章。

关于赔礼道歉及赔偿经济损失一节，某公司要求的赔礼道歉属于侵犯名誉权的法定的侵权责任承担方式，应予支持。根据侵权责任的承担与侵权行为性质、侵权情节相适应原则，法院综合考虑王某的主观过错、侵权情节、影响范围等因素，由王某在其微信公众号上刊登道歉声明（内容须经法院审核），为期三十日，公开向某公司赔礼道歉，以消除对某公司造成的不利影响。某公司诉讼请求中要求王某在全国性报纸及五家以上知名网络媒体刊登公告的方式向其赔礼道歉，扩大了其受损范围，法院难以支持。王某发表上述多篇涉案文章，会使某公司名誉权受到影响，但某公司名誉权受到影响，是由诸多因素造成的，不能过多归咎于王某涉案的三篇文章。又因名誉权不应过于依赖且很难以金钱去衡量，故对名誉的影响应当以消除影响为根本目的。本案被侵权人因人身权益受侵害造成的财产损失和侵权人因此获得的利益，未有明确证据证明，综合考虑本案实际因素，酌定赔偿金 3000 元。

一审法院判决：一、被告王某删除文章 1、文章 2 和文章 3 几篇文章；二、被告王某以书面形式向原告某公司赔礼道歉，致歉信刊登在其微信公众号，致歉内容须经法院审核，持续三十日；若被告王某逾期不履行，将依法承担拒不履行生效判决的法律责任，法院将依原告某公司申请，选择一家全国发行的报刊，刊登判决主要内容，费用由被告王某负担；三、被告王某支付原告某公司赔偿金 3000 元。四、驳回原告某公司的其他诉讼请求。

宣判后，双方均未上诉，现判决已产生法律效力。

法官评析

对于阅读者来说，网络空间时常是一个匿名化的世界。网络自媒体便利了人们分享信息、表达观点，与此同时，在真实身份得以遮掩的情况下，网络用户的言论和行为会表现得更加自由，甚至无所顾忌。[①] 但是网络不是法外之地，公民在网络空间中发表言论更应当本着实事求是的态度、文明友善发言，不应贬损、诋毁他人（包括自然人和法人）名誉，否则将构成对他人名誉权的侵害，进而承担民事侵权责任，本案例反映的就是这个问题。

一、网络时代自媒体的含义与行政监管

所谓自媒体，一般是指组织机构或个人通过网络途径向外发布自己的观点与新闻的传播方式，故又称"公民媒体"或"个人媒体"。自媒体的突出特点是私人化、平民化、传播快。具体到实践中，目前主要有微信公众号、论坛、博客、视频网站等表现形式。与传统媒体所承载内容的审核程序、规范要求不同，自媒体的内容更多依赖于个人的主观意愿，突出表现在"自我声音"的表

---

① 周学峰：《网络服务提供者披露用户身份信息问题研究》，载《判解研究》（2020 年第 2 辑，总第 92 辑），人民法院出版社 2021 年版，第 140 页。

达。客观而言，自媒体有其独特的优势，是个人言论自由的一种延伸，能够向公众展现出更为多面、丰富、有趣的社会生活，另外，"随心所欲"的自主性也导致了部分自媒体存在可信度低、内容良莠不齐甚至触犯法律的情形。有鉴于此，我国相关部门也在逐步对自媒体进行规范，如国家互联网信息办公室公布的《互联网新闻信息服务管理规定》将各类新媒体纳入管理范畴，其第二条明确："在中华人民共和国境内提供互联网新闻信息服务，适用本规定。本规定所称新闻信息，包括有关政治、经济、军事、外交等社会公共事务的报道、评论，以及有关社会突发事件的报道、评论。"第五条规定："通过互联网站、应用程序、论坛、博客、微博客、公众账号、即时通信工具、网络直播等形式向社会公众提供互联网新闻信息服务，应当取得互联网新闻信息服务许可，禁止未经许可或超越许可范围开展互联网新闻信息服务活动。前款所称互联网新闻信息服务，包括互联网新闻信息采编发布服务、转载服务、传播平台服务。"《互联网新闻信息服务许可管理实施细则》重申了上述内容。由此可见，若需向社会公众提供互联网新闻信息服务，应当取得互联网新闻信息服务许可。本案中，王某未提供证据证明其已获上述经营许可，故从行政监管的角度，其自称作为自媒体于涉诉三篇文章中的评论均不合规。

二、网络自媒体的评论主体与消费者维权诉求的关系

网络自媒体针对第三方的产品、服务质量发表评论，其评论主体一般涉及两种：其一，评论者是消费者本人；其二，评论者并非消费者，而是"旁观者"。不同的评论主体，所涉及的判断因素存在差异。

首先，如果评论者是消费者本人。《消费者权益保护法》第十五条赋予了消费者一定的监督权，即"消费者享有对商品和服务以及保护消费者权益工作进行监督的权利。消费者有权检举、控告侵害消费者权益的行为和国家机关及其工作人员在保护消费者权益工作中的违法失职行为，有权对保护消费者权益工作提出批评、建议。"由此可见，消费者对生产者、经营者的产品或者服务质量进行批评、评论，本就是消费者监督权利的范畴，不应当被轻易认定为侵

害他人名誉权。但是，如果超过必要界限，如借机诽谤、诋毁，损害生产者、经营者名誉的，则应当承担相应的责任。至于消费者行使监督权之合理与不合理的界限，笔者认为可以参考以下两个要素。其一，消费者行为的过错程度，对于实际购买产品或接受服务的消费者，其对产品、服务的评价只要不是恶意的侮辱、诽谤，一般不宜认定为构成侵害名誉权。其二，考虑消费者的诉求对生产者、经营者社会评价的影响，现行的法律、司法解释对社会评价降低并无明确的细化标准，通常采用推定的方式确定损害事实的存在，如受害人提供证据证明针对自己的侮辱和诽谤性内容已经为第三人所知悉，则推定名誉受到侵害。

其次，如果评论者是"旁观者"。具体而言，旁观者的身份可能是新闻媒体，也可能是非新闻媒体。如果旁观者的身份是新闻媒体，《民法典》第一千零二十五条已经明确了具体的适用规则，即"行为人为公共利益实施新闻报道、舆论监督等行为，影响他人名誉的，不承担民事责任，但是有下列情形之一的除外：（一）捏造、歪曲事实；（二）对他人提供的严重失实内容未尽到合理核实义务；（三）使用侮辱性言辞等贬损他人名誉"。当然，正如前文所述，新闻媒体履职的前提是经过行政许可，不是任何主体均可行使该种权利。而且根据笔者的观察，一般语境下谈论的自媒体，绝大多数都不是常规的新闻机构，而是个别组织或自然人自由支配的"个人平台"，在此前提下，姑且不谈通过评论的方式对他人的产品质量进行监督是否符合行政监管政策，单从民事侵权的角度分析，也需要明确一定的评论界限。正如本案二审理由所述，判断某种言论是否侵害名誉权，对于事实陈述，行为人需要举证证明其所言为真实，或经合理查证，有相当理由确信所言为真实；对于意见表达，观点正确与否并非法律评价的范围，但言语上不得存在侮辱他人的情形。本案中，文章标题中使用"黑"字，文章内容中使用"奸商"等用词系从评论性文章对事实的描述转入对经营者的定性评论，而且评价性论断失之偏颇，指称的内容缺乏确凿证据支持，带有贬损之意，超出了一般评论或批评的范围，使观者对经营者产生负面印象，故此，法院认定了其侵权行为成立。

7

微信群言论侵权名誉权

📋 实务观点

问题 1：在侵犯他人名誉权相关的案件中，如何界定不特定关系人组成的微信群的性质？

观点：不特定关系人组成的微信群具有公共空间属性，公民在此类微信群中发布侮辱、诽谤、污蔑或者贬损他人的言论构成名誉权侵权，应当依法承担法律责任。

问题 2：在认定微信群中的言论是否构成侵犯他人名誉权时，应当考虑哪些因素？

观点：认定微信群中的言论构成侵犯他人名誉权，应当符合名誉权侵权的全部构成要件，还应当考虑信息网络传播的特点并结合侵权主体、传播范围、损害程度等具体因素进行综合判断。

📖 案例精释

微信群里发布不当言论侵犯他人名誉权的认定
——黄某某等诉赵某名誉权纠纷案

关键词：微信群　侮辱　公共属性　名誉权

案情要览

某公司在某小区一层商铺开有一家美容店，黄某某系该公司股东兼任美容师。2017 年 1 月 17 日 16 时许，赵某陪同该小区的另一业主到上述美容店做美容。其间赵某询问之前其在该美容店祛斑的事情，就美容服务问题二人发生口角。后当事人报警，公安部门对赵某作出行政拘留三日的处罚。赵某对此事怀恨在心，此后通过其微信号在双方共同居住小区的两个业主微信群发布的信息中使用了明显带有侮辱性的言论，并使用了黄某某的照片作为配图，而对于某公司使用了"美容师不正规""讹诈客户""破仪器""技术和产品都不灵"等贬损性言辞。后，某公司、黄某某将赵某诉至法院，要求赵某赔礼道歉、消除影响、恢复名誉，同时要求赔偿损失及精神抚慰金共计 3 万元。

各方观点

原告某公司、黄某某观点：赵某系小区业主微信群群主，双方发生纠纷后赵某多次在业主微信群中散布谣言，对二原告进行造谣、诽谤、污蔑、谩骂，并将黄某某从业主群中移出，某公司因赵某的行为生意严重受损。故二原告向法院起诉，请求赵某赔礼道歉、消除影响、恢复名誉，同时要求赔偿损失及精神抚慰金共计 3 万元。

被告赵某观点：2016 年，赵某在涉诉美容店做激光祛斑，黄某某承诺保证全部祛除掉，但做过两次后，斑越发严重，多次沟通，对方不同意退钱。事发当日赵某再次咨询此事，黄某某却否认其在此做过祛斑，双方发生口角。赵某称只有一个微信号，且经常换名字，其不是群主，不清楚群主情况，没有加过黄某某为好友，也没有在微信群里发过损害黄某某名誉的信息，只与邻居、朋友说过与其纠纷的事，某公司仪器不正规、讹诈客户，其他人也有同感。赵某认为公民有言论自由，二原告的损失与其无关。

裁判要旨

一审法院经审理认为： 公民、法人享有名誉权，公民的人格尊严受法律保护，禁止用侮辱、诽谤等方式损害公民、法人的名誉。本案中，赵某否认其微信号发的有关涉案信息是其本人所为，但就此未提交证据证明，根据庭审查明情况，结合微信截屏信息内容、证人证言、法院自微信号开发公司调取的材料，法院认定赵某在2017年1月17日与黄某某发生纠纷后，在双方共同居住的小区业主微信群中发表涉案言论并使用黄某某照片作为配图，对黄某某及某公司的美容店使用了贬损性言辞，赵某亦未提交证据证明其所发表的涉案言论的客观真实性，其将上述不当言论通过微信发至有众多小区业主的微信群，造成上述不当言论的传播，故法院认定赵某在主观上具有过错。从微信群中其他用户询问的情况以及网络信息传播的便利及快捷特点看，涉案言论确易引发对黄某某、某公司经营的美容店的猜测和误解，导致对二者的负面认识和造成其社会评价降低，故赵某的行为侵犯了黄某某、某公司的名誉权，赵某应当就此承担民事侵权责任。

行为人因过错侵害他人民事权益，应当承担侵权责任。公民、法人的名誉权受到侵害，有权要求停止侵害，恢复名誉，消除影响，赔礼道歉，并可以要求赔偿损失。

现黄某某、某公司要求赵某基于侵犯名誉权之行为赔礼道歉，符合法律规定，法院予以支持，赔礼道歉的具体方式由法院酌情确定。关于名誉权被侵犯产生的经济损失，某公司提供的证据不能证明实际经济损失数额，但某公司在涉诉小区经营美容店，赵某在有众多小区业主的微信群中发表不当言论势必会给某公司造成一定影响，故对某公司的该项请求，法院综合考虑赵某的过错程度、侵权行为内容与造成的影响、侵权持续时间、某公司实际营业情况等因素酌情确定。关于黄某某主张的精神损害抚慰金，法院亦根据上述因素酌情确定具体数额。关于某公司主张的精神损害抚慰金，缺乏法律依据，法院不予支持。

一审法院判决：一、被告赵某在涉案美容店门口张贴致歉声明，向原告黄某某、某公司赔礼道歉，张贴时间为七日，致歉内容须经法院审核；如逾期不执行上述内容，则由法院在上述地址门口全文张贴本判决书内容；二、被告赵某赔偿原告某公司经济损失3000元；三、被告赵某赔偿原告黄某某精神损害抚慰金2000元；四、驳回原告黄某某、某公司的其他诉讼请求。

赵某不服提起上诉。

二审法院经审理认为：名誉权是民事主体依法享有的维护自己名誉并排除他人侵害的权利。关于赵某上诉称其没有侵害黄某某和某公司名誉权一节，法院认为，根据已查明的事实，赵某与黄某某发生纠纷后，赵某分别在"A群"和"B群"发布的信息中使用了明显带有侮辱性的言论，并使用了黄某某的照片作为配图，已使上述言论被两个微信群中的其他成员知晓，上述两个微信群人数众多，该侮辱性言论及图片导致黄某某及某公司的社会评价降低，赵某的损害行为与黄某某、某公司名誉受损之间存在因果关系，故赵某的行为已经侵犯了黄某某、某公司的名誉权。一审法院认定赵某侵害了黄某某、某公司名誉权正确，赵某的该项上诉理由不能成立，不予支持。

关于赵某上诉称某公司没有经济损失一节，法院认为公民的姓名权、肖像权、名誉权、荣誉权受到侵害的，有权要求停止侵害，恢复名誉，消除影响，赔礼道歉，并可以要求赔偿损失。法人的名称权、名誉权、荣誉权受到侵害的，适用前款规定。本案中，某公司的经营地点在小区内，而赵某的不当言论发布在人数众多的小区住户所在的微信群，势必会对某公司的经营造成不良影响，故一审法院判决赵某赔偿某公司经济损失3000元并无不当，应予维持。关于黄某某主张的精神损害抚慰金，一审法院酌情确定的数额并无不当，法院不持异议。赵某对微信电子证据和证人证言不予认可，但未提供证据予以证明，法院对其该项上诉理由不予采信。

二审法院判决：驳回上诉，维持原判。

法官评析

随着科技的发展，微信已经成为人们日常交往、购物和交流信息的重要媒介。作为即时通信软件，一般而言，个人与个人之间的交流具有一定私密性，但在某些情况下，特别是在微信群里，成员时常具有广泛性甚至不特定性，故其具有了公共空间属性。如果在具有公共空间属性的微信群里，发表针对他人的不当言论，恰如本案，则会对他人的名誉权构成侵害。但鉴于微信群与传统的名誉权侵权所依赖的媒介有所不同，故在符合传统的侵权四要件之外，该类侵权在主体认定、传播范围、损害程度认定等方面又具有一定的特殊性。

一、侵权行为的认定和受害人举证存在双重难度

微信群中，成员时常采用匿名或化名的方式出现，彼此之间也不乏线下陌生仅限于线上交流的情形。由此也导致了微信群中侵权人的身份、侵犯名誉权的行为难以认定，另外，受害人对于侵权行为的举证难度加大。在认定侵权行为的过程中，关键证据是微信平台的电子数据信息，主要涉及两个方面：一是主体的身份确定。需要证明微信聊天记录中不当内容的发布者与侵权人的关系。与传统名誉权相比，发布言论者的身份确认存在较大的不确定性，受害人对于发布者真实身份的举证具有难度。从目前的实践分析，主要有以下认定方式：当事人的自认；微信头像或微信相册照片的辨认；聊天记录中透露的身份信息；微信号是否使用了实名认证的手机号；微信服务提供商的协助调查等。二是发布不当言论内容的证明。微信中的聊天记录时常因清理、删除或更换手机而导致信息缺失，往往缺乏完整性，受害人如果要证明侵权行为，时常需要提供原始、真实和完整的微信内容。

二、微信群的成员构成在侵权行为的认定中是重要的考量因素

微信群具有一定的社交功能，其成员可以由特定关系人组成，如家人、同事、朋友等，也可以由不特定关系人组成，如小区业主群、推销推广群等。具体来说，如果是家庭成员群，因为其范围有限且成员之间存在的特殊关系，不具有公共空间的特点，一般难以认定名誉权侵权。但是，如果是几十人、上百人的特定或不特定关系人组成的微信群，便具有公共空间的属性，在该群中发

布的不当言论显然会对他人的社会评价造成影响，在该类群中发布不实言论更容易被认定为侵犯名誉权。由此可见，微信群的成员、人数及彼此的关系，涉及不当言论的传播范围、名誉受损程度，是侵权行为认定中的考量因素。

三、法律责任的承担方式与微信群的影响相适应

侵害他人名誉权的，人民法院判决侵权人承担赔礼道歉、消除影响或者恢复名誉等责任形式的，应当与侵权的具体方式和所造成的影响范围相当。一般来说，在微信群发布不当言论侵害他人名誉权的，实践中以判决在微信群中赔礼道歉的居多，但如果发生双方均已退群或者微信群已解散等情形时，司法实践也会考量案件具体情况，恰如本案，本着"精准"消除影响效果的目的灵活予以裁判，要求侵权人以在涉案美容店门口张贴致歉声明的方式进行赔礼道歉。

8

直播平台与安全保障义务

实务观点

问题1：网络直播爬楼坠亡，直播平台是否承担侵权责任？

观点： 虽然直播平台的行为并不直接导致主播坠亡这一损害结果发生，但主播拍摄的相关危险动作视频，主要是为了在互联网上吸引粉丝、增加关注度、提高知名度，进而得到粉丝的打赏，获取一定的经济利益，直播平台对主播上传的视频未进行必要处理，还借助其知名度为网络直播平台进行宣传，并支付酬劳。故直播平台对主播持续进行该危险活动起到了一定的诱导和鼓励作用，加大了其坠亡的风险，直播平台的行为与主播的死亡结果之间存在一定的因果关系。

问题2：实体空间中公共场所管理者的安全保障义务能否扩展到网络空间，要求网络服务提供者对于网络用户负有同样的义务？

观点： 网络空间作为虚拟公共空间，其与现实物理公共空间存在明显差异，一般不宜将有形物理空间的安全保障义务扩展到无形网络空间。

📖 案例精释

网络直播爬楼坠亡，直播平台是否承担侵权责任

——何某某诉 M 公司网络侵权责任纠纷案

关键词： 网络侵权　生命权　平台责任

案情要览

某网络直播平台为被告 M 公司运营的视频直播平台。2017 年 7 月 25 日，原告刘某（女）之子李某在网络直播平台上注册账号，共计上传视频 154 个。其中李某第一次和第二次上传的视频内容为其做群众演员所拍摄，剩余绝大部分视频内容均为其攀爬各种办公楼、铁塔、烟囱等高空建筑或在上述高空建筑顶端或边缘处表演行走、跳跃、翻转、悬空身体等高空危险性表演。2017 年李某在攀爬某中心大厦拍摄危险动作视频时，不慎坠落，其后身亡。同年被告 M 公司未经李某家属的申请，以避免炒作为由自行封禁了李某的账号。

各方观点

原告刘某观点： 李某系其儿子，是本案的受害人，曾经担任过演员，从 2017 年开始在被告旗下的网络平台及各大主流网络平台发布了大量的徒手攀爬高楼等高度危险性视频，其在各大网络平台发布的视频总浏览量超过 3 亿人次，其本人成为网络名人。2017 年，李某在攀爬某中心大厦时，失手坠落身亡。被告明知李某发布的视频都是冒着生命危险拍摄的，明知其拍摄过程中很可能会发生意外导致生命危险，但被告为了提高其网络平台的知名度、美誉度、用户的参与度、活跃度等从而获取更大的盈利，不仅不对李某的行为予以告诫和制止，而且予以鼓励和推动，被告实质上是以李某的生命危险为代价而获取更大

的自身利益。被告应当对李某发布的系列危险动作视频不予以审核通过，应当采取删除、屏蔽、断开链接等必要措施，但是被告却没有尽到上述义务，被告的行为侵犯了李某的权益，应当承担侵权责任。因此诉至法院，请求：1. 被告赔偿原告共计 6 万元；2. 被告对原告赔礼道歉。

被告 M 公司观点：第一，我公司网络直播平台仅提供信息存储空间的行为，并不是侵权行为；第二，李某上传的视频内容非法律法规禁止内容，被告不作处理不具违法性；第三，被告与李某之间就网络直播软件新版本的推广合作不是加害行为；第四，被告前述行为与李某高坠身亡不具法律意义上的因果关系；第五，被告前述行为不具有主观侵权过错。

裁判要旨

一审法院经审理认为：案外人李某注册了某网络直播平台账号，并上传危险动作视频至某网络直播平台，其是该平台的网络用户，被告作为该网络直播平台的经营者，是网络服务提供者。李某在拍摄危险动作视频过程中坠亡，是本案所涉的损害结果。原告刘某认为被告未尽到安全保障义务，作为网络服务的提供者利用网络侵害了李某的生命权，因此本案的争议焦点是：1. 网络服务提供者是否需要对网络用户承担安全保障义务；2. 被告是否构成侵权；3. 若构成侵权，被告承担具体责任如何认定。

一、网络服务提供者是否应对网络用户承担安全保障义务

《侵权责任法》第三十六条[①]第一款规定："网络用户、网络服务提供者利用网络侵害他人民事权益的，应当承担侵权责任。"该条规定了网络侵权责任。

[①] 对应《民法典》第一千一百九十五条。该条规定："网络用户利用网络服务实施侵权行为的，权利人有权通知网络服务提供者采取删除、屏蔽、断开链接等必要措施。通知应当包括构成侵权的初步证据及权利人的真实身份信息。网络服务提供者接到通知后，应当及时将该通知转送相关网络用户，并根据构成侵权的初步证据和服务类型采取必要措施；未及时采取必要措施的，对损害的扩大部分与该网络用户承担连带责任。权利人因错误通知造成网络用户或者网络服务提供者损害的，应当承担侵权责任。法律另有规定的，依照其规定。"

《侵权责任法》第三十七条①第一款规定："宾馆、商场、银行、车站、娱乐场所等公共场所的管理人或者群众活动的组织者，未尽到安全保障义务，造成他人损害的，应当承担侵权责任。"该条规定了安全保障义务责任。一般认为网络服务提供者侵权责任针对的是知识产权、人格权等权利，而安全保障义务的保护对象则是人身（生命、身体、健康和自由）和有形财产。随着网络信息技术的发展，人们的工作、学习、社交、娱乐及购物等诸多活动均可通过网络空间进行，且一般都是通过某个互联网平台进行。网络空间本身就具有开放、互联、互通、共享的特点。因此网络空间实际上也存在公共空间或群众性活动，其中不仅存在对智力财产、人格的侵害危险，也存在对人身及有形财产侵害的可能性。国家立法层面对两种责任的关联关系亦有体现，例如，2019 年施行的《电子商务法》第三十八条第二款规定："对关系消费者生命健康的商品或者服务，电子商务平台经营者对平台内经营者的资质资格未尽到审核义务，或者对消费者未尽到安全保障义务，造成消费者损害的，依法承担相应的责任。"在司法实践中，如全国首例"人肉搜索"案便是网民基于网上博客信息而对特定人、其家庭和住所进行侵扰的事实而引发的。对以上危险进行防范，也是一种安全保障。网络服务提供者作为网络空间的管理者、经营者、组织者，在一定情况下，对网络用户负有一定的安全保障义务。

由此，在现实生活中，网络服务提供者有可能因未尽到安全保障义务而产生网络侵权责任。但需要特别指出的是，网络空间下的安全保障义务的具体义务内容有别于传统实体空间下的安全保障义务内容。囿于网络空间的虚拟性，我们不能要求网络服务提供者采取实体空间下的安全保障措施。网络空间条件下，网络服务提供者所采取的措施，首先应符合网络空间的自身特点，其次应是在网络服务提供者的能力范围内，因此网络服务提供者的安全保障义务内容

---

① 对应《民法典》第一千一百九十八条。该条规定："宾馆、商场、银行、车站、机场、体育场馆、娱乐场所等经营场所、公共场所的经营者、管理者或者群众性活动的组织者，未尽到安全保障义务，造成他人损害的，应当承担侵权责任。因第三人的行为造成他人损害的，由第三人承担侵权责任；经营者、管理者或者组织者未尽到安全保障义务的，承担相应的补充责任。经营者、管理者或者组织者承担补充责任后，可以向第三人追偿。"

一般应仅包含审核、告知、删除、屏蔽、断开链接等措施。

二、被告是否构成侵权

被告是否构成侵权，主要从以下几个方面来判定。

（一）被告是否对李某负有安全保障义务

首先，被告作为信息存储空间的网络服务提供者，其所属的某网络直播平台是公共场所在网络空间的具体表现形态。该平台的注册和使用是面向社会大众开放的，参与人员具有不特定性，是具有社会活动性的虚拟空间。网民在该网络空间中可以进行浏览、发布、评论、转发、点赞各种视频、图片和文字等活动，网民之间的行为具有互动性、公共性、群众性。故该平台具有公共场所的社会属性，由此，被告作为该平台经营者则可能成为负担安全保障义务的民事主体。某网络直播平台具有用户注册、用户上传视频、粉丝打赏、平台与上传视频用户共同分享打赏收益的流程运营模式，该平台具有营利性质。依据前述查明事实，被告确实与李某共同分享了打赏收益，故依据收益与风险相一致的原理，被告理应承担相应的安全保障义务。其次，被告作为网络服务的提供者和管理者，对网络活动具有一定的掌控能力，因此，其在特定情况下对李某所上传危险动作视频应具有一定的发现排查能力，对该危险动作视频所产生的危害后果也应有一定的预见能力，故依据危险控制理论的要求，其亦应承担相应的注意义务。综上，被告对李某负有安全保障义务。

被告对李某所负安全保障义务的具体义务内容，首先应是对李某上传视频内容进行审查，其次可能还会产生删除、屏蔽、断开链接等具体义务内容。这些义务内容不同于传统的安全保障义务方式，这是由网络虚拟空间的特殊性质所决定的。被告对李某上传视频内容的审核，是其发现安全风险所应采取的必要措施。但同时应该指出的是，被告的这种审查义务，应是在明知或应知李某上传的视频内容可能具有危险性，并可能会产生风险的情况下而进行"被动式"的审查，而非主动的审查义务。因为，面对海量的上传内容，即便技术上能做到全面审查，但无疑会极大地增加网络服务提供者的运营成本，进而可能会阻碍行业发展，牺牲社会的整体福祉。

本案中，依据已查明的事实，被告在知道李某从事相关危险冒险活动，并具有一定知名度的情况下，邀请李某为其进行宣传活动，可推知，被告是明知李某上传视频中可能含有危险内容，且李某在拍摄这些视频过程中会产生生命风险，故其理应对这些视频内容进行审查，并在发现风险后对视频采取删除、屏蔽、断开链接等措施。被告在答辩中认为李某上传的视频内容非法律法规禁止内容，被告没有应当处理的法定义务，不作处理不具违法性，并列举了相关法律法规证明。法院认为，即便李某上传的视频内容非法律法规禁止内容，并不必然意味着被告对视频内容不负有审查、删除等安全保障义务。本案中，李某上传至某网络直播平台的相关视频，大部分为高空危险动作视频，其攀爬及表演高空危险动作过程中未穿戴防护设备，亦缺乏相应的安全保障。李某的上述行为对自身的生命安全会产生重大风险。基于生命权应是法律保护的最高权利形态并且安全保障义务的本质就是一种危险防免义务。被告在发现视频内容具有危险性，且应知李某拍摄此类视频有可能危及其生命安全的情况下，其应本着对生命、健康安全高度重视的态度，履行相关保障义务。在发现相关风险后，应对视频采取删除、屏蔽、断开链接等具体措施，但本案中被告并未完全尽到上述安全保障义务。

（二）被告是否应当承担侵权责任

被告存在未尽到安全保障义务行为，且李某的生命权确实受到损害，故被告是否应承担侵权责任的关键在于侵权的因果关系及被告是否存在过错。

关于李某的死亡与被告未尽安全注意义务之间的因果关系。就因果关系的认定，应是对特定事实之间的关联程度进行判断的过程。这种认定不能单纯依靠理论进行，还要根据个案的具体情况结合一般常识及社会经验综合得出结论。本案中，被告的上述行为并不直接导致李某的死亡这一损害结果，但并不意味着二者不存在任何联系。

据原告所述，李某出生于一个农村家庭，自幼生活的家庭条件较为艰苦，其本人曾多次外出打工，其后又做过群众演员和武行。结合李某的家庭出身环境及成长经历，可知其改善自身生活状况的意愿非常强烈。而"网红经济"的兴起，似乎给李某提供了这样的机会，李某也意图抓住这样的机会。其拍摄涉案的相关危险动作视频，主要是为了吸引粉丝、增加关注度、博取眼球、提高知名度，进而得到粉丝的打赏，获取一定的经济利益，实现其迅速成名并改善生活状况的目的。而事实上，这种极度危险的视频极易对观看者产生刺激，迎合了部分人群的心理需求，从而使得李某在各大网络直播平台上粉丝众多，李某确实通过该种方式获得了相当的知名度。

网络直播平台或是录播平台等网播媒体相较于传统的电视、广播等传统广电媒体及报纸、书刊等纸质媒体，其传播速度更快、传播范围更广、涉众面更宽、更具互动性，其参与者和网络直播平台或录播平台能更迅速地获取经济利益，故其对社会的影响力之大远胜于传统媒体。且李某的这种冒险活动，通过视频记录的方式较之文字、图片、音频等其他记录方式更易获取人们的关注，因其具有更为强烈、直观的感官刺激。综上，李某很难通过传统媒介实现自己的上述目的，但通过网络直播平台或录播平台这种网络平台却极有可能迅速实现上述目的。因此，可以设想，如果网络直播平台均拒绝发布李某的相关危险动作视频，李某既没有相关发布渠道，也没有获取相关经济利益的动力，其继续进行这种高空危险挑战活动的可能性是很低的。故法院认为，首先，被告经营的直播平台为李某提供网络上传视频的通道，为其上传危险动作视频提供了便利；其次，自李某注册网络直播平台的账号至其坠亡之时，持续近4个月的时间内，其陆续上传百余个危险动作视频到网络直播平台上，被告并未进行相关的任何处理，其实是对其进行该种危险活动的放任，甚至是肯定。此外，在李某坠亡之前的两个多月前，该网络直播平台为借助李某的知名度进行宣传，还曾请其拍摄相关视频作推广活动并支付了其酬劳，故被告平台对其持续进行该危险活动起到了一定的促进作用。综上所述，法院认为，被告未尽到安全保障义务是导致李某坠亡的诱导性因素，二者具有一定的因果关系。

关于被告是否存在过错，法院认为，过错表现为故意和过失两种形态。过失，是指行为人对侵害他人民事权益之结果的发生，应注意或能注意却未注意的一种心理状态。本案中，李某所拍摄的视频内容大部分为其高空攀爬活动，这种活动的危险性是显而易见的，其可能造成的危险结果，也是可以预测的，被告对此是应知、应注意的。与此同时，被告亦有能力对李某上传视频的内容进行审核，其本可以采取删除、屏蔽、断开链接等必要措施对李某上传的视频予以处理，并对李某进行安全提示，但被告未采取上述措施。因此，被告对李某的坠亡具有过错。

综上，由于被告未对李某尽到安全保障义务，其应该对李某的坠亡承担相应的责任。

三、被告承担具体侵权责任的认定

（一）被告承担责任的程度

虽然被告应对李某的死亡承担责任，但结合本案具体案情并考虑本案所涉的过错和因果关系，被告具有应减轻其责任的情形，其所应承担的责任程度较小。

李某在没有任何安全措施的情况下，攀爬高层建筑的冒险活动，给自身的生命安全带来了重大风险隐患。该行为是对生命本身的轻视，与尊重生命的社会价值相悖，且可能产生危害消防安全、威胁公共交通安全等后果。拍摄并传播相关视频，宣扬了上述不良的价值取向，迎合了部分人群的猎奇心理，极易造成误导。

虽然被告未尽到安全保障义务与李某坠亡具有一定的因果关系，但二者并非具有直接且决定性的因果关系。被告作为网络服务提供者，提供网络信息存储服务的行为，并不会直接导致李某的死亡，其只是一个诱导性因素，且李某拍摄危险动作视频意外坠亡也并不是必然发生的事件。李某拍摄、上传相关危险动作视频均系其自愿行为，其自身的冒险活动才是导致其坠亡的最主要原因。

原告虽主张，李某坠亡时正处于和该网络直播平台的签约期内，李某攀爬涉案的中心大厦，也是为了完成签约所规定的任务，但并未提供任何证据予以证明。故法院对原告主张被告对李某的坠亡存在直接的推动和因果关系的意见不予采纳。

李某对其自身的坠亡具有过错。李某作为一个完全民事行为能力人，其主观上应能够完全认识到其所进行的冒险活动具有高度危险性，其亦应能认识到拍摄这些冒险活动的视频会对其健康、生命安全产生重大风险，进而其也就能预见到会产生相应的损害结果。

本案中，网络服务提供者无法在实体空间内对李某采取安全保障措施。李某的冒险活动在何时、何地以何种方式进行，完全由其个人掌控，被告作为网络服务提供者，并无法实际控制李某在实体空间进行的危险活动。

综上，李某本人应对其死亡承担最主要的责任，被告对李某的死亡所承担的责任是次要且轻微的。

（二）被告承担的具体责任

《侵权责任法》第十八条①规定，"被侵权人死亡的，其近亲属有权请求侵权人承担侵权责任"。因此，本案中，原告作为李某的母亲，有权要求被告承担相应责任。依据《侵权责任法》《最高人民法院关于审理人身损害赔偿案件适用法律若干问题的解释》《最高人民法院关于确定民事侵权精神损害赔偿责任若干问题的解释》等相关规定，原告有权向被告主张死亡赔偿金、丧葬费、被扶养人生活费、精神损害抚慰金、办理丧事支出的交通费、误工费等合理损失并要求进行赔礼道歉。但原告主张的办理丧事支出的交通费、误工费等合理损失，因未提交相应的证据，法院不予支持。关于原告主张的赔礼道歉。如前

---

① 对应《民法典》第一千一百八十一条。该条规定："被侵权人死亡的，其近亲属有权请求侵权人承担侵权责任。被侵权人为组织，该组织分立、合并的，承继权利的组织有权请求侵权人承担侵权责任。被侵权人死亡的，支付被侵权人医疗费、丧葬费等合理费用的人有权请求侵权人赔偿费用，但是侵权人已经支付该费用的除外。"

所述李某的死亡，其自身应承担主要责任，被告对此承担轻微的责任。被告的行为仅是导致原告死亡的诱发性因素且李某对损害事实和损害后果的发生有过错，故法院对此诉求不予支持。

关于具体赔偿数额的认定。原告主张被告应承担 6 万元的赔偿责任。如前所述，由于被告 M 公司未对李某尽到安全保障义务，其应该对李某的坠亡承担相应的赔偿责任，但同时李某本人应对其死亡承担最主要的责任，被告对李某的死亡所承担的责任是轻微的。故法院酌定，被告应赔偿原告各项损失共计 3 万元。

一审法院判决：一、被告 M 公司赔偿原告刘某 3 万元；二、驳回原告刘某的其他诉讼请求。

宣判后，M 公司不服一审判决，提起上诉。

二审法院经审理认为：本案的核心要点有以下几个方面。

一、M 公司对李某是否负有安全保障义务

一审法院依据《侵权责任法》第三十六条第一款、第三十七条第一款推定 M 公司对李某负有安全保障义务。

《侵权责任法》第三十六条规定了网络侵权责任。该条第一款针对的是网络用户、网络服务提供者利用网络侵害他人民事权益的情形。这里的"他人"显然是网络用户、网络服务提供者之外的人。具体到本案中，李某是某网络直播平台的注册用户，M 公司是该网络直播平台的运营主体，是网络服务提供者。本案争议的是作为网络服务提供者的 M 公司对网络用户李某本人是否构成侵权，并非二者单独或共同侵犯他人民事权益的情形，故不应适用《侵权责任法》第三十六条第一款之规定。

《侵权责任法》第三十七条第一款规定了违反安全保障义务的侵权责任。该条规定的安全保障义务是宾馆、商场、银行、车站、娱乐场所等公共场所的管理人或者群众性活动的组织者负有的保障他人人身、财产安全的注意义务。本案中，物理空间的安全保障义务人现实存在，且已经承担了相应的民事责任。

网络空间具有开放性、公共性的场所特征，网络服务提供者是否也应适用上述规定，承担相应的安全保障义务？事实上，网络空间作为虚拟公共空间，其与现实物理公共空间存在明显差异，能否扩大解释《侵权责任法》第三十七条第一款，将有形物理空间的安全保障义务扩展到无形网络空间，适用网络侵权责任的内容来确定网络服务提供者的安全保障义务，尚存不同意见。但是网络空间不是法外之地，网络作为一个开放的虚拟空间，网络空间治理是社会治理的重要组成部分，应当进行必要的规制。在目前的侵权责任法体系下，当案件事实处于两个或多个规范涵盖范围之内时，应当考虑的是适用何种法律规范更有利于提高事实与法律规范的契合度，从而更好地体现法律正义，维护社会公平正义。具体到本案中，在适用《侵权责任法》第六条第一款规定的过错责任原则能够归责的情况下，不必扩大解释《侵权责任法》第三十七条第一款的适用范围。故法院认为一审判决适用法律有误，应当予以纠正。

二、M 公司的行为是否构成侵权

本案中关于 M 公司是否应当承担民事责任的关键在于李某的坠亡与 M 公司之间是否存在过错和因果关系。

关于过错的认定。M 公司一直在强调并举证说明李某的行为属于极限运动，不为法律所禁止，对公众有积极向上的促进作用。本案中，李某所拍摄的视频内容大部分为高空建筑物的攀爬活动。这种高空建筑物的攀爬活动并非严格意义上的极限运动，李某并非专业运动员，自身亦未受过专业训练，其从事的高空建筑物的攀爬活动具有高度的危险性，不仅对其自身具有危险性，还存在因坠落伤及无辜，以及引发聚众围观扰乱社会秩序的风险。高空建筑物的攀爬与攀岩等极限运动，最大的差别在于是否给他人带来安全风险。近年来，高空抛物、坠物事件不断发生，严重危害公共安全，侵害人民群众合法权益，影响社会和谐稳定。高空建筑物的攀爬活动于己于人都有巨大的潜在危险，为切实维护人民群众"头顶上的安全"，从源头上治理高空抛物、坠物行为，从一般社会经验来理解，任何一个城市的民用建筑物都应当禁止攀爬。高空建筑物的攀爬活动对社会大众也有不良影响，是社会公德所不鼓励和不允许的。《民法总则》第八条①规定："民事主体从事民事活动，不得违反法律，不得违背公序良俗。"第十条②规定："处理民事纠纷，应当依照法律；法律没有规定的，可以适用习惯，但是不得违背公序良俗。"M公司作为网络服务提供者，李某作为网络的注册用户，M公司应当根据相关的法律法规及平台用户协议的约定对李某上传的视频进行规制。中华人民共和国文化和旅游部制定的《互联网文化管理暂行规定》第十六条规定，"互联网文化单位不得提供载有以下内容的文化产品：……（九）危害社会公德或者民族优秀文化传统的"，故M公司有义务对李某所拍摄并上传的视频进行管理并履行法律规定的相关义务。而M公司在已知上传视频内容的情况下，还借助李某的知名度进行网络直播平台的推广活动，并支付了相应的报酬。综上，M公司对李某的坠亡存在过错。

关于因果关系的认定。本案中，虽然M公司的行为并不直接导致李某坠亡这一损害结果发生，但并不意味着二者不存在任何联系。李某拍摄的相关危险动作视频，主要是为了在互联网上吸引粉丝、增加关注度、提高知名度，进而得到粉丝的打赏，获取一定的经济利益。M公司对李某上传的视频未进行必要处理，还在其坠亡的两个多月前，借助李某的知名度为其网络直播平台进行宣传，并支付酬劳。故M公司对李某持续进行该危险活动起到了一定的诱导和鼓励作用，加大了其坠亡的风险。一审判决认定M公司行为与李某的死亡结果之间存在因果关系，并无不当。

综上，一审法院关于M公司构成侵权并应当承担侵权责任的认定正确，法院予以确认。M公司关于李某坠亡与其之间不存在因果关系，不存在过错的上诉理由，没有事实和法律依据，法院不予支持。

三、M公司能否依据自甘风险规则减轻或免除自己的民事责任

M公司主张李某的行为是自甘风险行为。自甘风险规则是指被害人明知某

---

① 对应《民法典》第八条，条文内容无变化。
② 对应《民法典》第十条，条文内容无变化。

具体危险状态的存在，仍参加具有一定风险的文体活动并自愿承担风险，在共同参加活动的加害人无故意或重大过失的情况下，可以减轻或者免除其责任。李某从事的高空建筑物的攀爬活动并非一项具有普通风险的文体活动，而是对他人和自己都存在巨大安全风险的活动；况且侵权责任法并未规定自甘风险规则，M公司亦非活动的参加者，故无法援引自甘风险规则免除责任。

《侵权责任法》第二十六条①规定："被侵权人对损害的发生也有过错的，可以减轻侵权人的责任。"李某自愿进行该类高风险的活动，在国内不同城市的地标性建筑物上进行攀爬，其对该类活动的风险是明知的，因此李某本人对损害结果的发生存在明显过错，M公司可以根据李某的过错情节减轻责任。一审法院根据李某的过错情节、M公司的侵权情节等具体案情酌定M公司应当承担的赔偿数额，法院依法予以确认。对于M公司主张李某系自甘风险行为，应当免除M公司民事责任的上诉主张，于法无据，法院不予支持。

李某的坠亡是一起悲剧，年轻生命的逝去对于李某的家庭成员是一个沉重打击，法院对李某的离去深表痛心，并对李某的家庭成员致以诚挚的慰问。

同时需要特别指出的是，网络服务提供者在提供网络服务时，应当遵守法律法规，坚持正确导向，大力弘扬社会主义核心价值观，培育积极健康、向上向善的网络文化，维护良好网络生态，维护国家利益和公共利益，为广大网民营造风清气正的网络空间。

综上所述，二审法院判决：驳回上诉，维持原判。

法官评析

该案发生在《民法典》施行前，是互联网行业尤其是网络直播行业发展过程中出现的新问题、新情况。该案件最显著的特点是侵权行为发生在网络空间，而损害结果发生在现实空间，结合一二审法院的审理情况，可知该类案件不仅涉及网络直播平台应负有何种义务，还涉及如何结合网络空间的特点，准确认

---

① 对应《民法典》第一千一百七十三条。该条规定："被侵权人对同一损害的发生或者扩大有过错的，可以减轻侵权人的责任。"

定网络直播平台是否构成侵权责任等问题。

一、网络用户上传危险动作视频时直播平台是否存在安全保障义务

在判断网络直播平台是否构成侵权责任时，本案一、二审法院的重要区别在于原《侵权责任法》第三十六条（主要内容已被《民法典》第一千一百九十四条至第一千一百九十七条吸收、调整）、第三十七条①能否适用本案，即能否认定网络空间属于与安全保障义务相关的公共空间、公共场所。一审法院的核心观点是，依据《侵权责任法》第三十六条，② 虽然网络空间与线下实体的公共场所存在区别，但网络服务提供者作为网络空间的管理者、经营者、组织者，在一定情况下，对于其中的网络用户也负有一定的安全保障义务；但考虑网络特点，不能要求网络服务提供者采取实体空间下的安全保障措施，其安全保障义务内容一般应仅包含审核、告知、删除、屏蔽、断开链接等措施。换句话说，网络空间属于与安全保障义务相关的公共空间、公共场所，但具有自身的特点，采用的安全保障措施与一般公共场所的安全保障措施不同。二审法院则认为，网络空间不属于与安全保障义务相关的公共空间、公共场所。首先，《侵权责任法》第三十六条规定了网络侵权责任，但该规定针对的情形是：网络用户、网络服务提供者利用网络侵害他人民事权益，这里的"他人"显然是网络用户、网络服务提供者之外的人，即在网络侵权责任构成中，被侵权人仅指网络用户、网络服务提供者之外的人，不包括网络用户本身；而具体到本案中，李某是某网络直播平台的注册用户，M 公司是该网络直播平台的运营主体，是网络服务提供者，本案的争议焦点是：作为网络服务提供者的 M 公司对网络用户

---

① 《侵权责任法》第三十七条规定："宾馆、商场、银行、车站、娱乐场所等公共场所的管理人或者群众性活动的组织者，未尽到安全保障义务，造成他人损害的，应当承担侵权责任。因第三人的行为造成他人损害的，由第三人承担侵权责任；管理人或者组织者未尽到安全保障义务的，承担相应的补充责任。"

② 《侵权责任法》第三十六条规定："网络用户、网络服务提供者利用网络侵害他人民事权益的，应当承担侵权责任。网络用户利用网络服务实施侵权行为的，被侵权人有权通知网络服务提供者采取删除、屏蔽、断开链接等必要措施。网络服务提供者接到通知后未及时采取必要措施的，对损害的扩大部分与该网络用户承担连带责任。网络服务提供者知道网络用户利用其网络服务侵害他人民事权益，未采取必要措施的，与该网络用户承担连带责任。"

李某本人是否构成侵权，并不是二者单独或共同侵犯他人民事权益，因此，该侵权行为不符合网络侵权责任的构成要件，故不应适用《侵权责任法》第三十六条的规定。其次，网络空间作为虚拟公共空间，其与现实物理公共空间存在明显差异，能否扩大解释《侵权责任法》第三十七条的适用范围，将有形物理空间的安全保障义务扩展到无形网络空间，适用网络侵权责任的内容来确定网络服务提供者的安全保障义务，尚存争议，值得商榷。综上，二审法院区分了实体的公共空间与网络空间，认定两者并不相同，不能将实体公共空间等同于网络空间，进而也不赞同网络空间的运营者对网络用户负有"安全保障义务"，同时进一步指出，本案中，应当适用一般侵权规范，在适用一般侵权规范能够归责、解决问题的前提下，不必通过扩大解释传统安全保障义务的适用范围的方法来解决本案侵权责任认定。

笔者认为，上述问题确实存在一定的探讨空间，笔者目前的观点更倾向于二审法院的判断，不宜将传统实体空间中的安全保障义务扩展到网络空间，主要基于如下三个理由。首先，从规范文意的角度，《民法典》第一千一百九十八条第一款规定："宾馆、商场、银行、车站、机场、体育场馆、娱乐场所等经营场所、公共场所的经营者、管理者或者群众性活动的组织者，未尽到安全保障义务，造成他人损害的，应当承担侵权责任。"上述规范所列举的场所都体现为现实空间，并未包括网络等虚拟空间。其次，从安全保障义务的履行角度，传统现实空间中，管理者或经营者通过自己的作为可以最大限度消除危险源，进而防止给他人造成损害。但是网络空间里，网络平台提供的就是"网络服务"，作为虚拟世界，并不存在类似实体空间的设施损坏、地面陡峭等具体危险源，故此该空间本身很难直接对网络用户或他人造成损害。如果有他人遭受侵害，也是网络用户或网络服务提供者针对他人实施的侵权行为，而就此行为的调整，自然有相应的规制条款，如《民法典》第一千一百九十四条明确："网络用户、网络服务提供者利用网络侵害他人民事权益的，应当承担侵权责任。法律另有规定的，依照其规定。"最后，从立法目的的角度，对于网络用户、网络平台应当承担何种责任，无论是原来的《侵权责任法》还是现在的

《民法典》，都在考虑网络特点、未来发展的基础上，设计了针对性的规则，延续了该领域传统的"避风港原则"，即对网络服务提供者的责任要求不宜过苛，网络服务提供者对于他人的侵权行为，在采取必要措施后一般不承担赔偿责任。具体来说，体现在《民法典》第一千一百九十五条前两款规定，即"网络用户利用网络服务实施侵权行为的，权利人有权通知网络服务提供者采取删除、屏蔽、断开链接等必要措施。通知应当包括构成侵权的初步证据及权利人的真实身份信息。网络服务提供者接到通知后，应当及时将该通知转送相关网络用户，并根据构成侵权的初步证据和服务类型采取必要措施；未及时采取必要措施的，对损害的扩大部分与该网络用户承担连带责任"。

二、网络用户因从事危险动作导致伤亡时网络直播平台是否承担侵权责任

本案中，李某是网络用户，长期在网络直播平台上传一些危险行为的视频，其在随后自愿从事危险行为时不小心坠落身亡。从法律关系的角度分析，李某是网络用户，网络直播平台是网络服务提供者，两者之间的纠纷并不适用《民法典》第一千一百九十四条的规定，正如上文所述，该条规制的是网络用户、网络服务提供者侵害他人的行为。本案中，从表面上看，李某的行为与网络直播平台之间没有必然联系，但是一、二审法院均确认直播平台应当承担责任。笔者认为结合二审法院所阐述的一般侵权的归责原则，即"行为人因过错侵害他人民事权益，应当承担侵权责任"，网络服务提供者承担侵权责任的原因主要在于以下两个方面。

首先，网络直播平台对于网络用户的危险行为是否知情。作为网络服务提供者，应当根据相关的法律法规及平台用户协议的约定对网络用户上传的视频进行规制。原文化部制定的《互联网文化管理暂行规定》第十六条第九项规定，"互联网文化单位不得提供载有危害社会公德或者民族优秀文化传统内容的文化产品"。故此，吴某自行从事并上传危险动作视频，网络服务提供者有义务对视频进行管理、审查。当然，笔者认为考虑互联网的特点，让网络服务

提供者对数量庞大的视频逐一审查并不符合客观实际，但如果网络服务提供者明知或应当知道视频内容存在不当行为时，则需要严格履行审查义务。本案中，网络服务提供者显然明知吴某从事危险行为，不仅未进行审查或删除，反而还借助吴某的知名度进行直播平台的推广活动，并通过分享打赏，获得了相应的报酬。这也是二审法院认定网络服务提供者对吴某坠亡存在过错的原因。

其次，网络直播平台对于网络用户的死亡后果是否具有影响力。客观而言，本案中的网络服务提供者的行为并不会直接导致李某坠亡这一损害结果发生，但并不意味着二者没有任何联系。吴某拍摄的相关危险动作视频，目的就是吸引粉丝、增加关注度、提高知名度，进而得到粉丝的打赏，获取一定的经济利益。网络服务提供者发现该类视频时，却进一步推波助澜，借助李某的知名度进行宣传、支付其酬劳。由此可见，作为知名的网络服务提供者，其与李某的宣传合作方式，对李某持续进行该危险活动起到了一定的诱导和鼓励作用，加大了其坠亡的风险。有鉴于此，两审法院均认为网络服务提供者的行为与吴某的死亡结果之间存在因果关系，进而确定其应当承担相应的侵权责任，只不过在具体的责任比例方面，确定了李某本人应对其死亡承担最主要的责任，网络服务提供者承担的责任是次要且轻微的。

通过该案，笔者认为，网络侵权案件的审理是人民法院参与网络空间治理的重要组成内容，互联网案件的裁判思维要在严格遵循法律法规基础上，充分考量各方当事人之间、法律规范与互联网技术发展之间等各类利益冲突，实现规则适用与价值判断的统一，正确规范互联网行业有序发展，全面提升网络治理能力。

9

拍卖书信与隐私权

📄 实务观点

问题 1：网络用户拍卖私人书信侵犯他人隐私时，网络服务提供者是否需要承担侵权责任？

观点：网络用户拍卖私人书信侵犯他人隐私时，如网络服务提供者对侵权信息进行了整理、编辑等"选择"性布局，则可认定网络服务提供者知晓网络用户利用网络从事侵权行为，未采取必要措施的，应当与网络用户承担连带责任。

问题 2：商业性拍卖私人书信时，如何认定是否侵犯了写信人及相关权利人的隐私？

观点：就商业性的拍卖而言，其目的在于向不特定的第三人转让私人信件，也就意味着将私人书信的内容向不特定的第三人公开，故无论是书信的所有权人还是拍卖机构、网络平台，在从事或辅助拍卖行为之前，都应严格审查书信是否涉及他人的隐私。确未涉及他人的隐私或经过相关权利人同意后，才可进行拍卖，否则，将会侵犯他人的隐私权。

📖 案例精释

销售者在网络平台拍卖私人信件时，网络服务提供者承担侵权责任的判断

——梁某诉 A 公司等侵权责任纠纷案

关键词： 网络平台　拍卖　信件　侵权责任

案情要览

梁某系梁某某之女。A公司系以出版物零售、出版物批发、互联网信息服务等为经营范围的有限责任公司。某旧书网是隶属于A公司的一个网络交易平台。梁某提交某旧书网搜索梁某某的拍品截图，显示拍主即高某以昵称"×杂货铺"上传、出售涉及梁某某的拍品，其中涉及多份书信。上述书信及相关材料中多处涉及梁某的个人信息。经法院核查，大量拍卖物品已经发起买家竞拍或已经完成交易。梁某称2017年11月20日曾通过邮件联系A公司交涉拍卖梁某某物品的问题，协商未果后诉至法院。通过A公司提交的以上拍品已经删除的后台记录截图，显示以上拍品已经分别于2017年11月22日、11月29日删除。另，梁某提交其浏览并点击拍品即部分书信的截图，显示拍品网页的书信内容点击后即可通过放大清晰地浏览其中内容。梁某认为该旧书网拍卖私人书信侵犯他人隐私，故将A公司诉至法院，请求：1. 判令A公司在报刊上公开赔礼道歉；2. A公司赔偿精神损害抚慰金1万元。

各方观点

原告梁某观点：2017年11月，我得知某旧书网拍卖区有人在非法拍卖我父亲梁某某（已过世）与亲友往来的信札、日记和特定历史时期的手稿等，其中绝大部分拍品已经成交。我是梁某某唯一的女儿，上述不经本人同意拍卖他人信件的行为属于侵犯隐私权获取非法营利。公民享有隐私权，个人信息受法律保护，不得非法收集买卖他人信息。2017年11月20日我已经通过邮件和电话联系A公司，要求对此事予以答复，对方给我的电话号码是空号，我也没有得到进一步答复。2017年12月29日，我登录某旧书网，还有梁某某的东西，我进行了截图处理，我认为A公司删除不及时。对于共同侵权，我可以只主张部分连带责任人承担责任，实际上出现个人信息被公布，我认为还侵犯了我的名誉权，这里面涉及很多特殊历史时期的文字，报刊等污蔑性的东西，我认为这是对我及父亲极大的伤害。A公司并未及时删除链接，没有尽到义务，应当承担连带责任。

被告A公司观点：某旧书网是我公司旗下的一个网络交易平台，我公司不是具体商品的经营者，某旧书网只是技术上让用户发布商品信息，梁某反映的梁某某资料信息都是由注册用户即本案第三人上传、出售，即使存在侵权也是第三人，不是我公司。如果第三人可以承担责任，应当由其承担，如果无力承担，我公司作为交易平台可以承担连带责任；我公司作为平台已经尽到合理的注意义务和事后补救义务，不应承担侵权责任。某旧书网在收到原告通知后，已经删除了相关商品信息，且在第三人注册时，已经明确要求第三人遵守相关约定，违反相关法律规定等导致任何法律后果的，第三人以自己名义独立承担相应的经济法律责任。原告所诉材料的具体内容不构成侵犯隐私权，不应承担精神损害赔偿，原告所诉资料的内容不属于隐私权，且某旧书网不是销售者和购买者，不应承担精神损害赔偿。即便涉诉资料涉及原告隐私，作为学术界科技界的名人，隐私权也要顾及社会公共利益。梁某某的资料对于后来研究他们的作品、时代等均有史料价值和学术价值，现实中，各大拍卖公司也都存在销售名人手稿的商品，国家没有明文规定不能销售，禁止也不符合行业管理和学术研究。

第三人高某观点：我是"杂货铺"的经营者，是在拍卖网注册的商家，梁某主张的涉及梁某某的书稿、信札等材料基本都是我在出售。梁某某的家属把这些东西卖给收废品的了，收废品的又卖给旧货市场，我是从旧货市场买的。我在拍卖网卖的都是学术用途，别人不会买，材料都是梁某某自己的笔迹，不是别人说是他的，我自己做了比对。我出售的梁某某的资料是梁某卖出去的，我是合法取得的，我再出售的行为也是合法的，很多类似的东西都在出售，不是必须征得梁某同意的。对于现在发生因出售引发的纠纷，我不确定是否属于侵权，但是法院认为如果有责任，可以对我做出处理。

裁判要旨

一审法院经审理认为：梁某所主张的侵权物品系网络用户即本案第三人在

A公司运营的某旧书网上上传、出售，A公司并未直接实施获取、出售梁某所主张侵权物品的行为。梁某通过邮件、起诉等方式通知A公司后，A公司举证足以证明其已经在合理时间内采取了删除措施，法院对A公司此项抗辩予以采信。但是，根据法律规定，A公司作为网络服务提供者应对网络用户所实施的明显侵害他人民事权益的行为采取必要的措施，亦即A公司应对第三人在某旧书网上传、出售的物品是否明显涉及梁某的个人隐私尽到审慎的注意义务。详言之，第三人在某旧书网上传、出售的梁某父亲梁某某的诸多物品中涉及多份家书、日记等，拍卖物品的网页内容图点击后即可清晰阅览其中内容，拍卖商品的标题内容亦直白、明确，A公司未对可能发生侵权的内容、字眼或人物名字做任何技术处理，诸多物品已历经买家竞拍或已售出，产生一定浏览量及社会影响。综上，A公司未尽到审慎注意义务，A公司存在过错，梁某主张A公司侵犯其隐私权，法院予以支持。但第三人在A公司经营的某旧书网上传、出售涉及梁某父亲梁某某诸多物品的行为，并非侮辱、诽谤等贬损梁某的行为，梁某并未举证证明A公司导致其名誉受损，法院对其主张的名誉权侵权不予支持。对于侵权责任，梁某主张A公司赔礼道歉于法有据，但是，A公司承担责任的方式应当与其侵权行为和所造成的影响范围相当，故法院基于本案案情酌情判处赔礼道歉的具体方式。对于精神损害抚慰金，法院结合拍卖物品的内容、A公司主观过错程度、梁某的心理创伤程度等因素，酌情判处。

一审法院判决：一、A公司于判决生效后七日内向梁某书面赔礼道歉，致歉内容须经法院审核，如逾期不执行上述内容，则由法院选择一家全国范围内公开发行的报纸，刊登判决主要内容，刊登费用由A公司负担；二、A公司于判决生效后七日赔偿梁某精神损害抚慰金1000元；三、驳回梁某的其他诉讼请求。

A公司不服，提起上诉。

二审法院经审理认为："隐私权"属于受法律保护之民事权益的范围，个人私有领域的信息不应为外人窥视，此不仅是保障个人生活安宁所需，亦是法律赋予自然人之完整人格权的应有之义。高某在A公司之网络交易平台上拍卖出售梁某某的书信及相关材料，其中多处涉及梁某之个人信息，如梁某的家庭成员、就读学校、生活经历，且此类信息在网页内容图中可清晰阅读，传播扩散性明显，梁某之隐私权无疑已遭受侵害。网络服务提供者知道网络用户利用其网络服务侵害他人民事权益，未采取必要措施的，与该网络用户承担连带责任。A公司经营的某旧书网站上显示涉诉物品归入了"资料档案"，可见A公司对其网站上的物品进行了"选择"布局。对资料档案类的拍卖而言，其涉及个人隐私的可能性极大，且涉诉物品的拍卖标题亦直接涉及"家书"字样，故此应当可推定A公司构成了"知道网络用户利用其网络服务侵害他人民事权益"的情形，在此前提下，A公司构成了侵害梁某之隐私权的行为，当与网络用户承担连带责任。然梁某明确表示其不要求店铺经营者即网络用户承担责任，只要求A公司担责，依照《侵权责任法》的规定，梁某仅要求A公司承担责任于法有据。

二审法院判决：驳回上诉，维持原判。

法官评析

近年来，通过专业公司或网络平台拍卖私人信件的行为并不鲜见，由此引发的纠纷也颇受关注，本案即其中一例。就此类拍卖而言，其中所涉及的法律权益既可能包括著作权、名誉权，亦可能涉及隐私权。就本案而言，结合梁某对于网络服务提供者的具体诉求，可知其争议焦点集中在隐私权层面：高某通过网络平台拍卖私人信件的过程中，网络服务提供者即A公司是否侵犯了梁某的隐私权。下面从三个方面进行分析。

一、物权属性：私人信件的所有权主体

无论是网络平台还是专业公司，在对其相关的拍卖私人信件行为是否构成侵权进行判断的过程中，都需要将物权的归属主体即所有权人一并纳入法律关系中进行审视。故此，私人信件的所有权归属也就成为需要判断的基础性问题。

私人信件的形成和发展虽有不同的地域文化背景，然就其目的而言，基本相同，都在于以文字为形式来促进人与人之间的信息、感情的交流。从社会习

惯和常识的角度分析，当写信人将书信邮寄或交付给收信人之时，其目的是将书信"送"给收信人，以确保收信人能够知晓其所要表达的信息，而收信人自然也就成为信件的持有人。从法律的物权角度分析，在写信人将承载信息的纸张通过一定形式交付给收件人的过程中，所涉及的"物"只有信息的载体即纸张本身，因写信人和收信人并不存在买卖纸张或其他对价性支付的意思表示，也不存在"读后即返"的明确表达，就信纸这一"物"的所有权而言，应当理解为写信人将其赠与收信人，故此，私人书信的所有权应当归属于收信人，抑或通过收信人认可的其他方式转由他人所有，至于其中所涉及的著作权问题，则另当别论。

本案中，高某称其从旧货市场收购的他人书信，在并未有证据显示高某是通过不正当手段获取并且梁某也未就其所有权提出主张的前提下，应当认定高某是涉诉的梁某某书信的所有权人。

二、处分权限：私人信件拍卖时的隐私权衡量

信件归属收信人或者通过转让由其他人所有后，从物权的角度分析，所有权人可对标的物进行占有、使用、处分。占有，其体现的是所有权的静止和宣示性状态；使用和处分则是所有权的延伸和变动，关乎书信的动态流转，如出版、转让、拍卖等。然与普通标的物相比，书信的价值一般不在于载体即"纸张"本身，而在于该载体所承载的内容，即通信人的身份和纸上文字所表达的内容，故此，即便搁置书信的著作权不论，也应知晓书信所体现的内容并非完全关乎收信人，其中尚可能涉及他人的隐私权。何谓隐私权，其是指自然人享有的对其个人的、与公共利益无关的个人信息、私人活动和私有领域进行支配的一种人格权，其主要包括个人信息控制权、个人活动自由权、私有领域不受侵犯权。私人书信中，时常涉及写信人的信息、第三人的信息，而这些信息，显然具有一定的私密性，不应进入公众视野的范畴。所以，对于书信的所有权人而言，其虽可占有，然如果要进一步使用和处分书信，则应尽到严格的注意义务，即以不侵犯他人的隐私权为基本原则。就商

业性的拍卖而言，其目的在于向不特定的第三人转让私人信件，也就意味着将私人书信的内容向不特定的第三人公开，故无论是书信的所有权人还是拍卖机构、网络平台，在从事或辅助拍卖行为之前，都应严格审查书信是否涉及他人的隐私。确未涉及他人的隐私或经过相关权利人同意后，才可进行拍卖，否则，将会侵犯他人的隐私权。

本案中，高某在网络平台所拍卖的梁某某的书信中，有诸多地方涉及其家庭成员信息、梁某的就读学校和生活经历等个人隐私，故也成为梁某主张隐私权被侵犯的重要理由。

三、侵权认定：私人信件拍卖中网络平台侵犯隐私权的判断

随着信息技术的发展，诸多价值相对较小的私人书信开始在网络平台上进行拍卖转让，本案即此例。此类案件中，对于侵权主体的认定涉及两类：一是私人信件的所有人；二是网络服务提供者，如本案中的 A 公司。

对于私人信件所有人而言，其在利用网络平台进行拍卖时，即网络用户，依照当时《侵权责任法》第三十六条[①]的规定，如其利用网络侵害他人权益，自然应当承担侵权责任。作为书信的所有权人，自然知晓书信所载内容，故此，如所有权人未经权利人同意就擅自拍卖涉及他人隐私的书信，则构成了侵犯他人隐私权的行为，理应为此承担责任。本案中，高某对于梁某某书信中隐私的明知和其拍卖行为已经构成了侵权责任，然因梁某明确表示不向其主张侵权责任，故焦点集中在了网络服务提供者的身上。

---

① 对应《民法典》第一千一百九十四条。该条规定："网络用户、网络服务提供者利用网络侵害他人民事权益的，应当承担侵权责任。法律另有规定的，依照其规定。"第一千一百九十五条规定："网络用户利用网络服务实施侵权行为的，权利人有权通知网络服务提供者采取删除、屏蔽、断开链接等必要措施。通知应当包括构成侵权的初步证据及权利人的真实身份信息。网络服务提供者接到通知后，应当及时将该通知转送相关网络用户，并根据构成侵权的初步证据和服务类型采取必要措施；未及时采取必要措施的，对损害的扩大部分与该网络用户承担连带责任。权利人因错误通知造成网络用户或者网络服务提供者损害的，应当承担侵权责任。法律另有规定的，依照其规定。"第一千一百九十七条规定："网络服务提供者知道或者应当知道网络用户利用其网络服务侵害他人民事权益，未采取必要措施的，与该网络用户承担连带责任。"

（一）《侵权责任法》关于网络服务提供者"知道"的规范含义

对于网络服务提供者而言，基于其第三方的市场特点，《侵权责任法》为其设置了相对宽容的"避风港规则"，该法第三十六条第二款规定："网络用户利用网络服务实施侵权行为的，被侵权人有权通知网络服务提供者采取删除、屏蔽、断开链接等必要措施。网络服务提供者接到通知后未及时采取必要措施的，对损害的扩大部分与该网络用户承担连带责任。"依照上述规定，如果网络服务提供者在接到通知后采取了必要的处理措施，则无须承担责任，如果怠于履行上述措施，则对损害的扩大部分与该网络用户承担连带责任。然除此之外，该法的第三十六条第三款还规定了网络服务提供者知晓侵权行为存在时的严格规则，即"网络服务提供者知道网络用户利用其网络服务侵害他人民事权益，未采取必要措施的，与该网络用户承担连带责任"。

分析《侵权责任法》第三十六条第三款，其以"知道"作为判断网络服务提供者存在过错并承担责任的前提，然实践中对于"知道"的标准应如何把握，一直存在分歧。有观点认为"知道"仅包括明知而不包括应知。另有观点则认为，对于侵害知识产权的网络用户侵权行为，采取"知道"规则较为妥当，而对于其他形式的网络侵权行为，则采取"明知"规则较为妥当。对此，立法机关在其相关的释义书籍中说明："从法解释学的角度，知道可以包括明知和应知两种主观状态。"[①] 这也表明网络服务提供者负有避免网络用户利用其提供的平台实施侵害他人权利的注意义务。

（二）网络服务提供者"知道"的证明方法

不可否认的是，即便将《侵权责任法》第三十六条第三款的"知道"理解为包含了"明知"和"应知"两种情况，其判断标准依然显得模糊，有鉴于此，最高人民法院在 2014 年颁布并于 2020 年修正了《最高人民法院关于审理

---

① 王胜明主编：《中华人民共和国侵权责任法释义》，法律出版社 2010 年版，第 195 页。

利用信息网络侵害人身权益民事纠纷案件适用法律若干问题的规定》，该司法解释第六条从证明方法的角度，确定了知道或者推定知道的判断要素，具体内容如下："人民法院依据民法典第一千一百九十条认定网络服务提供者是否'知道或者应当知道'，应当综合考虑下列因素：（一）网络服务提供者是否以人工或者自动方式对侵权网络信息以推荐、排名、选择、编辑、整理、修改等方式作出处理；（二）网络服务提供者应当具备的管理信息的能力，以及所提供服务的性质、方式及其引发侵权的可能性大小；（三）该网络信息侵害人身权益的类型及明显程度；（四）该网络信息的社会影响程度或者一定时间内的浏览量；（五）网络服务提供者采取预防侵权措施的技术可能性及其是否采取了相应的合理措施；（六）网络服务提供者是否针对同一网络用户的重复侵权行为或者同一侵权信息采取了相应的合理措施；（七）与本案相关的其他因素。"

分析上述规范的内容，其对于网络服务提供者是否"知道"，大体设置了两种证明标准。

其一，"已知"性的标准，如《最高人民法院关于审理利用信息网络侵害人身权益民事纠纷案件适用法律若干问题的规定》第六条第一项。如果网络服务提供者已经对于涉及侵权的网络信息进行了编辑、整理、选择等处理，无论是通过人工还是自动方式，则因网络服务提供者的"事先认知"和"亲历性"，故可认定网络服务提供者对于网络用户的侵权行为是已知的。如本案中，对于高某所拍卖的书信，图书公司将其进行了选择、归类的处理，将其归入了"名人墨迹"项下的"资料档案"，故图书公司对于高某拍卖他人私人信件行为是明知的。

其二，"推定已知"性的标准。如果行为人拥有某种信息，则一个正常的理性人依据该信息能够推定出某种事实存在，或者依据该事实存在的假设来控制其自身的行为。《最高人民法院关于审理利用信息网络侵害人身权益民事纠纷案件适用法律若干问题的规定》第六条第二项至第六项所规定的内容，即通过网络服务提供者管理信息的能力、可能采取的预防措施、侵权信息的影响程度等方面，来推定网络服务提供者是否"知道"。虽然"推定知道"与"实际知道"可能并不一致，然其却是从客观和理性的角度出发，确定了网络服务提供者最基本的注意义务。就本案而言，网络信息侵害人身权益的类型是隐私权，如上文所述其载体是私人书信，其中涉及了诸多个人的家庭成员、经历等信息，作为网络服务提供者，A公司无须专业技能，仅凭常识就可判断上述信息属于个人隐私范畴。故无论是从A公司明知高某拍卖的是私人书信，还是从书信图片中所显示的个人信息等内容，都可以认定A公司"知道"高某侵权行为的存在，A公司应当与高某承担连带赔偿责任。但鉴于梁某仅要求A公司承担责任，故法院作出了上述判决。

| 10 |

新闻报道与名誉权

📄 **实务观点**

问题1：民事主体依法享有的名誉权，其行使范围应当受到何种限制？

观点： 民事主体依法享有名誉权，但其行使范围也需要具有一定的边界，特别是在涉及公共利益的时候，民事主体的名誉需要受到一定的限制。特别是行为人为公共利益实施新闻报道、舆论监督等行为，影响他人名誉的，一般不承担民事责任。

问题2：电视台通过新闻报道当事人扰乱公共秩序行为是否构成侵犯名誉权？

观点： 对于发生扰乱社会公共秩序等行为，电视台作为舆论监督部门，有权利进行报道、评论，电视台遵守了新闻报道的真实性、客观性原则，报道行为合理、合法，不存在故意贬低或诋毁，不构成侵犯名誉权。

📖 **案例精释**

新闻报道是否构成名誉侵权的认定
——甲某诉某电视台名誉权纠纷案

关键词： 名誉权　扰乱秩序　新闻报道

案情要览

2018年12月8日，甲某乘坐某车次列车。甲某当日所持车票乘车区间为A站到B站。在列车到达B站后，甲某未下车，而是从4号车厢移至5号车厢继续乘车。其间列车乘务员要求甲某补票，甲某借故拖延，后列车长要求查看甲某身份证，甲某亦没有理会。随后列车乘警要求甲某出示身份证，甲某当场拒绝，并反问乘警为何要出示身份证。过程中，甲某一度情绪激动，乘警告知其不要扰乱乘车秩序，同时列车乘务员携摄像设备记录现场情况。甲某表示不要拍，做出抢夺乘务员摄像设备的动作，并伴有不文明语言，双方发生了激烈争执。列车在C站停靠期间，C站派出所将甲某带走，并作出行政拘留五日的处罚。同年12月11日，某电视台多个栏目分别报道了该事件，并附有列车现场截图，对拒补票乘客面部进行马赛克处理。

各方观点

原告甲某观点： 某电视台在其报道的该事件新闻中，带有"霸铺"等不实、夸张及哗众取宠内容，且妄加评论。并且将其他媒体侵犯我名誉权报道的视频及文字加工后在多个频道栏目上转发并报道。上述恶意行为已经超出新闻报道的业务范畴，严重地侵犯原告的名誉权，摧残原告和家人身心健康，亦对原告职业生涯带来极大负面影响。故请求法院判令：1. 某电视台赔偿名誉权精神损失费30000元；2. 某电视台立即采取相应措施停止在网络等载体上对甲某的侵害，消除影响、恢复名誉，在中央级媒体（全国公开发行的报刊）上赔礼道歉；3. 某电视台赔偿侵犯名誉权造成的经济损失30000元。

被告某电视台观点： 首先，某电视台主观上没有侵犯甲某名誉权的故意。播放涉案节目是为了引导大家文明乘车，杜绝"霸座"乱象，维护公共秩序，新闻主题是为了"以案说法"，警示社会，该行为合法，没有侵犯甲某名誉权的主观过错。其次，某电视台客观上没有实施侵害甲某名誉权的行为。本案中，涉案节目是电视台依据公安部门提供的涉案节目新闻稿和素材进行制作，并对甲某作隐名播报处理，足以保障甲某的名誉权。某电视台在新闻报道中没有使用涉及甲某的评价，仅对其行为进行客观描述，不存在故意贬低或诋毁。最后，甲某没有提供证据证明其存在名誉被损害的后果，也无法证明其主张损害后果与播放涉案节目之间存在因果关系。

裁判要旨

一审法院经审理认为： 本案的争议焦点为某电视台的报道和评论是否侵犯了甲某的名誉权。

一、关于某电视台新闻报道行为是否违法

某电视台是我国重要的新闻舆论机构，承担着传播新闻、社会教育、文化娱乐、信息服务等多种功能，是公众获取信息的重要渠道，也是国家进行舆论监督的重要媒介。对于发生扰乱社会公共秩序等行为，某电视台作为舆论监督部门，有权利进行报道、评论。任何人都可能成为监督、报道的对象。其监督、报道的形式既包括对正面做法进行宣传，释放正能量，也包括对错误、不当行为进行批评，以此督促、推进良好秩序的形成。

具体到本案中，首先，某电视台将"甲某列车被拘"一事进行报道，是源于甲某在列车上发生了扰乱社会公共秩序的行为并被行政处罚一事，对该违法行为需要进行提示、警戒，引导社会公众养成良好乘车习惯、维护稳定社会秩序。其选择该事件进行报道，是在充分履行国家赋予的舆论监督权力。

其次，某电视台报道的"甲某列车被拘"一事，遵守了新闻报道的基本原则。从报道真实性来看，该事件真实可查，事件发生后公安机关因为甲某拒不补票一事作出了《行政处罚决定书》，某电视台报道的依据是公安机关制作的处罚决定书，庭审中，双方当事人对处罚决定书的真实性不持异议。尽管甲某表示其不认可处罚决定书的内容真实，但其未提供相关证据证明处罚决定书内容不真实。在没有相反证据推翻该处罚决定书合法性的情况下，某电视台依照该处罚决定书及执法记录仪内容进行新闻播报，遵守了报道真实性的基本原则。

从报道客观性角度来看，首先，就内容客观性而言，甲某主张侵权的核心依据是其并没有拒绝补票的意思表示。然而从执法记录仪的记录内容可以看出，甲某以其在列车上的行为作出了拒绝补票的意思表示，且其行为影响了列车运行秩序。在该具体行为真实存在的情况下，回溯到某电视台的新闻报道，某电视台新闻主持人陈述的"到站后拒不下车也拒不补票，还大声辱骂工作人员"等内容客观、真实。其次，就形式客观性来说，某电视台在报道过程中，对甲某进行面部处理，使用马赛克隐去真实面容，同时对甲某的真实姓名进行了处理，尽到了保护行为人个人信息的注意义务。

综上，某电视台对甲某乘车被行拘一事进行报道，是在正常履行舆论监督职责，并且遵守了新闻报道的真实性、客观性原则，报道行为合理、合法。

二、关于某电视台新闻评论行为是否违法

某电视台作为国家媒体，承担着引领社会主流价值的职能，无论是进行正面典型宣传还是反面"以案说法"，都可能涉及对报道内容的评论。评论内容，需要严格遵守正当性和合理性原则，具体而言，有四项检验标准：一是符合国家政策；二是符合法律规范；三是符合社会主流价值观；四是符合社会公共道德。

本案中，甲某提出，某电视台新闻报道及主持人使用了"霸铺"描述其行为，并使用"大快人心"进行评论，侵犯了其名誉权。对此，法院评述如下：

首先，综合某电视台的报道语境可以看出，某电视台报道"甲某列车被拘"一事，旨在通过负面的典型案例"以案说法"，从而形成正面的社会引导效力。

具体来说，某电视台主持人在报道时提到"男子霸在卧铺车厢"，是对视频中甲某拒绝补票的真实情况总结，甲某提出，其没有碰到车厢卧铺，何来"霸铺"一说，并列举百度词条对"霸"的释义，以支持其主张。对此，法院认为，甲某关于"霸"的词义理解实际是对词义进行"缩小解释"。霸座、霸铺是对一类行为的统称，凡违反合同运输义务、超过购票区间持续乘坐运输工

具，且不遵循铁路运输规范秩序，即为霸；同时，依据所购车票种类，涉及卧铺车厢，可统称为霸铺，涉及普通座次，可统称为霸座。因此，甲某主张某电视台使用"霸铺"一词，侵犯其名誉权的主张，法院不予采纳，某电视台关于"男子霸在卧铺车厢"的说法客观、真实，法院不持异议。

某电视台主持人在报道时提到的"扰乱社会公共秩序"，甲某认为其坐在卧铺车厢过道的椅子上，并未影响其他人乘坐列车，未影响公共秩序，某电视台评论不实。法律明确规定，旅客禁止以"强行登乘或者以拒绝下车等方式强占列车"。甲某在与乘务人员沟通补票过程中，与乘务人员激烈争论、大声斥责等行为已经扰乱了正常列车行驶秩序，违反了安全乘车的义务。进一步而言，在本案中，公共秩序应具象为"乘车购票""按购票区间乘车""超出购票区域坐车补票"等内容，而非简单地体现为打扰他人休息、坐车。甲某对于"扰乱社会公共秩序"的解释与"霸铺"类似，均是对概念、名词进行"缩小解释"。此外，某电视台在报道中提出的"扰乱社会公共秩序"，实际为某电视台作为国家媒体对"霸座""霸铺"这一行为的危害性阐述，既与"自由、平等、公正、法治"的社会价值目标相符，也符合"遵纪守法"的社会文明规范，同时，也完全契合"上车买票""超区间补票"的社会共识。因此，某电视台在报道时使用的"扰乱社会公共秩序"合理、客观，甲某关于某电视台使用"扰乱社会公共秩序"的说法侵犯其名誉权的主张，法院不予认可。

某电视台主持人在新闻报道中提到的"大快人心"，甲某认为，某电视台将其被拘的行为称为大快人心，是哗众取宠。从某电视台报道视频可知，主持人所使用的"大快人心"等评述词，实际是为公安部门惩罚扰乱公共秩序的乘客，为法律惩罚违法行为、倡导良好社会风气形成鼓劲叫好。综合整篇报道内容，该评论与某电视台想要以"负面案例提示遵纪守法"的意图相一致。换言之，该评论合理、正当，因此，法院对甲某关于某电视台使用"大快人心"的说法侵犯其名誉权的主张不予认可。

综合来看，某电视台将"甲某列车被拘"一事进行报道，是在充分履行作为国家媒体的监督职责，引领正确的价值观确立，报道真实、客观，评论合理、妥当，该行为非侵权违法行为。

三、某电视台对"甲某列车被拘"一事进行报道造成的损害后果及其与报道、评论的因果关系

甲某在庭审中提出，电视台播放的相关视频，虽然对其脸部使用马赛克技术处理，但是对其熟识的人一看视频都能知道视频中的人是他，由此导致其个人名誉受损、社会评价降低，甚至影响到他的律师事业经营。庭审中，甲某提交其与妹妹的聊天截图证明其社会评价受损的事实。不可否认，某电视台作为国家级媒体，其影响力远大于一般社会媒介，在某电视台播放甲某涉案视频之后，甲某的个人声誉、评价确实会在其生活圈中有一定程度的下降。但是，核心问题在于，甲某个人声誉、评价降低根源是其在列车上发生了违法行为，而非某电视台为履行舆论监督职能进行的"以案释法"做法。换言之，某电视台在遵循报道真实、客观，评论合理、妥当的前提下，对违法进行批评，是在履行舆论监督职责，是为了引导公民遵纪守法、遵守公共秩序。甲某作为一名职业律师，应当对自身的违法行为造成的不良后果有充分预计，并承担由此造成的不良后果。因此，在违法行为并不存在的大前提下，甲某提出名誉权侵权的主张尚不能成立，法院不予支持。

一审法院判决：驳回甲某的全部诉讼请求。

宣判后，原告甲某不服，提起上诉。

二审法院同意一审法院裁判意见，判决：驳回上诉，维持原判。

法官评析

近年来，随着自然人等民事主体法律意识的提高，对于名誉权的保护也愈加重视。作为人格权的一项重要内容，名誉权的本质是对他人的尊重，但是其中也存在的一定的边界，特别是涉及公共利益的时候，应当如何在两者之间寻找到平衡点，是《民法典》人格权编考虑的一项重要内容，也是本案所反映的问题所在。

一、民事主体名誉权的内涵及其限制

关于名誉的内涵以及保护，《民法典》第一千零二十四条给出了明确界定，即"民事主体享有名誉权。任何组织或者个人不得以侮辱、诽谤等方式侵害他人的名誉权。名誉是对民事主体的品德、声望、才能、信用等的社会评价"。从内容上分析，该条在"信用"后面增加"等"字，也就意味着不限于以上社会评价对象要素，涉及对民事主体的社会评价类似要素都可构成民事主体的名誉。至于名誉权的享有主体，《民法典》将其界定为"民事主体"，即自然人、法人和非法人组织。在这一点上，名誉权与肖像权、姓名权不同，后者只能由自然人享有，其他民事主体不享有。

民事主体依法享有名誉权，但其行使范围也需要具有一定的边界，特别是在涉及公共利益的时候，民事主体的名誉需要受到一定的限制。对此，《民法典》第一千零二十五条规定："行为人为公共利益实施新闻报道、舆论监督等行为，影响他人名誉的，不承担民事责任……"在世界各国，新闻报道、舆论监督都是保障媒体监督权、公民知情权和维护社会公平正义的重要手段和重要方式。所谓新闻报道，一般是媒体对社会时事的报道。至于舆论监督，其范围较广，具体来说，新闻报道和舆论监督还存在一定的重叠之处，新闻报道是舆论监督的一种形式，舆论监督也离不开新闻报道，新闻报道更多地强调媒体对时事的报道，舆论监督更多地强调对社会生活的批评。司法实务中通常不对舆论监督作出明确定义，而是直接认定某种表达是否属于舆论监督的范畴。实务中争议的焦点在于舆论监督正当、合理范围的确认。[1] 新闻媒体在发挥舆论监督职能时，不可避免地会对社会关注的人和事进行报道与评价，难免会与民事主体的名誉权产生一定的冲突和矛盾，但考虑到新闻报道的目的是公共利益，虽然在此过程中的行为对他人名誉造成了一定影响，但在利益衡量对比之后，立法选择了优先保护公共利益，故对于民事主体的名誉进行了一定的限制。

---

[1] 最高人民法院民法典贯彻实施工作领导小组编著：《中国民法典适用大全·人格权卷》，人民法院出版社 2022 年版，第 1240 页。

二、新闻报道的合理边界与侵犯他人名誉权的认定要素

关于新闻报道的特点，本案裁判理由中也进行了详细分析，具体来说，新闻报道是新闻传播的一个重要载体，以真实、及时、重要为特点，以概括事实、精选事例、再现场景、对比衬托为主要方法，以真实性、客观性为基本原则。有鉴于此，《民法典》在优先保护新闻报道行为的同时，也结合新闻报道的客观规律对于其合法边界进行了界定。该法第一千零二十五条明确，如果新闻报道、舆论监督出现了以下三种情形：捏造、歪曲事实；对他人提供的严重失实内容未尽到合理核实义务；使用侮辱性言辞等贬损他人名誉；则需要对影响他人名誉的后果承担相应责任。司法实践中，对于上述第一种和第三种情形比较容易判断，至于第二种情形中的"合理核实"义务，应当如何界定？《民法典》第一千零二十六条进行了细化，即"认定行为人是否尽到前条第二项规定的合理核实义务，应当考虑下列因素：（一）内容来源的可信度；（二）对明显可能引发争议的内容是否进行了必要的调查；（三）内容的时限性；（四）内容与公序良俗的关联性；（五）受害人名誉受贬损的可能性；（六）核实能力和核实成本。"

具体到本案中，法院在查明事实的基础上，认为某电视台在报道、评论本案事件时，对事件的报道真实，对事件的评论客观，符合国家法律、法规及相关政策的规定，符合社会主流价值观，尊重了社会公共秩序和善良风俗。换言之，某电视台的报道、评论并不存在《民法典》第一千零二十五条所涉及的三种"例外情形"，故此不构成对甲某名誉权的侵犯。

第三章
新类型人格权相关侵权责任

11
虚拟形象侵犯人格权

问题 1：虚拟形象与人格权之间是什么关系？

观点：就虚拟形象而言，其并不存在现实世界中，不是"真人"，自然也不属于《民法典》所规定的自然人、法人和非法人组织这三类民事主体，一般而言，其本身不享有人格权。但是，当虚拟形象与现实中的自然人产生模仿性的"角色重合"时，如果虚拟形象是真实人类在虚拟世界的"分身"，是以真人为原型并具备了可识别性，则涉及对应自然人的肖像及肖像权问题。

问题 2：软件公司未经权利人许可擅自创设、使用自然人虚拟形象，是否构成对自然人人格权的侵害？

观点：自然人的人格权及于其虚拟形象。虚拟形象所包含的姓名、肖像、人格特点等人格要素是自然人的人格权客体。未经权利人许可擅自创设、使用自然人虚拟形象的，构成对自然人人格权的侵害。权利人主张相关行为侵害其人格权利益的，人民法院应予支持。

📖 **案例精释**

手机软件中未经权利人许可擅自创设、使用自然人虚拟形象是否构成对人格权的侵害

——何某诉甲公司人格权侵权纠纷案

关键词：虚拟形象　肖像权　姓名权　一般人格权

案情要览

甲公司是某款手机记账软件的开发运营者，用户在该软件中可自行创设"AI陪伴者"，设置陪伴者的名称、头像，设置与该陪伴者的人物关系（如男女朋友、兄妹、母子等）。何某系公众人物，知名度较高，在该款软件中被大量用户设置为陪伴人物。用户在设置"何某"为陪伴人物时，上传了大量何某的肖像图片用来设置人物头像，同时设置了人物关系。甲公司通过聚类算法，将陪伴者"何某"按身份分类，并以协同推荐算法向其他用户推介该角色。为了使AI角色更加拟人化，甲公司还为AI角色提供了"调教"算法机制，即用户上传各类文字、肖像图片、动态表情等互动语料，部分用户参与审核，甲公司使用人工智能筛选、分类，形成人物语料。用户和该软件为"何某"制作了人物语料，并加入了系统推送，根据话题类别、角色的人设特点等，用于"何某"与用户的对话中，为用户营造一种与何某真实互动的体验。何某认为，甲公司的行为侵害了其姓名权、肖像权、一般人格权，故诉至法院，请求法院判令甲公司赔礼道歉并赔偿损失。

各方观点

原告何某观点：被告借助"粉丝经济"，以满足追星群体或粉丝与偶像对话的娱乐需求为创新点，以角色调教、聊天记账、不同记账场景触发不同的对

话内容为主要经营模式，形成用户黏度后通过向各大电商平台导流，以及内部会员付费升级等方式，实现平台获利及融资需求。经原告查证，在软件"好友列表"一栏，被告提供预先设置好的原告头像并附加其姓名供不同用户选择。同时，在用户使用软件记账时，该软件会根据聊天场景的不同，通过智能算法或 AI 自动回复的方式向用户推送与原告有关的"肖像表情包"和"撩人情话"，目的是营造一种粉丝或下载用户与原告可以随时互动并记账的使用体验。在调查中原告还发现，除突出原告形象或带有原告肖像的表情包外，互动过程中该软件还会为原告设置不同的虚拟人设，用原告的口吻回复用户相对暧昧的语言，如"爱的抱抱""收下我的飞吻"等。该软件甚至还直接以原告的名义为软件中"购物返利"进行商业推广，如"看过购物返利了？你那么爱花钱，利用好这个功能可以省好多钱，给你发个红包，要好好规划自己的财务"。原告认为，自然人享有肖像权，未经肖像权人同意，不得制作、使用、公开肖像权人的肖像。自然人也享有姓名权，有权依法决定、使用、变更或者许可他人使用自己的姓名。自然人还享有人身自由、人格尊严的一般人格权。本案中，被告软件内大量出现原告的"肖像表情包"和附加带有原告人格利益的姓名，因表情包元素是平台作为"角色调教"的重要模块之一，以平台的技术能力和认知程度不可能不知晓上述侵权问题的存在，被告作为软件开发者有意放任这种行为在平台的存在，客观上已经侵犯了原告的肖像权和姓名权。同时，被告通过虚拟原告的人设，以原告的口吻向下载用户直接推送并非原告本意的"撩人情话"，侵犯了申请人的精神活动自由和人格尊严利益，构成对申请人一般人格权的侵犯。另外，被告一直抗辩，涉案"肖像表情包"均由用户上传，被告不应承担责任。但原告认为，被告对产品的设计以及独特的经营模式决定了其应当具有更高的审慎注意义务。同时，"算法推送"应视为被告的推荐，而被告对"算法推送"也应当具有更高的信息管理能力。被告这种新商业模式的发展不能以侵犯他人合法权益为代价，否则会带来利益失衡的不良后果。

被告甲公司观点：原告主张的 AI 角色设置、肖像图片上传、语料"调教"等行为均由用户作出，被告仅为网络技术服务提供者。被告在其用户协议中已经明确了用户不得做出侵害他人权益的行为，在原告发出通知后即将含有原告姓名、肖像的"AI 陪伴者"删除，不应承担侵权责任。

裁判要旨

一审法院经审理认为：被告的技术服务鼓励、组织了案涉虚拟形象的创设。案涉软件的服务与技术服务存在本质不同，甲公司并非提供简单"通道"服务，而是通过规则设定、算法设计，组织、鼓励用户形成侵权素材，进而创设虚拟形象，并运用到用户服务中。在此情形下，虽然具体图文由用户上传，但甲公司的产品设计和算法应用，直接决定了软件核心功能的实现，甲公司不再是中立的技术服务提供者，而应作为网络内容服务提供者承担侵权责任。案涉软件实际上构成对何某人格形象的整体性虚拟化使用，对于可能涉及侵权的内容，甲公司相比于普通用户获得授权的可能性更大，其商业化使用应当获得权利人的许可，如果仅从技术服务的角度评价甲公司的行为，则不利于人格权益保护和网络空间治理。甲公司的行为侵犯了何某肖像权、姓名权、一般人格权。在甲公司的规则设定和算法设计下，用户使用何某的姓名、肖像创设虚拟人物，制作互动语料素材，实际上是将何某的姓名、肖像、人格特点等综合而成的整体形象投射到虚拟角色上，形成了何某的虚拟形象，是对包含何某肖像、姓名的整体人格形象的使用。被告的行为侵犯了何某的肖像权、姓名权。本案中，肖像、姓名是何某整体形象利用的重要部分。根据民法典的相关规定，在此种使用场景中，自然人既有人格利益，也有财产利益。通过案涉软件的规则设定和算法设计，甲公司事实上鼓励、组织了用户创设包含原告何某姓名、肖像的虚拟形象，甲公司商业化使用何某姓名、肖像的行为并未获得何某的许可，故构成对何某肖像权、姓名权的侵害。被告行为侵犯了何某的一般人格权。首先，具体人格权无法完整涵盖案涉软件使用的人格利益。案涉软件将何某的姓名、肖像、性格特征、人格特点等综合而成的整体形象投射到 AI 角色上，并且让用户可以与该角色设置虚拟身份关系，这是对何某整体形象和人格表征的利用，肖像权、姓名权的人格利益无法完整涵盖。其次，未被涵盖的人格利益属于一般人格利益。案涉软件使得 AI 角色与真实自然人高度关联，容易让用户产生一种与何某真实互动的情感体验。同时，案涉软件的功能设置还涉及了何某自由决定其人格要素如何被使用的范畴，涉及了何某的人格尊严，构成对何某一般人格权益的侵害。例如，案涉软件使得用户可以任意设置与"何某"之间的亲密关系，并在对话中设置"爱你""抱抱"等亲密对话标签。更为显著的是，案涉软件将创作语料的功能称为体现不对等关系的"调教"一词。最后，尽管何某作为公众人物，人格利益受到一定限缩，但是甲公司和用户的行为均明显超过了合理的限度。甲公司未经许可，利用案涉软件对何某的人格表征进行了系统性功能设计和商业化利用，构成对何某一般人格权的侵害。

一审法院判决：一、甲公司于本判决生效之日起七日内在软件最新活动页面连续七天向原告何某公开赔礼道歉，致歉内容应包含本案判决书案号和被告甲公司侵害原告何某肖像权、姓名权及一般人格权的情节并经法院审核，如不履行该义务，法院将选择一家全国公开发行的报纸刊登本判决主要内容，费用由被告甲公司负担；二、甲公司于本判决生效之日起七日内赔偿原告何某经济损失 183000 元（包括合理维权支出 3000 元）；三、被告甲公司于本判决生效之日起七日内赔偿原告何某精神损害抚慰金 20000 元；四、驳回原告何某的其他诉讼请求。

判决作出后，甲公司提起上诉，后撤回上诉，本判决已发生法律效力。

法官评析

随着 VR（虚拟现实技术）、人工智能、5G 等技术的发展，"元宇宙"成为社会热点，虚拟世界已经是看得见、摸得着的，虚拟世界法律问题也随之而来，本案即突出反映。本案作为人格权侵权的新类型案件，其中不仅涉及自然人的人格权与其虚拟形象的关系，亦涉及对算法应用的评价标准，在当前人工智能应用广泛的大背景下，具有一定的积极意义。

一、虚拟形象与人格权的关系

（一）虚拟形象的内涵和类别

虚拟形象，又称虚拟人，目前尚无权威的统一定义。部分行业研究中，将其界定为是以数字形式存在的，具有人类的外观、行为、思想特征，甚至可以进行人格化交互的形象。该种形象具备的突出特点表现在三个方面。一是"虚拟"，即不存在于物理世界之中，而是通过电子屏、VR设备、全息投影等方式显现在日常生活中。二是"数字"，即依赖于多种计算机技术的支撑，如图形渲染、动作捕捉、语音合成等。三是"人"，即在外貌、行为、感知能力、交互能力等方面具有近人特征。一个虚拟形象能否给用户带来逼真感、沉浸感，很大程度上取决于其所展现的特点是否具备高度的"拟人化"。

从目前的实践来看，虚拟形象也存在不同类别，概括来说，可以从两个方面进行划分。第一种是交互型和非交互型。具体来说，非交互型的虚拟形象不能接收外界指令作出实时反应，交互型虚拟人则具备一定感知互动能力。第二种是真人型虚拟形象和非真人型虚拟形象。前者是以现实世界中存在的真人且大多以名人为原型制造的虚拟人；后者不以任何一个现实中的真人为原型，而是具有其独立的人物形象和角色设定。

（二）虚拟形象与人格权的关系

作为《民法典》规定的一项重要权利种类，人格权在该部法典中单独成编。该法第九百九十条从具体人格权和其他人格权益两个角度对人格相关权利和权益作出了界定，其规定："人格权是民事主体享有的生命权、身体权、健康权、姓名权、名称权、肖像权、名誉权、荣誉权、隐私权等权利。除前款规定的人格权外，自然人享有基于人身自由、人格尊严产生的其他人格权益。"就虚拟形象而言，其并不存在现实世界中，不是"真人"，自然也不属于《民法典》所规定的自然人、法人和非法人组织这三类民事主体，一般而言，其本身不享有人格权。但是，当虚拟形象与现实中的自然人产生模仿性的"角色重合"时，则虚拟与现实交汇，虚拟形象也将引发人格权相关的法律问题。比如，肖像，《民法典》第一千零一十八条将其界定为"通过影像、雕塑、绘画等方式在一定载体上所反映的特定自然人可以被识别的外部形象"，由此可见，可识别性是判断肖像的关键要素。在虚拟世界中，如果虚拟形象是真实人类在虚拟世界的"分身"，是以真人为原型并具备了可识别性，则涉及对应自然人的肖像及肖像权问题。比如，本案中，何某具有一定的社会知名度，而甲公司鼓励、组织用户创设了包含原告何某姓名、肖像的虚拟形象，可识别性不言而喻，甲公司在未获得何某许可的前提下开展此类商业活动，自然构成了对何某肖像权的侵权，至于姓名权的侵害，自然更为明显。

二、具体人格权和一般人格权的适用

《民法典》第九百九十条第一款详细列举了民事主体具体类型的人格权，但并非完全列举；第二款从兜底的角度规定了其他人格权益，也被称为"一般人格权"。具体人格权的内容自不必说，所谓一般人格权，是基于人身自由、人格尊严产生的人格权益，其中，人身自由包括身体行动的自由和自主决定的自由，是自然人自主参加社会各项活动、参与各种社会关系、行使其他人身权和财产权的基本保障，是自然人行使其他一切权利的前提和基础。人格尊严，包括静态和消极的人格尊严，以及动态和积极的人格尊严也即人格形成和人格发展。[①] 关于一般人格权和具体人格权在适用层面的关系，目前主要有两种观点。第一种观点认为一般人格权包含了具体人格权的上位概念，[②] 第二种观点则认为二者彼此独立、互不隶属，共同构成了人格权体系。[③] 笔者认为，《民法典》第九百九十条第二款已经明确"除前款规定的人格权外"，自然人还享有

---

① 最高人民法院民法典贯彻实施工作领导小组编著：《中国民法典适用大全·人格权卷》，人民法院出版社 2022 年版，第 232 页。

② 参见最高人民法院民法典贯彻实施工作领导小组主编：《中华人民共和国民法典人格权编理解和适用》，人民法院出版社 2020 年版，第 25 页。

③ 参见许可、梅夏英：《一般人格权：观念转型与制度重构》，载《法制与社会发展》2014 年第 4 期。

其他相应的人格权益，故该条款应当是"补充性""兜底性"的条款，在体系解释的基础上，应当能够得出一般人格权和具体人格权相互"并列"的结论。本案的裁判结果即采取了该思路，除了认定甲公司侵犯何某的肖像权和姓名权等具体人格权之外，因为案涉软件使得 AI 角色与真实自然人高度关联，功能设置还涉及了何某自由决定其人格要素如何被使用的范畴，涉及了何某的人格尊严，故此，法院认定还构成对何某一般人格权益的侵害。至于侵权主体方面，该案的判决同样具有一定的启发意义，从表面上看，似乎是用户利用软件自行创设或添加"AI 陪伴者"，但通过查明发现，实际上陪伴者的设置以及被众多用户使用是由人工智能软件利用算法决定的，故法院将软件运营商认定为直接实施侵害原告肖像权与姓名权的侵权行为人。

12

手机号码与私人生活安宁

📑 实务观点

问题 1：如何认定私人生活安宁遭受侵扰进而导致隐私权受到侵犯？

观点：私人生活安宁是隐私的重要内容，其主要是一项精神性人格权益，认定私人生活安宁遭受侵扰进而侵犯隐私权时，在遵循侵权责任构成要件的基础上，可以重点考查如下两个要素，即行为人是否存在具体的加害行为；私人生活安宁被侵扰是否超过一定限度。

问题 2：手机号码在网剧中曝光致频繁收到陌生来电短信，网剧出品方是否侵犯机主隐私权？

观点：自然人的手机号码被网剧不当披露，造成了自然人私人生活安宁被侵扰，超出了合理容忍的限度，对此制作方主观上存在过错，构成对自然人隐私权的侵害。

📖 案例精释

手机号码在网剧中曝光导致频繁收到陌生信息是否侵犯机主隐私权

——黄某某诉甲影业公司、乙影业公司隐私权纠纷案

关键词：手机号码　私人生活安宁　隐私权

案情要览

2019 年 11 月 4 日，甲、乙影业公司联合出品的某奇幻题材青春偶像剧在 A 视频平台上首次上线播出。当该剧播出到第八集时，其中女主角拨打手机的画面清楚显示手机号码为"185×××××××"（以下简称涉案手机号码），恰巧该手机号码的实名认证所有人系原告黄某某，其早在 2019 年 6 月 10 日取得该号码的使用权。该剧播出后，黄某某开始收到大量陌生电话、微信好友申请的骚扰，因为其当时还在某大学攻读研究生学位，正处于实习和准备毕业论文的时期，因此其工作、学习和生活均受到了严重影响。

各方观点

原告黄某某观点： 自 2019 年 11 月 5 日开始，原告不断收到骚扰电话和微信好友验证通知，经过询问得知，原告实名认证的手机号"185×××××××"出现在由二被告出品的网络剧第八集中，致使众多网民认为该手机号机主是剧中扮演者或者剧组人员。随即原告在线向 A 视频平台公司提交投诉，但无济于事。原告不堪其扰，压力倍增，此事扰乱了原告正常的生活和工作状态，故原告于 2019 年 11 月 12 日委托律师向二被告出具《律师函》，函告二被告停止损害、赔礼道歉和赔偿精神损失、因维权而支出的律师费用，二被告未作回应。二被告未对网络剧中出现的手机号进行画面处理，泄露了原告实名认证的手机号，二被告作为出品方未履行对网剧内容具有的审核义务，侵犯了原告的隐私权，严重破坏了原告原有的生活和工作状态。故要求二被告向原告支付精神损害赔偿金 50000 元，以及原告因维权而支出的律师费 1000 元和因维权而产生的误工费 1000 元。

被告甲影业公司观点： 第一，涉案网剧拍摄于 2017 年 3 月，涉案手机号码系在拍摄期间由剧组授权工作人员购买，并由剧组合法使用。我司没有杜撰，涉案手机号码在我司停止使用后，通过运营商进行二次销售，对此我司并不知情。因此，我司无侵权事实、更无侵权故意，主观上无过错。第二，涉案网剧于 2019 年 11 月 4 日起在 A 视频平台播出，涉案手机号码在该网剧第八集中出现 1 秒，2019 年 11 月 8 日我司发现该剧第八集中出现了手机号码后，立即对相关画面进行了模糊处理，并于 2019 年 11 月 10 日将处理后的视频资料传给播放视频平台方，在当日完成替换。前述处理结果已于 2019 年 11 月告知了原告。我司在发现问题时立即采取措施，在此过程中不存在任何放任行为，主观上无过失。第三，原告提交的证据不能证明与本案有关，更不能证明扰乱其正常生活，亦未造成严重精神损害后果，不符合《侵权责任法》第二十二条①的规定。根据《最高人民法院关于确定民事侵权精神损害赔偿责任若干问题的解释》第八条②的规定，因侵权致人精神损害，但未造成严重后果，受害人请求赔偿精神损害的，一般不予支持，故原告主张精神损害赔偿没有事实依据及法律依据。请求法院驳回原告诉讼请求。

被告乙影业公司观点：不同意原告诉讼请求。我司非涉案网剧的承制方，仅是该剧的出品方，未参与制作过程，对视频内容没有审查、监督义务。

裁判要旨

法院经审理认为：本案的争议焦点主要在于：第一，被诉行为是否构成侵害原告隐私权；第二，如果构成侵权，应如何承担民事责任。

一、被诉行为是否构成侵害原告隐私权

判断涉案网剧使用和公开涉案手机号码是否侵害原告隐私权，也应从以下四个方面具体考量：

（一）加害行为

具体而言，私人生活安宁主要包括：日常生活安宁、住宅安宁和通信安宁

---

① 对应《民法典》第一千一百八十三条。该条规定："侵害自然人人身权益造成严重精神损害的，被侵权人有权请求精神损害赔偿。因故意或者重大过失侵害自然人具有人身意义的特定物造成严重精神损害的，被侵权人有权请求精神损害赔偿。"

② 2020 年修正该司法解释时，本条已删除。

等。由于"手机实名制"和"网络实名制"政策的落实、普及，作为重要通信联络方式的个人手机号码，还被广泛应用于各类社交应用软件的账号创建，客观上与个人生活安宁的关联也更加密切。个人手机号码一般应由权利人决定向特定的人群公开。若非法律规定或经权利人许可，被他人不当披露给不特定人群，可能导致权利人的通信安宁被侵扰，妨害权利人的正常生活安宁。

本案中，涉案网剧制作方把现为原告合法所有的涉案手机号码，在原告不知情的情况下用于剧中角色并公开在网络上，可能导致广大网民通过电话、社交应用软件等方式侵扰原告，将原告置于被侵扰的显著危险中，无论是否有陌生网民实际打扰，已违背了原告不希望私人生活遭受他人侵扰的意愿，会使其陷入被侵扰的恐惧和压力，构成对其个人生活的侵扰性介入，涉及侵害其私生活领域内应有的安宁状态。

（二）损害后果

私人生活安宁主要是一项精神性人格权益，即使受侵害也主要导致的是精神损害。从某种意义上说，精神安宁利益的存在具有普遍性，一般侵权行为均会导致权利人出现郁闷、愤怒等精神困扰，使权利人丧失应有的安宁利益。但与这种从属性的安宁利益损害不同，私人生活安宁直接被侵害的是安宁利益，且只有外部侵扰超出了一般理性人能够容忍的限度，达到对私人生活安宁一定程度的侵扰，方构成对隐私权的不法侵害。

本案中，涉案手机号码通过涉案网剧公开，基于网络传播的便捷性、可溯性和可编辑性，决定其传播效能远远超过传统的传播方式，由此造成的损害后果会更加显著。根据在案证据，从涉案手机号码被使用和公开的方式、范围等不难判断，原告的私人生活安宁明显存在被陌生网民侵害的危险。实际上，原告在案涉手机号码公开后就接连收到多个陌生来电和微信好友申请，彼时原告正处于学习、工作相对繁忙的毕业前夕，短期内却受到多人较高频次的电话和微信侵扰。另外，制作方处理了授权网站的播出画面后，原告仍有收到陌生网民的微信打扰，可见还存在被继续侵扰的潜在风险。上述侵扰情形，显然已超出原告应当容忍的限度，破坏了原告的安宁状态。

（三）因果关系

法律上的因果关系是指损害后果必须是可归因于加害行为的后果，即需判断加害行为是否属于损害后果的条件。本案中，无论是原告安宁状态明显存在被侵扰的风险，还是实际受到的网民侵扰，均是由于涉案网剧公开了属于原告的涉案手机号码，且该号码被设定为剧中角色所有，激发了观剧网民的好奇心理。因此，被诉行为与原告遭受的损害后果间有着必然联系，存在客观的因果关系。

（四）主观过错

经查明，原告于2019年6月10日取得涉案手机号码，涉案网剧于2019年11月开始上线播放。根据在案证据，结合考虑制作和播出一部影视作品需要的正常周期，应当能够认定涉案网剧的拍摄时间早于原告合法取得该号码的时间。对于甲影业公司辩称制作方因此不存在任何过错的意见，法院认为，隐私权是绝对权，具有对世的法律效力，随着社会文明的进步，其作为一项基本民事权利，在立法导向和法律实施层面均呈现强化保护的趋势。在此背景下，影视剧制作行业有必要强化公民权利保护的法律意识，进一步提高注意义务，遵循必要且安全的原则，避免因行为不当，造成对他人私人生活安宁的侵扰。

据此，制作方对涉案网剧中使用可能影响他人私人生活安宁的真实信息，应当予以合理注意，采取必要措施，避免相关侵权风险。而本案中，根据在案证据，第一，制作方在涉案网剧中使用涉案手机号码，未采取任何风险防范措施。虽然甲影业公司主张拍摄时委托剧组人员购买了涉案手机号码，属于有权使用，但并无确实证据证明，原告亦不予认可，法院对此不予确认。第二，即便如甲影业公司所言，制作方作为专业的影视剧制作单位，其有能力理解并判断一部影视剧从制作到播出的正常周期，然而从原告现持有涉案手机号码的情况可知，甲影业公司所称合法使用的期间明显短于涉案影片制作与播出的正常周期。第三，现有技术和艺术表达方式均能给制作方提供多种方法和选择，处理真实信息呈现问题，以降低侵权风险，结合本案案情，有关处理方式简单易得，不会因此让制作方承担过高的制作成本。基于以上分析，制作方对涉案网剧画面使用涉案手机号码，未尽相应的注意义务，对可能存在的侵权风险持放任态度，对此，制作方主观上存在过错。

综上，涉案手机号码被涉案网剧不当披露，造成了原告私人生活安宁被侵扰，超出了合理容忍的限度，对此制作方主观上存在过错，构成对原告隐私权的侵害。

二、如果构成侵权，应如何承担民事责任

如前所述，涉案网剧的制作方侵害原告的隐私权。根据涉案网剧的片尾署名，可以初步证明甲影业公司是涉案网剧的出品方，乙影业公司是联合出品方，在无相反证据证明的情况下，可以确认甲影业公司、乙影业公司均为涉案网剧的制作方，共同侵害了原告的隐私权。根据《侵权责任法》第八条①的规定，二人以上共同实施侵权行为，造成他人损害的，应当承担连带责任。据此，原告有权依法请求二被告承担连带侵权责任。

根据《侵权责任法》第十五条第一款第六项、第七项的规定，承担侵权责任的方式有赔偿损失和赔礼道歉。据此，法院结合原告的诉讼请求，综合考量二被告的主观过错、侵权情节、影响范围等各项因素来确定二被告承担责任的形式和范围。关于赔礼道歉的诉请，鉴于原告在庭审后予以撤回，法院不再处理。关于精神损害抚慰金的诉请，根据《侵权责任法》第二十二条②的规定，侵害他人人身权益，造成他人严重精神损害的，被侵权人可以请求精神损害赔偿。精神损害抚慰金，顾名思义系用于对精神受到损害者予以抚慰。因精神损

①　对应《民法典》第一千一百六十八条，条文内容无变化。
②　对应《民法典》第一千一百八十三条，该条规定："侵害自然人人身权益造成严重精神损害的，被侵权人有权请求精神损害赔偿。因故意或者重大过失侵害自然人具有人身意义的特定物造成严重精神损害的，被侵权人有权请求精神损害赔偿。"

害具有难以量化和证明的特点，通常情况下以发生了足以产生这种影响的行为来认定。本案中，涉案侵权行为造成的主要是精神损害，原告因涉案侵权行为无端遭受陌生网民侵扰，即使二被告较快地进行了一定处理，但仍导致原告在一段时期内遭受私人生活安宁被侵扰的痛苦，以及承受可能被继续侵扰的苦闷。法院认为宜以精神损害抚慰金对原告予以抚慰，但赔偿的具体金额由法院综合考虑涉案侵权行为的影响范围、持续时间、侵权人主观过错等予以酌定。

关于误工费，因误工费系侵权行为导致的工资、奖金等劳动报酬的实际损失，现在案证据尚不足以证明原告实际发生了该损失，故法院不予支持。关于律师费，原告为制止涉案侵权行为向二被告发送律师函，支出了相关费用，系维权合理开支，法院予以支持。

一审法院判决：一、被告甲影业公司与乙影业公司向原告黄某某赔偿精神损害抚慰金 3000 元、律师费 1000 元；二、驳回原告黄某某的其他诉讼请求。

宣判后，各方均没有上诉，判决已经发生法律效力。

法官评析

自《侵权责任法》施行以来，我国立法对于隐私权保护愈加重视，特别是《民法典》施行以后，该项权利的内容、保护方式更加完善。与一般涉及隐私权的案件不同，本案充分反映了"互联网+"时代侵犯隐私权的一种类型，核心问题是在网剧播出的过程中出现原告的电话号码的情形是否侵犯了原告的隐私权。

一、我国关于隐私及隐私权之法律规定的演变

现代意义上的隐私由美国学者沃伦和布兰代斯于 1890 年提出，界定为"免受外界干扰的、独处的"权利。顾名思义，"隐"有隐避、隐藏之义，即私人生活或私人信息不愿为他人所知晓，不愿向社会公开。"私"即个人的私密、私生活。我国立法及司法实践对于隐私及隐私权的保护，大致包括以下两个阶段。

第一个阶段，以名誉权的方式对隐私进行保护。我国最早有关隐私权的司法解释为 1993 年的《最高人民法院关于审理名誉权案件若干问题的解答》，其中虽然未明确提出隐私权，但通过名誉权的方式对隐私内容进行保护，其第七条载明：“问：侵害名誉权责任应如何认定？答：对未经他人同意，擅自公布他人的隐私材料或者以书面、口头形式宣扬他人隐私，致他人名誉受到损害的，按照侵害他人名誉权处理。”此后，1998 年公布的《最高人民法院关于审理名誉权案件若干问题的解释》中，进一步扩展了隐私的保护内容，但同样是以名誉权的名义进行保护，如第八条明确：“医疗卫生单位的工作人员擅自公开患者患有淋病、麻风病、梅毒、艾滋病等病情，致使患者名誉受到损害的，应当认定为侵害患者名誉权。”2001 年公布的《最高人民法院关于确定民事侵权精神损害赔偿责任若干问题的解释》，其中进一步明确了隐私属于人格利益的一种，但依然未明确将其界定为隐私权，具体内容体现在第一条第二款，即“违反社会公共利益、社会公德侵害他人隐私或者其他人格利益，受害人以侵权为由向人民法院起诉请求赔偿精神损害的，人民法院应当依法予以受理”。

第二个阶段，将隐私权作为独立人格权进行保护。该阶段中，隐私已经上升为“隐私权”，其所包含的内容也逐步丰富。比如，《妇女权益保障法》第二十八条第一款规定：“妇女的名誉权、荣誉权、隐私权、肖像权等人格权受法律保护。”正式将隐私权作为一种独立人格权予以保护。2009 年《侵权责任法》公布，再次明确了隐私权的法定地位，其第二条第二款规定：“本法所称民事权益，包括生命权、健康权、姓名权、名誉权、荣誉权、肖像权、隐私权、婚姻自主权、监护权、所有权、用益物权、担保物权、著作权、专利权、商标专用权、发现权、股权、继承权等人身、财产权益。”2020 年公布的《民法典》，专门设立一章，从隐私的内涵、侵害隐私权的具体表现等方面进一步丰富了隐私权保护的内容。

二、隐私的内涵与侵扰他人生活安宁的判断要素

关于隐私的内涵，《民法典》第一千零三十二条第二款规定：“隐私是自然

人的私人生活安宁和不愿为他人知晓的私密空间、私密活动、私密信息。"由此可见，隐私主要包含两个方面的内容：一方面是自然人的私人生活安宁；另一方面是自然人不愿为他人知晓的私密空间、私密活动、私密信息。至于侵害隐私权的具体方式，《民法典》第一千零三十三条规定："除法律另有规定或者权利人明确同意外，任何组织或者个人不得实施下列行为：（一）以电话、短信、即时通讯工具、电子邮件、传单等方式侵扰他人的私人生活安宁；（二）进入、拍摄、窥视他人的住宅、宾馆房间等私密空间；（三）拍摄、窥视、窃听、公开他人的私密活动；（四）拍摄、窥视他人身体的私密部位；（五）处理他人的私密信息；（六）以其他方式侵害他人的隐私权。"

由上述规定可知，私人生活安宁是隐私的重要内容，其主要是一项精神性人格权益，它受侵害主要导致的也是精神损害。在认定私人生活安宁遭受侵扰进而侵犯隐私权时，结合本案和时代发展，在遵循侵权责任构成要件的基础上，笔者认为可以重点考量如下两个要素。

其一，行为人是否存在具体的加害行为。传统的侵扰行为是对物理空间的擅自闯入，但伴随着现代科技的发展，对私人虚拟空间的侵入变得常见，如通过电话、信息、网络方式实施"信息轰炸"。至于加害行为的表现，既可以是直接的、具体的对他人生活安宁的侵扰，也可以是将他人生活的安宁置于一种随时可能被侵扰的不安状态。比如，本案中，涉案网剧制作方并未从事直接拨打原告电话的具体侵扰行为，但其将原告的手机号码用于剧中角色并公开在网络上，在网络传播广泛的背景下，很可能导致广大网民通过电话、社交应用软件等方式侵扰原告，故将原告置于被侵扰的显著危险中，无论是否有陌生网民实际打扰，已违背了原告不希望私人生活遭受他人侵扰的意愿，会使其陷入被侵扰的恐惧和压力当中，由此，法院认定该行为构成对其个人生活的侵扰性介入，涉及侵害其私生活领域内应有的安宁状态。

其二，私人生活安宁被侵扰是否超过一定限度。在网络信息时代，被陌生人拨打电话、发送短信、电子邮件等事情屡见不鲜，如果将偶尔一次的上述行为都界定为私人生活安宁被侵扰，不仅标准过于僵化和机械，也会脱离客观实际。具体而言，生活安宁是一个主观性较强的概念，该种权益是否受到侵扰与个人的主观感受直接相关，但从裁判的角度来讲，为了避免个人主观标准的随意变化，需要最大限度地寻求相对客观的标准。一般而言，需要依据社会习俗、一般理性人的感受标准等因素进行判断，同时也要结合案件的具体场景和情形具体分析，考量权利主张人的个人生活状态是否有因被诉行为介入而产生变化，以及该变化是否对个人生活安宁造成一定程度的侵扰。只有外部侵扰行为超出了一般理性人能够容忍的限度，确实对私人生活安宁造成一定程度的侵扰，方构成对隐私权的不法侵害。比如，本案中，原告在该案涉手机号码公开后就接连收到多个陌生来电和微信好友申请，而且结合具体场景分析，原告当时正处于学习、工作相对繁忙的毕业前夕，短期内却受到多人较高频次的电话和微信侵扰，故此，法院认定上述行为显然已超出原告应当容忍的限度，破坏了原告的安宁状态，进而判断涉诉网剧制作方构成对原告隐私权的侵害。

13

读书信息与个人信息保护

📄 **实务观点**

问题1：个人信息与自然人之间是什么关系？

观点： 就个人信息与自然人之间的关系而言，大致包括两种。第一种是"识别"，即由特定信息识别出特定的自然人，如身份证号码、指纹特征；第二种是"关联"，即自然人在生活、交往过程中所产生的关联信息，如行踪轨迹、个人爱好等。符合上述两种情形之一的信息，即可以判定为个人信息。

问题2：个人信息处理者在一个服务平台获得处理个人信息的同意后将个人信息提供给关联产品的，是否侵害个人信息？

观点： 个人信息包括可识别自然人的信息及已识别的自然人相关的信息。个人信息处理者在一个服务平台获得处理个人信息的同意，未真实、准确、完整告知个人信息主体将个人信息提供给关联产品的，不应认定个人信息处理者获得了在关联产品中处理个人信息的有效同意，平台对用户个人信息的使用方式未有效告知并获得同意的，构成对用户个人信息权益的侵害。

📖 **案例精释**

读书软件未经个人有效同意擅自公开读书信息构成对个人信息的侵害

——黄某诉甲科技公司等隐私权、个人信息保护纠纷案

关键词： 个人信息　隐私权　告知同意

案情要览

　　读书软件系一款手机阅读应用，用户可以在该款软件上阅读书籍、分享书评等。在应用软件市场中，读书软件的开发者是甲科技公司，社交软件的开发者是乙科技公司，两软件的运营者为某计算机公司。黄某在通过社交软件登录读书软件时发现，在黄某没有进行任何添加关注操作的情况下，其在某读书软件中相关页面下出现了大量黄某的社交软件好友。此外，无论是否在某读书中添加关注关系，黄某与共同使用某读书软件的社交软件好友也能够相互查看对方的书架、正在阅读的读物、读书想法等。黄某诉至法院，认为某读书及社交软件运营者的上述行为侵犯了黄某的个人信息权益和隐私权，某计算机公司、甲科技公司、乙科技公司作为相关软件的开发、运营方，应当承担相应的侵权责任。黄某请求法院判令三公司停止侵权行为，解除读书软件中的关注关系、删除好友数据、停止展示读书记录等，并要求三公司向黄某赔礼道歉。黄某举证，有大量网络用户发帖及评论显示某读书软件存在为用户自动关注好友的行为，甲科技公司亦承认可能存在自动关注的设计，但未提交相关数据或操作日志，并坚持认为原告系自行添加关注。此外，相关证据显示，即使用户未在读书软件中将社交软件好友添加为关注关系，也能查看到共同使用某读书软件的社交软件好友的读书记录。

各方观点

　　原告黄某观点： 社交软件与读书软件是两个不同的独立软件，原告在使用读书软件时发现，社交软件将其间收集的好友关系的数据交予读书软件，在原告并未进行自愿授权的情况下，在读书软件的具体栏目下出现了使用该软件的原告社交软件里的好友名单。此外，在原告没有进行任何添加关注操作的情况下，原告账号中相关页面下出现了大量原告的社交软件项下的好友，且读书软件未经原告自愿授权，默认向"关注我的"好友公开原告的读书想法等阅读信息。不仅如此，原告在使用读书软件的过程中还发现，即使原告与原告的社交软件好友在该软件中没有任何关注关系，也能够相互查看对方的书架、正在阅读的读物、读书想法等，然而上述信息属于原告并不愿向他人展示的隐私信息。原告认为，读书软件与社交软件系两款独立的软件，而根据《民法总则》第一百一十条①和第一百一十一条②，《网络安全法》第四十一条等相关法律法规的规定，社交软件好友关系数据和读书软件的阅读信息均应属于公民的隐私和个人信息范畴，在原告并未自愿授权的情况下，以上行为均侵害了原告的个人信息权益和隐私权。

被告某计算机公司等三方观点：公司并未实施原告指称的侵害个人信息权益和隐私权的行为。第一，读书软件获取、使用社交软件好友已经向用户进行充分告知并获得同意，不属于侵害个人信息权益的行为。根据读书软件用户协议的第4.2条的约定，"你使用本服务的部分功能前需要有一个成功注册的社交软件账户，并获得该社交软件账户的授权，授权内容包括但不限于：获得该社交软件账户的公开信息（昵称、头像等）、寻找与你共同使用该应用的社交软件好友、帮助你分享信息到朋友圈等"，读书软件已经告知用户会使用社交软件好友关系并获得了用户同意。并且，读书软件还通过弹窗方式进一步提示并获得同意。同时，社交软件向读书软件提供用户社交软件好友关系，并不违反《社交软件开放平台开发者服务协议》的约定。因此，读书软件获取、使用用户的社交软件好友关系符合法律要求，不构成侵权行为。此外，计算机公司在读书软件中使用社交软件好友关系的行为属于"使用"行为，而非收集行为。根据《信息安全技术个人信息安全规范》第3.5条的定义，收集是指获得对个人信息的控制权的行为。本案中，计算机公司作为社交软件的运营主体，已经通过社交软件的运营取得了用户社交软件好友关系的控制权，因此计算机公司作为信息控制主体在读书软件中进一步使用社交软件好友关系，并不是收集而

---

① 对应《民法典》第一百一十条。该条规定："自然人享有生命权、身体权、健康权、姓名权、肖像权、名誉权、荣誉权、隐私权、婚姻自主权等权利。法人、非法人组织享有名称权、名誉权和荣誉权。"

② 对应《民法典》第一百一十一条。该条规定："自然人的个人信息受法律保护。任何组织或者个人需要获取他人个人信息的，应当依法取得并确保信息安全，不得非法收集、使用、加工、传输他人个人信息，不得非法买卖、提供或者公开他人个人信息。"

是使用行为。第二,原告所提供的证据无法证明涉案读书软件存在自动关注好友的情况,原告的主张缺乏事实依据。原告并未提交证据证明涉案读书软件存在自动关注社交软件好友的情况。并且,根据被告提交的证据材料,涉案读书软件并未实施自动关注好友的情况。因此,原告的主张缺乏事实依据,不应予以支持。第三,关于向社交软件好友展示原告使用读书软件生成的使用信息,读书软件已经通过用户协议获得用户同意,且在具体应用场景中予以充分提示,并不属于侵权行为。读书软件用户协议第2.1条关于读书软件的术语定义中已经说明"你也可以浏览你的社交软件好友通过本服务阅读、分享的读物及其读书想法等"。且在该协议"用户注意事项"一章的第5.5条再次提示告知并获得用户同意"本服务默认生成软件使用信息(包括但不限于你的书架、你正在阅读的读物、你推荐的读物及你的读书想法等信息)并向与你有社交软件好友关系的其他用户开放浏览可见,你及其他用户将有权浏览对方因使用本服务所生成的软件使用信息"。与此同时,在具体使用场景中,读书软件进一步通过弹窗提示和功能选择就书籍和想法是否公开给予了用户充分的选择权。因此,此种使用方式已经向用户进行了充分告知并获得了用户同意。

裁判要旨

法院经审理认为:个人信息的核心特点为"可识别性",社交软件好友列表、读书信息等关联性信息亦构成个人信息。本案某读书软件开发及运营公司相关行为构成侵权。第一,平台对用户个人信息的使用方式未有效告知并获得同意,构成对用户个人信息权益的侵害。《网络安全法》明确了网络运营者收集使用个人信息,应符合合法、正当、必要原则,并经被收集者同意。知情及同意不仅包括信息主体对收集信息种类的知情,还包括对收集、使用的目的、方式和范围的知情及同意,且应充分、自愿、明确。本案中,从某读书软件处理好友列表信息和读书信息的方式来看,用户的读书信息对有关注关系和没有关注关系的社交软件好友均默认开放。在未明确告知用户的情况下,网络服务提供者在不同应用中共享好友列表数据、向未主动关注的好友默认公开读书信息亦不符合一般用户的合理预期。因此,基于读书软件中的信息组合与人格利益较为密切、读书软件共享社交软件好友列表数据、读书软件默认向未关注的社交软件好友公开读书信息等因素,某读书软件应对用户进行显著的告知,确保用户充分了解、知悉信息处理的方式、范围及风险。然而,本案被告公司仅通过用户协议概括性地获得用户的授权,并不能认定获得了用户对于上述特定使用方式的有效、明确同意。因此,涉案行为构成对原告个人信息权益的侵害。

第二,原告有初步证据证明被告公司实施了自动添加关注的行为,被告公司掌握相关数据未予提交,应认定原告的主张成立。从原告提交的已经公证的用户评论看,包含大量某读书软件自动关注社交软件好友的内容,确存在自动为用户添加关注的可能,被告公司也陈述可能存在自动关注的版本。在此前提下,除非要求原告从初次登录到不能预计的、不特定的被添加关注时间点期间,一直采取公证或其他证据保全措施,否则无法证明被自动添加关注的事实。因此,法院认定原告完成了初步举证,被告公司主张原告主动添加关注以及案涉版本的读书软件已经修改了自动添加关注功能,应该提供相应的证据。被告公司未提交相关证据,法院采信原告的主张,认定原告某读书软件中的关注关系为自动添加。

第三,涉案行为构成对公民隐私权的侵害。个人信息与作为隐私权客体的私密信息既有交叉亦有不同。当事人主张互联网平台侵犯个人信息权益和隐私权,要求承担侵权责任的,应合理区分隐私权和个人信息权益。个人信息处理者是否侵害隐私权,应结合信息类型、内容是否具有私密性、信息处理方式、个人合理预期等予以综合判定。在兼具一定社交属性的互联网阅读平台中,读书信息不宜笼统地纳入私密信息范畴。再结合本案,原告主张的特定读书信息尚未达到私密性标准,认定原告个人信息受到侵害亦可实现原告各项诉讼请求,保护原告合法权益,故相关被告公司不构成对原告隐私权的侵害。

一审法院判决:一、甲科技公司于本判决生效之日停止某读书软件收集、使用黄某社交软件好友列表信息,删除某读书软件中留存的黄某社交软件好友列表信息;二、解除黄某在某读书软件中对其社交软件好友的关注;三、解除原黄某的社交软件好友在读书软件中对黄某的关注；四、停止将黄某使用某读书软件生成的信息向黄某共同使用某读书软件的社交软件好友展示的行为；五、甲科技公司、某计算机公司于本判决生效之日起 7 日内以书面形式向原告黄某赔礼道歉；六、三被告公司于本判决生效之日起 7 日内连带赔偿原告公证费 6660元；七、驳回黄某的其他诉讼请求。

一审判决后，当事人均未上诉，判决已产生法律效力。

法官评析

近年来，随着互联网行业的蓬勃发展，为经济社会发展注入了新功能，为民众表达言论、改善生活提供了更多途径，也带来了新的法律问题。就侵权领域而言，利用互联网进行侵权已成为当下侵权责任纠纷中的一种重要类型，并且伴随着网络科技的进一步发展，其在未来的司法审判中也将占据重要地位。与传统侵权行为相比，互联网环境下的侵权行为更容易实施、更加隐秘、更加复杂，影响范围也更加广泛，同时反映了网络时代的新特点。比如，从侵权主体上，网络平台可以成为单独侵权人，也可以因为怠于履行采取删除、屏蔽等必要措施而就损害扩大部分成为共同侵权人；从侵权手段上，网络平台掌握了大量的数据资源，而这些数据为网络平台侵犯个人隐私、个人信息提供了条件。在此背景下，《民法典》适应时代发展，专门设置人格权编，积极适应人格权类型日益丰富的现实，把对人格权益的保护提升到了全新高度。如何准确把握《民法典》的精神，把规范妥当应用到新类型案件的裁判中，在人格权益保护和互联网发展之间寻求到最佳的平衡点，是司法实践必须面对的问题，也彰显着裁判者的视野和智慧。

网络信息时代，个人信息保护成为热点问题，本案即因手机阅读软件侵害用户个人信息权益引发的典型案件。虽然本案裁判发生在《民法典》和《个人信息保护法》实施前，但其中关于个人信息保护的裁判思路，与上述两部法律的精神及相关规定一致。

一、个人信息的内涵

关于个人信息的内涵，按照施行的时间顺序，相关规范主要体现在《网络安全法》《民法典》《个人信息保护法》三部法律之中。《网络安全法》第七十六条第五项规定："个人信息，是指以电子或者其他方式记录的能够单独或者与其他信息结合识别自然人个人身份的各种信息，包括但不限于自然人的姓名、出生日期、身份证件号码、个人生物识别信息、住址、电话号码等。"《民法典》第一千零三十四条第二款规定："个人信息是以电子或者其他方式记录的能够单独或者与其他信息结合识别特定自然人的各种信息，包括自然人的姓名、出生日期、身份证件号码、生物识别信息、住址、电话号码、电子邮箱、健康信息、行踪信息等。"《个人信息保护法》第四条第一款规定："个人信息是以电子或者其他方式记录的与已识别或者可识别的自然人有关的各种信息，不包括匿名化处理后的信息。"综合对比，可以发现上述法典中关于"个人信息"的界定既有共同性也有差异性。共同性体现在都突出了个人信息的可识别性，用于识别特定自然人。至于差异性，一则体现在《民法典》的列举范围大于《网络安全法》，其将电子邮箱、健康信息、行踪信息等也纳入个人信息范围。二则体现在《个人信息保护法》用"但书"的方式明确了除外情形，即匿名化处理后的信息不属于个人信息。

二、个人信息的判断和使用

在判断方面，就个人信息与自然人之间的关系而言，大致包括两种。第一种是"识别"，即由特定信息识别出特定的自然人，如身份证件号码、指纹特征；第二种是"关联"，即自然人在生活、交往过程中所产生的关联信息，如行踪轨迹、个人爱好等。故此，符合上述两种情形之一的信息，即可以判定为个人信息。对照上述《个人信息保护法》第四条第一款的内容，可知其内涵中也同时包括了"可识别"及"已识别+关联"的内容。具体到本案中，对于自然人而言，用户昵称、性别等属于可识别自然人的信息，读书内容、读书偏好等属于关联性的个人信息。

在使用方面，《个人信息保护法》对个人信息保护设定了两个重要条件，一个是需要个人的同意；另一个是对信息处理者提出了限制要求，细化了信息处理者的告知要求，其第十七条第一款规定："个人信息处理者在处理个人信息前，应当以显著方式、清晰易懂的语言真实、准确、完整地向个人告知下列事项：（一）个人信息处理者的名称或者姓名和联系方式；（二）个人信息的处理目的、处理方式，处理的个人信息种类、保存期限；（三）个人行使本法规定权利的方式和程序；（四）法律、行政法规规定应当告知的其他事项。"本案中，虽然社交软件与读书软件均由某计算公司运营，但同一信息处理者在关联产品中共享个人信息，需要个人信息主体在充分知情的前提下，自愿、明确同意该处理方式，如未经本人同意不得随意使用。同时，读书信息中可能包括用户不愿意向他人公开的信息，且某计算机公司处理的方式对用户人格权益有较大影响，因此，仅以用户概括性地同意用户协议，不能认定某计算机公司充分履行了告知和获得用户同意的义务。故此，本案中认定了某计算机公司侵害了原告的个人信息。

三、个人信息与隐私信息的区别及判断难题

本案同时对于原告主张的特定读书信息是否达到私密性标准也进行了探讨。关于个人信息与隐私之间的区别，依照《民法典》第一千零三十四条第三款的规定："个人信息中的私密信息，适用有关隐私权的规定；没有规定的，适用有关个人信息保护的规定。"由此可见，就宽泛意义上而言，隐私信息属于个人信息的范畴，但其又具有独特的私密性特点。具体应用中，应当如何区分特定信息是否具有不愿为他人知晓的隐私性，一直存在争议。有观点主张"不愿为他人知晓"的主观意愿应符合社会一般合理认知，有必要深入实际应用场景，以"场景化模式"探讨该场景中是否存在侵害隐私的行为，需要结合信息内容、处理场景、处理方式等，进行符合社会一般合理认知的判断。具体到个人的读书信息，其时常与个人的爱好、生活方式甚至敏感经历相关，是否应当将其完全纳入隐私的范畴，有待于理论界和实务界进一步的探讨。

14

工作兼职信息与隐私权

问题 1：隐私权与个人信息之间具有什么区别？

观点：隐私权主要是一种精神性的人格权，主要体现的是人格利益，其财产价值并不明显；而以个人信息为内容的权利则是集人格利益与财产利益于一体的综合性权利。隐私主要是私密性的信息或私人活动，凡是个人不愿意公开披露且不涉及公共利益的部分都可以成为隐私，单个的私密信息或者私人活动并不直接指向自然人的主体身份；受制于"隐"的形态，隐私一旦被披露就不再是隐私；个人信息，其更加注重的是身份识别性，且个人信息可被反复利用，对个人信息所造成的损害通常具有可恢复性。

问题 2：快递公司泄露收件人兼职信息的行为是否侵犯收件人的隐私权？

观点：自然人在其他单位兼职的情况属于个人信息范畴，如果该信息对于自然人本职工作的存续会造成影响且自然人不愿为外界所知晓，则其便具有了一定的隐私性。快递公司擅自修改收件人地址并拆开邮件将涉及收件人兼职的信息与他人核对的行为侵犯了收件人的隐私权，应当为此造成的损害后果承担赔偿责任。

📖 **案例精释**

快递公司泄露收件人兼职信息是否侵犯收件人的隐私权

——邓某诉某快递公司隐私权纠纷案

关键词： 兼职　个人信息　收件人地址　隐私　侵权

案情要览

2019 年 5 月 6 日，社保部门通过某快递公司向邓某邮寄 A 公司工作人员社保卡，快递单载明：收件人为 A 公司邓某，收件人电话（邓某的电话号码）。收件地址为某小区 1 号。该邮件封皮粘贴一张提示单，内容包括：社会保障卡专用，禁止私自转址（非常重要）；5 天内无法投递的请将原件务必速退回××路点部；签收时，请收件人拆包核对卡数及单位名称，清点无误后，收件人需提供单位公章或者社保登记证复印件或者收件人的身份证复印件，三者取其一即可。后该邮件第一次投递未妥投。2019 年 5 月 10 日，某快递公司在未与邓某联系的情况下，根据系统识别结果，直接将收件地址更改为某号院 10 号楼，该地址系邓某当时的工作单位 B 公司的办公地址。某快递公司派送员将该邮件送至 B 公司前台，在邓某未在场的情况下派送员拆开邮件，与前台工作人员核对后将其交至该工作人员手中。后因邮件里的内容被 B 公司知晓，B 公司认为邓某在其他公司兼职，违反公司管理制度，故于 2019 年 5 月 28 日将其辞退。

各方观点

原告邓某观点： 某快递公司在快件明确指明不能私自更改地址且未经过收件人邓某同意的情况下，私自更改收件地址，并在邓某未在场的情况下，私自拆开快件，造成重要机密资料泄露，某快递公司的上述行为严重侵犯了邓某的个人隐私权，导致邓某所在公司领导对邓某职业道德产生怀疑，邓某被公司领导训斥，最终被辞退，且未得到任何经济补偿。故请求法院判令：某快递公司赔偿邓某经济损失 48000 元、精神损害抚慰金 10000 元，合计 58000 元。

被告某快递公司观点： 某快递公司为了满足客户需求，才将快件上填写的无法收件的地址更改为能收件的地址；投递过程中某快递公司及其职员均不存在侵权行为；邓某主张的损失与某快递公司的行为没有因果关系。

一审法院经审理认为： 邓某因违反 B 公司规章制度而离职，其在其他公司兼职的事实在涉诉快件派送之前就已客观存在，而某快递公司派送员在派件过程中的不规范行为只是导致其兼职一事被 B 公司知晓而已，该不规范行为并非 B 公司与邓某解除劳动合同的原因，即某快递公司派送员的不规范行为与邓某的离职并无直接必然因果关系，故邓某要求某快递公司赔偿经济损失及精神损害抚慰金的诉讼请求，于法无据，法院不予支持。

一审法院判决： 驳回邓某的诉讼请求。

邓某不服，提起上诉。

二审法院经审理认为： 孤立来看，邓某的收件地址为其工作单位地址，具有一定范围内的公开性；邓某在其他单位兼职情况是其不愿为外人所知晓且对其现有工作会造成影响的信息，具有一定的隐私性，而上述隐私信息能否不被他人特别是 B 公司知悉或者排除知悉的可能性，与邓某收取兼职单位邮件的地址和内容紧密相关，故此，当邓某的兼职信息和收件地址信息结合起来时，其便共同构成了邓某不愿意为外界所知晓的隐私信息。对于邓某违反公司规定而兼职的行为是否影响隐私信息认定的问题，因邓某的行为并未涉及严重违法犯罪的范畴，仅属于其与单位是否发生违约事实的审查范围，故此并不影响上述信息的隐私性认定。依照最初收件地址送达并未成功后，某快递公司却擅自调取了其系统内存储的邓某其他地址，进而改变收件地址，随后某快递公司为完成快递封皮上提示单标明的核对要求，打开了邮件并与 B 公司前台工作人员进行核对，进而导致了邓某的个人隐私被泄露。某快递公司在明知收件人电话且快递邮件明确告知"禁止私自转址"的前提下，未经联系、允许，擅自修改收件地址的行为明显不当；擅自修改收件地址并送达后，某快递公司派送员在未见到收件人本人的前提下，擅自拆开邮件并与非收件人进行内容核对，行为亦明显不当。故此，某快递公司在投递邮件的过程中泄露了邓某的个人隐私信息且对此存在明显过错。邓某之劳动合同的解除与其兼职信息的泄露具有一定的因果关系，邓某因工作机会的暂时丧失而遭受了财产损失。还应看到，上述后果的产生，与邓某违反 B 公司的规章制度亦不可分割，邓某对其因劳动合同解除而遭受的损失也应承担相应的责任。现没有证据证明邓某因此次隐私信息被泄露而遭受明显的精神痛苦，故对其精神损害赔偿的请求，不予支持。

　　二审法院判决：一、撤销一审判决；二、某快递公司赔偿邓某财产损失 10000 元；三、驳回邓某的其他诉讼请求。

法官评析

　　随着科技的发展，个人信息被利用的场景大大增加，同时因为个人信息、隐私权被侵犯的案例也逐渐增多，个人信息及相关隐私权的保护成为司法实践中的热点问题，本案即为其中一例。该案涉及的焦点问题包括两个，一是自然人在外兼职信息的性质判断，涉及个人信息与隐私的区分；二是快递企业侵害个人信息或隐私权的判断标准。

一、自然人在外兼职信息的性质判断——个人信息与隐私的界定

　　关于个人信息和隐私的界定以及司法救济的途径，学界存在争议，实务中的处理方式也有分歧。一种观点认为，个人信息和隐私存在交叉，故对二者均可适用原《侵权责任法》中有关隐私权的规范进行保护；另一种观点则认为，虽隐私与个人信息有部分重合，但从整体角度分析，个人信息范畴远大于隐私，故对二者的保护应采取不同的路径。2017 年 10 月施行的《民法总则》第一百一十条以列举的方式明确了自然人享有"隐私权"之后，又在第一百一十一条

规定了"自然人的个人信息受法律保护",进而从立法的角度,将个人信息和隐私权进行了区分。《民法典》中"人格权"独立成编,其中单设一章规定了"隐私权和个人信息保护",虽未赋予个人信息以"权"的形式展现,但就具体人格权的类型而言,立法已将隐私和个人信息保护各自独立。

具体到司法实践中,判断应适用隐私权还是个人信息的规范对自然人权利进行保护的前提是对二者的内涵作出准确界定。关于个人信息的内容,2016 年的《网络安全法》以明确的方式进行了界定,其第七十六条第五项规定:"个人信息,是指以电子或者其他方式记录的能够单独或者与其他信息结合识别自然人个人身份的各种信息,包括但不限于自然人的姓名、出生日期、身份证件号码、个人生物识别信息、住址、电话号码等。"后来颁布的《民法典》第一千零三十四条第二款再次予以了明确,即"个人信息是以电子或者其他方式记录的能够单独或者与其他信息结合识别特定自然人的各种信息,包括自然人的姓名、出生日期、身份证件号码、生物识别信息、住址、电话号码、电子邮箱、健康信息、行踪信息等。"两相对比,可见其内容基本一致,都突出强调了个人信息的特征是"识别"性符号系统,即直接或间接指向特定的个人,其内容更多的涉及人格,故也是人格权的组成部分。

关于隐私权,我国现行法律并未明确其具体内涵,但《民法典》中对于隐私的内容进行了界定,其第一千零三十二条第二款明确为:"隐私是自然人的私人生活安宁和不愿为他人知晓的私密空间、私密活动、私密信息。"再结合学界的研究,可知隐私并不限于信息的形态,还可以个人活动和私密空间状态体现,对其进行保护的目的是维护个人的私生活安宁和自主决定的权利。

同为人格权项下的具体内容,以个人信息和隐私为内容的两种权利自然存在诸多共性和交叉点,然亦不可忽视两个概念内涵的差异和主要特征的区别。

首先,隐私权主要是一种精神性的人格权,主要体现的是人格利益,其财产价值并不明显。而以个人信息为内容的权利则是集人格利益与财产利益于一体的综合性权利,对于一些名人的个人信息而言,甚至主要体现为财产价值。其次,隐私主要是私密性的信息或私人活动,凡是个人不愿意公开披露且不涉及公共利益的部分都可以成为隐私，单个的私密信息或者私人活动并不直接指向自然人的主体身份；受制于"隐"的形态，隐私一旦被披露就不再是隐私，其损害后果具有不可逆性。反观个人信息，其更加注重的是身份识别性，且个人信息可被反复利用，对个人信息所造成的损害通常具有可恢复性。

具体到本案中，邓某主张的隐私内容包括其收件地址和兼职信息。就收件地址而言，邓某本职工作的单位，已经向不特定范围的人公开，且该信息的特征在于识别邓某的身份，故其属于邓某的个人信息，但已不具有隐私性。就邓某的兼职信息而言，因其会对邓某的本职工作造成重大影响且邓某明显不希望被外界知晓，故应属邓某的隐私。但实践中，个人信息和隐私时常紧密结合，难以分割，从而使得两者的结合体也体现出了一定的隐私性，如本案中邓某的收件地址和兼职信息的结合，邓某之所以回避在本职工作的单位地址收取邮件，就是为了避免在此泄露兼职信息的可能性，而快递企业之所以能够泄露邓某的隐私，也离不开其擅自修改收件地址和拆封邮件核对兼职信息的环环相扣。

二、快递企业侵害个人信息或隐私权的判断——信息控制者的注意义务

大数据时代，快递企业掌握的个人信息数量庞大，如果任其随意利用，对于个人权利和公共利益都会造成侵害。故此，无论是原来的《民法总则》还是现行的《民法典》，都要求如快递企业之类的信息收集和控制者，依法使用个人信息，确保信息安全，不得非法买卖、提供或者公开他人个人信息。对于快递企业而言，其主要业务是依照快递单上记载的地址将邮件送至收件人手中，因此，妥善保管收件人信息、确保收件地址和收件人正确是快递企业需尽到的基本义务，也是判断快递企业是否需要承担侵权责任的基础条件。

首先，快递企业负有妥善保管并依法利用收集的个人信息的义务。自然人为了收寄快递，时常会在快递企业的网络系统中留下多个收件地址，其中涉及收件人的家庭地址、工作单位地址等个人信息。对此，如果快递企业未尽确保信息安全的义务或者擅自出售、公开个人信息，则应为此承担侵权责任。

其次，快递企业负有谨慎投递的注意义务。对于寄件人或收件人而言，收件地址或者包含着诸多信息，或者具有特殊的意义，收件地址的改变很可能成为隐私或个人信息泄露的前提条件，故此，如果快递企业在依快递单的地址投递未果后，应当尊重收件人的选择权，或者与收件人电话沟通更改收件地址或者将快递退回寄件人处，而不能擅自修改收件地址。此外，因邮件的内容时常涉及寄件人或收件人的隐私及其他个人信息，故此，如果快递企业需要依照客户要求或行业规范核对邮件内容时，应与收件人本人或收件人指定的人当面核对，避免与无关的第三人核对而泄露邮件内容。如果快递企业未尽到上述谨慎的注意义务而导致寄件人或收件人的个人信息或隐私泄露，则应为此承担侵权责任。

具体到本案中，某快递公司不仅泄露了邓某的隐私信息，而且明显未尽到谨慎义务，如擅自修改收件地址、与公司前台工作人员核对邓某邮件的内容，故此，某快递公司应当为侵害邓某的隐私权承担赔偿责任。

15

摄像头安装与隐私权

📄 实务观点

问题 1：处理个人信息时，应当遵循哪些规则？

观点：在处理个人信息时，应当坚持合法、正当、必要的原则，一般应当征得该自然人或者其监护人同意；符合公开处理信息的规则；明示处理信息的目的、方式和范围，不违反法律、行政法规的规定和双方的约定。

问题 2：在房屋后安装摄像头，将特定人员通行的胡同纳入摄录范围的行为是否侵犯他人的隐私权？

观点：当事人在个人住所附近安装图像采集、个人身份识别设备，应当为方便生活、维护安全所必需，不得侵害他人合法权益。出于个人利益，未经特定相邻方同意，安装将相邻方唯一日常通行使用的通道纳入摄录范围的监控设备，摄录留存他人个人行程信息，相邻方以侵犯个人信息、隐私权为由主张侵权的，人民法院应予支持。

📖 案例精释

将特定人员通行的胡同纳入摄录范围并留存他人个人信息行为的责任判断
——王某诉西某隐私权、个人信息保护纠纷案

关键词：摄像头　特定空间　行踪信息　隐私权　个人信息保护

案情要览

王某、西某系邻居关系，王某居住在某村 A 院落西院，西某居住在某村 A 院落东院。西某房后有一条胡同，该胡同系王某家出入的唯一通道。后西某在其正房后墙、房顶瓦片下方安装了两个监控摄像头。经法院现场勘查，两个监控摄像头的摄制范围为西某房后的整个胡同（拍摄不到王某家大门），王某家院落大门朝北，北侧有一户邻居，与王某共同使用上述胡同。

各方观点

原告王某观点： 王某居住在某村 A 院落。2020 年 6 月 6 日，西某在其房后安装了两台监控摄像头，对王某实施全天候监控。王某当即报警。某派出所两位警官出警。随即，王某向一审法院以隐私权纠纷为由提起诉讼。同年 8 月 24 日一审法院开庭审理了此案，并责令西某拆除监控设备。西某在庭审记录中签字确认。然而，2021 年 2 月 25 日，时隔仅半年，西某又将已拆除的监控设备重新安装上，对王某实施监控。严重侵害了王某的隐私权。西某的行为不仅是将诚实守信的原则抛于脑后，更是对法律的践踏，对法庭的藐视。西某在自家门前早已安装了摄像头。现在安装的监控摄像头是在其房后，这是一条死胡同，胡同里只住有王某及西某的父亲。这条胡同也是王某出入的唯一通道。两台监控摄像头中，一台对着王某的大门口，一台对着胡同口，两台监控摄像头记录和储存了王某的家人及亲戚朋友的行踪：何时出门，何时进门，车辆牌号及停放位置，拿了什么东西及说话的内容；也记录和存储了王某及家人不愿为他人知悉的个人信息。西某的行为已对王某构成骚扰性恶意监视，两台监控摄像头像两只眼睛窥探着王某及家人，给王某及家人造成了巨大的精神压力和伤害，侵犯了王某的隐私权。隐私权包括个人隐私不被公开，还有私人生活安宁不被侵扰的权利。故请求判令西某停止侵权行为拆除两台监控摄像头及线路并赔偿精神损害金 1000 元。

被告西某观点： 不同意王某的诉讼请求。西某在自家正房后墙上、房顶瓦片下方安装了两个监控摄像头及线路，但是摄像头并不对着王某家，西某家位于王某家东侧。西某家房后没有门，是自己家的走道，经常有收废品的、过道的，王某也带着人经过，这些人可以随意进去，院内有木料、车、狗和鸽子等，西某安装摄像头是为了安全。

裁判要旨

一审法院经审理认为： 自然人享有隐私权。隐私是自然人的私人生活安宁和不愿为他人知晓的私密空间、私密活动、私密信息，其核心属性为被自然人隐藏或不愿为外人所知晓。现原告以被告安装摄像头的行为侵犯其隐私权为由要求被告拆除摄像头，但根据法院现场勘查情况，虽然涉诉摄像头可以拍摄到原告出入情况，但原告家门前的通道属于公共区域，作为原告隐私活动范围的院落内的房屋状况，并不在被告安装的摄像头所拍摄范围之内，此种情况尚不构成侵犯原告的隐私权。故对于原告要求被告拆除摄像头及线路并赔偿精神损害金的诉求，法院不予支持。但是，需要指出的是，公民依法享有采取合理合法的方式和方法保护自身权益不受侵害的权利，但所采取的方式方法，应当注意不可对他方造成不便或权利上的损害，本案中，被告安装监控摄像设备之行为虽然未侵犯原告的隐私，但该行为本身对邻里间信任与和睦相处的建立却产生了较为不利的影响。原、被告双方应本着互谅互让、团结互助的精神，正确处理相邻间的关系。发生争议时，均应以理智的态度，采取合法、妥善的措施解决好所出现的矛盾，在权益遭受侵害时，再通过正当途径依法予以解决。

一审法院判决：驳回原告王某的诉讼请求。

原告王某不服，提起上诉。

二审法院经审理认为： 自然人的个人信息受法律保护。个人信息是以电子或者其他方式记录的能够单独或者与其他信息结合识别特定自然人的各种信息，包括自然人生物识别信息、住址、健康信息、行踪信息等。本案中，西某安装的摄像头虽未直摄王某家的大门及院内，但摄录范围包括王某家门口在内的整条胡同，相对于社会公共空间，该胡同通行使用人员更为具体特定，王某及其家人或亲友出入胡同的相关信息，作为个人信息可能会被西某摄录留存。西某出于个人利益，未经王某同意，摄录留存王某个人信息缺乏合法性、正当性及必要性依据，其行为已构成侵权。现王某上诉要求西某拆除摄像头之诉求法院应予支持。但其要求西某赔偿精神损失的上诉请求缺乏事实及法律依据，法院不予支持。

二审法院判决：一、撤销一审判决；二、西某于判决生效后七日内拆除其安装于某村 A 院落东院正房后墙、房顶瓦片下方的两个监控摄像头及线路；三、驳回王某一审的其他诉讼请求。

法官评析

随着经济社会的快速发展，自然人在私人生活中安装使用摄像头已屡见不鲜。私自安装摄像头是否合法，是否会对其他社会公众的权利造成侵害，成为人们普遍关心的问题。本案即为一起由私装摄像头引发的隐私权、个人信息保护纠纷案件，具有一定的示范意义。具体到该类案件审理过程中，主要涉及以下三个方面的问题。

一、《民法典》当中关于个人信息与个人隐私的规范及区别

个人信息与隐私虽然存在交叉和共同之处，但两者也存在一些区别。《民法典》颁布之前，我国《侵权责任法》虽然也明确了隐私权，但是并未严格区分隐私和个人信息。《民法典》颁布后，不仅对两者进行了区分，而且第一次对个人信息进行了更为系统、详细的保护。关于隐私权和隐私的具体内容，《民法典》第一千零三十二条规定："自然人享有隐私权。任何组织或者个人不得以刺探、侵扰、泄露、公开等方式侵害他人的隐私权。隐私是自然人的私人生活安宁和不愿为他人知晓的私密空间、私密活动、私密信息。"关于个人信息的内容，《民法典》第一千零三十四条第二款规定："个人信息是以电子或者其他方式记录的能够单独或者与其他信息结合识别特定自然人的各种信息，包括自然人的姓名、出生日期、身份证件号码、生物识别信息、住址、电话号码、

电子邮箱、健康信息、行踪信息等。"至于隐私权和个人信息之间的区别,《民法典》在上述条文中的第三款进行了区分,即"个人信息中的私密信息,适用有关隐私权的规定;没有规定的,适用有关个人信息保护的规定"。从上述规定中可见,隐私权包括三种载体:私密空间、私密活动、私密信息,故信息只是隐私权的载体之一。而个人信息中的范围比较广泛,其中包括了具有隐私权性质的私密信息。

二、《民法典》当中个人信息处理的相关要求

就个人信息的处理而言,其包括了个人信息的收集、存储、使用、加工、传输、提供、公开等内容。比如,本案中,西某在只有王某家及另一户邻居通行的胡同中安装摄像头,涉及王某及其家人的行踪等信息,已经属于上文所述的收集行为。在处理个人信息时,《民法典》明确了三个原则,即合法、正当、必要,并且要求符合下列条件:(一)征得该自然人或者其监护人同意,但是法律、行政法规另有规定的除外;(二)公开处理信息的规则;(三)明示处理信息的目的、方式和范围;(四)不违反法律、行政法规的规定和双方的约定。违反上述规定收集或处理个人信息时,则需要为此承担相应的侵权责任。本案中,西某通过摄像头收集王某个人及其家庭相关信息,未经王某同意,也未明示收集的目的、范围,缺乏合法的基础,对王某的个人信息、隐私造成了一定侵害,属于侵权行为。

三、私密空间和个人行踪的隐秘性认定

关于私密空间,依照《民法典》的上述规定,自然人不愿意为他人知晓的私密空间属于个人隐私范畴。所谓私密空间,不一定是封闭、秘密的,只要不具备社会公共属性且承载自然人个人活动及信息内容的就具备了私密空间的特征。本案中,涉诉胡同供王某家和另外一户邻居使用,具有一定的私密性。西某利用摄像头拍摄他人私密空间的行为,对王某的个人隐私造成了一定侵害。关于个人行踪,其承载着个人的日常活动轨迹、交往对象等反映个人生活习惯

的内容，时常与个人家庭、财产安全紧密相关，自然人一般也不愿意为外人知晓，故既属于个人信息保护的范畴，也具有一定的隐私性。本案中，西某未经他人许可擅自利用摄像头拍摄、留存他人的个人行踪信息，已经构成了对王某隐私权及个人信息的侵犯。

本案裁判也意在提醒社会公众，确有必要安装监控设备以保障自身及家庭成员人身财产安全的情况下，如摄录范围超出自家区域，应征得邻居同意，以免影响邻里间的信任和睦，陷入侵权纠纷。与此同时，公民个人也应增强隐私权及个人信息的保护意识，若发现侵权行为，可与行为人进行协商，在协商不成的情况下，要及时拿起法律武器维护自身权益。

16

侵害安葬权益

📑 **实务观点**

问题 1：如何界定安葬权益的属性？

观点：从规范意义上分析，安葬权并非我国《民法典》中明确规定的一项民事权利，但安葬本身所承载的权益不可否认。安葬权益具有混合型人格权的特征，侵害死者人格权益的同时又侵害了遗属的人格权。民事权利能力随自然人去世而消灭，但不意味着已经产生的与该人相关的一切权益均已经消失，特别是人格利益如构成社会公共利益和善良风俗的内容，则有存续的可能和保护的必要。

问题 2：若近亲属之间就骨灰安葬事宜发生争议，应如何确定权利的顺序？

观点：若近亲属之间就骨灰安葬事宜发生争议，应本着共同协商参与的原则，在同一顺序的近亲属中，各亲属平等享有安葬权益。但是，当存在优先顺位的亲属时，以优先顺位的亲属所形成的合意为准，合理的顺位应当为：配偶；父母，子女；兄弟姐妹，祖父母，外祖父母，孙子女及外孙子女。

📖 **案例精释**

近亲属之间就骨灰安葬事宜发生争议时，应如何确定权利顺位

——贾某 1 诉贾某 2 返还原物纠纷案

关键词： 骨灰　安葬　人格权　救济

案情要览

2000 年 1 月 1 日李某与贾某某结婚，李某于 2000 年 11 月 10 日婚生一子，取名贾某 1，后二人于 2004 年 3 月 2 日离婚。2006 年 2 月 6 日贾某某因中毒意外死亡，贾某某之父为其办理了后事，将贾某某的骨灰寄存于某市 C 区殡仪馆。2007 年，贾某某之父去世。后被告贾某 2（贾某 1 之叔）于 2011 年 4 月 6 日将贾某某的骨灰盒及骨灰迁放于某省 Y 县某陵园内，骨灰安放证上记载持证人为贾某某之父。2011 年，贾某 1 以其自行选址安葬父亲贾某某入土为安为由，起诉贾某 2 要求返还骨灰寄存证。法院于 2011 年 10 月 28 日作出民事判决书，以原告贾某 1（当时 11 岁）属于限制民事行为能力人，暂不具备安葬贾某某的能力为由驳回诉讼请求，被告贾某 2 庭审亦陈述待原告贾某 1 成年后再商议贾某某的安葬事宜。现在贾某 1 已经成年，再次将贾某 2 诉至法院，要求其返还逝者贾某某的骨灰安放证、骨灰盒，便于进行安葬祭奠。

各方观点

原告贾某 1 观点： 原告父亲的骨灰在某区殡仪馆已经寄存长达五年之久，后又安于某省 Y 县某陵园内。原告作为贾某某第一顺序唯一继承人，将其父亲的骨灰安葬入土为安，符合公序良俗和风俗传统，不侵害其他人的任何权益。

被告贾某 2 观点： 原告在 2011 年以相同的案由起诉过被告，即要求被告

返还原物。该案与本案当事人相同，诉讼请求与要求返还骨灰盒要求相同，原告的要求属于重复起诉。原告之亡父贾某某的骨灰盒，已由被告遵从贾某某之父遗愿，按法律及相关风俗习惯安葬，不能再次折腾，惊扰亡灵。原告之父贾某某于2006年去世，贾某某去世时，原告只有6岁，贾某某之父作为唯一有能力和有权利的人办理了贾某某的所有后事，并交代被告贾某2在2011年将贾某某安葬到父亲为其购买的涉案陵园塔位，因此，作为贾某某的父亲，贾某某之父完全有权利和义务购买陵园塔位安葬贾某某，而且由于当时原告为无民事行为能力人，而原告的母亲由于与贾某某感情不和早已离婚，只有贾某某之父是唯一有权利和有能力处理贾某某后事的人。关于返还骨灰安放证，被告不同意，骨灰安放证的持有人是贾某某之父，贾某某之父是贾某某的生父，他有权利、有义务安葬贾某某。而贾某某之父去世后，骨灰安放证作为贾某某之父的遗物被交付给贾某2保管，贾某2有义务保护好骨灰安放证，任何人无权利向贾某2索要。

裁判要旨

一审法院经审理认为： 本案不属于一事不再理的情形。法院于2011年作出的民事判决书中诉讼标的与本案标的不同，故不属于一事不再理的情形，被告所持一事不再理的抗辩法院不予采信。对于原告主张返还骨灰安放证一节，骨灰安放证记载持证人为贾某某之父，并非本案原告，该骨灰安放证并非贾某某之父的遗产，原告所持其系唯一继承人要求返还，无法律依据，法院不予支持。对于原告主张的骨灰盒一节，双方均认可骨灰盒系贾某某之父购买，原告对此并不享有物权，对于原告要求返还的诉讼请求，法院不予支持。骨灰作为死者留存人世的主要物质形态，其往往被人们认为承载着逝者的精神、灵魂，在人们通常的观念中死者火化后留存于骨灰存储容器中的骨灰一般被视为逝者的遗骨，其亦是逝者全部精神、灵魂的载体。骨灰的安置形式有多种方式，如死者在生前对其死后骨灰的安置留有遗愿，若不违反法律、法规及公序良俗，则宜遵从其遗愿，否则宜遵循民风民俗。祭祀是指备供品向神佛或祖先致祭行礼，表示崇敬并求保佑之意。祭奠是指为死人举行仪式，表示追念之意。对于贾某某的骨灰如何妥善安放方式，应在协商基础上解决，以便让逝者安息。

一审法院判决：驳回原告贾某1的诉讼请求。

贾某1不服，提起上诉。

二审法院经审理认为：依据我国传统风俗习惯，骨灰一般通过直接掩埋、撒播或放置于骨灰盒后再行掩埋。在未盛放骨灰之前，骨灰盒仅系民法上的一般物，但基于其所存放物品系骨灰的特殊性，在盛放骨灰后，骨灰盒即与骨灰成为不宜分割的整体，非特殊情况，一般不会再行分离处置；故对于骨灰盒的所有、处分等权利享有主体的确认不能简单地依据骨灰盒的出资购买情况而定，应将其与所盛放之骨灰作同一考量。依据查明的事实，案涉骨灰安放证中《安放（安葬）须知》第一条以及第七条明确载明："本证应有（由）逝者亲属持有，并作为在公墓区域内进行祭奠活动的凭证""因故需要迁走骨灰的，公墓将退返剩余的管理费"。依据上述内容可知，骨灰安放证系对已被安葬于此的骨灰另行处置的一种权利凭证。因此，本案中贾某1关于返还骨灰盒及骨灰安放证的诉请实际系要求返还其父贾某某之骨灰。此外，在本案中被上诉人贾某2主张贾某某骨灰现安葬于塔位的方式符合国家对于殡葬管理的规定，再次安葬系对死者的不敬；而上诉人贾某1则表示其已经为安葬贾某某找好墓地，具体形式为树葬，更符合相关政策规定；就此，根据双方上述诉辩意见，双方核心之争议在于贾某某骨灰安葬方式的支配权问题。综合上述分析，法院认为本案的争议焦点有二：一是贾某1的诉讼主张是否构成重复起诉；二是贾某某之骨灰安葬权由谁享有更为适宜。具体分析如下：第一，贾某1要求返还骨灰安放证及盛放贾某某骨灰之骨灰盒的诉讼主张不构成重复起诉。具体到本案中，虽然2011年贾某1起诉贾某2要求返还贾某某骨灰的诉请被法院驳回，但贾某1当时并未成年，在保管、安葬贾某某骨灰方面存在一定障碍；现本案诉讼时贾某1已成年，随着贾某1之心智日益成熟，其父骨灰之安葬方式对于其情感、精神之影响亦会发生较大变化，贾某1有权再次起诉要求返还贾某某的骨灰，在本案中则表现为要求返还骨灰安放证及盛放贾某某骨灰之骨灰盒。

　　第二，贾某某之骨灰安葬权由贾某1享有更为适宜。首先，对于骨灰安葬权利的归属问题我国现行法律法规未有明确规定，但民间殡葬习俗却行之已久，死者遗体或骨灰的安葬义务与权利便来源于此。根据我国民间传统习俗，近亲属一般享有按照风俗习惯确定死者安葬方式的权利，且该权利顺位一般与血缘关系之亲疏远近相一致。近亲属依习俗选择的安葬方式不能违反法律、行政法规的强制性规定，不得违背公序良俗，此为首要之原则。其次，因骨灰是延伸死者身体利益的载体，故在不违反法律、行政法规的强制性规定及不违背公序良俗的前提下，死者生前可以对自己骨灰的安葬做出合理安排，合法行使相应的支配及处分权利，死者亲属对于骨灰的安葬应尊重死者遗愿。最后，若死者生前对于骨灰如何安葬未有明确意思表示，因死者骨灰对于死者亲属具有精神价值，骨灰的安葬方式必然影响死者亲属的精神利益，和死者关系的亲密程度往往与各亲属精神利益的大小呈正相关，此亦与我国关于安葬权顺位的传统习惯相契合。故就亲属之间对骨灰安葬权利的顺序问题，法院认为可参照《继承法》第十条关于法定继承的顺序加以确认，即配偶、子女、父母为第一顺位，兄弟姐妹、祖父母、外祖父母为第二顺位；同时，除以上述婚姻、血缘为基础形成的亲属关系外，还应结合死者亲属与死者生前共同生活、相互扶助等因素，对亲属与死者之间的精神依赖程度作综合考量。具体到本案中，因各方均未举证证明贾某某生前曾就其骨灰安葬方式存在明确的意思表示，故法院参照上述考量因素就哪一方应在本案中对贾某某之骨灰安葬方式享有决定权作出裁判。首先，各方均未提供证据证明对于贾某某骨灰之安葬存有特殊之风俗习惯，贾某2虽主张贾某某现骨灰安葬地为家族墓地，但现仅有贾某某一人骨灰安葬于此，其他已故家族成员之骨灰并未在此安葬；其次，依据查明的事实，贾某某去世时，贾某1尚年幼，贾某某之骨灰由贾某某之父安葬并无不妥，但现贾某某之父已过世，而贾某1已成年，其作为贾某某唯一在世的具备民事行为能力的第一顺位继承人，在血缘上必然相较贾某2等人更为亲近，与贾某某骨灰安葬方式所产生的精神利益亦更为紧密；最后，贾某1在本案中主张通过树葬方式另行安葬贾某某之骨灰，且提供了民政部门的相关文件，经审查，上述文件中，相关部门对贾某1所主张之安葬方式亦予以肯定。据此，法院认为，在本案各方就贾某某之骨灰安葬问题协商不成发生争议时，贾某1作为贾某某之子对于贾某某之骨灰安葬方式应享有优先决定权，案涉骨灰安放证由贾某1持有更为适宜，因贾某2自认案涉骨灰安放证由其持有，故其应向贾某1予以返还。同时，如前所述，在取得案涉骨灰安放证后便获得了另行安葬骨灰的权利，因贾某某之骨灰与骨灰盒一体安葬于某省Y县某陵园内的塔位中，故对于贾某1要求贾某2返还骨灰盒的诉请法院不予支持。另需指出，如贾某1选择另行安葬其父贾某某之骨灰，不能违反法律、行政法规的强制性规定，不得违背公序良俗；贾某某在世的兄弟姐妹等亲属与贾某某之间的血缘关系亦属亲近，有权利对贾某某进行祭奠，贾某1对此应予以尊重。

二审法院判决：一、撤销一审判决；二、贾某2向贾某1返还某省Y县某陵园管理处颁发的骨灰安放证（逝者姓名贾某某、持证人姓名贾某某之父、发证日期2011年4月6日）。

法官评析

近年来，审判实践中涉骨灰的民事案件不断涌现，涉及人格权、返还原物、保管合同、委托合同等多种案由，本案集中在人格权纠纷领域。该类纠纷时常涉及传统习俗与民事权利的交叉，且未有明确的规范，故审判实践中也存在一些难点。

一、《民法典》与安葬权益

从规范意义上分析，安葬权并非我国《民法典》明确规定的一项民事权利，但安葬本身所承载的权益不可否认且在实践中广泛存在。《民法典》第十条规定："处理民事纠纷，应当依照法律；法律没有规定的，可以适用习惯，但是不得违背公序良俗。"换言之，《民法典》虽未将安葬权独立为一种具体的民事权利予以明确规定，但目前通过习惯和公序良俗亦得以对安葬权益进行民法上的保护。而如何界定作为法律上一项权益的安葬权系对其进行有效保护的重要前提。

二、安葬权益的性质界定

对于安葬权益的属性，理论界主要有三种学说。第一种是身份权说，近亲属因与死者的亲密身份关系而享有安葬权，因此包含安葬权在内的祭奠权属于身份权中的一种。第二种是一般人格权说，近亲属享有安葬死者的权益，该权益体现了近亲属得以尽孝、寄托哀思的人格利益。第三种是混合型人格权说，认为侵害死者人格权益的同时侵害了遗属的人格权，笔者倾向于该种学说。民事权利能力随自然人去世而消灭，但不意味着已经产生的与该人相关的一切权益均已经消失，特别是人格利益如构成社会公共利益和善良风俗的内容，则亦有存续的可能和保护的必要，如"让死者安息"的观念，就体现出我国尊重死者人格利益延伸的传统善良风俗。

三、安葬权益的行使主体

由于安葬权益蕴含了死者的人格利益以及生者的人格利益，故学界和实务界一般主张享有安葬权益的主体应限定为死者的近亲属，我国民法上一般认为近亲属系指：配偶、父母、子女、兄弟姐妹、祖父母、外祖父母、孙子女及外孙子女，其中包括养子女、养父母、形成扶养关系的继子女和继父母，因此一般而言上述范围的人均为安葬权的权利主体。

四、保障当事人安葬权益的基本原则

首先，以丧葬法律及政策规范为底线。为平衡个人丧葬意愿与公共管理之间的关系，国务院出台了《殡葬管理条例》，对不同地区丧葬事务管理均进行了规定。由于调整安葬权益纠纷的法源为习惯，而适用习惯不得违背公序良俗，故在此类案件审理中，若原告的诉讼请求已违反法规及国家政策，自然因违背公序良俗而不应得到支持。故在本案审理中，对于原告的诉讼请求是否违反

《殡葬管理条例》及相关解释的审查，也是一个基本前提。其次，不得侵害他人利益。近亲属间关于安葬引发的纠纷属于"内部关系"，对死者近亲属以外的"他人"利益，需要合理维护，如需要妥善处理死者的墓地与毗邻者墓地间的相邻关系。最后，共同协商参与。安葬权由死者的多名近亲属共同享有，但安葬方案需要协商确定。若近亲属之间就安葬事宜发生争议，应本着共同协商参与的原则，在同一顺序的近亲属中，各亲属享有平等安葬权益。但是，当存在优先顺位的亲属时，以优先顺位的亲属所形成的合意为准。就安葬权益的顺位，笔者认为一般应当采取如下原则：配偶、子女、父母为第一顺位，兄弟姐妹、祖父母、外祖父母为第二顺位。当然，在以上述婚姻、血缘为基础形成的亲属关系外，还应结合死者亲属与死者生前共同生活、相互扶助等因素，对亲属与死者之间的精神依赖程度作综合考量。究其原因，是考虑到一般而言，和死者关系的亲密程度往往与各亲属精神利益的大小呈正相关，此亦与我国关于安葬权顺位的传统习惯相契合。

17

平等就业权

问题1：如何理解平等就业权的含义？

观点：所谓平等就业权，是指任何公民都平等地享有就业的权利和资格，不因民族、种族、性别、年龄、文化等而受到限制，在应聘工作岗位时，任何公民都需要平等地参与竞争，不得对任何人予以歧视。就业歧视一般是指在就业条件方面实行不合理的差别对待。

问题2：网络平台企业在注册阶段签订的格式化协议中，将骑手资格限定为无差别的无犯罪记录是否构成就业歧视？

观点：为维护公共利益及公共秩序，可以对有犯罪前科劳动者的就业资格进行相应限制，但该种限制显然应当遵循合理性边界，有利于构建文明、和谐的社会关系。如果网络平台企业在注册阶段签订的格式化协议中，将骑手资格限定为无差别的无犯罪记录，导向是不妥当的，涉嫌构成就业歧视，平台经营者应当对其格式合同的相关条款做合规与合理性审查。

📖 案例精释

要求骑手无任何犯罪记录的规定，是否构成就业歧视

——李某诉某信息公司、某网络公司平等就业权纠纷案

关键词： 无劳动关系　就业歧视　一般人格权　犯罪记录

案情要览

李某曾在某信息公司运营的 APP 平台上注册为骑手，注册时签订的《用户协议》中约定："由于物流配送服务的特殊性，对于安全要求较高，您确认您符合提供物流配送服务的相关要求，包括但不限于：（1）无犯罪记录（2）具有真实有效的健康证……若平台发现您不符合前述要求或 APP 平台规则的要求，则 APP 平台有权按照 APP 平台规则采取相关措施。"2020 年 11 月，某信息公司得知李某曾于 2006 年 6 月因琐事持铁锤砸坏四辆汽车，构成故意毁坏财物罪，被判处有期徒刑六个月，该公司以李某有犯罪前科为由对其账户进行了永久限制接单处理。

李某还在某网络公司运营的 APP 注册为骑手，该 APP 发布客户寄件信息，李某自行抢单后进行快件派送，订单完成后，客户支付的寄件费用先打到该 APP 后台账户，网络公司提取分成后，剩余费用再打到李某注册的账户中，李某可随时提现。李某注册时需在线阅读并同意《骑士订单质量扣罚规则》"六.骑士行为准则"部分规定："与客户沟通中存在威胁、骚扰、辱骂客户行为，或者影响商家正常运营的，扣罚 200 元/次并永久拉黑。"注册时签订的《同城运力平台注册协议》中约定："用户通过自行或授权第三方根据本协议及业务规则、说明文件操作确认本协议后，本协议即在用户和平台之间产生法律效力。……平台有权根据业务规则采取扣款、收取违约金、中止订单发布资格、注销账户等方式处理用户的履约瑕疵行为。"2021 年 1 月，某网络公司以有客户投诉为由扣罚了李某 200 元，并将其注册账户关闭。

李某认为某信息公司及某网络公司均是以其有犯罪前科为由将其账户关闭，对其构成就业歧视，故向法院起诉来维护自己的合法权益。

各方观点

原告李某观点：2020 年 11 月 25 日，其在某信息公司运营的 APP 平台上的骑手账号被以其有犯罪记录为由拉黑。2021 年 1 月 12 日，其在某网络公司运营的 APP 上的骑手账号也以同样理由被拉黑，其认为这是就业歧视。李某要求某信息公司及某网络公司撤销关闭其账户的操作。至于还被某网络公司罚款 200 元，李某认为系客户先无理取闹并辱骂其本人之后，其进行了回骂，责任不在其本人，客户投诉非有效投诉，网络公司不应对其进行罚款。为保障自己的合法权益，李某起诉请求：1. 判令某信息公司、某网络公司停止就业歧视，解除其账户拉黑状态；2. 某网络公司返还其罚款 200 元。

被告某信息公司观点：由于行业的特殊性，故规定有犯罪前科的不能使用其软件，该规定不能被认定是就业限制或就业歧视。注册协议中约定如果注册者行为构成根本违约，某信息公司可注销账户并终止向其提供服务。

被告某网络公司观点：某网络公司与李某之间没有劳动、劳务或者雇佣关系，不存在就业的问题，更没有对其进行歧视。李某辱骂客户的行为给公司造成不良影响，其依据平台相关规章制度进行罚款，且李某有犯罪前科，故公司关闭了李某的注册账户，也愿意将 200 元罚款返还给李某。

裁判要旨

一审法院经审理认为：李某与某信息公司及某网络公司之间并不完全符合建立事实劳动关系的必备要件，而李某要求某信息公司及某网络公司停止就业歧视、返还罚款的请求均建立在双方存在劳动关系的基础之上，故对其诉讼请求均不予支持，如李某认为两公司的行为侵害其合法权益，可另行诉讼主张相应权利。

一审法院判决：驳回李某的全部诉讼请求。

李某不服，提起上诉。

二审法院经审理认为：首先，在本案中，李某并非基于劳动关系提出诉讼请求，而是主张其与公司是不完全劳动关系，一审法院将本案案由确定为劳动争议并不妥当，二审法院依法将本案案由变更为平等就业权纠纷。

其次，鉴于某网络公司在二审庭审中明确表示愿意将 200 元罚款返还给李某，法院对此予以确认。

再次，就李某诉某信息公司停止就业歧视、解除其账户拉黑状态一节。《刑法》第一百条设立了前科报告制度，该条第一款规定："依法受过刑事处罚的人，在入伍、就业的时候，应当如实向有关单位报告自己曾受过刑事处罚，不得隐瞒。"而依据人力资源社会保障部、最高人民法院等八部门颁布的《关于维护新就业形态劳动者劳动保障权益的指导意见》的规定，李某在某信息公司运营的 APP 平台上注册为骑手是典型的新就业形态，因此其负有如实向某信息公司报告自己曾受过刑事处罚的义务。但是李某在注册为骑手之后并未履行法定的报告义务，这有违诚实信用原则，构成对履约过程中法定附随义务的违反，可以认定其在履约过程中有违约行为。基于此，某信息公司对其账户进行限制接单处理具有合理性，因此，对其要求某信息公司停止就业歧视、解除其账户拉黑状态的请求不予支持。

最后，就李某诉某网络公司停止就业歧视、解除其账户拉黑状态一节。李某在注册时在线阅读的《骑士订单质量扣罚规则》规定，与客户沟通中存在威胁、骚扰、辱骂客户行为，或者影响商家正常运营的，扣罚 200 元/次并永久拉黑。该规定并不违反法律、行政法规的强制性规定，亦不违背公序良俗，应当认定其具有法律约束力。同时，注册协议约定，平台有权根据业务规则采取扣款、收取违约金、中止订单发布资格、注销账户等方式处理用户的履约瑕疵行为。而李某确有辱骂客户行为，因此某网络公司依据既有规定对其账户进行限制接单处理符合合同约定。故对李某要求某网络公司停止就业歧视、解除其账户拉黑状态的请求亦不予支持。

二审法院判决：撤销一审判决，改判某网络公司返还李某罚款 200 元，驳回李某的其他诉讼请求。

法官评析

随着网络经济的发展，就业领域逐渐拓展，就业方式也呈现出多样性、灵活性。与传统就业方式相比，网络时代的用人单位也时常针对工作的内容、性质提出不同的格式化招聘条件，该类条件是否会构成就业歧视，侵犯劳动者的平等就业权，是当下司法实践中的一类新问题。

一、关于平等就业权的含义及规范内容

所谓平等就业权，是指任何公民都平等地享有就业的权利和资格，不因民族、种族、性别、年龄、文化等而受到限制，在应聘工作岗位时，任何公民都需要平等地参与竞争，不得对任何人予以歧视。因此，概括来说，就业歧视一般是指在就业条件方面实行不合理的差别对待。

从国际上讲，推动平等就业、反对就业歧视的理念在国际社会中由来已久，第 42 届国际劳工大会通过的《1958 年消除就业和职业歧视公约》在倡导成员国促进就业机会均等、消除就业歧视的同时，明确该领域内"歧视"的含义，即"就本公约而言，歧视一词包括：（一）基于种族、肤色、性别、宗教、政治见解、民族血统或社会出身的任何区别、排斥或优惠，其效果会取消或损害就业或职业机会均等或待遇平等……"

具体到我国法律，《就业促进法》第三条规定："劳动者依法享有平等就业和自主择业的权利。劳动者就业，不因民族、种族、性别、宗教信仰等不同而受歧视。"此外，《残疾人就业条例》和《妇女权益保障法》等多部法律也对禁止就业歧视作出了相应规定。

二、关于平等就业相关纠纷的案由选择

求职者在遭受就业歧视之后，如果依法提起诉讼，需要确定具体的案由。自 2018 年起，最高人民法院《民事案件案由规定》中在"一般人格权"项下增加了"平等就业权纠纷"，目的就是解决实践中因为就业歧视现象引发的问题。当然，在适用平等就业权纠纷案由时，还需要注意其与劳动争议案由的关系。具体来说，劳动争议一般以签订劳动合同或者存在劳动争议为基础，平等就业权纠纷一般发生在劳动合同订立和劳动关系形成之前。更进一步分析，对于单位因为性别等歧视而未进行招录、拒绝签订劳动合同引发的纠纷，可以适用平等就业权纠纷；对于录取后、签订劳动合同后因为歧视而发生的纠纷，一

般应当适用劳动争议、人事争议的相关案由。本案一审中将案由确定为劳动争议纠纷，对原告的诉讼请求驳回，二审法院将案由修改为平等就业权纠纷，判决支持了原告的诉讼请求。综上，可见不同的案由选择对当事人合法权益保护力度是不同的。

三、用人单位要求无犯罪记录的格式化条款与侵犯平等就业权认定的关系

本案中，网络平台企业以无犯罪记录标准来限制从业者资格，其理由在于维护用户的人身财产安全，保障公共利益和公共秩序。就此行为，是属于限制劳动者平等就业权，还是属于企业的用工自主权？

此类价值判断问题在个案中往往争议较大。就业是最大的民生，也是经济发展的重中之重。笔者认为，虽然基于客户人身、财产安全考虑，网络平台企业可以对从业者提出一定的合理要求，如没有暴力倾向、没有偷盗习惯。但是从保护平等就业权的角度出发，平台经营者在格式化注册协议中，将骑手资格限定为"无犯罪记录"确有不当，主要理由如下：

首先，如上文所述，反对就业歧视在我国多部法律中均有体现。而且通过改造，有犯罪前科的人员改过自新的并不在少数，这些前科人员作为劳动者的平等就业权应当受到保护。其次，并非所有的犯罪都是社会危险性较高的暴力犯罪或者侵犯私有财产罪，亦并非所有的犯罪都是主观恶性较重的故意犯罪；并且经过刑罚改造和时间流逝，很多前科人员已经不具有社会危险性，帮助其回归社会是用工主体的社会责任，是对平等、公正的社会主义核心价值观的积极弘扬。最后，虽然为维护公共利益及公共秩序，可以对有犯罪前科劳动者的就业资格进行相应限制，但该种限制显然应当遵循合理性边界，有利于构建文明、和谐的社会关系。因此，网络平台企业在注册阶段签订的格式化协议中，将骑手资格限定为无差别的无犯罪记录导向是不妥当的，涉嫌构成就业歧视，平台经营者应当对其格式合同的相关条款做合规与合理性审查。

此外，还需说明的是，针对特定的行业，我国法律明确了犯罪人员的从业

禁止，如果用人单位据此拒绝相关人员入职的，不构成就业歧视。比如，《刑法修正案（九）》中规定"因利用职业便利实施犯罪，或者实施违背职业要求的特定义务的犯罪被判处刑罚的，人民法院可以根据犯罪情况和预防再犯罪的需要，禁止其自刑罚执行完毕之日或者假释之日起从事相关职业，期限为三年至五年。"《最高人民法院、最高人民检察院、教育部关于落实从业禁止制度的意见》中明确："依照《未成年人保护法》第六十二条的规定，实施性侵害、虐待、拐卖、暴力伤害等违法犯罪的人员，禁止从事密切接触未成年人的工作。"

第四章
一般人身权相关侵权责任

18

预警通知义务

📄 **实务观点**

　　问题1：水电厂开闸泄洪行为是否属于高度危险作业进而适用特殊侵权行为的归责原则？

　　观点： 所谓高度危险作业，是对周围环境、人身或财产安全具有高度危险性的业务操作活动，在现有条件下，即使尽到高度谨慎和勤勉义务，人们既不能完全控制和有效防范其致损风险，也不能完全避免致人损害的事故发生。关于高度危险作业范围，《民法典》当中列举了具体范围，其中并不包括水电厂开闸泄洪行为，故此水电厂开闸泄洪不属于高度危险作业，不应适用特殊侵权行为的无过错归责原则。

　　问题2：水电站按指令泄洪但未事先预警造成他人人身损害，是否需要承担侵权责任？

　　观点： 水电站作为巨大危险源的开启者，有能力也有义务最大限度地消除可能发生的危险。如果仅仅按照上游水电站的通知完成内部操作流程后就可以泄水，则泄水行为对下游河道活动人员可能带来的人身现实危险并不能消除。

水电站没有尽到一个善良管理人应当尽到的对危险源开启以后对下游人员的告警义务，主观上有过错，应就其所造成的人身损害承担侵权责任。

📖 案例精释

未履行预警通知义务造成人身损害，泄洪主体需承担侵权责任
——张某、刘某诉甲公司、甲公司水电分公司生命权纠纷案

关键词： 水电站　泄洪　警示义务　销售者责任

案情要览

张某和刘某系夫妻关系，二人生育两个女儿，长女刘某一（10 岁）和次女刘某二（8 岁）。2016 年 7 月 12 日，刘某一和刘某二在某段河滩玩耍时，因被告甲公司、甲公司水电分公司下属水电站泄洪导致河道水流短期上涨，其二人被水流冲走，随后下落不明。2018 年 12 月 13 日，经张某申请，法院判决宣告刘某一、刘某二死亡。2016 年 12 月 23 日，原告张某的父亲收到当地镇财政所转交的从水电站争取的落水儿童救助款 50000 元。据了解甲公司水电分公司下属的水电站为某河下游最后一级径流引水式梯级电站，水电站不放水时河道中间基本是干涸的，附近村子的孩子经常会到河道中玩耍。

各方观点

原告张某、刘某观点： 首先，根据现场勘查照片表明，二被告所属水电站从运行至今多年从未在事发河段两岸设置安全警示牌和防护设施，村民可随意走到河边及河心。二被告在泄洪之前并没有履行足够的预警义务，并没有举证证明上级水电站是提前几天下达的命令或是泄洪当天下达的命令，以及在泄洪之前水电站已经拉响了警报。其次，根据《水电站大坝运行安全管理规定》的

相关规定，水电站运行单位应履行安全监测、水情测报、水库调度和上下游近坝边坡巡视检查等安全防范义务，执行上级的命令不是违法的理由，不能免去其应当承担的法律义务，具体而言，执行命令的行为不是法律规定的违法阻却事由。诚然，开闸放水是为了泄洪，是为了防止洪水漫过河道给沿岸的村庄造成损害。但是，作为一家专门从事水电业务且承担防洪泄洪任务的公司，应当具备一套科学的、完整的、可行的预警机制，目的就是防止泄洪之时顾此失彼，造成不应有的损害。再次，水电站泄洪作业本身具有高度的危险性。这种危险性变为现实损害的概率很大，超过了一般人正常的防范意识，或者说超过了在一般条件下人们可以避免或者躲避的危险。最后，泄洪作业即使采取安全措施并尽到了相应的注意也无法避免损害。日常生活中，任何一种活动都可能对周围人们的财产或人身产生一定的危险性，但高度危险作业则具有不完全受人控制或者难以控制的危害性。因此，水电站的泄洪作业行为是高度危险作业行为。根据《侵权责任法》第六十九条①规定：“从事高度危险作业造成他人损害的，应当承担侵权责任。”这种侵权责任适用无过错归责原则，就是说只要是高度危险作业造成他人人身、财产损害，无论作业人是否有过错，都要承担侵权责任。二被告在日常放水发电管理活动中，只在水电站旁边设警示标志，未在下游村庄沿岸设立明显警示标志，亦没有提前采取必要的预警防范措施。其无序泄洪、放水作业行为与原告两个女儿的溺水死亡，有法律上的直接因果关系，应当承担民事赔偿责任。因此二被告未尽到合理的安全警示义务，应当承担民事赔偿责任。

被告甲公司、甲公司水电分公司的观点：第一，水电站不是自然公共河道的管理人，不具有安全保障义务，不应承担安全保障责任。

1. 管理人身份：首先，依据《河道管理条例》和《关于全面推行河长制的意见》的规定，我公司下属水电站不是某河河道的管理人、占有人、使用人，也不是某河的河长，因此，由于管理人要件的缺失，水电站对案发公共河

---

① 对应《民法典》第一千二百三十六条，条文内容无变化。

道不具有安全保障义务。其次，水电站没有管理上的"注意"义务。我方水电站由甲县水务局管理，下游河道由乙县水务局监管，事发河道的管理机关是乙县水务局，水电站不是自然公共河道的管理人，不应承担安全保障责任。2. 场所危险的可控性：侵权责任法规定的具有安全保障义务的场所为宾馆、商场、银行、车站、娱乐场所等公共场所，这些场所范围特定且管理人能够对场所范围内的危险进行把控、预防，但本案件所涉自然河道绵延不绝，范围无法界定，水电站对自然河道无法进行控制、管理，即水电站对案发公共河道无法也不可能负有安全保障义务。

第二，水电站开闸泄洪行为不属于高度危险作业，本案件不适用无过错责任原则。无过错责任原则必须在法律明确规定的范围内适用，不能任由当事人解释，不能随意扩大或者缩小其适用范围。《民法通则》规定的适用无过错责任的案件有：产品缺陷致人损害、高度危险作业致人损害、环境污染致人损害、饲养的动物致人损害等损害赔偿案件，以及人身损害赔偿解释规定的雇员工伤的雇主责任、雇员侵权的雇主责任。《侵权责任法》第九章第六十九条至第七十七条规定的高度危险责任纠纷对应《民事案件案由规定》分别为：①民用核设施损害责任纠纷。②民用航空器损害责任纠纷。③占有、使用高度危险物损害责任纠纷。④高度危险活动损害责任纠纷。⑤遗失、抛弃高度危险物损害责任纠纷。⑥非法占有高度危险物损害责任纠纷。涉案的水电站是提取水流在机房内进行发电，不具有等同于高空、高压、易燃、易爆、剧毒、放射性等对周围环境的高度危险性。相反，自然河道本身就具有危险性，其危险性不是因水电站的存在而存在，不能将孩子自身实施冒险行为导致的危害结果归咎于涉案水电站的正常运行行为，即水电站过水发电不属于高度危险作业，本案件不属于高度危险活动损害责任纠纷，不适用无过错责任原则。

第三，水电站已经在最大限度内履行了额外的安全警示义务，对本案件事故的发生不具有过错，不应承担任何责任。

1. 每年七月，某河流域进入主汛期，该流域水电站数量较多，依次根据上级水电站的水流量及通知做出泄洪准备，而涉案水电站处于该河流域最末级，泄洪不受自身控制，完全取决于上游来水。事发当天 14：50 涉案水电站接到上游水电站的通知后，第一时间拉响了电站、枢纽的弃水警报，警报长达两分钟且在距离枢纽 3 千米处完全能够听到，两名受害者及其家人、附近村民完全能够听到刺耳的弃水警报。因此，涉案水电站的开闸泄洪行为系根据上游电站通知后的被动泄洪行为，且 2016 年 7 月 11 日泄洪开始，在河水明显上涨的前提下，已经尽到了自己的提醒和注意义务，不存在违规泄洪的情形，水电站未实施任何过错侵权行为。2. 水电站每年都会发送主汛期安全通知，本次意外事件发生之前的 2016 年 6 月 17 日，水电站即向各村发送了《涉案水电站主汛期安全通知》。3. 附近五个村以及甲县水务管理局已经对涉案水电站无任何过错出具了证明，水电站已经完全履行了自己所能尽到的通知和提请注意等额外义务。因此，水电站对该起意外事件的发生没有任何过错，不应承担任何损害赔偿责任。另外不能单方面地去强调企业的义务和责任，应当看到并注重个体对自身行为的责任和后果的承担，否则，同情心置于法律之上的畸形价值判断将会使众多无辜的社会主体陷入被动的责任承担。

第四，该意外事件系二原告疏于履行监护人职责导致，其损害后果应当由其自行承担。

事发后当地公安部门和法院均认定刘某一、刘某二死亡系在河边玩耍时意外溺水，不是由水电站的故意或者过失引起的，而是由监护人监管责任缺失及不能预见的客观原因所致。事发后出于人道主义考虑，经当地镇政府、水电站、张某和刘某三方协商一致，由水电站向张某和刘某支付 50000 元人道主义救助款。

综上，涉案水电站无任何过错和侵权行为，刘某一、刘某二死亡的后果与水电站无任何关系，我方不应承担赔偿责任。请求法院驳回原告的全部诉讼请求。

裁判要旨

一审法院经审理认为： 本案有以下几个争议焦点。

一、本案适用何种归责原则

原告认为水电站泄洪是高度危险作业行为，本案应当适用无过错归责原则，或根据《民法通则》第一百二十六条的规定适用过错推定原则。首先，涉案水电站是合法成立的，其实施泄洪行为属于正常经营行为，且根据上游来水量进行泄洪行为并不属于《民法通则》第一百二十三条规定的高度危险作业行为，故本案不适用无过错责任原则。其次，从现行法律法规来看，并无任何规定要求水电站及经营者对其经营的水电站下游河段负管理责任，故亦不适用过错推定原则。综上，本案应适用过错责任原则。

二、被告甲公司、甲公司水电分公司在本案中是否存在过错

二原告长女刘某一和次女刘某二在河滩边玩耍时，因被告甲公司、甲公司水电分公司所属涉案水电站泄洪被洪水冲走。原告张某、刘某作为成年人，疏于履行对年幼二女的监管职责，放任二女在没有成年人监护的情形下在河道进行玩耍，是导致本案悲剧发生的重要原因。被告甲公司、甲公司水电分公司下属涉案水电站泄洪导致河道水流短期上涨，是导致悲剧发生的另一个重要原因。但根据过错责任原则的构成要件，二被告只有在有过错的情形下才应当按照过错程度承担相应的赔偿责任，且原告应对二被告存在过错进行举证证明。本案中，涉案水电站是经政府部门发文批准的工程项目，事故发生时，涉案水电站根据上游来水量进行泄洪行为没有违反法律规定，应属合理生产经营作业范围。且7月系降水集中期，根据2016年涉案水电站枢纽弃水警报通知记录本、县水务管理局证明的内容，二被告于2016年2月在河道两岸设置了齐备的安全警示牌和防护设施，枢纽和厂区安装了高音预警喇叭，且刘某一、刘某二落水的前一天和当天，涉案水电站均对开闸泄洪的弃水警报情况予以了记录。涉案水电站对泄洪行为进行了相应的预警与提示，因此，其泄洪行为并无过错。

综上，本案二原告作为刘某一、刘某二的父母，未对年幼二女的安全予以足够的重视和注意，导致刘某一、刘某二被水流冲走的悲剧发生，其应对刘某

一、刘某二的溺亡结果自行承担责任。且二原告提供的证据、本案查明的事实及相关法律规定均不能证明刘某一、刘某二的死亡与二被告的行为之间存在法律上的因果关系。本次事故的发生，给痛失孩子的二原告家庭带来了极大的身心痛苦，生命至贵至重，法律与良知并行不悖，但终归良知的同情心不能置于法律的公正客观性之上。故，对二原告主张判令被告承担全部责任，赔偿各项损失 1396512 元以及向原告作出真挚诚恳的道歉的诉讼请求，法院不予支持。

一审法院作出判决：驳回张某、刘某的全部诉讼请求。张某、刘某不服提起上诉。

二审法院经审理认为：本案的争议焦点为：1. 本案应当适用何种归责原则。2. 甲公司、甲公司水电分公司对张某、刘某二女死亡是否承担过错赔偿责任。3. 张某、刘某对其二女死亡是否承担相应的责任。

一、水电站过水发电的行为是否属于高度危险作业，从而适用特殊侵权行为的无过错归责原则，还是适用一般侵权行为的过错归责原则的问题

所谓高度危险作业，是对周围环境、人身或财产安全具有高度危险性的业务操作活动，在现有条件下，即使尽到高度谨慎和勤勉义务，人们仍不能完全控制和有效防范其致损风险，仍不能完全避免致人损害的事故发生。《民法通则》第一百二十三条采取列举的方式对高度危险作业的范围进行了界定，其中并不包括发电站过水发电作业，而且，《侵权责任法》也并未将此类行为纳入高度危险范畴，因此，水电站过水发电行为不能被认定为属于高度危险作业，不应适用特殊侵权行为的无过错归责原则。《侵权责任法》第三十七条[①]第一款

---

① 对应《民法典》第一千一百九十八条。该条规定："宾馆、商场、银行、车站、机场、体育场馆、娱乐场所等经营场所、公共场所的经营者、管理者或者群众性活动的组织者，未尽到安全保障义务，造成他人损害的，应当承担侵权责任。因第三人的行为造成他人损害的，由第三人承担侵权责任；经营者、管理者或者组织者未尽到安全保障义务的，承担相应的补充责任。经营者、管理者或者组织者承担补充责任后，可以向第三人追偿。"

规定："宾馆、商场、银行、车站、娱乐场所等公共场所的管理人或者群众性活动的组织者，未尽到安全保障义务，造成他人损害的，应当承担侵权责任。"河道系地理或者历史原因等而形成的水流通道，不是正常的供广大民众出行的公共场所，也不是经营场所，而且对管理责任区域之外的河道，水电站并非管理人，故水电站也就不是《侵权责任法》第三十七条第一款规定的承担安全保障义务的责任主体。因此，水电站过水发电行为不属于高度危险作业，对河道没有安保义务，故本案应按照一般侵权纠纷的过错归责原则对当事人在事件中的是非责任进行界定。

二、甲公司、甲公司水电分公司对张某、刘某二女死亡是否有过错，是否应当承担赔偿责任的问题

作为一般侵权行为纠纷，判断水电站是否承担责任，需要分析其在上诉人之女死亡事件上到底有无过错。本案中，案涉水电站系具有生产经营性质的企业单位，经营范围是利用大坝截流的河水发电，根据我国民法权利与义务相一致原则，水电厂利用大坝截流的河水发电取得经营性收益的同时，应当承担必要的社会责任。水电站不弃水时对下游河道危险通常较小，弃水行为开启后必然导致下游河道内短时间的水位上升、水流量突然增大，根据生活常识判断，此时必然导致河道中活动的人员的人身危险增大，甲公司、甲公司水电分公司认为其对河道没有管理权利，故没有危险警示的通知义务不当，涉案水电站是危险源的开启者，按照对一个善良管理人的通常要求，该水电站准备开闸泄水时，应当知道其泄水行为可能对下游河道尚在活动的人员带来人身安全的巨大风险的情形下，作为危险源的开启者此时就负有不可推卸的危险产生的警示义务。具体到本案中，根据对一个善良经营管理人的要求判断，甲公司、甲公司水电分公司下属水电站在开闸泄水前，对其开闸泄水后可能对下游河道尚在活动的人员带来的人身安全的巨大风险应当明知，但由于其主观的漠视或者疏忽大意，或者自信能够避免的疏失，没有尽到警示义务导致本案悲剧的发生，案涉水电站具有过错，应当承担相应的民事赔偿责任，张某、刘某的上诉理由成

立，法院予以支持。甲公司、甲公司水电分公司以其下属水电站开闸泄水是根据上游水电站的通知，且其对下游河道没有管理权利为由主张其没有过错，故不承担民事赔偿责任的抗辩理由不足，从对一个善良管理人一般的要求标准判断，涉案水电站开闸泄水前如果不提前对下游河道活动人员进行必要的告警，且给予必要准备时间，仅仅按照上游水电站的通知完成内部操作流程后泄水，泄水行为对下游河道活动人员可能带来的人身现实危险不能消除，本案悲剧的发生也恰好证明事实就是如此，涉案水电站没有尽到一个善良管理人应当尽到的对危险源开启以后对下游人员的告警义务，主观上有过错，而且过错行为与张某、刘某二女死亡具有直接的因果关系，故被上诉人对涉案水电站过错行为导致的后果依法应承担相应的民事赔偿责任。

三、张某、刘某对其二女死亡是否有过错，是否应当相应减轻对方民事责任的问题

张某、刘某作为在当地长期生活居住的居民，对河道上游水电站不定期弃水的情况应当明知，其应当知晓该河道不是儿童玩耍的安全场所，更应当预见到年幼的孩子在没有大人的陪护下，擅自进入河道内玩耍对孩子可能带来的巨大危险，但张某、刘某疏于履行对年幼二女的监管职责，放任二女在没有成年人监护的情形下在河道进行玩耍导致悲剧发生，根据涉事二女的年龄等情况，法院认定张某、刘某对其二女死亡承担主要责任，依法应当减轻甲公司、甲公司水电分公司的赔偿责任，根据双方过错承担，法院酌情认定甲公司、甲公司水电分公司对张某、刘某对其二女死亡承担40%的赔偿责任。

二审法院判决：一、撤销一审判决；二、甲公司、甲公司水电分公司共同赔偿张某、刘某死亡赔偿金、丧葬费共计508793.6元；三、驳回张某、刘某的其他诉讼请求。

法官评析

近年来，因为上游水电站放水导致在下游河道中游玩的自然人被冲走溺亡

的悲剧时有发生，给很多家庭带来了巨大伤痛。该类案件中，在河道游玩的自然人需要为其不当行为承担应有的责任，但是负责放水的上游水电站是否存在过错进而承担侵权责任，时常成为审理中的争议焦点。

一、关于开闸泄洪之具体要求的相关规范

水电站开闸泄洪，需要遵循一定的程序和规定，我国相关立法对此进行了原则性的规范，具体如下：《水法》第二十八条明确："任何单位和个人引水、截（蓄）水、排水，不得损害公共利益和他人的合法权益。"《防洪法》第三十一条规定："地方各级人民政府应当加强对防洪区安全建设工作的领导，组织有关部门、单位对防洪区内的单位和居民进行防洪教育，普及防洪知识，提高水患意识；按照防洪规划和防御洪水方案建立并完善防洪体系和水文、气象、通信、预警以及洪涝灾害监测系统，提高防御洪水能力；组织防洪区内的单位和居民积极参加防洪工作，因地制宜地采取防洪避洪措施。"《防汛条例》第二十条规定："有防汛任务的地方人民政府应当建设和完善江河堤防、水库、蓄滞洪区等防洪设施，以及该地区的防汛通信、预报警报系统。"水利部2021年发布的《大中型水库汛期调度运用规定（试行）》第二十七条载明："因水库防洪或抗旱调度导致水库上、下游径流或水位将发生明显改变时，调度执行单位应当根据预警信息发布机制责任分工，第一时间按要求发布水库调度或蓄放水预警信息，提醒有关地方、部门和单位及社会公众及时掌握河道水情变化，做好避险防范工作。"

结合上述内容可知，对于开闸泄洪的程序问题，相关法律规范的内容较为原则，并未就开闸泄洪预警的责任主体、提前预警时间、方式、通知对象范围等作出更为细化的规定。由此也导致相关事故发生后，法院在责任主体、因果关系、过错责任认定方面存在一定的难度。

二、开闸泄洪行为的性质及相关的归责原则判断

水电站开闸泄洪的行为是否属于高度危险作业，也是该类案件中的一个争议点，其背后关系到与此相关侵权行为的归责原则。所谓高度危险作业，是对周围环境、人身或财产安全具有高度危险性的业务操作活动，在现有条件下，即使尽到高度谨慎和勤勉义务，人们仍不能完全控制和有效防范其致损风险，仍不能完全避免致人损害的事故发生。对此，我国《民法典》第一千二百三十六条规定："从事高度危险作业造成他人损害的，应当承担侵权责任。"可见其适用的是无过错原则。关于高度危险作业范围，《民法典》当中列举了民用核设施或核材料；民用航空器；易燃、易爆、剧毒、高放射性、强腐蚀性、高致病性等高度危险物；从事高空、高压、地下挖掘活动或者使用高速轨道运输工具等内容，其中并不包括水电站开闸泄洪行为，因此，本案中的一、二审法院均认定为其不属于高度危险作业，不应适用特殊侵权行为的无过错归责原则。同时二审法院也明确，河道系地理或者历史原因等而形成的水流通道，不是正常的供广大民众出行的公共场所，也不是经营场所，难以将水电站纳入安全保障义务人的范畴去归责，在此基础上，法院认定本案应按照一般侵权纠纷的过错归责原则对当事人在事件中的是非责任进行界定。

但是在判断水电站是否存在过错的问题上，一、二审法院观点不一致，笔者更倾向于二审法院的观点，认为水电站在事故中存在一定的过错，主要理由在于水电站作为巨大危险源的开启者，未能尽到妥当的预警义务，泄洪开启后必然导致下游河道内短时间的水位上升、水流量突然增大，河道中活动人员的人身危险陡增，但水电站有能力也有义务最大限度地消除可能发生的危险。比如，水电站在开闸泄水前应当对下游河道活动人员进行必要的告警，且给予必要准备时间。如果仅仅按照上游水电站的通知完成内部操作流程后就可以泄水，则泄水行为对下游河道活动人员可能带来的人身现实危险并不能消除，也正是鉴于此，二审法院认为水电站没有尽到一个善良管理人应当尽到的对危险源开启以后对下游人员的告警义务，主观上有过错，而且过错行为与张某、刘某二女死亡具有直接的因果关系，故判决水电站依法应承担相应的民事赔偿责任。

针对不断发生的该类纠纷，笔者建议尽快完善相关法律，出台实施细则，将相关责任主体的预警通知义务和范围上升至法律规范。同时，建议运用多种现代新技术、新媒体手段加大监测、预警、通知、宣传力度，及时提醒告知人民群众开闸泄洪的危险，强化群众的安全意识，以保护人民生命安全和财产安全。

$$19$$

共同饮酒人责任

实务观点

问题 1：共同饮酒后饮酒者因饮酒过量导致死亡，其他同饮者是否需要为此承担侵权责任？

观点：饮酒者因饮酒过量导致死亡，在责任承担方面，饮酒者作为完全民事行为能力人，对于自己的身体状况和过量饮酒的后果，应当具有明确的认知和控制，故对于损害后果一般应当承担主要责任。其他同饮人在饮酒过程或者救助过程中，都应当积极履行安全注意义务，未尽到安全注意义务者，应当承担与其过错程度相应的侵权责任。

问题 2：同饮人在将饮酒者送至医院救助时，是否负有决定诊疗方式的签字义务？

观点：同饮人在将饮酒者送至医院救助的过程中，亦应积极配合医院完成相关的诊疗行为，但是该种配合并不意味着同饮人负有与饮酒者亲属或者医院同等的法律义务。作为专业的救助机构，在紧急情况下，医院负有依法决定诊疗方式的法定义务，并不需要取得陪同就医的同饮人的签字同意。

📖 案例精释

共同饮酒致人死亡案件中同饮人的责任判断
——李某等诉柴某等生命权纠纷案

关键词： 饮酒 同饮人 侵权责任 比例

案情要览

李某 1 系某酒店厨师。2015 年 12 月 31 日晚，该酒店厨师长柴某为了庆祝迎接新年，以个人的名义宴请李某 1 在内的其他十九名厨师聚餐。其间在场人员喝了很多白酒和啤酒，李某 1 及另外一位同事当场喝倒。在场人员发现李某 1 醉酒昏迷后，于次日凌晨将其送往甲医院救治。2016 年 1 月 1 日 11：00，甲医院对李某 1 发出病危通知书，其后仍在急诊监护室抢救，直到 2016 年 1 月 17 日 15：07 分李某 1 因酒精中毒经抢救无效死亡。李某 1 身故后，其家属李某等四人一同将柴某等十九名同饮者起诉到法院，要求其对李某 1 的死亡承担赔偿责任。

各方观点

原告李某等四人观点： 聚餐期间组织者准备了很多酒，在场人员喝了很多白酒和啤酒，李某 1 当场喝倒了，其他人继续喝酒。医院病历材料显示，李某 1 被送到医院时间是 2：25 分，其从醉倒到被送医救治中间耽误了很长时间。到达医院后，医生表示患者饮酒过量，神智不清，但是陪同人员表示拒绝洗胃，所以病历记载的处置意见为"拒绝洗胃检查，要求输液"。被告柴某等十九人未尽互相提醒劝告的安全注意义务，延误了最佳抢救时间，又向医生表示拒绝洗胃检查是极为不当的行为，故他们的行为对李某 1 的死亡存在过错。请求法院判令柴某等十九名被告共同向李某等四人赔偿医疗费、丧葬费、死亡赔偿金、精神损害抚慰金、被抚养人生活费、交通费、误工费等共计1943845.39元，要求十九名被告承担70%的赔偿责任共计1360691.77元。

被告柴某等十九人观点：十九名被告均为酒店职工，下班已经是夜里11点了，到达饭店吃饭已经是晚上12点左右了。聚会当天并未携带大量白酒，仅有的白酒也是由李某1安排别人携带去的，聚餐期间十九名被告均没有任何劝酒行为，并且尽到了送医救治的义务。十九名被告发现李某1醉酒后，在第一时间将其送医救治，出行APP行程显示1：37分专车就已经到达甲医院，并没有延误最佳抢救时间。陪同的所有人均没有向医生表示过拒绝洗胃及其他任何检查，在家属到场之前垫付了所有的医疗费用。十九名被告都没有医疗专业知识，入院后积极配合医院进行治疗，不可能单独拒绝其中一项检查。按照医疗常识，洗胃是带有破坏性的检查，十九名被告没有权利拒绝或同意，而是应由家属决定。如果认为洗胃是急救措施，无论被告同意或不同意，医院都应该采取急救措施。根据现有病历李某1应该是因为脑缺氧死亡，但其入院时是自主呼吸的。第三人甲医院提供的病历显示拒绝洗胃是第三人甲医院医生自主填写，但未有死者家属或十九名被告作出拒绝洗胃意思表示的证据。故拒绝洗胃并非十九名被告作出的意思表示，造成李某1死亡原因之一的拒绝洗胃不应由十九被告予以承担。李某1作为完全民事行为能力人，应当对自己身体状况、酒量大小有完全意识，也应清楚过量饮酒对身体造成的不良影响，但其对自身缺乏应有的安全注意，在饮酒过程中并未进行自我控制，从而导致饮酒过量，应当承担全部责任。

第三人甲医院观点：患者李某1于2016年1月1日2：25分主诉"饮酒后呕吐半小时"来我院急诊科就诊，患者的陪同人员诉患者于2015年12月31日晚上与同事因新年聚餐时饮白酒约600ml，约半小时前开始多次呕吐，伴昏睡，呕吐物为胃内容物及胃液。我院检查后根据病史初步诊断为饮酒过量，但由于患者陪同人员拒绝洗胃检查、要求输液，我院根据医疗常规予以相关治疗。2016年1月17日，患者李某1死亡，家属拒绝尸检并签字确认。我院的诊疗行为符合医疗常规和规范，积极正确无过错，患者的死亡与我院无关。

裁判要旨

一审法院经审理认为：法院委托鉴定机构对以下事项进行鉴定：第一，李某1的死亡原因以及饮酒与李某1死亡之间有无因果关系，如果有，责任比例是多少；第二，拒绝洗胃与李某1死亡之间有无因果关系，如果有，责任比例是多少。后，鉴定机构出具鉴定意见：从现有临床资料分析，李某1符合急性酒精中毒情形下，输液治疗过程中突发呼吸、心脏骤停，经心肺复苏术后因缺血缺氧性脑病持续处于昏迷状态，后继发呼吸、循环功能衰竭，脑功能丧失，撤除呼吸机无自主呼吸情形下死亡特点。饮酒事件与救治过程中拒绝洗胃情形在对其死亡结果的影响方面具有相同程度的作用。庭审过程中，鉴定机构人员出庭对鉴定结论中"饮酒事件与救治过程中拒绝洗胃情形在对李某1死亡结果的影响方面具有相同程度的作用"作出解释，称"这两个因素在对死亡结果发生的作用程度上是等同的""这种结果的发生一般有三个因素，即饮酒、治疗配合、诊疗的因素，但诊疗因素在本案中有无争议我们不清楚，也没有要求我们进行评价，所以我们对此不作评价，所以我们无法做出结论说各占50%，使用的用词是'相同程度'。如果大家对诊疗行为均无争议，那么这两个因素就是百分之百的平均"。

法院认为，聚会系下班后同事之间的普通聚餐，柴某等十九人对于李某1的人身安全仅负有一般注意义务，该一般注意义务主要表现为是否存有特别劝酒或放任其过量饮酒之情形。李某1作为成年人，对于自身的酒量、身体状况等负有注意义务，在李某1出现醉酒后，柴某等十九人将李某1送往医院治疗，已尽到注意义务，现李某等四人未就李某1饮酒系柴某等十九人强迫压力之下劝酒或放任其过量饮酒所致提交充分有效的证据，亦无充分证据证明柴某等十九人存在故意延误最佳抢救时间的情形。就拒绝洗胃一节，根据鉴定结论，饮酒与拒绝洗胃同李某1死亡之间存在同等的因果关系，第一，送李某1前往医院治疗系共同聚餐人员基于对李某1的同事情谊和责任感而行事，系人与人之间温情的体现，对此应该予以肯定并鼓励，而从法律层面而言，亦是在场人员对李某1履行安全注意义务和照顾义务的体现。第二，柴某等十九人均否认作出拒绝洗胃的意思表示，但在李某1伴昏睡的情况下，现有证据不足以排除系除方某、徐某、于某、姜某1、贾某、姜某、赵某、徐某1外的其他陪同人员作出拒绝洗胃意思表示的可能性。第三，即使陪同人员作出过拒绝洗胃的意思表示，但作为非专业人士，对于洗胃的认知程度一般，难以预见到洗胃与否将会对于李某1的健康及生命产生的影响。若对陪同人员苛以专业人的标准，未免要求过高。因此，酌定除方某、徐某、于某、姜某、贾某、姜某1、赵某、徐某1外的其他人即柴某等十一人对于李某1的死亡负较轻微的责任，并平均承担赔偿责任。

一审法院判决：一、柴某等十一人于判决生效之日起七日内共计赔偿李某等四人医疗费 7157 元、丧葬费 1939 元、死亡赔偿金 65226 元、精神损害抚慰金 1000 元，上述费用均由柴某等十一人平均承担；二、驳回李某等四人的其他诉讼请求。

李某等四人不服，提起上诉。

二审法院经审理认为：根据各方的诉辩主张及案件查明的事实，本案的争议焦点主要有三个方面：第一，在共同饮酒场合，同饮人之间是否负有注意义务以及范围如何确定；第二，本案柴某等同饮人在饮酒、送医、治疗过程中是否存在违反注意义务的过错行为；第三，本案柴某等同饮人是否应承担侵权责任及责任比例如何确定。

一、同饮人之间是否负有注意义务及范围如何认定

判断是否违反注意义务应以是否尽到通常人的合理注意作为标准。聚会中饮酒本是一种正常的人际交往行为，但是，大量饮酒会降低人的控制力和判断力，增加产生危险行为或者诱发身体疾病等后果的概率，因此，在共同饮酒的特定场合，同饮者彼此之间对人身安全负有注意义务。这种安全注意义务的内容包括：饮酒期间，同饮者劝酒不应超出合理限度，尤其应当避免强迫饮酒、

斗酒等行为，大量饮酒情况下还应当及时提醒、劝阻；饮酒之后，同饮者对于醉酒者应当进行扶助、照顾，视情况将其送至家中交由家人照看或者送往医院进行救治；就诊期间，陪同送医的同饮者应当配合医院完成诊疗措施，包括办理相应手续、垫付医疗费用等。本案中，李某1与柴某等十九人系同事关系，共同聚会饮酒，应当认定柴某等十九人对李某1负有相应的安全注意义务。注意义务的判断标准，一般以普通人的认知水平与行为能力为限，特定情况下，行为人的特殊身份、行为的危险程度、预防损害的成本、受害人的身体缺陷等亦可能成为注意义务的考量因素。

二、柴某等同饮人是否存在违背注意义务的过错行为

本案同饮人彼此之间的安全注意义务存在于三个阶段：饮酒过程中、送医过程中以及诊疗过程中。李某1饮用的主要是高度白酒，同饮人作为相对比较熟悉的同事，对李某1大量饮酒的行为未尽到提醒、劝阻的注意义务，应当认定该十九名同饮人对李某1出现醉酒的后果存在一定的过错。就送医过程而言，在同饮人出现醉酒或明显身体不适时，其他同饮人因及时将其送往医院进行救治，尽到了相应的送医救助义务。就治疗过程而言，鉴于李某1被送往医院治疗时已神智不清，同饮人作为陪同送医人员应当配合医院完成各项诊疗措施。甲医院系与本案处理结果有利害关系的一方主体，现该病历上并无送医人员的签字，甲医院虽称陪同人员签字并非必须，但该情况与同时就医的另一醉酒人徐某的病历不符，甲医院亦未提交其他证据证明其已向陪同就医人员告知了洗胃的必要性和不洗胃的风险，依据现有证据，法院无法认定柴某等送医人员作出了拒绝洗胃的意思表示。退一步讲，即便柴某等陪同送医人员确实作出了拒绝洗胃的意思表示，该行为是否违反了注意义务亦应具体分析，洗胃属于特殊诊疗方案，是否洗胃应当由医院征得患者本人或者近亲属的同意，或者在紧急情况下由医院的负责人批准，一般送医人员并无资格对洗胃发表同意与否的意见。柴某等陪同送医人员系李某1的同事，决定诊疗方案不属于其法定义务，故无论其是否作出过"拒绝洗胃"的意思表示，均不应认定其违反注意义务而

承担责任。

三、柴某等同饮人应否承担侵权责任及责任比例

根据鉴定结论，饮酒事件对于李某1的死亡结果具有作用。柴某等十九名同饮人在饮酒过程中存在违背注意义务的过错行为，且该过错行为与李某1的死亡结果之间具有一定的因果关系，应当对李某1的死亡承担侵权责任。柴某等十九名同饮人违反注意义务的行为系出于疏忽大意的过失，对于李某1死亡的结果并没有主观上意思联络，应属无意思联络的共同侵权行为，十九人的责任并无大小之分，应当平均承担侵权责任。李某1作为完全民事行为能力人，就其自己放纵饮酒的行为后果应承担主要责任，同饮人承担次要责任。考虑到饮酒事件对于李某1死亡的原因力大小及各方的过错程度等因素，法院酌情确定柴某等十九名同饮人在10%的范围内承担侵权赔偿责任。本案中，李某等四人未就医院后续诊疗行为是否存在过错申请鉴定。法院认为，上述情况不影响对同饮人责任比例的确定。即便医院后续诊疗行为确实构成侵权，李某等四人亦可单独向医院主张，无须在本案中一并解决。李某等四人诉求柴某等十九名同饮人赔偿医疗费、丧葬费、死亡赔偿金、被扶养人李某2生活费符合法律规定，法院对其主张在相应的责任比例内予以支持。李某1的死亡给李某等四人造成严重的精神损害，李某等四人可以请求精神损害赔偿，具体数额由法院依法进行酌定。

二审法院判决：一、撤销一审判决；二、柴某等十九人于本判决生效之日起七日内赔偿李某等四人医疗费15325.44元、丧葬费3877.8元、死亡赔偿金105718元、被扶养人李某2生活费24733.3元、精神损害抚慰金5000元，扣除柴某等人垫付的医疗费用10114.72元，共计144539.82元，上述费用由柴某等十九人平均均负担；三、驳回李某等四人的其他诉讼请求。

法官评析

作为人际交往的表现形式之一，朋友、同事之间进行聚会饮酒颇为常见，

然而近年来，因为聚会饮酒导致参加人死亡进而引发诉讼的情况越发常见，该类案件中，同饮者是否应当承担责任以及承担责任的判断要素，一直是实践中的热点问题。

一、司法裁判的倾向性趋势

结合笔者收集的案例和司法实践经历来看，对于该类案件的裁判思路，虽然有一些分歧，但总体上还是具有一定的倾向性，具体来说，主要有以下三个倾向。首先，多数案件认定同饮人应当承担侵权赔偿责任，原因在于同饮人负有一定的注意义务。其次，多数案件认定死者应当承担主要责任，同饮人承担次要责任，原因在于死者作为完全民事行为能力人，对于自己的身体状况和过量饮酒的后果，应当具有明确的认知和控制。最后，多数案件认定组织者的责任比例高于一般同饮人，原因在于组织者与其他同饮人相比，负有更高的注意义务。[①]

二、同饮人安全注意义务的来源和内容

同饮人负有安全注意义务已成为多数观点。但如果要准确界定同饮人的具体责任，还需要对注意义务的来源、内容进行分析。

首先，同饮人安全注意义务的来源是不当行为和善良风俗。同饮者在饮酒之中、之后之所以负有一定的注意义务，特别是必要时的救助义务，来源于在先发生的不当行为或善良风俗。所谓在先发生的不当行为，是指同饮人在共同饮酒过程中存在强行劝酒、逼迫饮酒等不当行为，导致了同饮者陷入危险状态。[②] 所谓善良风俗，是指即便同饮人不存在不当行为，但鉴于同饮人之间一般存在熟人或交际要素的社会关系，在饮酒者出现危险状态时，从倡导善良风俗的角度出发，参加者应当负有适当的注意义务，当然，该种注意义务与存在

---

① 李春香、熊静：《共同饮酒致人身损害侵权责任纠纷中同饮人的裁判规则解析》，载《法律适用》2020年第18期。

② 杨立新：《共同饮酒引发醉酒死亡侵权案件中的法律使用边界》，载《法律适用》2019年第15期。

不当行为时的注意义务存在程度上的不同，后者的注意义务要求更高。但是应当注意的是，以善良风俗作为基础的注意义务应当属于全体同饮人，而不应在同饮人之间"区别对待"。比如，本案中，作为李某1的同饮人，柴某等十九人对于李某1的大量饮酒行为未尽到提醒、劝阻的注意义务，该十九人对于李某1的醉酒后果都负有一定的过错。一审法院从是否"陪同送医"的角度，将陪同送医的十一人认定有过错而未陪同送医的八人反而无过错，显然不仅与同饮人过错认定的一般规则不相符，还容易导致社会常识认知和价值观判断上的困惑，更不利于同饮人积极履行救助义务。故此，本案二审法院在该问题上进行了分析并改判。

其次，同饮人注意义务的内容来源于两个阶段。结合该类案件中的饮酒过程及其所引发的后果，同饮人的安全注意义务一般来源于两个阶段，即饮酒过程、救助过程。饮酒过程是产生危险的重要阶段，同饮人劝酒不应超过合理限度，避免强迫劝酒等不当行为。同时在饮酒者过量饮酒时要及时进行劝阻。救助过程是能否消除危险的重要阶段，如果饮酒者在身体、意识等方面出现明显减弱或其他危险因素时，同饮人应当主动进行照顾，或将饮酒者送到家中、通知家人来接或视情况送到医院救治，以避免极端情况发生。此外，同饮人在将饮酒者送至医院的救助过程中，亦应积极配合医院完成相关的诊疗行为，但是该种配合并不意味着同饮人负有与饮酒者亲属或者医院同等的法律义务。具体而言，作为专业的救助机构，在紧急情况下，医院负有依法决定诊疗方式的法定义务，并不需要取得陪同就医的同饮人的同意。对此，无论是原来的《侵权责任法》还是现行《民法典》均有明确规定，《民法典》第一千二百二十条规定："因抢救生命垂危的患者等紧急情况，不能取得患者或者其近亲属意见的，经医疗机构负责人或者授权的负责人批准，可以立即实施相应的医疗措施。"恰如本案二审所述，即便柴某等陪同送医人员确实作出了拒绝洗胃的意思表示，该行为是否违反了注意义务亦应具体分析，洗胃属于特殊诊疗方案，是否洗胃应当由医院征得患者本人或者近亲属的同意，或者在紧急情况下由医院的负责人批准，一般送医人员并无资格对洗胃发表同意与否的意见。柴某等陪同送医人员系李某1的同事，决定诊疗方案不属于其法定义务，故无论其是否作出过"拒绝洗胃"的意思表示，均不应认定其违反注意义务而承担责任。

三、同饮人承担侵权责任的考量要素

饮酒者作为完全民事行为能力人，对于自己的身体状况和过量饮酒后的后果应当有清醒认知，故饮酒者应当为损害后果承担主要责任已基本形成共识。至于同饮人的责任判断，笔者认为应当着重考量以下两个要素。首先，过错程度与责任比例的关系。所谓饮酒者承担主要责任，在司法实践中一般将其比例界定在70%以上。作为同饮人，如果不存在故意或者重大过失，一般需要在30%以下范围内，结合同饮人的过错程度确定具体比例。其次，原因力与责任比例的关系。侵权责任成立的一个基本前提是因果关系，即同饮者的过错行为与饮酒者所受损害之间具有因果关系，但实践中，往往还存在多因一果的情形，如本案中除同饮者外，医院的诊治、救治行为如果经鉴定存在过错的话，医院也是造成饮酒者死亡的原因之一，所以在考虑责任承担的比例时，就需要根据不同行为的原因力大小进行责任分担，本案中虽然原告未要求医院承担赔偿责任，但在认定同饮者责任时，法院将其比例界定为10%，就是基于上述考量。

20　体育训练与自甘风险

实务观点

问题1：在具有一定风险的体育训练活动中，是否适用《民法典》自甘风险规则？

观点：在判断具有一定风险的体育训练是否应适用《民法典》自甘风险条款时，可以从主客观条件两个层面进行考量。在客观条件层面判断体育训练是否存在固有风险；在主观条件层面判断受害人是否明知或应知固有风险，如果判断结果皆为肯定，则可以适用自甘风险条款。

问题2：体育训练活动的组织者能否适用自甘风险规则？

观点：《民法典》第一千一百七十六条中的活动组织者并不适用自甘风险规则，其责任承担按照安全保障义务人、教育机构的责任承担方式确定。确定组织者是否尽到安全保障义务时，应在安全保障责任一般规范的基础上，进一步结合体育训练的特殊性进行个案分析。

案例精释

体育训练活动中能否适用自甘风险规则

——扈某诉张某、某体育公司等侵权责任纠纷案

关键词： 文体活动　自甘风险　免责　过错　安全保障义务

案情要览

2017 年 4 月，扈某报名参加了某体育公司组织的国外××训练中心篮球夏令营，张某甲同时也报名参加。2017 年 5 月 7 日扈某的母亲莫某向该体育公司的法定代表人涂某转账 13000 元，2017 年 6 月 13 日又向涂某转账 28500 元。2017 年 5 月 9 日，涂某在微信群中发送《××俱乐部夏令营协议书》，主要内容为：甲方（某体育公司）举办××篮球俱乐部国外篮球训练营活动，乙方（学员）及其法定监护人已经详细阅读并理解该活动相关内容；团费 41500 元/人；活动行程及内容，按甲方提供的行程表执行。甲方在整个活动过程中应尽必要的提醒和保护义务。2017 年 7 月 28 日，在篮球训练过程中，扈某与张某甲相撞，导致扈某摔倒受伤。扈某先后在多家医疗机构住院治疗，经诊断：陈旧性踝关节骨折（右），花费医疗费若干。经委托鉴定机构鉴定，结果为扈某护理期 60 日、营养期 90 日。

各方观点

原告扈某观点：2017 年 4 月扈某报名参加某篮球夏令营，并向涂某交纳了 41500 元费用。2017 年 7 月 28 日，在夏令营篮球训练中，因为张某甲跑位不正确，撞倒了正在起跳投篮的扈某，导致扈某右脚踝关节 180 度扭转，右腿胫骨与腓骨分离，右腿腓骨骨折。张某甲撞倒扈某是导致其受伤的直接原因，涂某作为夏令营的组织者、教导者、培训者，未及时纠正和制止张某甲的错误，也是导致扈某受伤的重要因素。因张某甲尚未成年，张某和刘某是张某甲的父母，其二人作为监护人应对张某甲的侵权行为承担责任。涂某是夏令营的组织者、培训者，没有及时纠正张某甲跑位不正确的行为，也没有为扈某购买商业保险。某体育公司是夏令营的组织机构，涂某是该体育公司的法定代表人，涂某又以个人账户收取了本次夏令营的费用。事发后，扈某与各个被告协商不成，故向法院提起诉讼，请求判令张某甲、张某、刘某、某体育公司、涂某连带赔偿扈某医疗费 186410.68 元、住院伙食补助费 1300 元、营养费 27000 元、护理费

33506 元、精神损害抚慰金 10000 元。

被告张某甲、张某、刘某观点：从事发视频来看，张某甲不存在过错，张某甲跑位没有问题，不是张某甲撞倒扈某，不应由张某甲承担责任。篮球运动本身就是高危运动，即使发生伤害也应秉持风险自担的原则。

被告某体育公司观点：不同意扈某的全部诉讼请求。我方组织此次篮球训练营，根据我方与扈某之间的合同，我方承担的责任仅为给予所有参加训练营的学员生活上的照顾和行程上的安排，训练计划和安全保障计划都是由国外机构负责的，我方只是负责把学员带过去，不应对学员受伤承担赔偿责任。而且我方在扈某受伤后第一时间安排了治疗、陪护及生活上的照顾协助，为扈某安排了术后康复，从扈某提交的病历来看，紧急联系人写的都是涂某，涂某在扈某受伤后进行了紧急救治。扈某参加的是专业篮球训练营，应当充分认知这项运动的危险性。我方认可涂某的行为是职务行为。

被告涂某观点：同意某体育公司的答辩意见。此次事故不是涂某的过错导致。涂某所收取费用均转入了国外机构，该机构是夏令营主办方，涂某只是负责带队训练，不是此次夏令营的组织者和培训者。

裁判要旨

一审法院经审理认为：行为人因过错侵害他人民事权益，应当承担侵权责任。本案中，扈某与张某甲因篮球训练相撞，导致扈某受伤。涂某对扈某受伤主观上不存在过错，客观上其行为与扈某受伤没有因果关系，且某体育公司认可涂某组织学员参加篮球训练营的行为系职务行为，因此涂某对扈某的损害结果不应承担赔偿责任。

受害人和行为人对损害的发生都没有过错的，可以根据实际情况，由双方分担损失。本案中，根据所查明的事实，扈某与张某甲进行的篮球训练属体育运动，根据双方的年龄智力，对篮球活动存在的风险应当有一定的认知力。扈某与张某甲在篮球活动中发生碰撞，并造成扈某受伤，对此张某甲并不存在故意的行为，故不应承担过错责任。但鉴于扈某在篮球活动中所受伤与张某甲有一定的关系，扈某的合理损失应由扈某与张某甲分担。因张某甲尚未年满十八周岁，应由其法定代理人张某、刘某分担损失。

扈某受伤系其与张某甲因相撞所导致，某体育公司对损害结果的发生并不存在过错，因此某体育公司不应承担侵权责任。但某体育公司组织学员赴美国进行篮球训练，其作为组织者负有以积极行为的方式尽力保障学员的人身安全和财产安全的义务。某体育公司虽辩称其与国外机构合作，篮球训练事宜均由国外机构负责，但并不能因此免除其在篮球训练过程中，保障训练项目按计划顺利进行、采取必要措施保障学员训练安全的义务。扈某、张某甲年龄相差六岁，却安排在一组进行篮球训练，且二人对于训练内容无法统一，说明某体育公司在篮球训练方面缺乏科学性和合理性，因此，某体育公司亦应对扈某的合理损失，予以分担。

根据扈某的诉讼请求，法院结合在案证据和实际情况，认定扈某的护理损失为医疗费185814.16元、住院伙食补助费800元、营养费4500元、护理费30000元，由张某、刘某和某体育公司分担。

一审法院判决：一、某体育公司支付扈某医疗费61938元、住院伙食补助费270元、营养费1500元、护理费10000元；二、张某、刘某支付扈某医疗费61938元、住院伙食补助费270元、营养费1500元、护理费10000元；三、驳回扈某的其他诉讼请求。

张某甲、张某、刘某、某体育公司不服一审判决，提起上诉。

二审法院经审理认为：本案的争议焦点有三个：一是法律适用问题，即本案的诉争事实虽发生在《民法典》实施之前但是否仍应适用《民法典》的相关规定。二是如本案适用自甘风险原则张某甲是否存在故意或重大过失，如不适用自甘风险规则，扈某受伤的责任应如何认定。三是某体育公司是否应承担赔偿责任。

关于争议焦点一。张某甲、张某、刘某上诉认为本案应适用《民法典》规定的自甘风险原则而不应适用公平原则。某体育公司、涂某认可张某甲、张某、刘某该项上诉主张；扈某对此不予认可，其认为本案不适用《民法典》的规定，理由是扈某、张某甲并非主动、自愿在一起活动，且参加的活动并非对抗性、持续性的体育比赛，适用《民法典》的相关规定会明显减损当事人合法权益、背离当事人合理预期。

本案涉及的事实虽发生于 2017 年 7 月，但仍应适用《民法典》第一千一百七十六条的规定，具体理由如下：第一，篮球运动系一项近身对抗性的体育运动，进行该项运动存在潜在的碰撞及受伤的风险。扈某虽强调事发时双方并非参加对抗性、持续性的体育比赛而是学生的夏令营活动，但这并不能否认篮球训练中同样存在对抗性和危险性的事实。第二，扈某主张其并非自愿与张某甲编组训练，故不属于自愿参加具有一定风险的文体活动的情形。根据当事人陈述，张某甲、扈某系自行报名参加训练营并在进行篮球训练中发生碰撞，虽然张某甲、扈某作为同组组员进行练习是基于教学安排，但是这并不能否定扈某自行报名篮球训练营并进行训练是其自发、自愿行为的判断。第三，关于适用《民法典》的规定是否会明显减损当事人合法权益、增加当事人法定义务或者背离当事人合理预期的考虑。《民法典》第一千一百七十六条规定属新增规定，即本案纠纷发生时，当时的法律、司法解释缺乏具体规则。应指出的是，法律所保护的当事人预期，是当事人基于对行为时的法律信赖所形成的预期，如果当时并没有相关法律规定，当事人和社会公众不存在明确的、统一的对法律后果的预期；同时法律所要保护的当事人预期是当事人的合理预期。因缺乏法律的规定，当事人可能形成错误的预期或者不合法、不合理的预期，这些预期是均不受法律保护的。基于上述理由，本案属于当事人自愿参加具有一定风险的文体活动因其他参加者的行为受到损害的情况，根据《最高人民法院关于适用〈中华人民共和国民法典〉时间效力的若干规定》的规定应适用《民法典》第一千一百七十六条的规定。

关于争议焦点二。据前论述，本案应适用《民法典》第一千一百七十六条的规定，故本案审查的重点在于张某甲与扈某的碰撞中是否存在故意或重大过失。根据视频资料显示，张某甲、扈某及另一名学员在奔跑行进中相互传球，最后由扈某投篮，扈某跳起投篮后着地时与张某甲相撞。扈某虽称张某甲有加速向前的举动但是凭借现有视频材料难以辨别，其也未能提供其他证据予以佐证，法院凭借现有证据难以认定张某甲在将球抛出后有加速向前的举动存在，而根据一般认知，张某甲在高速行进中将球传出后未立即停止而是继续向前行进一段距离符合一般的运动规律，无论张某甲是否接收到跑到罚球线就返回不能跑过罚球线的指令，均难以认定张某甲在碰撞过程中存在重大过失。综上，张某甲虽与扈某相撞并造成扈某受伤，但因其行为不存在故意或重大过失，不应对扈某受伤承担赔偿责任。

关于争议焦点三。《民法典》第一千一百七十六条第二款规定："活动组织者的责任适用本法第一千一百九十八条至第一千二百零一条的规定。"根据已查明的事实，某体育公司认可与张某甲和扈某签订合同，也认可收到了涂某转来的扈某的训练营费用，关于其所称训练计划由案外人国外机构负责一节，因该问题系某体育公司与案外人之间的安排，并不影响法院基于合同的相对性原则认定某体育公司为活动的组织者。某体育公司作为篮球训练营的组织者，应尽到安全保障义务，未尽安全保障义务造成他人损害的，应当承担侵权责任。在法院审理中，某体育公司称在接收学员前已对学员的各项能力进行了评估，同时提交了照片和评估表格。扈某、张某甲均表示入营前未进行过评测，某体育公司在法院审理中提供的照片为参加夏令营的训练科目，在扈某、张某甲对照片拍摄时间、地点、内容提出质疑的情况下某体育公司未能进行进一步举证，法院无法认定某体育公司在入营前对学员进行了评估；退一步而言，即使某体育公司所述的评估程序真实存在，根据其自行提供的学员评估表格可以看出扈某、张某甲在弹跳、爆发力、速度、力量等方面的评估结果存在较大差异的情况下仍将二人分配在一组进行训练，更可以说明某体育公司在学员进行训练的过程中的分组情况缺乏科学性和合理性。故某体育公司作为活动组织者应当对扈某受伤承担赔偿责任，具体责任比例根据其过错程度法院予以酌定。

二审法院判决：一、维持一审民事判决第一项；二、撤销一审民事判决第二、三项；三、驳回扈某的其他诉讼请求。

法官评析

随着人民物质生活水平的提高，体育活动开展的广度与深度与日俱增，体育活动致人伤害案件也屡见不鲜。在《民法典》施行前，涉及体育活动相关损害的纠纷，实践中处理方法一般有三种：一是依据《侵权责任法》的相关规定，由侵权人承担主要责任，被侵害人存在过错的，可以减轻侵权人的责任。二是依据《民法通则》第一百三十二条公平原则之规定，法院经查明认定双方均无过错，损害后果由任何一方承担均有失公平，则可以按照公平原则进行分配。三是依照理论研究中的自甘风险原则，认定参与人参加体育活动是对活动中存在风险的认可，应当不追究侵权人的责任。《民法典》施行后，其中对于自甘风险规则进行了明确、细化，从而为实践中处理该类纠纷具有了规范基础。

一、自甘风险的含义及其规范内容

自甘风险，也称自甘冒险、自担风险，是指受害方知道或者应当知道存在某种风险仍自愿实施冒险行为，从而自行负担损害发生的风险。[①]《民法典》第一千一百七十六条第一款对此进行了规定，即"自愿参加具有一定风险的文体活动，因其他参加者的行为受到损害的，受害人不得请求其他参加者承担侵权责任；但是，其他参加者对损害的发生有故意或者重大过失的除外"。有学者指出首次在法律规范层面规定自甘风险，属于侵权责任编的一大亮点与创新。[②]我国的自甘风险采用完全抗辩模式，可产生免除行为人赔偿责任的法律后果。正因如此，为了防止受害人自甘风险范围的扩大，应注意严格限制自甘风险的适用范围，即仅限于具备一定风险的文化、体育类活动才能适用。

二、自甘风险在体育训练相关损害事故中的适用

与通常意义的文体活动相比，体育训练通常具有以下显著特点：一是参与

---

① 李永军主编：《民法学教程》，中国政法大学出版社 2021 年版，第 949 页。
② 曹权之：《民法典"自甘风险"条文研究》，载《东方法学》2021 年第 4 期。

人可能对运动毫无经验，而非具有一定运动经验的参与者；二是参与人在参加活动过程中往往是按照教练的指令活动，与纯粹地按照自主意志活动有所区别。除上述区别外，两者之间亦有相同点：一是均具有一定的对抗性，这种对抗性是活动本身所蕴含的，且不因参与人参加的是常规训练还是正式比赛就能够控制、割裂或绝对避免；二是均具有一定的风险性。此处的"风险性"指特定文体活动所固有的异常风险，该风险超出人们日常生活的一般风险，但该风险一定不属于《民法典》侵权责任编第九章所规定的高度危险。通过对比可知，体育训练与通常意义的文体活动相比既有区别又有共同之处，笔者认为，在判断具有一定风险的体育训练是否应适用《民法典》自甘风险条款时，可以从主客观条件两个层面进行考量：

首先，在客观条件层面判断体育训练是否存在固有风险。所谓固有风险，是指该风险是体育训练的组成部分，与体育训练不可分离，或者一旦消除风险，体育训练则失去其原有属性，该风险是不可避免，也不是参与者所能控制的，无论其措施合理与否。具体来说，可以从特定联系和风险概率两个角度理解"固有风险"。特定联系是"固有风险"在质上的要求，固有风险是与体育训练同时存在的风险，是体育训练的一部分，参与者无法根除这种风险，该风险与体育训练本身具有不可分割性。例如，游泳与溺水风险具有不可分割性，游泳训练的参与者通常可以预见这种风险但却无法彻底消除这种风险。风险概率是"固有风险"在量上的要求，体育训练中发生该危险的概率可以用作推定受害人明知并自愿承担该风险的证据。发生此项风险的概率越高，表明参与人明知并自愿承担该风险的可能性越大；反之，体育训练发生此种风险的概率越低，表明受害人明知并自愿承担该风险的可能性越小。[①] 虽然体育训练与通常意义上的比赛或自发活动不同，但是从体育运动本身的特性而言，如果运动本身即为对抗性强、激烈的近身运动，这种对抗性是不以体育运动是训练还是比赛而有所变化的。

---

① 参见王利明：《论受害人自甘冒险》，载《比较法研究》2019年第2期。

本案中，扈某和张某甲参加的是篮球训练营，众所周知篮球是一种近身、对抗性极强的竞技体育项目，投球运动员投球后落地与其他运动员发生碰撞实属常见，故可以认定本案中的篮球训练是具有固有风险的体育活动。

其次，在主观条件层面判断受害人是否明知或应知固有风险。受害人明知或应知固有风险是指受害人知道风险的存在并可以预见损害的后果。[①] 虽然《民法典》第一千一百七十六条并未直接规定"明知"为自甘风险的构成要件，但是其规定的"自愿"这一构成要件在法学体系中的有效性通常以"明知或应知"为基础。"明知或应知"是对受害人对风险的认知程度的主观判断，这导致了在无法直接证明受害人对风险存在足够认知的情况下，受害人往往主张其对风险并不知情，从而排除自甘风险的适用。因此，判断受害人是否明知或应知风险不能以受害人在损害前的表达和损害后的说辞为绝对标准，而是应该考虑更多的客观标准，且不以受害人对固有风险有十分清楚、具体的认知为前提，只要其认知程度达到一个正常参加者的水平，满足社会对该项体育活动参与者的一般期待即可。此外，一般情况，自甘风险原则的适用要求参与者须满足自愿要素，换言之，受害人应当以明示或默示的方式作出意思表示，并且该意思表示不存在欺诈、胁迫等瑕疵，即参与人必须是出于对自身自由意志支配，明知自己参加的活动可能导致特定的危害结果仍愿意参加活动。

三、自甘风险规则与体育训练组织者责任认定的关系

体育训练的组织者，主要就是指活动的发起者、指导者。组织者应当是对组织的管理负有责任，制定活动的目标、战略，掌握组织的总体方针并评价组织的效益，对活动有明确的目标，拥有资源，保持相当的权责结构的一方。[②]对于活动组织者的责任，《民法典》第一千一百七十六条第二款明确："活动组织者的责任适用本法第一千一百九十八条至第一千二百零一条的规定。"该条

---

① 参见王利明：《论受害人自甘冒险》，载《比较法研究》2019 年第 2 期。
② 杨立新、余孟卿：《民法典规定的自甘风险规则及其适用》，载《河南财经政法大学学报》2020 年第 4 期。

规范所转引的规范内容包括了公共场所经营者或管理者、群众性活动组织者、教育机构等主体承担的安全保障义务、教育管理职责，未尽到相应职责的应当承担相应侵权责任或补充责任。换言之，《民法典》第一千一百七十六条中的活动组织者并不适用自甘风险规则，其责任承担按照安全保障义务人、教育机构的责任承担方式确定。

确定组织者是否尽到安全保障义务时，应在安全保障责任一般规范的基础上，进一步结合体育训练的特殊性进行个案分析。一方面，考察体育训练组织者是否尽到了风险提示义务。其对风险的充分提示可以作为衡量受害人是否"明知或应知"体育活动中的固有风险的一种客观标准。另一方面，考察组织者是否在合理范围内降低了体育训练的固有风险。在体育训练的风险责任分配中，组织者应当对其可以合理控制、可以通过合理措施杜绝的那部分风险承担责任，而其余的风险则分配给受害人。[①] 恰如本案二审，在活动参加者之间恰当地运用了自甘风险规则去判断责任问题，同时对于活动组织者从是否尽到安全保障义务的角度进行了责任认定，完全符合《民法典》第一千一百七十六条的规范本意。

---

① 刘召成：《违反安全保障义务侵权责任的体系构造》，载《国家检察官学院学报》2019 年第 6 期。

21

社会保障与侵权赔偿

📋 实务观点

问题 1：社会保险制度与侵权责任之间是什么关系？

观点： 社会保险制度是对受害人的一种基本社会保障，没有分散侵权人侵权责任的功能。侵权人对于自己的不法行为需要付出代价，该代价的承担者一般也应当是侵权人，而非国家、社会或他人分担。

问题 2：社保已经报销部分的医疗费用，受害人能否再主张侵权人赔偿？

观点： 对于受害人来说，社会保险和人身损害赔偿分属不同的法律关系，受害人虽然已从社会保险机构获得部分医疗费用，但不妨碍其基于人身损害赔偿关系获得赔偿。

📖 案例精释

社保已经报销部分的费用，受害人能否再主张侵权人赔偿

——柯某某与保险公司、卜某某等机动车交通事故责任纠纷案

关键词：工伤保险　人身损害　直接侵权人　重复主张

案情要览

2017 年 5 月 9 日 13 时左右，柯某某在骑电动自行车去上班的途中，行驶至

T区某路段时被黄某某驾驶的汽车逆行刮蹭，导致柯某某与卜某某所驾驶重型普通货车左侧相碰撞，造成柯某某严重受伤、电动自行车损坏的交通事故。事发当场，公安部门作出《道路交通事故认定书》，认定黄某某为主要责任，卜某某为次要责任，柯某某无责任。同时查明卜某某所驾驶的肇事车辆为乙合作社所有，并由丙公司实际使用，该车辆在某保险公司处投保交强险和商业险。事故发生后，柯某某被送往某医院进行救治，医院诊断其为左股骨远端粉碎性骨折、左胫骨远端骨折、左腓骨远端骨折等多处损伤，分别于2017年5月9日至12月1日住院治疗206天，2019年12月12日至19日住院治疗7天。

因为事发时柯某某就职于甲公司，且其是在上班途中发生交通事故，故柯某某于2018年4月8日被认定为工伤。2018年6月6日，柯某某被认定达到职工工伤与职业病致残等级标准五级。随后，柯某某申请工伤保险赔付，但因甲公司未能在规定时限内提交工伤认定申请，柯某某仅获得部分工伤保险赔付。

2019年4月22日，柯某某就未获赔付部分向D区劳动仲裁委员会提起关于工伤医疗费争议仲裁，仲裁认定甲公司支付柯某某工伤医疗费474914.95元。后甲公司不服仲裁结果提起诉讼，D区法院作出一审判决书，判决甲公司支付柯某某工伤医疗费474914.95元。后甲公司不服该判决提出上诉，二审法院认为因甲公司未能在规定时限内提交工伤认定申请，导致柯某某2017年5月9日至2018年2月5日的医疗费未能获得工伤保险基金支付，故该二审法院作出维持原判的终审判决。现该终审判决书已经生效且已经履行完毕。

在获得上述社保机构和甲公司相关的工伤医疗赔付之后，柯某某又以侵权责任为由，将黄某某、卜某某、乙合作社、丙公司和某保险公司一同起诉，要求各方承担其因本次事故造成的人身损害赔偿责任。

各方观点

原告柯某某观点：公安部门对事故作出认定，黄某某为主要责任，卜某某为次要责任，我方无责任。被告卜某某为肇事者，其所驾驶车辆为乙合作社所有，同时由丙公司实际使用，且在某保险公司处投有交强险、商业险，以上被告均应承担赔偿责任。因此请求法院判令：1. 被告黄某某、卜某某、乙合作社、丙公司赔偿原告医疗费、误工费、护理费、住院伙食补助费、营养费、辅助器具费、医护用品费、交通费、被扶养人生活费、残疾赔偿金、精神损害抚慰金、鉴定费共计 682485.28 元；2. 判决被告某保险公司在交强险及第三者责任保险限额内承担赔偿责任；3. 本案诉讼费由被告承担。

被告黄某某观点：我同意赔偿，但我没有能力赔偿。

被告卜某某、乙合作社、丙公司观点：认可卜某某系丙公司员工，事故发生时卜某某系正履行职务行为，事故发生后丙公司通过卜某某向柯某某给付50000 元赔偿款。

被告保险公司观点：1. 涉案车辆在我司投保交强险及商业三者险 50 万元含不计免赔，我司同意在行驶证、驾驶证等证件合法有效情形下且不存在免赔、拒赔情形下进行赔付且赔付比率不超过 30%。2. 柯某某主张的医疗费中包含了工伤保险已支付的部分，应当在赔偿金额中予以扣除。保险实行的是损失补偿原则，即当事人不能因保险赔偿而获得额外的经济利益。因此，在柯某某的医疗费已经获得赔偿的情况下，应当将已得到赔偿的金额予以扣除。

裁判要旨

一审法院经审理认为：黄某某、卜某某同柯某某之间发生三方的交通事故，经公安机关交通管理部门认定黄某某负事故的主要责任、卜某某负事故的次要责任、柯某某对本次事故不负责任。法院综合交通事故的发生情况及各方的过错程度，最终认定对于柯某某因本次交通事故而遭受的损失，其中黄某某负担百分之七十的赔偿责任，卜某某负担百分之三十的赔偿责任。雇员在从事雇佣活动中致人损害的，雇主应当承担赔偿责任。根据本案查明的事实，卜某某、乙合作社、丙公司均认可，卜某某系丙公司司机且事故发生时卜某某系履行职务的行为。故对于卜某某的上述赔偿责任，应当由丙公司负担。根据柯某某提供的现有证据，不足以认定乙合作社对本次交通事故的发生存在过错，故对于柯某某主张由乙合作社承担责任的诉求，法院不予支持。鉴于卜某某驾驶的车辆在某保险公司投有保险，故对于丙公司应当承担的赔偿责任，由某保险公司先行赔付，不足部分由丙公司负担。

被侵权人有权获得工伤保险待遇或者其他社会保险待遇的，侵权人的侵权责任不因受害人获得社会保险而减轻或者免除。行为人因过错侵害他人民事权益，应当承担侵权责任。工伤与交通事故竞合情况下，工伤保险已经支付医疗费的，侵权人仍应支付。根据《社会保险基金先行支付暂行办法》第十一条第一款的规定，个人已经从第三人或者用人单位处获得医疗费用、工伤医疗费用或者工伤保险待遇的，应当主动将先行支付金额中应当由第三人承担的部分或者工伤保险基金先行支付的工伤保险待遇退还给基本医疗保险基金或者工伤保险基金，社会保险经办机构不再向第三人或者用人单位追偿。需特别指出的是，如柯某某主张的医疗费32039.18元中存在由工伤保险基金给付的部分，柯某某应当退还工伤保险基金。因用人单位以外的第三人侵权造成劳动者人身损害，赔偿权利人请求第三人承担民事赔偿责任的，应予支持。尽管柯某某同用人单位之间就本次交通事故达成了相关赔偿约定，但不能就此免除直接侵权人的赔偿义务，直接侵权人仍需承担赔偿责任。故对于某保险公司称扣除柯某某用人单位已经赔偿金额的答辩意见，法院不予采信。

一审法院判决：一、被告某保险公司在机动车交通事故第三者责任强制保险限额内赔偿原告柯某某医疗费、误工费、护理费、住院伙食补助费、营养费、辅助器具费、医护用品费、交通费、残疾赔偿金（含被扶养人生活费）、精神损害抚慰金共计120000元；二、被告某保险公司在机动车交通事故第三者责任商业保险限额内赔偿原告柯某某医疗费、误工费、护理费、住院伙食补助费、营养费、辅助器具费、医护用品费、交通费、残疾赔偿金（含被扶养人生活费）、精神损害抚慰金共计92149.65元；三、被告黄某某赔偿原告柯某某医疗费、误工费、护理费、住院伙食补助费、营养费、辅助器具费、医护用品费、交通费、残疾赔偿金（含被扶养人生活费）、精神损害抚慰金共计331682.53元；四、驳回原告柯某某的其他诉讼请求。

一审宣判后，某保险公司不服判决，提出上诉。

二审法院经审理认为：被侵权人有权获得工伤保险待遇或者其他社会保险待遇的，侵权人的侵权责任不因受害人获得社会保险而减轻或者免除。行为人因过错侵害他人民事权益，应当承担侵权责任。因此，某保险公司上诉主张应当减轻侵权赔偿责任的上诉意见不能成立，法院不予支持。但需特别指出的是，如柯某某主张的医疗费 32039.18 元中存在由工伤保险基金给付的部分，柯某某应当退还工伤保险基金。一审法院对此认定无不当，法院予以确认。某保险公司关于应当按照事故责任比例核算由其承保车辆交强险及黄某某车辆交强险金额的上诉意见亦不能成立，法院不予支持。

二审法院判决：驳回上诉，维持原判。

法官评析

本案涉及实践中存在已久的一个疑难问题，即侵权责任纠纷中，原告主张的医疗费中涉及社保已经报销的部分，是否需要在案件中处理？是否需要侵权人承担？对此，司法实践中存在不同意见。

一、实践中的不同意见

对上述疑难问题，实践中主要存在以下两种观点。

第一种观点认为，基本医疗保险基金先行支付后，医疗保险经办机构取得代位追偿权，有权向侵权人追偿医疗费用。鉴于医疗费属于可补偿性的具体财产损失，如果许可受害人获得重复赔偿，则违背了民法的实际损失填平的基本原则，亦与《社会保险法》第三十条第二款所体现出的立法目的相悖，故在人身损害赔偿案件中受害人已经由基本医疗保险基金先行支付的费用不应纳入赔偿范围，在计算赔偿金额时应将该费用予以扣除。同时为了不使直接侵权的第三人因此获得不当利益，保证社会保险经办机构追偿权的行使，在判决作出后应将判决事项及直接侵权的第三人的相关情况通知相关社会保险经办机构。

第二种观点认为，《社会保险法》第三十条第二款规定："医疗费用依法应当由第三人负担，第三人不支付或者无法确定第三人的，由基本医疗保险基金先行支付。基本医疗保险基金先行支付后，有权向第三人追偿。"根据上述规定，侵权人不因社会保险机构支付了医疗费而免除赔偿责任，社会保险机构有权向侵权人追偿。具体而言，《社会保险基金先行支付暂行办法》第十一条规定："个人已经从第三人或者用人单位处获得医疗费用、工伤医疗费用或者工伤保险待遇的，应当主动将先行支付金额中应当由第三人承担的部分或者工伤保险基金先行支付的工伤保险待遇退还给基本医疗保险基金或者工伤保险基金，社会保险经办机构不再向第三人或者用人单位追偿。个人拒不退还的，社会保险经办机构可以从以后支付的相关待遇中扣减其应当退还的数额，或者向人民法院提起诉讼。"

二、社会保险制度与侵权责任之间的关系

笔者认为，对于上述问题的解答，首先需要厘清一个基本前提：社会保险制度与侵权责任之间是一种什么关系。

《社会保险法》第二条规定："国家建立基本养老保险、基本医疗保险、工伤保险、失业保险、生育保险等社会保险制度，保障公民在年老、疾病、工伤、失业、生育等情况下依法从国家和社会获得物质帮助的权利。"由此可见，社会保险是国家层面对公民生存的一种基本社会保障，其本身并没有分散侵权人侵权责任的功能，也不可能具备这种功能，否则，将会导致侵权行为人应当付出的代价由国家买单的荒谬结论。在公民遭受第三人侵权时，《社会保险法》同样明确了社会保险承担的职责及后续的追偿问题，该法第三十条第二款规定："医疗费用依法应当由第三人负担，第三人不支付或者无法确定第三人的，由基本医疗保险基金先行支付。基本医疗保险基金先行支付后，有权向第三人追偿。"第四十二条规定："由于第三人的原因造成工伤，第三人不支付工伤医疗费用或者无法确定第三人的，由工伤保险基金先行支付。工伤保险基金先行支付后，有权向第三人追偿。"由此也可看出，社会保险的救助或托底功能更为突出，社保基金先行支付的目的是保障受害人及时得到救助，而非替代侵权人承担责任。

《民法典》第一千一百七十九条规定："侵害他人造成人身损害的，应当赔偿医疗费、护理费、交通费、营养费、住院伙食补助费等为治疗和康复支出的合理费用，以及因误工减少的收入。造成残疾的，还应当赔偿辅助器具费和残疾赔偿金；造成死亡的，还应当赔偿丧葬费和死亡赔偿金。"基于侵权责任的一般原理，侵权人对于自己的不法行为需要付出代价，该代价的承担者一般也应当是侵权人，而非国家、社会或他人分担。此外，对于侵权人来说，其所承担的赔偿责任也不属于社会"保障"的范围。

有鉴于此，笔者认为，对于受害人来说，社会保险和人身损害赔偿分属不同的法律关系，受害人虽然已从社会保险机构获得部分医疗费用，但不妨碍其基于人身损害赔偿关系获得赔偿。此外，《第八次全国法院民事商事审判工作会议（民事部分）纪要》第九条也对该问题进行过明确，即被侵权人有权获得工伤保险待遇或者其他社会保险待遇的，侵权人的侵权责任不因受害人获得社会保险而减轻或者免除。

22

近亲属丧葬费用支出

📄 实务观点

问题 1：在判断是否支持近亲属为处理丧葬事宜支出的相关费用时，需要考虑哪些因素？

观点：需要着重关注三个方面，从司法解释变化的原因考虑，虽然 2020 年《最高人民法院关于审理人身损害赔偿案件适用法律若干问题的解释》删除了原解释第十七条第三款"还应当赔偿丧葬费、被扶养人生活费、死亡补偿费以及受害人亲属办理丧葬事宜支出的交通费、住宿费和误工损失费等其他合理费用"的规定，但是并不意味着在司法解释层面否定近亲属奔丧费用的意见。从实践处理效果、惯例角度考虑，对于近亲属的奔丧费用，实践中一直采取支持的做法，也形成了惯例。

问题 2：近亲属为处理丧葬事宜支出的误工费、住宿费、交通费等损失，侵权人是否应当赔偿？

观点：目前实践中，对于近亲属奔丧所产生的误工费、住宿费、交通费等损失，《民法典》的规定并非对原有做法的否定，司法裁判中还是应当遵循长期以来坚持的原则、形成的做法，予以支持。

📖 案例精释

近亲属为处理丧葬事宜支出的误工费等损失，侵权人是否应当赔偿

——田某某等诉保险公司等机动车交通事故责任纠纷案

关键词： 近亲属　人身损害

案情要览

2022 年 2 月 20 日，吴某某驾驶二轮摩托车，在十字路口与黄某某驾驶的货车相撞，导致吴某某当场死亡、车辆损坏的交通事故。经交警部门认定，吴某某、黄某某承担事故的同等责任。事故发生后黄某某垫付了 35600 元，其驾驶的货车属市容环境卫生管理局所有，该车辆投保了机动车交通事故责任强制保险（以下简称交强险）和商业性机动车第三者责任保险（以下简称商业三者险）。死者吴某某的近亲属田某某、吴某 1、吴某 2、吴某 3 向一审法院起诉请求：判令黄某某、市容环境卫生管理局、保险公司赔偿田某某、吴某 1、吴某 2、吴某 3 交通事故各项经济损失共计 285928.93 元。

各方观点

原告田某某等人观点： 2022 年 2 月 20 日，吴某某驾驶鄂二轮摩托车，在十字路口与黄某某驾驶的货车相撞，导致吴某某当场死亡、车辆损坏的交通事故。经交警部门认定，吴某某、黄某某承担事故的同等责任。事故发生后黄某某垫付了 35600 元，其驾驶的货车属市容环境卫生管理局所有，该车辆投保了交强险和商业三者险。田某某等人向法院起诉请求：1. 黄某某、市容环境卫生管理局、保险公司赔偿田某某等人交通事故各项经济损失共计 285928.93 元。（总损失 433057.85 元在交强险赔付 180000 元及精神抚慰金 30000 元，剩余

223057.85 元按 50% 责任赔偿 111528.93 元）。

被告黄某某观点：对田某某主张的赔偿项目和金额不持异议，由保险公司赔偿。

被告市容环境卫生管理局观点：对田某某主张的赔偿项目和金额不持异议，由保险公司赔偿。

被告保险公司观点：2022 年《最高人民法院关于审理人身损害赔偿案件适用法律若干问题的解释》删除了 2015 年司法解释第十七条的规定，理由是该条内容已为《民法典》第一千一百七十九条所规定，但是《民法典》第一千一百七十九条规定造成死亡的，赔偿项目中与死亡相关的明确仅是丧葬费和死亡赔偿金二项，且条文中并未使用"等"可以作扩大解释的立法技术。因此，应理解为除生前的相关费用外，涉及死亡的赔偿项目就是丧葬费和死亡赔偿金。《民法典》第一千一百七十九条既然明确划定了赔偿范围，且未包括受害人亲属办理丧葬事宜支出的交通费、住宿费和误工损失，因此，新人身损害赔偿司法解释自然对此没有解释余地，因此删除了原司法解释的第十七条，因此当事人主张受害人亲属因办理丧葬事宜的交通费、住宿费和误工损失，已无法律依据，上述费用或者损失已不再纳入人身损害的赔偿范围。

裁判要旨

一审法院经审理认为：该案系机动车发生交通事故引起的侵权责任纠纷，市容环境卫生管理局自认黄某某系该单位员工，且对承担单位责任不持异议，故应由市容环境卫生管理局承担 50% 的赔偿责任。田某某等主张在交强险限额内赔偿 180000 元及精神损害抚慰金 30000 元，因其总额为 210000 元，超过了交强险限额，故对其精神损害抚慰金在交强险内优先赔付，交强险赔偿总额以 180000 元为限。田某某等的各项损失按如下顺序和比例进行赔偿：保险公司在死亡伤残限额内赔偿 180000 元；经交强险赔偿后的剩余部分为 252844.35 元，由保险公司在商业三者险限额内按 50% 的比例赔偿 126422.18 元。市容环境卫生管理局同意将黄某某垫付的 35600 元直接返还黄某某，属当事人对民事权利的自行处分，不违反法律规定，一审法院予以准许。因黄某某、市容环境卫生管理局、保险公司对田某某等的赔偿项目和金额基本不持异议，保险公司未按合同约定理赔，怠于履行合同义务，增加当事人诉累，一审法院酌情确定其承担部分诉讼费用。

一审法院判决：一、保险公司在交强险限额内赔偿田某某等人180000元；二、保险公司在商业三者险限额内赔偿田某某等人126422.18元；三、市容环境卫生管理局等人返还黄某某35600元；四、驳回田某某等人的其他诉讼请求。

保险公司不服一审判决，提起上诉。

二审法院经审理认为： 本案的争议焦点为处理丧葬费事宜的误工费是否应予赔偿。《民法典》第一千一百八十二条规定，"侵害他人人身权益造成财产损失的，按照被侵权人因此受到的损失或者侵权人因此获得的利益赔偿"。故侵权损害赔偿应遵循损失填补原则，当事人因侵权行为产生的必要的合理费用，应当由赔偿义务人承担。本案中，受害人因交通事故致抢救无效死亡，其亲属为处理交通事故、处理丧葬事宜等，必然产生误工费支出。一审法院根据查明的事实，结合当地实际生活水平，酌情支持受害方处理交通事故的误工费3187.35元并无不当。保险公司该项上诉理由不能成立，法院不予支持。关于精神抚慰金。《最高人民法院关于确定民事侵权精神损害赔偿责任若干问题的解释》第五条规定："精神损害的赔偿数额根据以下因素确定：（一）侵权人的过错程度，但是法律另有规定的除外；（二）侵权行为的目的、方式、场合等具体情节；（三）侵权行为所造成的后果；（四）侵权人的获利情况；（五）侵权人承担责任的经济能力；（六）受理诉讼法院所在地平均生活水平。"一审法院综合考虑侵权人的过错程度、侵权行为的后果、当地平均生活水平等因素，酌定精神损害抚慰金30000元并无明显不当。保险公司该项上诉请求不能成立，法院不予支持。

二审法院判决：驳回上诉，维持原判。

法官评析

在人身损害赔偿责任纠纷中，被侵权人去世之后，其近亲属因为办理丧葬事宜，一般都需要花费一定时间、精力，由此可能产生相应的误工、交通、住宿等费用，该类费用是否应当由侵权人承担。

一、司法解释与《民法典》相关规范引发的讨论

2003年《最高人民法院关于审理人身损害赔偿案件适用法律若干问题的解释》第十七条规定："受害人遭受人身损害，因就医治疗支出的各项费用以及因误工减少的收入，包括医疗费、误工费、护理费、交通费、住宿费、住院伙食补助费、必要的营养费，赔偿义务人应当予以赔偿。受害人因伤致残的，其因增加生活上需要所支出的必要费用以及因丧失劳动能力导致的收入损失，包括残疾赔偿金、残疾辅助器具费、被扶养人生活费，以及因康复护理、继续治疗实际发生的必要的康复费、护理费、后续治疗费，赔偿义务人也应当予以赔偿。受害人死亡的，赔偿义务人除应当根据抢救治疗情况赔偿本条第一款规定的相关费用外，还应当赔偿丧葬费、被扶养人生活费、死亡补偿费以及受害人亲属办理丧葬事宜支出的交通费、住宿费和误工损失等其他合理费用。"2020年修正时，该条款被删除。

2021年施行的《民法典》第一千一百七十九条规定："侵害他人造成人身损害的，应当赔偿医疗费、护理费、交通费、营养费、住院伙食补助费等为治疗和康复支出的合理费用，以及因误工减少的收入。造成残疾的，还应当赔偿辅助器具费和残疾赔偿金；造成死亡的，还应当赔偿丧葬费和死亡赔偿金。"

两相对比，可以发现《民法典》公布后，人身损害赔偿范围限于"为治疗和康复支出的合理费用"，对于"造成死亡的"赔偿范围还包括丧葬费和死亡赔偿金。从字面上来看，上述规定未涵盖2003年《最高人民法院关于审理人身损害赔偿案件适用法律若干问题的解释》第十七条第三款所规定的"受害人亲属办理丧葬事宜支出的交通费、住宿费和误工损失等其他合理费用。"由此，

在审判实践中，对《民法典》实施后是否还应继续支持赔偿受害人亲属办理丧葬费事宜支出的交通费、住宿费和误工损失的问题，出现了分歧。具体来说，主要有两种意见：第一种意见认为，不应再支持近亲属因为奔丧所产生的误工费等各项赔偿。2003年《最高人民法院关于审理人身损害赔偿案件适用法律若干问题的解释》第十七条第三款规定，受害人亲属办理丧葬事宜支出的交通费、住宿费和误工损失等其他合理费用属于赔偿范围，但2020年修正的该司法解释删除了该款规定。故根据现行法律、司法解释规定，受害人亲属办理丧葬事宜支出的交通费、住宿费和误工损失不再属于人身损害赔偿范围。

第二种意见认为，2022年《最高人民法院关于审理人身损害赔偿案件适用法律若干问题的解释》规定的定额化计算的丧葬费不包含奔丧费用，奔丧费用在2003年《最高人民法院关于审理人身损害赔偿案件适用法律若干问题的解释》中是单独赔偿项目，丧葬费的现行计算标准与办理丧葬事宜的实际支出相比并不高，受害人近亲属奔丧属于因侵权行为产生的合理损失，国外立法多数支持赔偿，故2003年《最高人民法院关于审理人身损害赔偿案件适用法律若干问题的解释》第十七条第三款规定的受害人亲属办理丧葬费事宜支出的交通费、住宿费和误工损失等合理费用仍应支持赔偿。

二、近亲属奔丧费用是否应予赔偿的判断规则

笔者认为，对于近亲属因为办理丧葬事宜支出的交通费、住宿费和误工费等合理费用，是否应予支持，可以从以下三个方面进行考察、判断。

首先，从司法解释变化的原因考虑。2020年《最高人民法院关于审理人身损害赔偿案件适用法律若干问题的解释》修正之时，删除第十七条，主要是因为《民法典》第一千一百七十九条规定了同样情形的处理规则，所以司法解释针对同样的问题不再进行"重复性"明确。当然，也正是因为两者所涵盖的赔偿项目并未完全重合，才导致了本文所探讨争议问题的出现，但并不意味着从司法解释层面采取了否定近亲属奔丧费用的意见。对此，从最高人民法院相关法官的论述中也可看到端倪，即目前立法机关对上述争议费用是否继续支持赔

偿尚未有明确态度，人民法院可暂依照《民法典》第一千一百八十一条第二款"被侵权人死亡的，支付被侵权人医疗费、丧葬费等合理费用的人有权请求侵权人赔偿费用，但是侵权人已经支付该费用的除外"的规定，对"受害人亲属办理丧葬事宜支出的交通费、住宿费和误工损失"予以支持。①

其次，从实践处理效果、惯例角度考虑。司法实践中，在 2003 年《最高人民法院关于审理人身损害赔偿案件适用法律若干问题的解释》的指引下，对于近亲属的奔丧费用，实践中一直采取支持的做法，也形成了惯例，无论是从法律效果还是社会效果层面分析，均未出现普遍性认为该项规定"不合理"的质疑。而且，在同类的相关规范中，也都是类似的处理方式，如《医疗事故处理条例》第五十一条规定："参加医疗事故处理的患者近亲属所需交通费、误工费、住宿费，参照本条例第五十条的有关规定计算，计算费用的人数不超过 2 人。医疗事故造成患者死亡的，参加丧葬活动的患者的配偶和直系亲属所需交通费、误工费、住宿费，参照本条例第五十条的有关规定计算，计算费用的人数不超过 2 人。"此外，从理论上分析，这部分损害也属于因为侵权行为而给第三人（被侵权人的近亲属）造成的纯粹经济损失，这些损失自然应当依法予以赔偿。

最后，笔者认为，目前实践中，对于近亲属奔丧所产生的误工费、住宿费、交通费等损失，《民法典》的规定并非对原有做法的否定，司法裁判中还是应当遵循长期以来坚持的原则、形成的做法，予以支持。

① 潘杰：《人身损害赔偿司法解释的两次修改与重点解读》，载《中国应用法学》2022 年第 4 期。

23

二次手术误工费

📄 实务观点

问题 1：残疾赔偿金和误工费之间是什么关系？

观点：残疾赔偿金和误工费之间并无必然联系，两者所指向的对象亦不相同，前者侧重于对劳动者未来劳动能力丧失的补偿，后者侧重于劳动者受伤期间本应获得的收入，两者的计算标准也不一样。

问题 2：人身侵权案件中，已经起诉并经判决获得残疾赔偿金的受害人可否继续主张二次手术的误工费？

观点：残疾赔偿金与误工费是两个不同的赔偿项目，虽然受害人已获得残疾赔偿金，但二次手术期间的误工费乃客观发生，应予支持。

📖 案例精释

已得残疾赔偿金的受害人可继续主张二次手术的误工费
——李某与 A 公司等机动车交通事故责任纠纷案

关键词：残疾赔偿金　二次手术　误工费

案情要览

2017 年 2 月 17 日，李某在路口由南向北骑行过程中，刘某驾驶大客车由南向东右拐，将李某撞伤。此次事故经交通大队处理，认定刘某承担全部责任，李某无责任。事故发生后，李某被送至医院，诊断为右髋骨粉碎性骨折、右腓骨骨颈骨折。大客车的车辆所有人为 A 公司，该车辆在某保险公司投保了交强险和商业三者险，事故发生在保险期限内。其中，商业三者险保险金额为 100 万元（含不计免赔）。李某已于 2017 年起诉至法院，要求 A 公司、某保险公司赔偿因该次交通事故所产生的损失，法院于 2017 年 12 月 29 日曾作出民事判决书，判决：一、被告某保险公司在机动车交通事故责任强制保险限额内赔偿李某医疗费 10000 元、精神损害抚慰金 5000 元、残疾赔偿金（含被抚养人生活费）105000 元，共计 120000 元；二、被告某保险公司在第三者责任商业保险范围内赔偿李某医疗费、住院伙食补助费、营养费、残疾赔偿金（含被抚养人生活费）、护理费、误工费、交通费共计 69793.5 元；三、被告某保险公司在第三者责任商业保险范围内给付 A 公司垫付的医疗费 8000 元。该判决已生效。

李某于 2018 年 10 月 10 日就其因上述交通事故所造成的损伤到医院进行二次手术治疗，手术名称为右髋骨骨折术后（骨折愈合）内固定物取出术，李某住院 5 天，支出医疗费 10534.64 元。随后李某又向法院提起诉讼，要求：1. 判令 A 公司赔偿李某各项损失共计 18534.64 元（其中医疗费 10534.64 元、住院伙食补助费 500 元、护理费 1000 元、误工费 6000 元、交通费 500 元）；2. 判令某保险公司在保险范围内承担先行赔付责任。

各方观点

原告李某观点：2017 年 2 月 17 日 8 时 14 分，在路口，李某与 A 公司所属大客车发生交通事故，交通大队认定，A 公司的司机承担全部责任，李某无责任。事故发生后，就第一次手术产生的有关医疗费、伤残赔偿、精神损害赔偿等损失，经法院判决予以解决。事故一年后，李某进行了内固定物取出手术，李某因此产生的损失仍应由 A 公司承担赔偿责任，某保险公司在保险范围内应当承担理赔责任。

被告 A 公司未作答辩。

被告某保险公司观点：事故时间、地点、责任认定属实。肇事车辆在某保险公司投保交强险和 100 万元商业三者险（含不计免赔），事故发生在保险期间内。在第一次诉讼中某保险公司已经在交强险限额内赔偿李某 12 万元，在商业三者险限额内赔偿 77793.5 元。关于李某的诉讼请求，同意在商业三者险剩余限额内予以赔偿。医疗费、住院伙食费认可。护理费不同意赔偿，没有需要护理的医嘱，也无护理人员的相关证明材料，无法确定存在该损失。误工费不同意赔偿，虽有需要休息的医嘱，但没有能够证明存在误工损失的相关证据，且在第一次诉讼中已给付残疾赔偿金，该请求无依据。交通费不同意赔偿，李某出院后并没有进行相关复查，也没有相关的交通费证据，因此该项诉讼请求也没有事实及法律依据。

裁判要旨

法院经审理认为：根据我国《民事诉讼法》的规定，当事人有答辩并对对方当事人提交的证据进行质证的权利，本案被告 A 公司经法院合法传唤，无正当理由拒不出庭应诉，视为其放弃了质证的权利。

本案系因机动车交通事故引发的损害，交通管理机关已据情况作出责任认定，该认定并无不当，法院予以认可。因交通事故造成人身财产损害的，先由承保交强险的保险公司在责任限额范围内予以赔偿；不足部分，由承保商业三者险的保险公司根据保险合同予以赔偿；仍有不足的依照道路交通安全法和侵权责任法的相关规定由侵权人予以赔偿。侵害他人造成人身损害的，应当赔偿医疗费、护理费、交通费等为治疗和康复支出的合理费用，以及因误工减少的收入。李某因此次事故造成的各项损失数额，由法院结合其伤情、治疗、休息等实际情况，酌情予以确定。关于医疗费，根据李某提交的医疗费票据，支出10534.64 元。关于伙食补助费，李某住院 5 天，主张 500 元，主张合理，法院予以支持。关于护理费，其主张住院 5 天的护理费，主张合理，法院予以支持，具体数额法院酌定 130 元每天，计 650 元。误工费，根据李某住院治疗及医嘱，确定误工期为 35 天，李某现在无业，其误工费法院参照本市同期最低工资标准核定，金额为 2567 元。关于交通费，李某未提供票据证明其支出，法院根据其治疗情况酌情确定为 500 元。李某的损失共计 14751.64 元，由某保险公司在商业三者险责任限额内予以赔偿。

法院判决：一、某保险公司在第三者责任商业保险范围内赔偿李某医疗费 10534.64 元、住院伙食补助费 500 元、护理费 650 元、误工费 2567 元、交通费 500 元，共计 14751.64 元；二、驳回李某的其他诉讼请求。

判决后，各方均未上诉，该判决已发生法律效力。

法官评析

在人身损害赔偿相关的诉讼中，伤情严重的受害人所主张的赔偿项目一般都包括了残疾赔偿金，但后续恢复期间，受害人经常还需要进行二次手术进而耽误工作，对于二次手术期间的误工费能否主张，实践中存在一定分歧，本案即其中一例。对该案例所涉及的上述焦点问题，实践中主要存在两种观点。第一种观点认为：受害人因伤致残持续误工的，误工时间可以计算至定残日前一天。李某在第一次起诉时已进行伤残评定，并获赔残疾赔偿金，定残后的损失已由残疾赔偿金予以补偿，再诉请误工费没有依据，应不予支持。第二种观点认为：残疾赔偿金与误工费是两个不同的赔偿项目，李某第一次起诉虽然已获得残疾赔偿金，但二次手术期间的误工费乃客观发生，应予支持。

笔者倾向于第二种观点，具体理由分析如下。

一、我国立法和实践中关于残疾赔偿金的性质

关于残疾赔偿金的性质，争议焦点主要集中在其属于财产性质的赔偿，还是精神抚慰性质的赔偿。对于该问题，理论界和实务中均存有争议。多数观点坚持残疾赔偿金属于财产性质的赔偿，我国相关的立法中对此也有一定程度的反映。比如，1995 年 1 月起施行的《国家赔偿法》第二十七条规定："侵犯公民生命健康权的，赔偿金按照下列方式计算……（二）造成部分或者全部丧失劳动能力的，应当支付医疗费，以及残疾赔偿金，残疾赔偿金根据丧失劳动能

力的程度确定……"，这是国家立法首次对残疾赔偿的性质作出相关规定，2012 年《国家赔偿法》修正时第三十四条沿袭了此规定，其在理论基础上采取的是"劳动能力丧失说"，具体来说，受害人的劳动能力丧失就会产生损害，不管受害人受害前是否有收入所得，只要有劳动能力，加害人就应当赔偿受害人劳动能力丧失或减少而导致的未来收入的损失。在此之后，2004 年施行的《最高人民法院关于审理人身损害赔偿案件适用法律若干问题的解释》第二十五条规定："残疾赔偿金根据受害人丧失劳动能力的程度或者伤残等级，按照受诉法院所在地上一年度城镇居民人均可支配收入或农村居民人均纯收入标准，自定残之日起按二十年计算……"从内容上分析，上述解释对于残疾赔偿金的性质再次采用了"劳动能力丧失说"并予以了定型化赔偿。2022 年对上述司法解释进行了修正，其不再区分城镇和农村，将计算标准统一修改为"上一年度城镇居民人均可支配收入标准"，但对于残疾赔偿的性质界定并未产生影响。

二、误工费的性质界定及规范依据

所谓误工费，是指受害人从遭受人身损害到完全治愈或伤情稳定这一期间内因无法从事正常工作而导致的收入损失，其自然应当属于财产性赔偿。《最高人民法院关于审理人身损害赔偿案件适用法律若干问题的解释》第七条规定："误工费根据受害人的误工时间和收入状况确定。误工时间根据受害人接受治疗的医疗机构出具的证明确定。受害人因伤致残持续误工的，误工时间可以计算至定残日前一天。受害人有固定收入的，误工费按照实际减少的收入计算。受害人无固定收入的，按照其最近三年的平均收入计算；受害人不能举证证明其最近三年的平均收入状况的，可以参照受诉法院所在地相同或者相近行业上一年度职工的平均工资计算。"故此，误工费的计算标准主要是根据受害人的收入状况来决定的。对于有固定收入的受害人，误工费采取差额赔偿原则，即按照实际减少的收入计算，这种情形下，法院多依据受害人受伤前后领取工资的原始记录、纳税证明或者银行卡交易记录来判定受害人误工标准，较为简易；对于无固定收入受害人的误工费，采取定型化赔偿原则，即以受害人最近三年的平均收入作为伤前的收入标准，如不能举证的，可以参照法院地相同或相近行业上一年度职工的平均工资计算。

三、残疾赔偿金和误工费的关系

对比分析上述规范内容和两项费用的性质，可知残疾赔偿金和误工费之间并无必然联系，两者所指向的对象亦不相同，前者侧重于对劳动者未来劳动能力丧失的补偿，后者则侧重于劳动者受伤期间本应获得的收入，且两者的计算标准也不一样。在此前提下，对于已经获得残疾赔偿金的受害人，二次手术期间的误工费能否主张，笔者认为需要关注以下两点：第一，二次手术是否为治疗或改善病情之必要；第二，受害人的伤残等级是否已足以导致其丧失劳动能力。唯有同时满足受害人确有必要二次手术和并非完全丧失劳动能力的条件下，受害人二次手术的误工费才有可能得到法院的支持。

退休人员误工费

📑 实务观点

问题1：退休人员因他人侵权而遭受身体损害，主张误工费的能否得到支持？

观点：退休人员因他人侵权行为遭受人身伤害，诉讼中主张误工费的，如果退休人员有劳动能力和劳动收入，且因侵权行为确实发生误工损失的，应予赔偿。

问题2：退休人员的工作内容具有灵活性时，如何确定受害人的误工费标准？

观点：如果受害人的工作内容具有灵活性，在确定受害人的误工费标准时，首先，应当尊重客观实际，如受害者因侵权行为导致其不能从事农活、采摘等阶段性的工作，一般应认定产生了一定的收入损失；其次，在认定损失数额时可以结合误工时间，参考受害人雇用他人从事替代工作的费用、受害人工作内容的市场平均价格进行判断。

📖 案例精释

达到法定退休年龄的自然人遭受侵害后能否主张误工费

——李某与高某、保险公司机动车交通事故责任纠纷案

关键词：退休　侵权责任　误工费

案情要览

2017 年 8 月 19 日 9 时，高某驾驶小客车与魏某某驾驶的电动三轮车相撞，造成两车损坏，魏某某及其乘车人李某受伤。此次事故经交通大队认定，高某负事故全部责任，魏某某无责任。事故发生后，李某被送往医院救治，并住院 31 天，被诊断为创伤性蛛网膜下腔出血、鼻骨骨折、左侧锁骨闭合性骨折、左侧第一肋骨骨折、右手拇指骨折等。出院时，该院建议李某：口服药物对症治疗，休息 2 周，住院期间留陪护 1 人，加强营养，2 周后门诊复查，出院后需陪护 1 人。之后，李某又多次到该院治疗。高某驾驶的车辆在保险公司投保了机动车第三者责任强制保险及 50 万元的机动车第三者责任商业保险，此次事故发生在保险期间内。事故发生时，李某已经 68 岁，系退休人员，但自 2016 年至 2017 年在某水泥构件厂负责看门，每月 3000 元工资，后因车祸无法担任此工作。李某将高某、保险公司起诉至法院，要求二者赔偿医疗费 43404.7 元、住院伙食补助费 3100 元、营养费 5750 元、护理费 37680 元、误工费 36000 元、交通费 600 元，共计 126534.7 元。

各方观点

原告李某观点： 2017 年 8 月 19 日 9 时，高某驾驶小客车与魏某某驾驶的电动三轮车相撞，造成两车损坏，魏某某及其乘车人李某受伤。此次事故经交通大队认定，高某负事故全部责任，魏某某无责任。事故发生后，李某被送往医院救治，被诊断为创伤性蛛网膜下腔出血、鼻骨骨折、左侧锁骨闭合性骨折、左侧第一肋骨骨折、右手拇指骨折等。高某驾驶的车辆在保险公司投有保险。故诉至法院，请求法院依法支持诉讼请求。

被告高某观点： 我认可事故经过及责任认定，我驾驶的车辆在保险公司投有交强险及 50 万元的商业三者险（含不计免赔），所以我要求保险公司赔偿李某的损失。

被告保险公司观点： 我公司认可事故经过及责任认定，高某驾驶的车辆在我公司投有交强险及 50 万元的商业三者险（含不计免赔），事故发生在保险期间内。我公司同意赔偿李某合理合法的损失，不应赔偿李某误工费。李某于事故发生时已有 68 岁，年龄过大，且未提交其受伤前工资发放的流水记录，因此该村办企业为其出具的误工证明可信度较低，故不应支持其误工费。

裁判要旨

一审法院经审理认为：此次事故经交通大队认定，高某负事故全部责任，魏某某无责任，法院对此予以确认。高某驾驶的车辆在保险公司投保了交强险及商业三者险，此次事故发生在保险期间内，故对于李某的合理经济损失，应当先由保险公司在交强险责任限额范围内予以赔偿，不足的部分由保险公司在商业三者险责任限额范围内根据保险合同予以赔偿，超出的部分和不属于保险赔偿范围的部分由高某予以赔偿。此次事故除造成李某受伤外，还造成魏某某受伤，且李某、魏某某同时起诉，法院应当按照李某、魏某某的损失比例确定交强险的赔偿数额。对于李某主张的合理部分，法院依法予以支持；不合理部分或过高部分，法院不予支持。对于高某及保险公司的合理答辩意见，法院予以采纳；对于其他答辩意见，因未提交充分证据予以证明，法院不予采纳。高某替李某垫付的费用，应视为替保险公司垫付的费用，保险公司应予返还。

一审法院判决：一、保险公司在机动车第三者责任强制保险限额范围内赔偿李某医疗费 7623.1 元、护理费 11400 元、误工费 15000 元、交通费 600 元，共计 34623.1 元（于本判决生效后七日内履行）；二、保险公司在机动车第三者责任商业保险限额范围内赔偿李某医疗费 27058.65 元、住院伙食补助费 3100 元、营养费 4500 元，共计 34658.65 元（于本判决生效后七日内履行）；三、保险公司在机动车第三者责任商业保险限额范围内返还高某垫付的医疗费 8699.95 元（于本判决生效后七日内履行）；四、驳回李某的其他诉讼请求。

二审法院经审理认为：本案的争议焦点在于李某的误工费金额是否合理以及是否应当赔偿。根据我国侵权责任法的相关规定，侵害他人造成他人人身损害的，应当赔偿医疗费、护理费、交通费等为治疗和康复支出的合理费用，以及因误工减少的收入。依据本案现有证据以及已查明的事实，李某于事故发生前在某水泥构件厂担任看门工作，月收入标准为3000元。虽然李某已逾60周岁，但保险公司未有证据证明其已丧失劳动能力，故李某仍具有通过劳动获得报酬的能力。保险公司虽然对李某于一审期间提交的证据形式提出异议，但通过李某于二审期间对该证据形式予以完善，以及依据法院依法调查核实的事实，李某能够证明其在事故发生前的收入状态，故其因本次事故导致的误工减少的收入应依法获得弥补。一审法院根据本案证据，结合李某的伤情、治疗情况及医嘱情况等依法酌定的误工费金额并无不当。

二审法院判决：驳回上诉，维持原判。

法官评析

近年来，伴随着我国经济社会发展和大众生活质量提高，公民的平均寿命有所提升，很多自然人在退休之后再从事其他工作、谋取收入的情况并不鲜见。在此背景下，该类自然人在遭受侵害之后，其是否会产生误工费，成为司法实践中的一大问题。正如本案，受害人是达到法定退休年龄的自然人，受害人所主张的误工费能否得到支持便成了争议焦点。对此问题，实践中也存在一些分歧。第一种观点认为，退休人员有退休金作为生活保障，故该类纠纷中不应再支持其所主张的误工费。第二种观点认为，需要区分具体情况分析，如果有证据证明退休人员仍有其他劳动收入来源，应当在受到损害时支持其误工费。笔者认为，第二种观点更为妥当。

一、误工费的本质含义和规范依据

所谓误工费，是指赔偿义务人应当向赔偿权利人支付的受害人从遭受侵害到完全治愈这一段期间内，因无法从事正常工作而实际减少的收入。关于误工费的规范依据，主要集中在《民法典》和《最高人民法院关于审理人身损害赔偿案件适用法律若干问题的解释》当中。前者明确了误工费是人身损害赔偿中的一个项目，其第一千一百七十九条规定："侵害他人造成人身损害的，应当赔偿医疗费、护理费、交通费、营养费、住院伙食补助费等为治疗和康复支出的合理费用，以及因误工减少的收入。造成残疾的，还应当赔偿辅助器具费和残疾赔偿金；造成死亡的，还应当赔偿丧葬费和死亡赔偿金。"后者明确了误工费的具体计算标准，其第七条规定："误工费根据受害人的误工时间和收入状况确定。误工时间根据受害人接受治疗的医疗机构出具的证明确定。受害人因伤致残持续误工的，误工时间可以计算至定残日前一天。受害人有固定收入的，误工费按照实际减少的收入计算。受害人无固定收入的，按照其最近三年的平均收入计算；受害人不能举证证明其最近三年的平均收入状况的，可以参照受诉法院所在地相同或者相近行业上一年度职工的平均工资计算。"

二、退休与误工费的判断没有必然联系

所谓退休，是指根据国家有关规定，劳动者因年老或因工、因病致残，完全丧失劳动能力（或部分丧失劳动能力）而退出工作岗位。对大多数因为年龄原因而退休的自然人而言，其劳动能力依然存在且时常会谋求其他工作。有鉴于此，无论是从国家政策还是司法解释层面，都对此类人员予以保护。就前者来说，《中共中央、国务院关于加强新时代老龄工作的意见》明确提出："鼓励老年人继续发挥作用。在学校、医院等单位和社区家政服务、公共场所服务管理等行业，探索适合老年人灵活就业的模式。鼓励各地建立老年人才信息库，为有劳动意愿的老年人提供职业介绍、职业技能培训和创新创业指导服务。"就后者来说，《最高人民法院关于审理劳动争议案件适用法律问题的解释（一）》第三十二条第一款规定："用人单位与其招用的已经依法享受养老保险待遇或者领取退休金的人员发生用工争议而提起诉讼的，人民法院应当按劳务关系处理。"从中可见，很多达到退休年龄的自然人还是会继续投入工作中，具有劳动能力，能够谋取收入，在此前提下，如果因为他人侵权而遭受损害，自然也会产生误工收入。所以，是否达到法定退休年龄，并不是判断误工费能否支持的要素，关键在于受害人是否有劳动能力和劳动收入，如果答案肯定且受害人确因侵权行为发生误工损失的，则侵权人应当对此予以赔偿。

此外，对于受害人劳动收入的证明也是司法实践必须面对的问题。实践的情形千差万别，如果受害人具有相对稳定的职业，收入损失比较容易证明。如果受害人的工作内容具有灵活性，如长期在自家家庭承包经营的土地进行劳作的情形，该如何证明其收入损失？对于该问题，笔者认为，首先，应当尊重客观现实，如自家承包的土地具有商业创收价值，依靠承包土地种植果树来创收，在水果成熟售卖时期，如受害人因侵权行为导致不能从事采摘工作，因采摘工作不能耽误，被迫雇用人员来代替受害人，受害人从事工作内容一般应认定为具有一定收入。其次，在认定损失数额时可以结合误工时间，参考受害人雇用他人从事替代工作的费用、受害人工作内容的市场平均价格进行判断。

25

法庭辩论终结时点

📄 实务观点

问题 1：二审发回重审的人身损害赔偿纠纷中，应当如何认定"一审法庭辩论终结时"的节点？

观点：二审发回重审的，应当按照发回重审后一审法庭辩论终结时间作为《最高人民法院关于审理人身损害赔偿案件适用法律若干问题的解释》第二十二条第二款规定的"一审法庭辩论终结时"的节点。

问题 2：再审程序中如果发回重审，应当如何认定"一审法庭辩论终结时"的节点？

观点：再审发回重审时，应当与二审发回重审遵循同样的逻辑，只不过再审程序中需要适度区分原审判决的主文内容，如果原审判决驳回原告的诉讼请求，再审时支持了原审原告诉讼请求的，应适用再审一审辩论终结时上一年度的统计标准确定权利人的损失；如果原审判决已全部履行或者部分履行的，再审时，如发现审判程序合法，适用法律正确的，结果还是维持原审判决，这种情况下不必讨论适用何时的赔偿标准问题，对未履行部分恢复执行即可。

🔖 案例精释

二审发回重审的人身损害赔偿纠纷中应如何认定"一审法庭辩论终结时"的节点

——董某 1 等与朱某某等机动车交通事故责任纠纷案

关键词： 人身损害　侵权责任　发回重审　辩论终结

案情要览

2018 年 3 月 26 日 15 时 20 分许，李某某驾驶鄂 L 轻型自卸货车，因左后车轮抱箍不能行驶，李某某将车停在公路右侧机动车道上。15 时 50 分许，受害人王某某（无有效机动车驾驶证）驾驶无牌二轮电动轻便摩托车载林某。当车行至××村村委会路口时，与朱某某驾驶的鄂 B 小型客车相撞，造成两车受损，受害人王某某及林某受伤的交通事故。王某某当即被送往医院进行抢救治疗，支出医疗费 1226.2 元。朱某某垫付医疗费 46867.41 元。王某某经抢救无效于次日死亡。同年 5 月 11 日，公安交警部门作出道路交通事故认定书，认为朱某某驾驶机动车在没有交通信号的道路上未在确保安全、畅通的原则下通行，并且在设有限速标志的路段，未降低行驶速度，是造成此次事故的原因之一，负此次事故的同等责任；王某某无有效机动车驾驶证驾驶无牌二轮电动轻便车上路行驶，违反轻便摩托车不能载人规定，在经过没有交通信号灯控制的交叉路口时，未减速慢行，未让优先通行的车辆先行，是造成此次事故的原因之二；李某某驾驶机动车在道路上发生故障停车排除故障时，未将机动车移至不妨碍交通的地方停放，是造成此次事故的原因之三；王某某、李某某共同负此次事故同等责任；林某无责任。同月 24 日，在社会管理综合治理委员会的主持下，朱某某与董某 1 等四继承人达成协议，朱某某同意人道补偿董某 1 等 100000 元，此款不作为该交通事故所应承担的民事赔偿责任。鄂 B 小型客车登记所有人为朱某某，该车已在 A 保险公司投保了机动车交通事故责任强制保险（以下简称交强险）和商业性机动车第三者责任保险（以下简称商业第三者险，限额 1000000 元，含不计免赔）。鄂 L 轻型自卸货车登记所有人为石某某，该车在 B 保险公司投保了交强险，在 C 保险公司投保了商业三者险（限额 500000 元，含不计免赔）。事故发生在以上车辆保险期间。黄某某系受害人之母，由受害人王某某生前与其兄弟姐妹三人共同照料。受害人王某某生前长期居住在城镇，并从事饮食服务劳务工作。

董某 1 等人曾于 2018 年年初起诉被告朱某某、A 保险公司、C 保险公司，一审法院于 2018 年 10 月 24 日作出民事判决。A 保险公司不服提出上诉，二审法院认为，本案交通事故造成一死一伤的损害后果，各肇事车辆保险人应根据保险合同约定，分别对死者和伤者的相关损失进行赔偿。一审法院遗漏了必要当事人，且认定各保险人应赔偿数额等基本事实不清。故于 2019 年 5 月 17 日作出民事裁定，撤销前述一审民事判决，发回重审。发回重审后，一审法院依法另行组成合议庭，追加 B 保险公司、李某某、石某某为本案被告参加诉讼（本案一审）。

各方观点

原告董某 1 等人观点： 2018 年 3 月 26 日 15 时 20 分许，李某某驾驶登记在石某某名下的鄂 L 轻型自卸货车因左后车轮抱箍不能行驶，将车停在公路右侧机动车道上，15 时 50 分许，受害人王某某（无有效机动车驾驶证）驾驶无牌二轮电动轻便摩托车载林某，当车行至村委会路口时，与被告朱某某驾驶的鄂 B 小型普通客车相撞，王某某、林某受伤，王某某经送医院抢救无效于次日死亡。交警部门对事故作出了责任认定。鄂 B 小型客车、鄂 L 轻型自卸货车在被告 A 保险公司、B 保险公司、C 保险公司投保了交强险、商业三者险。事故发生后在人民调解委员会的主持调解下，原告与被告朱某某达成了人道补偿协议书，协议约定补偿款 10 万元不作为交通事故所应承担的民事赔偿责任，其余赔偿无果，故提起诉讼：对受害人王某某因车祸死亡造成的医疗费 1203.3 元、死亡赔偿金 689100 元、丧葬费 30280.5 元、被扶养人生活费 37445 元、精神损害抚慰金 30000 元、亲属误工费 2000 元、交通费 2000 元等各项损失合计 792028.80 元（上述费用原审时按 2018 年标准主张，发回重审后按 2019 年标准主张），要求 A 保险公司、B 保险公司、C 保险公司在保险责任范围内按事故责任赔偿，保险公司不赔付部分由受害人王某某、被告朱某某、李某某、石某某按事故责任分担。

被告朱某某观点：对事实没有争议，赔偿金额由法院核定。朱某某驾驶的事故车辆在 A 保险公司投保了交强险和商业三者险，金额是 100 万元，朱某某应承担的赔偿责任应由保险公司赔付。朱某某已经向原告垫付医疗费 46867.41 元，支付的施救费 850 元及我方车辆维修费 40920 元，应由保险公司在保险责任交强险财产限额内先予承担赔偿责任，超出部分按事故责任分摊。

被告 A 保险公司观点：鄂 B 车辆在我司投保交强险和商业险属实，交警认定被告朱某某、李某某、受害人均承担同等责任，在被保险车辆行驶证、营运证、驾驶证、从业证等合规的前提下，以及提供的受害人死亡医学证明或尸检报告能证实死亡结果与本次事故有关的前提下，应在两份交强险分项限额内率先赔付，超出部分我司按照 33% 的比例，依照商业险约定的责任赔付。由于本案死伤有两人，应在交强险、商业险的范围预留份额。原告主张的医疗费应当扣除 20% 的非医保用药。

被告 C 保险公司、B 保险公司观点：第一，对本次事故真实性无异议，李某某驾驶的车辆在 B 保险公司投保了交强险，在 C 保险公司投保了商业三者险，由于本案有另一伤者，请求法庭核实另案交强险剩余的份额，在剩余部分限额内依法予以赔付。第二，我对本次事故的责任划分有异议，本次事故由于我方投保的车辆未发生直接碰撞，该车辆因故障原因停在路边，与事故无直接因果关系，因此不应当承担责任，即使按事故责任认定书，我方投保的车辆与本案受害人王某某负事故同等责任，也应当在同等责任内承担次要责任。第三，原告诉讼请求过高。本案系重审，发回重审原因是原一审中原告遗漏了必要当事人，系原告自身过错，在重审中原告变更诉讼请求将原一审按 2018 年标准主张各项费用变更为按 2019 年标准主张，没有法律依据不合理，对原告提出变更的诉讼请求我方不予认可。

裁判要旨

一审法院经审理认为：对受害人王某某因本案交通事故造成的各项损失，由朱某某承担 50% 责任，受害人王某某及李某某各承担 25% 责任。鄂 L 轻型自卸货车所有人石某某应共同承担李某某应负的责任。事故车辆鄂 B 小型客车已在 A 保险公司投保交强险和商业三者险，鄂 L 轻型自卸货车已分别在 C 保险公司、B 保险公司投保交强险和商业三者险，故 A 保险公司、C 保险公司、B 保险公司应分别在保险责任限额范围内按责任赔偿。朱某某已垫付的医疗费用应从损失金额中予以扣减。因同一交通事故另一受害者林某的赔偿款已经人民法院生效判决确认，人民法院已经按照各被侵权人的损失比例确定了在林某案中交强险的赔偿数额，A 保险公司、B 保险公司在本案交强险限额范围内应承担的责任，应以林某案中预留的金额为准，预留的交强险治疗费用、死亡伤残份额分别均为 630 元、55000 元。本案系重审案件，适用一审审理程序，董某 1 等四人在重审法庭辩论终结前变更诉讼请求，改按 2019 年标准主张各项费用，符合法律规定。C 保险公司、B 保险公司提出董某 1 等四人重审中变更诉讼请求不合理，于法无据。朱某某的车辆维修等损失可另行主张权利，本案不予一并审理。

一审法院于 2019 年 12 月 13 日作出判决：一、A 保险公司在保险责任限额内赔付董某 1 等四人各项损失款 389797.77 元、赔付朱某某垫付的医疗费 46867.41 元；二、B 保险公司在交强险责任限额内赔付董某 1 等四人各项损失款 55630 元；三、C 保险公司在商业三者险责任限额内赔付董某 1 等四人各项损失款 195391.14 元；四、驳回董某 1 等四人的其他诉讼请求。

A 保险公司不服提起上诉，认为死亡赔偿金等损失应当依 2018 年相关标准计算，一审法院按照 2019 年标准计算有误。

二审法院经审理认为：人身损害纠纷案件认定损失，应按照一审法庭辩论终结时上一统计年度相关数据确定。本案为发回重审案件，一审法院重新组成合议庭按一审程序进行审理，故以重审中庭审辩论终结时上一年度统计数据作为赔偿计算标准符合法律规定。一审法院按照 2019 年度本省道路交通事故赔偿标准计算相关损失，法院予以支持。但一审法院对 A 保险公司在交强险限额及商业三者险限额范围内赔偿金额计算有误，本院予以纠正。

二审法院判决：一、维持一审判决主文第二、三项即"二、B 保险公司在交强险责任限额内赔付董某 1 等四人各项损失款 55630 元；三、C 保险公司在商业三者险责任限额内赔付董某 1 等四人各项损失款 195391.14 元"；二、变更一审判决主文第一项为"A 保险公司在保险责任限额内赔付董某 1 等四人各项损失 361979.86 元，同时支付朱某某 46867.41 元"；三、驳回董某 1 等四人的其他诉讼请求。

法官评析

在人身损害赔偿责任纠纷中，应由侵权人赔偿受害人所遭受的各种损失自不待言。在确定各项费用的计算标准时，依照《最高人民法院关于审理人身损害赔偿案件适用法律若干问题的解释》的规定，时常需要以"上一年度"作为计算基础，如"残疾赔偿金根据受害人丧失劳动能力程度或者伤残等级，按照受诉法院所在地上一年度城镇居民人均可支配收入标准，自定残之日起按二十年计算"。至于"上一年度"与诉讼程序之间的关系，上述司法解释第二十二条明确为"一审法庭辩论终结时的上一统计年度"。但司法实践中，因为一起诉讼可能历经了一审、二审等众多程序，且二审时可能发回一审重审，当此时，应当以最初的"一审辩论"还是重审发回后的"一审辩论"作为上一年度的判断节点，实践中不乏争议，本案的争议焦点之一即涉及此类问题。

一、实践中的不同意见

发回重审时，在确定相关费用计算的"上一年度"时，应当是以发回重审后的一审法庭辩论终结时间还是以原审一审法庭辩论终结时间作为计算节点，对于该问题，实践中主要有两种意见。

第一种意见认为，对于重审案件"上一年度"，应该理解为重审时法庭辩论终结时的上一统计年度。因为重审程序就是一审程序，应当适用一审程序的规定。人身损害赔偿诉讼目的，在于对赔偿权利人利益进行补偿，确定计算标准的时间应以最近实际填补时间为宜。如果案件被发回重审后，仍以第一次审理"一审法庭辩论终结的上一年度"统计数据为赔偿标准，那么意味着赔偿义务人承担的赔偿责任相对而言是固定的，发回重审之后，赔偿义务人赔偿的时间大幅度地延后，相当于赔偿义务人因为发回重审而获得额外的利益，违反了公平正义原则。重审一审辩论终结时的上一年度更接近受害人实际获得赔偿的时间，对受害人更为有利，从保护受害人权益的角度出发，应当适用重审一审辩论终结时上一年度的统计数据。①

第二种意见认为：如果一概以重审法庭辩论终结时上一年度的统计数据作为赔偿依据，会诱使受害人一方反复上诉申诉，反复申请鉴定，甚至故意隐瞒一些案件事实，使案件陷入反复发回重审、再审的怪圈，令赔偿责任人不堪其扰，这既不公平，也不利于社会秩序的稳定。因此，对于重审案件，计算人身损害赔偿金额的基准时间仍应该是原审时法庭辩论终结时的上一统计年度。②

上述两种意见在实践中广泛存在，争议颇大，且对于侵权人和受害人而言，其涉及的赔偿数额因计算标准差异也会出现区别，故此该问题亟待统一裁判尺度。

二、一审法庭辩论与"上一年度"的关系

在《最高人民法院关于审理人身损害赔偿案件适用法律若干问题的解释》当中，涉及残疾赔偿金、被扶养人生活费、丧葬费等数额的计算时，都需要以"城镇居民人均可支配收入""城镇居民人均消费支出""职工平均工资"作为计算基础，同时因为上述公共数据一般是以年为单位进行发布，再加上重审、

---

① 参见甘肃省高级人民法院（2022）甘民再21号民事判决书，载中国裁判文书网。
② 参见湖南省高级人民法院（2018）湘民再225号民事判决书，载中国裁判文书网。

再审等程序的设计，导致与上一年度紧密关联的"一审法庭辩论"可以出现在不同的程序阶段，此时，究竟以哪一个阶段作为依据，成为司法裁判必须解决的问题。笔者认为，该问题的解答可以从以下两个方面进行考量。

其一，从规范的文意角度。无论是2003年还是2020年，《最高人民法院关于审理人身损害赔偿案件适用法律若干问题的解释》当中对于"上一年度"的规定均是一致的，即"指一审法庭辩论终结时的上一统计年度"，而无论是初审阶段的法庭辩论，还是被上级法院发回重审之后开庭阶段的法庭辩论，对于一审法院而言，都是"一审"阶段，并不会因发回重审或者初审而出现"一审"的认知差异。故此，按照发回重审后一审法庭辩论终结时间作为《最高人民法院关于审理人身损害赔偿案件适用法律若干问题的解释》第二十二条第二款规定的"一审法庭辩论终结时"的节点，符合规范的本意。

其二，从损害赔偿的目的角度。侵权损害赔偿责任的目的，在于及时、准确弥补受害人的损害，该目的的实现依赖于两个方面。一方面，有法律依据的赔偿数额；另一方面，及时得到赔偿。以残疾赔偿金为例，其本质是对受害人因身体受到伤害丧失劳动力之后的补偿，自然应当以最能体现受害人劳动能力价值的时间节点为宜。从该角度来说，二审发回重审后，重审阶段的"一审法庭辩论终结时"的上一年度是最接近受害人劳动能力价值的节点。换言之，对于受害人来说，原一审裁判之后，因裁判文书未生效，其根本无法得到任何补偿，如果发回重审后，依然还要以最初一审的法庭辩论作为时间节点，就意味着中间有相当长的一段时间，受害人丧失了"时间价值"，其丧失劳动能力的"价值"因为审判程序的问题而与最新的"市场"脱节。当然，从理论上分析，重审后"一审法庭辩论终结时"的上一年度所涉及的标准还有可能会低于最初一审时所对应的"上一年度"的标准，但因为该标准本身体现的就是丧失劳动力的"市场价值"，故该种后果自然也是法律规范的应有之义。

当然，就该问题再进行拓展性思考，就会涉及另一个相关问题，再审程序中如果发回重审，涉及本文所谈到的争议焦点应如何处理。就此，笔者认为，应当遵循同样的逻辑，只不过再审程序中需要适度区分原审判决的主文内容，如果原审判决驳回原告的诉讼请求，再审时支持了原审原告诉讼请求的，应适用再审一审辩论终结时上一年度的统计标准确定权利人的损失。如果如原审判决已全部履行或者部分履行的，再审时，如发现审判程序合法，适用法律正确的，结果还是维持原审判决，这种情况下不必讨论适用何时的赔偿标准问题，对未履行部分恢复执行即可。

26

鉴定意见与损害后果

📄 实务观点

问题1：人身损害相关案件中，鉴定意见的形成时间与损害后果确定时间之间是什么关系？

观点： 关于鉴定意见形成时间与损害后果确定时间之间的关系，需结合鉴定机构的意见综合判断。从科学角度而言，因侵权行为而造成的损害后果具有固定的时间节点，但该节点的判断时常超越一般人的认知范畴，故实践中原则上以司法鉴定机构出具伤残鉴定意见的时间作为损害后果出现的时间。但考虑到实践中部分被侵权人受伤时间、治疗终结时间、具备鉴定条件时间及委托鉴定时间存在较大跨度，并不排除被侵权人在《民法典》施行前即已具备鉴定条件且得以明确损害后果的情况。

问题2：人身侵权案件中，侵权行为发生在《民法典》施行前，但伤残鉴定意见出具于《民法典》施行后，应当如何适用法律及司法解释？

观点： 如果被侵权人在《民法典》施行前遭受侵害，但《民法典》施行后才提起诉讼并委托鉴定，可结合具体案情询问鉴定机构。如果鉴定机构表示被侵权人的损害后果在《民法典》实施之前即可确定，则应结合鉴定机构的专业意见，适用损害后果确定时间阶段有效的法律规范。

📖 案例精释

侵权行为发生在《民法典》施行前但伤残鉴定形成于后时应当如何适用法律

——张某诉勾某义务帮工人受害责任纠纷案

关键词：侵权行为　伤残鉴定　实施时间

案情要览

2019 年 7 月 28 日，勾某在集市上购买西瓜后让张某帮忙带回家，张某在将西瓜送至勾某家过程中不慎摔伤。当日勾某陪同张某去某区第二医院治疗，但因其伤势过重，建议转至某区中医医院进行治疗。后张某被送至某区中医医院治疗，因造成鹰嘴骨折而需要手术治疗，前后共住院治疗 22 天。伤情愈合后，双方就赔偿事宜协商未果，所以张某将勾某起诉至法院，要求后者承担侵权赔偿责任。诉讼中，张某向法院申请对其伤残等级及赔偿指数、护理期、误工期、营养期进行司法鉴定。法院委托某鉴定中心进行鉴定，该鉴定中心于 2022 年 1 月 18 日出具司法鉴定意见书，载明：被鉴定人张某左尺骨鹰嘴骨折致肘关节功能部分丧失构成十级伤残。赔偿指数为 10%。误工期为 120 日，护理期为 60 日，营养期为 90 日。

各方观点

原告张某观点：2019 年 7 月 28 日，我在当地镇集市上购物时恰巧遇见勾某，勾某委托我用电动车帮忙把其购买的西瓜（20 斤左右）运送回家。骑车到达地方时，我抱着西瓜走进一户人家，因门口有个门帘挡着没有看清，被横在地上的木板绊倒，当时就摔倒在地上起不来了。这时出来一个人，告诉我勾某家在隔壁，她将我扶起来，我一瘸一拐地把西瓜送到了勾某家。随后勾某带我去医院就诊拍片，被诊断为骨折，并进行了手术。术后勾某来看望我，并向我支付了 500 元慰问金。该起事故的起因是勾某求助我帮忙，在帮忙过程中造成绊倒摔伤，勾某应当对我的损伤承担赔偿责任。故请求法院：要求勾某支付住院费 5179.63 元、康复训练费 492 元、住院伙食补助费 1521 元、营养费 4500 元、护理费 1.2 万元、误工费 8000 元、伤残赔偿金 151204 元、被扶养人生活费（于某）20863 元、被抚养人生活费（孙某）33380.8 元、交通费 150 元、日用品费 379 元、鉴定费 3150 元，以上合计 240819.43 元。

被告勾某观点： 勾某与张某因孩子系同学关系才相识，勾某在集市上买了一个西瓜，张某主动说自己骑电动车帮忙捎回去，之后西瓜也没有收到。后来得知张某受伤，碍于双方认识的人情关系，就去某区中医院并给付了张某 500 元慰问金，但是此事实不能认定张某给勾某帮工而受伤。

裁判要旨

一审法院经审理认为： 因本案的侵权行为发生于《民法典》施行前，而鉴定意见书关于张某损害后果的鉴定意见系于《民法典》施行后作出，故审理中，法院向某鉴定中心发函询问如下问题："对于本案张某的伤情，在 2020 年 12 月 31 日前委托鉴定，是否符合鉴定受理条件？若符合受理条件，在 2020 年 12 月 31 日前作出的鉴定意见是否和现有鉴定意见一致？"该鉴定中心于 2022 年 8 月 15 日出具《答复函》，答复如下：《人体损伤致残程度分级》第 4.2 条鉴定时机规定："应在原发性损伤及其与之确有关联的并发症治疗终结或者临床治疗效果稳定后进行鉴定"。SF/T0111—2021《法医临床检验规范》第 6.2 条指出："应在临床医疗终结后检验，一般待损伤 3 个月—6 个月后进行。"本例被鉴定张某 2020 年 8 月 10 日复查影像学片提示左尺骨鹰嘴内固定已拆除，骨折线消失。此时距离受伤已一年有余，被鉴定人伤情已稳定。故本案若在 2020 年 12 月 31 日前委托鉴定，符合鉴定受理条件。因在评定伤残等级及误工期、护理期、营养期之前必须对被鉴定人进行查体检验以明确其损伤恢复情况及功能障碍程度（治疗后果或结局）。由于 2020 年 12 月 31 日前鉴定中心未对被鉴定人张某进行查体，不明确其损伤恢复情况及功能障碍程度，故无法确定其 2020 年 12 月 31 日前的损害后果，更无法明确 2020 年 12 月 31 日前作出的鉴定意见和现有鉴定意见是否一致。

无偿提供劳务的帮工人，在从事帮工活动中致人损害的，被帮工人应当承担赔偿责任。本案的争议焦点之一在于双方是否存在帮工与被帮工关系。本案中，勾某称其婉拒张某未成后，拜托张某代送西瓜，该行为的受益人为勾某，故双方形成帮工与被帮工关系。本案的争议焦点之二在于义务帮工人是否在帮工过程中受损。张某陈述其在为勾某代送西瓜过程中受伤，一审法院多次赴张某所称摔倒之村民家走访，均因无人无法核实受伤经过。张某向一审法院申请证人出庭做证，除高某 1 与张某存在亲属关系外，患友张某和司机吕某的证人证言与勾某答辩意见存在高度盖然性，故一审法院认定张某系帮工过程中受损。本案的争议焦点之三在于帮工人和被帮工人在帮工活动中是否存在过错。无偿提供劳务的帮工人因帮工活动遭受人身损害的，根据帮工人和被帮工人各自的过错承担相应的责任。张某在未知勾某家庭具体住址的情况下，手抱西瓜易遮挡视线而未尽到安全注意义务导致摔伤，其主观上存在明显过失，而勾某对于张某在帮工活动中受伤的结果不存在明显过错，故一审法院酌定由帮工人自身承担损害责任的 80%，由被帮工人承担 20% 赔偿责任。具体赔偿数额如下：医疗费：依据医疗费票据及张某主张，认定 5671.63 元；住院伙食补助费：根据住院期间酌定 1050 元；营养费：根据鉴定机构结论酌定 4500 元；护理费：根据鉴定机构结论酌定 9000 元；误工费：根据鉴定机构结论及张某主张，认定 8000 元；伤残赔偿金：根据 2020 年某市城镇人均可支配收入及伤残等级，认定 151204 元；交通费：酌定 150 元；鉴定费：根据鉴定费发票，认定 3150 元；被扶养人生活费及日用品费：无事实依据，不予支持。一审法院对于张某主张勾某赔偿的医疗费、住院伙食补助费、营养费、护理费、误工费、伤残赔偿金、交通费、鉴定费予以支持，具体数额依据上述说理部分；对于张某其他诉讼请求不予支持。张某同意自勾某赔偿款中扣除勾某已经支付的 500 元，一审法院不持异议。一审法院判决：一、勾某给付张某医疗费、住院伙食补助费、营养费、护理费、误工费、伤残赔偿金、交通费、鉴定费共计 36045.13 元；二、驳回张某的其他诉讼请求。

勾某不服，提起上诉。

二审法院经审理认为：《最高人民法院关于适用〈中华人民共和国民法典〉时间效力的若干规定》第一条第二款规定："民法典施行前的法律事实引起的民事纠纷案件，适用当时的法律、司法解释的规定，但是法律、司法解释另有规定的除外。"第二十四条规定："侵权行为发生在民法典施行前，但是损害后果出现在民法典施行后的民事纠纷案件，适用民法典的规定。"本案中，张某于 2019 年 7 月 28 日摔倒受伤，某鉴定中心于 2022 年 1 月 18 日出具司法鉴定意见书，认定张某左尺骨鹰嘴骨折致肘关节功能部分丧失构成十级伤残。对此，鉴定机构回函表示本案若在 2020 年 12 月 31 日前委托鉴定符合鉴定受理条件，但由于 2020 年 12 月 31 日前未对被鉴定人张某进行查体，不明确其损伤恢复情况及功能障碍程度，故无法确定其 2020 年 12 月 31 日前的损害后果，更无法明确 2020 年 12 月 31 日前作出的鉴定意见和现有鉴定意见是否一致。故本案中张某的损害后果直至鉴定中心于 2022 年 1 月 18 日出具司法鉴定意见书方得以确定。因此，本案适用《民法典》及《最高人民法院关于审理人身损害赔偿案件适用法律若干问题的解释》（2020 年修正）的规定。依据本案诉争的民事法律关系性质，本案的案由应为义务帮工人受害责任纠纷。根据双方当事人的诉辩意见，本案二审的争议焦点为：1. 勾某与张某之间是否成立帮工关系；2. 勾某是否应向张某承担赔偿责任及其责任比例。

关于争议焦点一，帮工关系指一方为他人无偿、自愿、短期提供劳务且对方未明确拒绝而成立的关系。帮工关系在民事生活中十分普遍，体现了民事主体之间相互照顾、相互帮助的传统社会风尚。本案中，张某主张勾某在集市上买西瓜后让其给带回家，张某在将西瓜送至勾某家过程中摔伤。对此，勾某辩称系张某主动提出帮忙送西瓜，且张某是自己买东西顺便用电动车给勾某捎上西瓜，双方之间不属于帮工关系。虽然双方对于系哪一方主动提出由张某帮忙勾某送西瓜回家具有争议，但最终勾某并未拒绝张某帮其送西瓜回家这一行为,张某亦非被迫提供帮助。因此,双方之间就运送西瓜成立无偿帮工关系,张某为帮工人,勾某为被帮工人。

关于争议焦点二,《最高人民法院关于审理人身损害赔偿案件适用法律若干问题的解释》第五条第一款规定:无偿提供劳务的帮工人因帮工活动遭受人身损害的,根据帮工人和被帮工人各自的过错承担相应的责任。本案中,张某主张其在帮勾某将西瓜送回家的过程中摔倒受伤,双方虽然对张某摔倒的过程及地点存在争议,但现有证据可认定张某帮勾某送西瓜以及张某摔倒受伤的事实。从张某在集市上与勾某相遇到张某在勾某家附近摔倒的活动轨迹及时间顺序,结合张某提交的证人证言等证据,可以认定张某系在帮勾某送西瓜回家过程中摔倒受伤。勾某对此虽予否认,但未提供充分证据予以推翻。故勾某作为被帮工人应当承担相应的赔偿责任。一审法院认定张某因帮工活动遭受人身损害、勾某应承担相应责任并无不当,但在一审判决中引用《最高人民法院关于审理人身损害赔偿案件适用法律若干问题的解释》第四条关于帮工致人损害之规定,适用法律存在偏差,法院予以纠正。关于双方的责任比例,张某帮助勾某将西瓜送回家这一行为本身不具有较高风险性,张某作为完全民事行为能力人在帮工过程中未对自身安全尽到充分的谨慎注意义务,其对于摔伤的后果应承担主要责任;勾某作为被帮工人,在未拒绝张某帮工的情况下,未与张某就送达地址、送达时间等进行明确沟通,对于张某是否顺利将西瓜送达亦有失注意,但考虑到其对于张某摔伤并不存在明显过错,其仅承担轻微责任。一审法院认定由张某自身承担80%的责任,由勾某承担20%的责任,并无不当,法院予以维持。关于具体的赔偿数额,一审法院核算的医疗费、住院伙食补助费、营养费、护理费、误工费、残疾赔偿金、交通费及鉴定费并无不当,法院予以确认,由勾某按照20%的责任比例予以赔偿。勾某已经支付的500元从最终赔偿数额中予以扣除。

二审法院判决:驳回上诉,维持原判。

法官评析

在与人身相关的侵权类案件中，侵权行为发生时，时常难以确定具体的损害后果。受害人提起诉讼之后，多数需要借助司法鉴定来确定受害人的具体受损程度。在此前提下，正如本案，需要考虑的一个实践问题是：侵权行为发生在《民法典》施行前，但伤残鉴定意见出具于《民法典》施行后，应当如何适用法律及司法解释。

一、实践中的不同意见

对于上述问题，司法实践中主要存在两种观点。第一种观点认为，《最高人民法院关于适用〈中华人民共和国民法典〉时间效力的若干规定》第一条第二款规定，民法典施行前的法律事实引起的民事纠纷案件，适用当时的法律、司法解释的规定，但是法律、司法解释另有规定的除外。因此，原则上应当以侵权行为发生的时间点确定人身侵权案件的法律适用。若侵权行为发生于民法典施行前，则应当适用当时的《侵权责任法》及相关司法解释的规定；若侵权行为发生于民法典施行后，则适用民法典及相关司法解释的规定。第二种观点认为，《最高人民法院关于适用〈中华人民共和国民法典〉时间效力的若干规定》第二十四条规定，侵权行为发生在民法典施行前，但是损害后果出现在民法典施行后的民事纠纷案件，适用民法典的规定。对于遭受人身损害并构成伤残的人身侵权案件，根据司法部2017年1月1日实施的《人体损伤致残程度分级》规定，伤残鉴定应以损伤治疗后果或者结局为依据，鉴定时机应在原发性损伤及其与之确有关联的并发症治疗终结或者临床治疗效果稳定后。因此，此类案件中被侵权人的损害后果直至司法鉴定机构出具伤残鉴定意见时才得以确定，应以司法鉴定机构出具伤残鉴定意见的时间作为损害后果出现的时间，从而确定法律适用。若侵权行为发生在民法典施行前，而伤残鉴定意见出具于民法典施行后，一般应适用民法典及相关司法解释的规定。

二、笔者的倾向意见及理由

对于上述争议问题，笔者更倾向于第二种观点，具体分析如下。

首先，司法解释对于侵权行为与损害后果出现时间间隔的处理有具体规定。《最高人民法院关于适用〈中华人民共和国民法典〉时间效力的若干规定》第二十四条给出了原则规定，即"侵权行为发生在民法典施行前，但是损害后果出现在民法典施行后的民事纠纷案件，适用民法典的规定"。该规定的内容在一定程度上符合民众的预期，不会改变法的秩序，究其原因在于该内容具有"传承性"，与当初《侵权责任法》的适用一脉相承，《最高人民法院关于适用〈中华人民共和国侵权责任法〉若干问题的通知》第二条就明确："侵权行为发生在侵权责任法施行前，但损害后果出现在侵权责任法施行后的民事纠纷案件，适用侵权责任法的规定。"

其次，关于鉴定意见形成时间与损害后果确定时间之间的关系，需结合鉴定机构的意见综合判断。在法律规范明确的前提下，该类纠纷的难点时常在于能否确定鉴定意见的出具时间就是损害后果的确定时间。从科学角度而言，因侵权行为而造成的损害后果具有固定的时间节点，但该节点的判断时常超越一般人的认知范畴，故需要借助司法鉴定，实践中原则上以司法鉴定机构出具伤残鉴定意见的时间作为损害后果出现的时间。但是否意味着在此时间之前，损害后果就无法完全确定，也难以一概而论。考虑到实践中部分被侵权人受伤时间、治疗终结时间、具备鉴定条件时间及委托鉴定时间存在较大跨度，并不排除被侵权人在《民法典》施行前即已具备鉴定条件且得以明确损害后果的情况。有鉴于此，如果被侵权人在《民法典》施行前遭受侵害，在《民法典》施行后才提起诉讼并委托鉴定，可结合具体案情询问鉴定机构本案是否在《民法典》施行前即具备鉴定条件，若具备鉴定条件其确定的损害后果是否与《民法典》施行后确定的损害后果一致。正如本案，张某于《民法典》施行前受伤，于《民法典》施行后起诉并在诉讼中委托伤残鉴定，经函询鉴定机构，鉴定机构表示本案张某左尺骨鹰嘴骨折致肘关节功能部分丧失，构成十级伤残，若在 2020 年 12 月 31 日前委托鉴定，符合鉴定受理条件；但由于 2020 年 12 月 31 日前鉴定机构未对张某进行查体，不明确其损伤恢复情况及功能障碍程度，无法确定其 2020 年 12 月 31 日前的损害后果，更无法明确 2020 年 12 月 31 日前作出的鉴定意见和现有鉴定意见是否一致。因此，本案仍应以出具现有鉴定意见的时间（《民法典》施行后）确定损害后果出现的时间。反之，如果经询鉴定机构，鉴定机构表示被侵权人的损害后果在《民法典》实施之前即可确定，则应结合鉴定机构的专业意见，适用损害后果确定时间阶段有效的法律规范。

第五章
一般财产权相关侵权责任

27
财产保全错误赔偿

📄 **实务观点**

问题 1：应该如何确定财产保全损害赔偿责任的性质和归责原则？

观点：对于财产保全损害赔偿责任，应当按照一般侵权行为对待，适用侵权责任领域的基本归责原则，即过错责任原则。申请人败诉或未完全胜诉是探讨是否存在申请保全错误的基本前提，但不是决定性要素，还需要重点审查财产保全的申请人是否存在主观过错，存在主观过错的情况下，才能认定行为人"申请有错误"。

问题 2：申请人在诉讼中对他人财产进行保全后诉讼请求被法院驳回，申请人是否需要对被申请人承担财产保全错误的赔偿责任？

观点：申请人败诉或未完全胜诉是探讨是否存在申请保全错误的基本前提，但不是决定性要素，还需要重点审查财产保全的申请人是否存在主观过错，只有存在主观过错的情况下，才会构成"申请有错误"进而承担赔偿责任的后果。

📖 **案例精释**

财产保全错误承担赔偿责任的判断标准
——某贸易公司诉陈某、担保公司申请财产保全损害责任纠纷案

关键词：财产保全　财产权侵权

案情要览

2015 年 1 月，陈某起诉某贸易公司要求其返还投资款及收益 3300 万元，并在该案中请求查封某贸易公司名下价值 3300 万元的财产，某担保公司为此提供了担保。后法院裁定查封某贸易公司名下价值 3300 万元的财产。该案法院经审理后认为，陈某的诉讼请求缺乏事实依据，故判决驳回了陈某的诉讼请求。该案中，陈某主张某投资企业向某贸易公司的 3048.21 万元汇款系履行《委托投资协议》项下的出资义务的行为，为证明其主张，陈某向法院提交某投资企业作出的《撤销声明》及同日双方签订的《协议》，并申请证人杨某出庭作证。根据法院调取的证据，陈某在该案中的证人杨某及案外人杨某 1 在公安机关进行询问时，均称上述协议以及杨某的出庭作证行为系出自陈某授意，杨某对其出庭作证内容及出具的相关文件内容并不知情；且在该案及另案中，某投资企业所提交的证据和有关陈述均存在矛盾。该案法院驳回陈某的诉讼请求后，陈某以基本相同的事实、理由及证据提起债权人代位权之诉，并再次申请财产保全继续冻结涉案款项，最终导致涉案款项被冻结长达 5 年时间。现某贸易公司诉至法院，请求：陈某赔偿某贸易公司因保全错误造成的损失 7058068.33 元；甲担保公司在 1853843.33 元的范围内与陈某对某贸易公司的损失承担连带责任；乙担保公司在 5204225 元的范围内承担连带责任；陈某、两担保公司共同支付本次诉讼保全投保费 10587.1 元。

各方观点

原告某贸易公司观点：陈某通过利诱方式伪造证据、虚假陈述，先后提起不当得利之诉、第三人撤销之诉、代位权诉讼，执行款被连续保全 5 年，给原告造成损失，故起诉要求：陈某赔偿某贸易公司因保全错误给某贸易公司造成的损失，甲担保公司、乙担保公司承担连带责任。

被告陈某观点：陈某申请财产保全行为并未对某贸易公司造成实际损失，且申请保全的款项不属于某贸易公司，据此亦不存在某贸易公司的损失问题。无损失则无救济，某贸易公司明知陈某早在 2014 年的执行阶段就已与案外公司达成执行和解协议书，约定同意以陈某执行案的全部案款扣抵完某贸易公司所欠案外公司的债务，故某贸易公司全部诉讼请求应予驳回。

裁判要旨

一审法院经审理认为：财产保全侵权属于一般侵权的范畴，故财产保全侵权损害赔偿的认定应当按照侵权责任的构成要件来进行审查，即保全行为是否存在过错，被保全人是否存在损失以及被保全人的损失和错误保全之间是否存在因果关系。本案中，陈某据以提起 A 号案件诉讼的事实依据为：某中心向某贸易公司的 3048.21 万元汇款系履行《委托投资协议》项下的出资义务的行为。为证明其主张，陈某向法院提交某中心作出的《撤销声明》及同日陈某和某中心签订的《协议》，并申请证人杨某出庭。某贸易公司主张上述协议系陈某利诱某中心出具。本案证据基本形成证据链，可以认为已达到盖然性优势的证明标准，法院对某贸易公司的主张予以采纳。陈某在 A 号案件中为让其诉讼请求得到法院支持，利诱某中心制作与其此前意思表示相矛盾的证据，并诱使证人出庭作证进行虚假陈述，尽管该证据及证人证言并未得到法院采信，但陈某上述行为严重违反《民事诉讼法》的规定，与诚实信用原则相违背，应认定陈某在该案的诉讼请求提出及诉讼过程中均存在过错。因此，陈某基于该诉讼请求而提出的对某贸易公司的财产保全申请，在主观上应认定存在过错。法院在此一并对陈某在 A 号案件中有违诚信原则的诉讼行为提出批评。

关于某贸易公司是否存在损失及该损失与陈某的申请保全行为是否存在因果关系。陈某申请诉前财产保全时，涉案 3107 万元已成为案外公司的执行案款，A 号案件中对该笔案款采取的冻结行为并未给某贸易公司造成实际损失。故，法院对于某贸易公司要求陈某赔偿诉讼请求不予支持。另外，关于某贸易公司主张的 10587.1 元诉讼保全投保费损失问题。由于陈某在 A 号案件中错误的保全行为，某贸易公司向法院提起本次诉讼，并支出诉讼保全投保费 10587.1 元，属合理维权支出，与陈某的错误保全行为存在因果关系，故法院对某贸易公司要求陈某赔偿其诉讼保全投保费 10587.1 元的诉讼请求予以支持。两担保公司作为 A 号案件中为陈某出具保证担保函的担保人，应对陈某错误保全行为给陈某造成的诉讼保全投保费损失 10587.1 元承担连带责任。

一审法院判决：一、陈某于判决生效之日起七日内赔偿某贸易公司诉讼保全投保费 10587.1 元，两担保公司对此向某贸易公司承担连带责任；二、驳回某贸易公司的其他诉讼请求。

二审法院经审理认为：第一，判断保全申请人主观上是否存在过错，不仅要看其诉讼请求是否最终得到支持，还要根据其诉讼请求所依据的事实和理由考察其提起的诉讼是否合理，或者结合申请保全的标的额、对象及方式等考察其申请财产保全是否适当。民事诉讼应当遵循诚实信用原则。根据本案调取证据，陈某在 A 号案件中的证人杨某和案外人杨某 1 在公安机关进行询问时均称上述协议以及杨某的出庭作证行为系出自陈某授意，杨某对其出庭作证内容及出具的相关文件内容并不知情；杨某配合陈某上述行为的原因是"陈某这时候说他可以借给公司 300 万元人民币让公司运营下去"。结合陈某与某中心签订的《借款协议》，双方明确将 A 号案件是否胜诉约定为 300 万元借款是否需要偿还的条件。且，A 号案件及另案中，某中心所提交的证据和有关陈述均存在矛盾。上述证据基本形成证据链，足以证明上述证据系陈某利诱某中心所出具。陈某在 A 号案件中为让其诉讼请求得到法院支持，利诱某中心制作与其此前意思表示相矛盾的证据，并诱使证人出庭作证进行虚假陈述，尽管该证据及证人证言并未得到法院采信，但陈某上述行为严重违反《民事诉讼法》的规定，违背诚实信用原则，属于不诚信的行为，不符合社会主义核心价值观，应认定陈某在该案的诉讼请求提出及诉讼过程中均存在过错。一审法院据此认定陈某在该案财产保全申请中存在主观过错，并无不当，法院予以确认。

第二，某贸易公司是否因陈某的财产保全行为遭受实际损失。人民法院依当事人的申请采取保全措施后，会使财产被保全的当事人一方不能自由地对被保全的财产进行处分。故申请财产保全冻结被保全人的资金，影响了被保全人对资金的使用收益，必然会造成相应的利息损失，申请保全人应当予以赔偿。虽目前并无证据显示某贸易公司向案外公司支付了因迟延履行所产生的其他费用，但并不影响某贸易公司作为该保全款项的实际权利人主张相应的利息损失。故对于某贸易公司主张款项被冻结期间的利息损失，法院参照中国人民银行同期贷款基准利率予以支持。两担保公司为此次财产保全提供了担保，故应按照其承诺承担相应的担保责任。对于某贸易公司主张的过高部分，法院不予支持。法院认为，在陈某的不诚信行为应当得到否定性评价的同时，陈某亦应为其不诚信之行为付出法律上的代价，基于以上，法院依法作出改判。

二审法院判决：一、维持一审判决第一项；二、撤销一审判决第二项；三、陈某于本判决生效后七日内赔偿某贸易公司7058068.33元，甲担保公司对上述债务在1822773.33元范围内承担连带责任，乙担保公司对上述债务在5204225元范围内承担连带责任；四、驳回某贸易公司的其他诉讼请求。

法官评析

作为我国民事诉讼领域的一项重要制度，财产保全对于保障判决顺利执行，维护当事人合法权益起到了重要的作用。但不可忽视的是，财产保全制度在保障一方当事人权益的同时，必然会对另一方当事人的权益形成限制，如果该种限制并未超越法律的限度，自然无可非议；然而一旦超越了限度，如申请保全人的申请出现了错误，也需为此承担相应的赔偿责任。近些年来，因为财产保全错误引发的诉讼，逐渐成为审判实践中的多发问题。我国《民事诉讼法》

第一百零三条第一款规定："人民法院对于可能因当事人一方的行为或者其他原因，使判决难以执行或者造成当事人其他损害的案件，根据对方当事人的申请，可以裁定对其财产进行保全、责令其作出一定行为或者禁止其作出一定行为；当事人没有提出申请的，人民法院在必要时也可以裁定采取保全措施。"实践中，原告依据上述规定提起财产保全后，如果其诉讼请求未获支持，另一方当事人时常会起诉申请保全人，以保全错误为由主张财产损害赔偿，该类案件应当如何裁判，其核心在于如何认定申请保全存在错误。

一、财产保全损害赔偿责任的性质和归责原则

我国《民事诉讼法》第一百零八条规定："申请有错误的，申请人应当赔偿被申请人因保全所遭受的损失。"对于该条所涉及的申请保全错误所导致的赔偿责任性质，实践中的观点较为统一，普遍认为其本质属于侵权责任。[①] 在此基础上，还进一步分析，其在责任构成上属于一般侵权还是特殊侵权，依照我国《民法典》第一千一百六十五条和第一千一百六十六条的规定，一般侵权以过错为归责基础，特殊侵权适用无过错责任，故该问题的判断直接影响到归责原则的差异。对此问题，有观点认为只要申请人败诉或者未完全胜诉就应当承担赔偿责任，无论是否存在主观过错，该观点将诉讼结果作为界定标准，忽略申请人的主观状态，有特殊侵权责任的判断倾向。笔者认为，该观点值得商榷，一则，对申请保全错误的赔偿责任适用无过错责任，不符合无过错责任的价值判断；无过错责任的基础在于该责任具有合理的外部分散机制、存在特殊危险以及特定关系的控制力等，在效果上，往往需要对损害赔偿的数额加以限制，而在申请保全错误的场合，上述基础及后果并不存在。[②] 此外，无过错责任的适用应严格遵循法律规定，未有规定时不应随意以此归责。二则，"败诉"

---

① 姜强：《申请诉讼保全错误赔偿责任的实务认定》，载《民事审判指导与参考》（2015年卷），人民法院出版社2018年版，第504页。

② 姜强：《申请诉讼保全错误赔偿责任的实务认定》，载《民事审判指导与参考》（2015年卷），人民法院出版社2018年版，第504页。

不完全等同于"申请有错误",当事人诉讼能力受限于知识结构和专业水平,如果要求申请财产保全的当事人必须胜诉,才能保证自己不承担损害赔偿责任,不仅过于苛刻,亦不符合司法规律。故此,笔者认为,对于财产保全损害赔偿责任,应当按照一般侵权行为对待,适用侵权责任领域的基本归责原则,即过错责任原则。换言之,申请人败诉或未完全胜诉是探讨是否存在申请保全错误的基本前提,但不是决定性要素,还需要重点审查财产保全的申请人是否存在主观过错,只有存在主观过错的情况下,才会形成上述法律规范中的"申请有错误"的结果。

二、何种程度的主观过错能够构成财产保全损害赔偿责任

保全申请人的主观过错需要达到何种程度,法律没有明确规定。结合理论界的观点,过错的判断标准一般可以分为三个层次,即普通人的注意义务、处理自己事务的同等注意义务和善良管理人的注意义务,与此相对应,违反上述三种注意义务,分别构成重大过失、具体轻过失和抽象轻过失。在财产保全损害赔偿的问题上,笔者倾向于认为,不应要求申请人尽善良管理人的注意义务,也就是说,不应对申请人设定过于严格的过错认定标准。而在普通人的注意义务与处理自己事务的同等注意义务之间,前者是一个更为客观的标准,更容易在实践中予以证明和判断。而且,采取普通人的注意义务标准,将重大过失纳入申请人主观过错范围内,可以在申请人诉讼权利保护、权利滥用限制和被申请人合法权益维护之间进行合理平衡,保障民事诉讼活动的顺利进行,从而实现既避免权利滥用,又维护当事人民事诉讼行为自由这一侵权责任法律基点和价值取向,因而是较为适宜的。[①] 除此之外,如果申请人存在故意,自不待言,属于主观过错无疑。

至于如何更为具体地判断申请人存在故意或重大过失,其与个案的具体情

[①] 最高人民法院民事审判第一庭编:《因财产保全引起的损害赔偿案件,应当如何认定申请人申请财产保全错误》,载《民事审判指导与参考》(2013年第2辑,总第54辑),人民法院出版社2013年版,第230页。

况以及法官的自由裁量都有一定联系，但从总结共性的角度，笔者尝试提出如下参考性的认定要素：申请人恶意诉讼或违背诚信原则，恰如本案中陈某的故意行为；法院在诉讼中释明保全价值超出请求数额且申请人作出愿意承担错误保全的意思表示；法院在诉讼中依法释明诉讼请求存在风险且申请人做出愿意承担错误保全的意思表示等。

"凶宅"侵权责任

📄 实务观点

问题1：涉"凶宅"侵权责任纠纷中，如何确定"凶宅"的判断界限？

观点：在涉"凶宅"侵权纠纷中，应在区分非正常死亡的原因和地点的基础上，适当限定"凶宅"的判断界限。对于在屋外发生的意外事件导致的死亡，一般不宜将其作为认定"凶宅"的考量因素。

问题2：涉"凶宅"侵权责任纠纷中，如何确定因为"凶宅"所导致赔偿的具体数额？

观点：对于涉"凶宅"侵权纠纷中的赔偿数额，应当综合考虑原告购买房屋时的价格、房屋受损时的市场价格、被告的过错程度、时间经过长短等因素，酌情综合确定。

📖 案例精释

"凶宅"认定的考量要素及其侵权责任判断
——张某诉甲电器公司、乙电器公司侵权责任纠纷案

关键词：民法典 凶宅 侵权责任 经济损失

案情要览

2019 年 12 月 28 日，张某自乙电器公司某分店购买品牌空调两台。销售人员将联系卡给付张某，后其拨打联系卡上载明的电话预约安装工人上门安装空调。2020 年 7 月 7 日，苗某、赵某二人身着工作服上门进行空调安装。苗某身系安全绳在室外工作，赵某未系安全绳，在室外工作时，将窗外防护栏部分螺丝拆除后安装室外机，施工过程中赵某不慎与护栏一同跌落地面。后 120 医护人员确定赵某当场死亡。另查，2020 年 1 月 3 日，甲电器公司与某科技有限公司签订甲电器公司产品售后服务承揽合同，约定因承揽项目施工、服务引起事故，一切责任和损失由其承担，与甲电器公司无关。再查，赵某取得了特种作业许可证，甲电器公司对赵某等人员提供日常的安全培训。张某认为发生过此类事故的房屋属于"凶宅"，此类房屋交易价格明显低于市场价，且不易出售。故诉至法院，要求：1. 判令二被告连带赔偿原告损失 20 万元；2. 判令二被告连带赔偿原告精神损害赔偿金 2 万元。

各方观点

原告张某观点： 2019 年 12 月 28 日，原告因自有的房屋需要装修，购买某品牌空调两台并约定安装事宜。2020 年 7 月 7 日，被告指派两名工人对原告购买的空调进行安装调试工作，在安装过程中，因安装工人未按安装规范进行安装保护作业，致使一名工人在安装过程中意外坠落至消防通道。随行工人即刻拨打 120 急救电话并报警，急救中心医生现场确认坠落工人当场死亡。经公安机关确认，原告对此次事故不负责任。原告认为，此次坠楼事故的发生属于被告未对安装工人进行安装作业操作培训，安装工人未按安全作业流程导致坠楼事件的发生，对原告一家造成重大心理冲击，严重影响了原告一家对涉案房屋的正常使用。原告之妻因目睹事故现场情况，产生巨大心理阴影，原告只得考虑将涉案房屋挂牌出售。在与房产中介工作人员沟通过程中得知，发生过此类事故的房屋属于"凶宅"，此类房屋交易价格明显低于市场价，且不易出售。

而二被告在事故发生后也从未就此次事故提出解决方案。

被告乙电器公司观点： 该公司只是销售方，与安装人员不存在劳动关系。该案中，原告没有将涉案房屋出售，其询问房屋中介"凶宅"对房屋价值影响的录音缺乏客观性，亦无法证明安装人员意外坠亡和房屋价格之间的必然联系。

被告甲电器公司观点： 安装人员具有安装资质，与其不存在雇佣或其他的人身关系，是其个人承揽的业务。安装人员坠亡是意外事件所导致，也不在原告的房屋内，不存在侵权行为。原告对其所主张的房屋损失没有直接证据证明，亦无法证明两者之间的因果关系。

裁判要旨

一审法院经审理认为： 第一，行为人因过错侵害他人民事权益，应当承担侵权责任。用人单位的工作人员因执行工作任务造成他人损害的，由用人单位承担侵权责任。法人工作人员，在执行职务中致人损害的，由该法人或者其他组织承担民事责任。雇员在从事雇主授权或者指示范围内的生产经营活动或者其他劳务活动等雇佣活动中致人损害的，雇主应当承担赔偿责任。首先，虽然根据乙电器公司与甲电器公司关联企业签订的采购合同约定，由甲电器公司承担乙电器公司空调的安装义务。因安装问题导致商品造成人身及财产损失的，甲电器公司承担责任。但上述约定仅为二被告内部责任分担的约定，不能对外产生效力。但是，乙电器公司作为空调的销售方，不是空调安装方，故不应承担事故造成财产损失的责任。此外，现张某依据消费者权益者保护法、合同法向甲电器公司主张赔偿的依据不足，法院不予支持。其次，服务联系卡中载明了上门安装方为甲电器公司。根据甲电器公司与案外人某科技有限公司签订甲电器公司产品售后服务承揽合同内容，某科技公司承揽某品牌家用空调售后服务工作，虽合同约定因承揽项目施工、服务引起事故，一切责任和损失由某科技公司承担，与甲电器公司无关。但赵某为某科技公司从事安装承揽事项员工，事发时身着工作服装，对于一般消费者而言，购买了该品牌空调后，由销售人员提供了安装电话，赵某亦是通过张某拨打的电话提供的上门安装服务，故张某有理由相信系甲电器公司相关人员提供的安装服务，且甲电器公司也对赵某等人员提供日常的安全培训。应当视为系甲电器公司对张某提供的安装服务。甲电器公司按照张某的电话要求，指派两名工人对张某购买的空调进行安装调试工作，二名工人身着甲电器公司字样制服进行服务，在服务过程中因未按照规定使用安全设备而发生事故，应当构成对张某的侵权行为，故须对于张某合法必要损失进行赔偿。当然，某科技有限公司与甲电器公司的约定系双方内部关系，各方可另行主张。第二，民俗文化经过历史的长期积淀并延续，形成了普通大众对自然和社会的认识评判，进而影响公民的行为判断。虽然房屋发生非正常死亡事件客观上未影响到房屋的实际使用价值，但是该情形会因影响到实际使用者、后续购房者的心理感受，包括忌讳、恐惧、焦虑等而造成房屋交易价值降低。另外，就房屋交易市场通常交易观念而言，房屋是否发生过非正常死亡事件，属于房屋交易的重要信息，如果购房者获悉存在上述有关情况，往往会心生畏惧而无购买意愿，这对于房屋的交易价值影响是很大的。从物的交易价值受影响出发，自然也应当包括物的交易价值的贬损。还有，现甲电器公司工作人员在服务过程中因未按照规定使用安全设备而发生事故，导致房屋发生非正常死亡事件，应当构成对张某的侵权行为，故须对张某房屋价值贬损等合法必要损失进行赔偿。再有，因现张某并未实际出售房屋，房屋实际交易价值贬损无法通过已发生的交易而确定，故房屋贬值的具体数额法院参照场地所在位置的一般市场价格的具体数额，综合本案中当事人履行各项义务的情况、甲电器公司一方行为过错程度、张某实际损失及预期利益等因素，根据公平和诚实信用原则，对于该费用依法予以酌情确定。张某主张被告赔偿精神损害抚慰金 2 万元无事实和法律依据，法院不予支持。

一审法院判决：一、甲电器公司赔偿张某房屋贬值损失 80000 元；二、驳回张某的其他诉讼请求。

二审法院经审理认为：本案争议焦点是甲电器公司是否应承担损害赔偿责任。因张某以侵权责任纠纷提起本案诉讼，故法院应依据侵权责任构成原理分析认定其主张是否成立。具体评述如下：

第一，关于过错问题。根据本案现已查明的事实，甲电器公司将其售后服务委托第三人某科技公司承揽，某科技公司指派具体安装人员进行空调安装。因相关的施工人员均具有特种作业许可证，其安装费用也并非由甲电器公司支付，因此，施工人员不属于甲电器公司的工作人员，甲电器公司在具体承揽人的选择上亦无明显过错。又根据公安机关调查记载，施工人员携带有安全保护设施，死者赵某出于自信未予佩戴，导致其跌落死亡。故从公司管理以及损害发生缘由上分析，不能认定甲电器公司具有侵权的过错。

第二，关于因果关系。本案张某主张其房屋价值贬损，要求甲电器公司等承担侵权责任，实际属于法律上间接因果关系问题。具体而言，"侵权人"导致施工人员赵某的死亡，此属于直接因果关系；而死亡事件又牵连导致涉案房屋发生财产贬值，属于间接因果关系。法院认为，事物之间都具有普遍联系是常态，直接损害发生后，又牵连其他损害发生必不可免。但是，如若在法律上不加限制地肯定所有因果关系并对他人课以责任，将会导致因果关系链条过于模糊而让他人动辄得咎。因此，必须在具体案件中对间接因果关系进行严格控制。本案中，导致张某房屋贬值的属于一种"凶宅禁忌"。所谓"凶宅禁忌"并非公序良俗，由于具有一定的民间背景，以尊重公众心理的态度去解决损害赔偿具有一定的合理性。但因对"凶宅"的界定纯属民间习惯附带个人意志判断，如不加以正确引导，势必导致当事人对损害的主观认识无限放大，甚至辐射至相关邻居，牵连出巨额赔偿。根据本案事实，2020年7月7日，苗某、赵某二人上门进行空调安装。赵某在室外工作时未系安全绳，将窗外防护栏部分螺丝拆除后安装室外机，施工过程中不慎与护栏一同跌落地面死亡。从该事故成因以及事故发生的空间来看，明显属于非住户不当操作而偶发的意外伤亡事件，且事故系施工人员在窗外施工导致，并非发生于张某居室之内，与普通公众通常所理解的发生在宅内的非正常死亡并不一致。因此，不能认定本案中死亡与房屋贬值之间存在法律意义上的因果关系。

第三，关于损害问题。本案中涉案房屋并没有进行司法评估，且房屋亦无出卖之事实，无法认定贬值损失的存在。在缺乏明确而直接的因果关系中又以似是而非的损害认定构成侵权责任，显然不当。

二审法院判决：一、撤销一审判决；二、驳回张某全部诉讼请求。

实践中，鉴于民间习俗和心理因素的影响，因"凶宅"所引发的纠纷时有发生，反映在侵权责任纠纷、买卖合同纠纷、租赁合同纠纷等领域。所谓"凶宅"，并没有严格的学术定义，从民间认知来看，一般是指与发生自杀、凶杀、意外死亡等非正常死亡事件存在较大联系的房屋。[①] 在因"凶宅"而引发的侵权责任纠纷中，一般都会涉及以下三个问题的分析。

一、非正常死亡与"凶宅"认定关系的分歧

虽然"凶宅"与非正常死亡事件相关，但在事实认定层面，自然人非正常死亡的原因、地点与是否构成"凶宅"的认定之间具有一定的联系。

其一，非正常死亡原因与凶宅的认定关系。实践中，当事人主张构成"凶宅"的事由主要有自杀、凶杀、意外死亡和自然死亡事件。理论界与实务界对将房屋内发生自杀、凶杀事件认定为凶宅基本已达成共识。[②] 但对于意外事件如煤气泄漏、突发火灾等情况下，是否应认定为"凶宅"，实践中存在不同意见。一种观点认为，虽然自然人是意外死亡，但从民间"趋吉避凶"的风俗习惯来说，却存在房主对进入该房屋居住有一定心理障碍；广大群众对该类房屋普遍存在忌讳、不安、恐惧等抵触心理，客观上导致该类房屋相对难以转让、出租，交换价值贬损，由此肯定构成了"凶宅"。[③] 另一种观点认为，生老病死乃自然现象，非正常死亡事件的发生并不以个人意志为转移，死亡于相关房屋之内亦非其本人有意选择，由此否定"凶宅"之说。[④]

---

① 李永：《论凶宅贬值损害赔偿纠纷处理的法律适用》，载《法律适用》2019 年第 10 期。
② 韦志明：《"凶宅"类案件中的法律论证评析》，载《法学评论》2015 年第 3 期。
③ 李永：《论凶宅贬值损害赔偿纠纷处理的法律适用》，载《法律适用》2019 年第 10 期。
④ 参见北京市第三中级人民法院（2018）京 03 民终 1000 号民事判决书，载中国裁判文书网。

其二，非正常死亡地点与"凶宅"的认定关系。发生房屋内非正常死亡，是影响凶宅判断的一个基本前提，只不过还需要在此基础上再结合非正常死亡的原因进一步审查。但是，如果非正常死亡的地点根本不在屋内但与房屋有一定联系时，能否认定为民众认知层面的"凶宅"呢？恰如本案，实践中认知也不一致。有的观点认为，非正常死亡如跳楼等自杀事件虽非在房屋内死亡，但该非正常死亡与涉案房屋存在较大的联系，进而影响一般大众对该房屋的评价，也认定房屋构成"凶宅"。有的观点则认为自杀跳楼并不必然导致房屋成为"凶宅"，前房主跳楼死亡对一般人主观带来的影响有限。

二、"凶宅"的判断界限问题

笔者认为，基于民间习俗的影响，完全将"凶宅"作为"封建迷信"不予考虑，确实与现实相悖，而且与房屋在交易市场上存在的"价值贬值"也不相符，但如果过于宽泛地界定"凶宅"，也将给经济交往带来很大的不确定性。故此，在区分死亡原因和地点的基础上，适当限定"凶宅"的判断界限，具有一定的现实意义。

首先，发生在房屋内的非正常死亡。自杀、凶杀事件，一般可以认为具备了"凶宅"的因素。发生在房屋内的意外事件导致的死亡，则需要区分情况。如果是基于疾病的突发死亡，不存在行为人或他人的故意、重大过失因素，一般不应被认为构成"凶宅"的要素，究其原因，在于生老病死乃自然规律，不以自然人的意志为转移，如果将此自然现象也认定为构成"凶宅"，将会无限放大凶宅的认知范围，对正常社会交往和市场交易造成很大影响。如果基于行为人的重大过失导致的死亡，如装修工人在房屋装修过程中触电死亡、被倒下的衣柜砸中头部死亡等，基于民众对该类房屋普遍存在忌讳、不安等抵触心理，则可以将其作为"凶宅"的判断因素。

其次，发生在屋外的非正常死亡。关于自杀事件，一般是因为行为人通过跳楼的方式自杀，由此产生了死亡事件和房屋之间的联系。此时，因行为人存在主观故意，且对于民众使用、交易房屋确实会产生一定的影响，故此可以构成凶宅的一个要素。关于意外事件，如果发生于房屋之外，行为人一般也不存在主观故意，恰如本案，多是行为人在维护房屋或安装设备时出现意外导致，意外事件本身与房屋居住、使用之间的关联性不大，且不存在如"自杀"等类似的"忌讳"心理因素，故此该类意外事件不应成为判断凶宅的考虑因素。

三、"凶宅"所导致的损失数额认定

在涉及"凶宅"的侵权责任纠纷中，如果非正常死亡确实对房屋居住、交换产生了影响时，裁判过程中还会涉及两个基本的问题。

第一个是法律规范的适用。与一般侵权责任不同，在该类纠纷中，侵权人所侵害的"权利"种类缺乏明确性。换言之，难以直接在《民法典》中找到对应的"权利"种类。笔者认为，所谓"凶宅"，其导致的直接结果是房屋的价值贬损，自然也属于物权人的"民事权益"范围，故此，《民法典》第一千一百六十五条第一款可以成为规范基础，即"行为人因过错侵害他人民事权益造成损害的，应当承担侵权责任"。

第二个是损失数额的认定。多数学者认为，房屋为"凶宅"，虽导致房屋的交易价值下降，但并未侵害房屋所有权本身，其导致的财产损失为纯粹经济上的损失，即"非因人身或物权等受侵害而发生的财产损失"[①]。至于具体的判断，应当综合考虑原告购买房屋时的价格、房屋受损时的市场价格、被告的过错程度等因素，酌定赔偿数额。当然，考虑到"凶宅"影响与时间的反比例关系，结合当地的风俗和习惯，也应将时间的长短作为一个考虑因素。

---

① 王泽鉴：《侵权行为》，北京大学出版社 2016 年版，第 295 页。

29

自助行为认定

📄 **实务观点**

问题 1：自助行为的规范要件包括哪些？

观点：在判断民事主体是否构成自助行为时，需要从以下四个方面考察：目的的正当性，即民事主体所实施的行为必须是出于自助的目的；情势的紧迫性，即必须要在情势紧迫且来不及请求国家公权力机关援助的情况下才能实施；方法的适当性，即民事自助行为的方法和手段要适当，不超过必要的限度；后续措施的法定性，即自助行为实施后应立即请求公力救济。

问题 2：法院在认定民事主体构成自助行为时应当考虑哪些因素？

观点：权利人在情势紧迫之下，有权为保护自己受到侵害的合法权益而采取自助行为。合理的自助行为不仅要在法律适用方面注意审查行为人主观过错、客观行为、事发境况、必要范围等要件，同时，还需要进行社会价值考量，以普通大众认知度、接受度及公序良俗原则等因素为判断基础，对于未明显超过合理限度、未明显违背法律规定或公序良俗的自助行为，不应判处权利人承担侵权责任。

📖 **案例精释**

自助行为构成侵权赔偿主张的合理抗辩
——周某与甲公司财产损害赔偿纠纷案

关键词： 自助行为　财产损失　合理限度

案情要览

　　周某系涉案车辆的所有权人，甲公司系某高速收费站的经营管理单位，有权收取高速通行费。2019 年 8 月 12 日，周某驾驶涉案车辆经过高速收费站，在经过收费站前被甲公司工作人员拦住，随后周某启动车辆，使得车辆右前轮撞上手动阻车器，导致车辆出现受损情况。周某向法庭提交了事发当日的行车记录仪视频、手机录像视频，显示涉案车辆排队通过收费口时，有一名身穿制服及反光背心的工作人员在与涉案车辆前面的机动车司机对话，另一名身穿制服及反光背心的工作人员手持阻车器从涉案车辆左侧走到右侧，并将阻车器放在右边轮胎处，放置完毕之后，站立在涉案车辆左前侧的工作人员告知涉案车辆前面的机动车驶离，该两名工作人员分别站在涉案车辆左前方及右前方面对涉案车辆，手持红色荧光指挥棒，周某突然启动涉案车辆时该两名工作人员有向两侧闪躲的行为。甲公司向法庭提交了事发当日执法记录仪视频、监控视频等视频资料，显示事发时周某驾驶涉案车辆等待过卡，两名工作人员分别站在涉案车辆左前方及右前方之后，第三名身穿制服及反光背心的工作人员手持视频记录仪与周某对话，对话内容较为清晰，周某摇下车窗后问"怎么了"，该名工作人员说出其为"高速追逃员"一句话，周某听到之后立即摇上车窗启动车辆，该名工作人员见状立即告知前面工作人员设置了阻车器，但涉案车辆启动已经撞上阻车器（从原告摇下车窗后被告工作人员说出一句话至原告启动车辆大概仅 4 秒时间）。甲公司向法庭提交了涉案车辆闯口逃费的音频、监控视频，显示涉案车辆自 2019 年 4 月 12 日至 2019 年 7 月 24 日有 13 次闯卡记录。并提交了现场照片，显示涉案高速收费站设有"阻车器已开启闯卡后果自负"的提示标语，收费站前亦有"收费站已设阻车器，闯卡扎胎后果自负"的标语。

各方观点

原告周某观点： 2019 年 8 月 12 日上午，周某驾驶车辆行驶至高速收费站处，因被告甲公司工作人员明确指示周某向前行驶到高速收费窗口缴纳高速通行费，且甲公司工作人员未合理使用手持移动阻车器，致使周某在甲公司工作人员明确指引且不知右前轮下放有移动阻车器的情况下，驾驶车辆轧入移动阻车器中，致使周某名下车辆右前轮防爆胎被扎破，右前车身被严重划伤 3 处，车辆轮毂被划伤，故周某诉至法院，要求判令：1. 修复涉案车辆的右前方 3 处划痕，更换车辆右前原厂防爆轮胎、轮毂；2. 赔偿精神损害抚慰金 5000 元；3. 赔偿过路过桥费 120 元、油费 380 元、交通费 500 元。

被告甲公司观点： 我公司是事发高速收费站的管理单位，有权收取高速通行费。根据我公司统计，从 2019 年 4 月 12 日到 2019 年 7 月 24 日，周某驾驶的涉案车辆有过 13 次闯卡逃费的记录，有监控录像和录音为证。此前尝试对其车辆进行拦截，但是没有拦住，事发当天我们发现周某驾驶的车辆准备通过收费站口，我们要求前车不要通行，对其进行拦截，我公司一名工作人员在涉案车辆右边放置了阻车器，另外一位工作人员走至驾驶员处，表明工作人员身份，但是原告没有听从，依然驾车要离开，所以造成了轮胎被扎的后果。我公司使用阻车器没有过错，在我方表明身份的情况下，原告依然开车，损害是原告故意造成的。

裁判要旨

法院经审理认为：本案的主要争议焦点有以下两个。

一、关于甲公司放置阻车器是否构成侵权的问题

甲公司作为高速公路收费站的经营主体，对过往机动车辆收取合理的通行费应属其合法权利，机动车辆闯卡逃费的行为损害了甲公司的合法权益。涉案车辆事发前存在多次闯卡逃费的情况，甲公司应有理由判断出涉案车辆可能会再次闯卡逃费，闯卡过程中机动车辆高速行驶或突然加速的驾驶行为亦威胁工作人员人身安全，基于在高速公路上拦停或防止机动车辆再次闯卡的紧迫性及对工作人员人身安全的考虑，采取放置阻车器的方式维护自身合法权利并不违反法律规定或社会公德，亦与甲公司合法权益的必要范围相符。甲公司系民事主体而非行政执法机关，放置阻车器亦属于高速公路收费站经营主体采取自助行为的常见做法，故甲公司放置阻车器的行为应为合理自助行为。

二、关于甲公司采取自助行为是否构成侵权的问题

甲公司在收费站口两侧均立有"阻车器已开启，闯卡后果自负"的警示牌，应可以视为被告已经进行了事前的提示告知。事发时有两名被告工作人员（手持红色荧光指挥棒）分别站立在涉案车辆两侧进行拦截，另有一名工作人员手持视频记录仪正在与周某进行对话，周某沟通仅4秒便摇上车窗并突然启动车辆试图驶离，视频中显示的三名被告工作人员并未明确告知周某可以驶离。即便另有其他工作人员招手，周某亦应当可以对此种情况下是否适合立即启动车辆做出合理判断，周某突然启动涉案车辆试图通行明显不符合驾驶安全要求，亦不符合跟随前车、依次通行、减速慢行、配合工作人员询问等通过收费站的一般性规则。周某主张事发时涉案车辆大声放着音乐、外部环境嘈杂，没有听清工作人员说话内容，但是，周某及甲公司提交的视频证据中均未显示涉案车辆当时在大声放着音乐，周某与甲公司的工作人员亦存在较为清晰的对话。

周某在驾驶涉案车辆行经收费站时，明知涉案车辆此前存在闯卡逃费的情况，周某对于涉案车辆可能会出现因闯卡逃费被拦停处理的情况应有合理的预见、充分的认知，亦应当妥善配合解决问题。现周某在明知涉案车辆已经由甲

公司三名工作人员拦停，周某在甲公司两名工作人员站在涉案车辆前方、突然启动并不安全的情况下，在甲公司工作人员手持视频记录仪正在与其语言沟通的情况下，周某仅摇下车窗 4 秒钟便摇上车窗并突然启动涉案车辆试图驶离，甲公司工作人员根本无暇口头告知已经对涉案车辆放置阻车器的事宜，故周某的驾驶行为明显不安全、不合理，亦应系其的不安全、不合理驾驶行为导致涉案车辆受损，甲公司为维护其合法权益而采取自助行为的过程中并无不当之处，甲公司对涉案车辆损害的发生不存在过错，周某主张被告修复车辆、赔偿精神损害抚慰金、赔偿经济损失的诉讼请求缺乏事实及法律依据，法院不予支持。

一审法院判决：驳回原告周某的全部诉讼请求。宣判后，双方当事人未上诉，现判决已产生法律效力。

法官评析

本案涉及我国《民法典》当中一项非常重要的制度——民事自助行为。在社会生活中，民事自助行为并不鲜见，但正式作为一项法律规范，则是自《民法典》开始。作为一项新制度，在实践中应用中，如何对自助行为的实施方式、方法及其程度等作出详细解读，是裁判者面临的一大问题。

一、民事自助行为概念

民事自助行为由来已久，古罗马时期，《十二铜表法》中就有"债权人对不履行债务的人可以视为债奴加以拘禁或出卖"的规定。我国古代的《唐律·杂律》中也存在债权人可以在债务人不履行债务时，对债务人本人或其户内男子实施拘禁，以令其服劳役折抵的规定。至于近代，各国立法或者法律解释均有条件地承认自助行为，如《德国民法典》第 229 条规定："出于自助的目的而扣押、毁灭或损坏他人财物者，或出于自助的目的而扣留有逃亡嫌疑的债务人，或制止债务人对有义务容忍的行为进行抵抗者，如来不及请求官署援助，而且若非及时处理则请求权有无法行使或其行使显然有困难时，其行为不认为违法。"《瑞士债务法》第 52 条第 3 款规定："为保全有权利的请求权之目的，自行保护者，如按其情形，不及请求官署救助，唯依自助得阻止请求之无效或其主张之重大困难时，不负赔偿义务。"

具体到我国，《民法通则》颁布时，其中并未明确规定自助行为。实践中，在民事活动中，一旦债权人为实现自己的合法权益，在情急之下对债务人实施了某些强制行为手段，若无法律明确给予肯定，便会导致将该强制行为界定为非法行为的结果，而且法律的滞后，还会变相放纵债务人的不履行义务行为。故此，《民法典》第一千一百七十七条对于"自助行为"进行明确，具有积极的意义，将使我国的私力救济制度得以完善，为公民维护自身合法权益增添了一条及时有效的合法路径。

二、民事自助行为的认定

《民法典》第一千一百七十七条第一款规定："合法权益受到侵害，情况紧迫且不能及时获得国家机关保护，不立即采取措施将使其合法权益受到难以弥补的损害的，受害人可以在保护自己合法权益的必要范围内采取扣留侵权人的财物等合理措施；但是，应当立即请求有关国家机关处理。"该条即是自助行为的规范内容。就其构成要件而言，主要包括以下内容。

其一，目的的正当性，即民事主体所实施的行为必须是出于自助的目的。保护自己的合法权益是进行自助行为之目的条件。无论是采取扣押、损坏他人财物，都必须是为了维护法律所确定的自己的正当权益，而非他人利益。司法实践中，合理自助行为的主要判断标准即实施行为的目的正当性，如果缺乏正当的理由而实施扣留他人财物等自助行为即属于侵权行为。对于目的正当性的判断，主要应当从民事主体的权利保护角度出发予以权衡，即行为人本人在人身或财产方面是否存在受到侵害的合法权益，而具体合法权益的存在可能系基于物权、债权或不当得利、无因管理而产生的，这种目的正当性亦不应当以当事人个人认知或主观臆断为判断标准，最终应当以法院审查认定的事实为准。

具体到本案中，甲公司采取自助行为的目的正当性在于其依法对高速公路收费站享有的经营管理权，有充分证据显示涉案车辆存在多次闯卡逃费的记录，周某对此亦明知，甲公司系为了维护自身合法财产权益而采取的扣留车辆行为，这并非甲公司的单方臆断或需要基于其他关联案件才能认定的争议事实。

其二，情势的紧迫性，即必须要在情势紧迫且来不及请求国家公权力机关援助的情况下才能实施。正如《民法典》第一千一百七十七条中所述"情况紧迫且不能及时获得国家机关保护，不立即采取措施将使其合法权益受到难以弥补的损害的"，具体到民事法律关系中，包括诸如债务人隐匿财产不履行义务、债务人逃跑而规避履行债务；再如，债务人在国内无财产，而欲逃往国外，行将登机，此时若不加以解决，则时机稍纵即逝。换言之，如果出现债务人移转自己的财产以规避履行债务，造成债权人明显无法实现债权或实现债权明显困难，且权利人来不及向法院申请保全时，债权人可以扣押其财产；若债务人有逃跑嫌疑或者正在逃跑的，债权人则可以扣留债务人。当然，前提是来不及获得国家机关保护，如果时机虽已紧迫，却仍可请求公力救济，则不得为自助行为。

其三，方法的适当性，即民事自助行为的方法和手段要适当，不超过必要的限度。自助行为是私力救济行为之一种，并可能对自助行为的相对人造成损害，故对自助的手段措施，应当加以规范。合理的自助行为，其实施的手段不得违反法律、公共道德和善良风俗。此外，实施自助行为必须是法律所能容忍的，即应以可以制止危险的发生为限。

其四，后续措施的法定性，即自助行为实施后应立即请求公力救济。自助行为属于私力救济的范畴，而并非任何民事纠纷都适用于私力救济，私力救济方式是对公力救济的补充，从适用顺序上应当优先考虑适用公力救济。自助行为原则上只能是一种对请求权暂时保全的措施，请求权最终还必须通过司法程序来实现。[①] 故此，《民法典》第一千一百七十七条规定的要求，即实施了自助行为后，"应当立即请求国家机关处理"。由于自助只为促进纠纷的解决条件，其行为并未解决纠纷本身，所以在行为人实施自助行为（扣留债务人的财产、限制债务人的自由）后，还应当积极地寻求纠纷解决的方法。虽可以自行协商

---

① ［德］卡尔·拉伦茨：《德国民法通论》（上册），王晓晔、邵建东、程建英译，法律出版社 2013年版，第 371 页。

达成新协议或新条件，但协商不成的，应立即请求司法救济。

就本案而言，甲公司之所以使用阻车器扣留周某驾驶的涉案车辆，是因为其存在内部的治逃制度，既有电子系统识别出来存在逃费记录的车牌号后进行通报，也有专门的治逃工作人员配合采取措施追缴欠款。当时的客观情况是涉案车辆被识别出是逃费车辆且有多次逃费记录，车辆正在排队通行收费站口且可能再次闯卡，如果不立即进行处理将面临无法追缴此前欠费的不利局面，治逃人员在涉案车辆排队通行收费站的过程中果断使用了阻车器拦停并进行协商解决，这其中涉及的时间、地点及事态发展、对话协商情境、紧迫性程度等因素均属于正常合理的、驾驶人员可预期的范围之内。

30

财产损害赔偿范围

📄 实务观点

问题 1：老人将业主放在楼道内的纸箱误认为垃圾拿走并丢弃内部财物，是否构成侵权？

观点：作为成年人，在处置纸箱和纸箱内物品的过程中，应当根据纸箱和物品的包装情况对其是否属于他人抛弃的废品进行合理判断。老人想当然地将纸箱和物品作为废品处置，其主观应当或能够预见自己行为的损害结果，由于疏忽大意没有预见，存在主观过错，给他人的财产造成了损害且具备因果关系，构成侵权行为。

问题 2：老人将业主放在楼道内的纸箱误认为垃圾拿走并丢弃内部财物，在侵权行为成立的前提下，如何确定赔偿责任？

观点：物品所有人在明知自己所购货物为贵重物品的前提下，将所购物品放置在楼道公共区域内且时间长达近 5 个小时，对损害结果亦存有一定程度的过失，根据"过失相抵减责"规则，物品所有人应当对损害后果承担一定比例的责任。

案例精释

老年人捡拾"垃圾"变卖导致财产损害的事实及责任认定
——某美容中心诉潘某财产损害赔偿纠纷案

关键词：废品　捡垃圾　财产损失

案情要览

原告某美容中心从事美容美肤服务行业，其在某小区某楼20层租用房屋用于日常经营。2019年11月24日上午九时许，快递公司将原告从网上购买的一纸箱化妆品放置于门口，原告员工谢某签收后将纸箱取回屋内，经过清点后又将纸箱放在美容中心门口即楼内过道。大约下午三时左右，某美容中心员工准备将纸箱及物品取回房内时发现全部丢失。该美容中心员工谢某随即向当地派出所报案。经公安机关调取楼内物业监控视频显示，涉案纸箱被被告潘某取走。被告在电梯间还打开箱子，检查了箱内的化妆品。派出所民警传唤被告且进行了询问，被告称其每天接送外孙上学，然后会在小区内捡拾垃圾废品进行变卖。事发当天，其自楼顶向下逐层收集住户丢弃的废品，在20层原告门口的楼道发现涉案纸箱和物品，以为是住户丢弃的垃圾，便拿走将纸箱内的物品丢弃，将纸箱变卖给小区垃圾分类员唐某，其根本不认识纸箱内标满各种外文字体的瓶瓶罐罐是什么东西。

公安机关也对某美容中心的员工谢某、垃圾分类员唐某进行了询问，得出的事实过程与被告陈述基本吻合。同时唐某亦称亲眼看到潘某将纸箱内物品丢弃，仅将纸箱变卖。潘某丢弃的物品，唐某以为是垃圾已经运往生活垃圾处理中心处理，无法寻回。该美容中心员工谢某称，事发当日其就在小区附近找到潘某变卖的快递纸箱，并进行了留存。公安机关认为被告潘某的行为不构成刑事、行政立案条件，未对其采取强制措施。

各方观点

原告某美容中心观点：原告从事美容美肤服务行业。2019 年 11 月 24 日，快递公司将原告购买的一箱化妆品放置于美容中心门口，在原告员工准备取回房内时发现丢失，后向派出所报案，经调取门口视频显示，纸箱被被告潘某取走，被告在电梯间还打开箱子，检查了箱内的化妆品，后被告将化妆品丢弃，派出所民警传唤被告且进行了询问，认为不构成刑事、行政立案条件，建议通过民事诉讼向被告主张损害赔偿。原告认为被告为了谋取私利，擅自将原告所购商品丢弃，给原告造成经济损失 17837.5 元，原告多次向被告追偿均被拒绝，故提起诉讼。

被告潘某观点：不同意原告的诉讼请求。原告主张的损失没有事实依据。第一点：首先，对原告损失的金额不认可。发票是在双方争议发生后开具的，发票的内容包括货物数量、价格、总金额都不是第三方中立机构开具的，开票人某经贸公司是某品牌在本地的代理商，而原告是该品牌的经销商，双方具有长期的业务合作往来，双方非常熟悉，具有利害关系。其次，发票显示的金额、时间应该和付款的转账记录、商品销售合同等相一致，发票不能反映原告主张的损失金额。另外，发票记载的货物价格系零售价，但根据被告咨询该品牌中国代理区集团的相关人员，其表示经销商从代理商批发的价格分为两种：一种是客装；另一种是院装。客装产品的价格是零售价的 2.5 折，院装产品价格是零售价的 3 折。原告是该产品的经销商，其拿货价格应该是批发价，即零售价的 2.5 折或者 3 折。原告提供的转账记录没有显示转账时间，不能反映本案发生前原告转给对方的货物金额。原告第一次报案说货物价格是 1.2 万元左右，第二次报案说货物价格是 39891 元，第三次起诉说货物价格是 17837.5 元，前后三次主张货物金额都不一致，如果案发前原告转账金额是确定的，为什么在报案时不主张货物的实际金额，而在 3 个金额之间来回选择。第二点：对原告主张损失的货物数量不认可。原告提供的出库单没有供货商的签字或盖章，是复印件，出库单的内容、数量、时间都可以随便改动，另外被告提供的货物包装箱的图片显示发货数量是 36 件，但原告提供的出库单显示是 99 个品类、130 多件，无法确认是由 1 个快递箱邮寄的。公安机关笔录记载快递箱是上午 9：30 到达原告门店，原告的员工收到货物后自行将快递箱打开，他先搬进自己的门店，又从门店搬出来，原告进货的目的是补货，但在到货之后至丢失之时，将近 5 个小时不入库，不具有合理性。另原告报警时称，箱子的实际重量达 28 公斤左右，一个 70 多岁的老人徒手拉走重达 60 斤的货物不具有合理性。综上，原告主张的损失数量、金额的证据系原告单方提供，被告均不予认可，与原告的实际损失不符。针对过错责任：原告对财产损害也存在过错，应当按过错比例承担责任，首先，楼道过道不允许堆放个人物品，原告所在小区的物业公司对全体业主发出关于禁止在安全楼道堆放私人物品的温馨提示，根据《消防法》第二十八条相关规定，任何单位、个人不得占用、封闭安全通道、消防通道、安全出口。其次，原告对自己的贵重物品有保管义务，原告将贵重物品留置于楼道内将近 5 个小时，疏于对物品的管理，作为完全民事行为能力人应当能够预见留置楼道物品有可能丢失的风险。原告的货物在丢失时是打开的，且视频显示化妆品的堆放是凌乱的，如真如原告所说货物价值 17837.5 元，此贵重物品随意丢弃有悖常理。被告将纸箱拉走时，有敲过原告的门，询问过原告，但原告没有任何回应。正是由于原告没有尽到保管义务，不重视的行为，导致被告将货物拉走并扔掉时，既不知道是谁的货物，更不知道是什么贵重物品。关于律师费承担问题，本案属于侵权责任纠纷，不属于合同纠纷，根据侵权责任法财产损害赔偿规定，财产损害的赔偿范围包含赔偿被侵害人的直接损失，律师费属于间接损失，非必要的、非必然的损失，被告不予承担。

裁判要旨

法院经审理认为：首先，原告提交了出库单、发票、电子银行转账回单予以证明其遭受的货物损失价值，被告对此不予认可，并从货物的价格、数量、重量等方面提出相应抗辩意见，但均未提交有效的证据予以证明。并且原告出示的出库单所显示的货物名称及数量与发票记载的内容一致，发票显示的金额与电子银行转账回单显示金额一致，三份证据所记载的日期亦与本案事实紧密关联，由此相互印证，形成了完整的证据链，足以证明原告购买货物的实际价值。虽然被告认为原告主张的损失与实际不符，但在上述原告已证明购买货物实际价值的情况下，被告作为主动行为的侵权人应对其将快递纸箱拖走时该纸箱内实际货物数量或价值发生变化进行充分举证，而不能再苛责原告对此进行举证。现被告未提供充分证据证明其主张，故法院对原告主张的货物损失金额为 17837.5 元予以确认，对被告认为原告主张损失的货物数量和价值过高，与实际不符的抗辩意见不予采信。

其次，根据原告职工谢某在派出所的陈述和原告当庭陈述，原告的职工将装有贵重货物的快递签收后，直接放置于门口公共楼道内长达数小时，其本身对贵重货物未尽到谨慎防范义务，故原告对货物损失的结果存在一定过错，可以减轻被告的赔偿责任。但鉴于货物放置的公共楼道内亦属于小区居民楼内相对封闭空间，而被告在此情况下将置于相对封闭空间内的非其所属物品擅自处理，故其对损害结果承担较大责任。法院依照公平公正原则，综合考虑各当事人的过错程度，根据本案的具体案情，酌定由被告承担 60% 的赔偿责任为宜。

最后，由于律师费并非被告侵权行为所必然产生的损失，且律师费用的数额完全是原告和其委托诉讼代理人之间内部的协商结果，被告并未参与律师费的协商过程，原告与其律师关于律师费的约定不能突破债之相对性原理对被告产生约束力，故原告要求被告承担律师费的诉讼请求，于法无据，不予支持。

一审法院判决：一、被告潘某赔偿原告某美容中心化妆品损失 10702.5 元；二、驳回原告某美容中心的其他诉讼请求。

宣判后，双方当事人未上诉，现判决已产生法律效力。

法官评析

在我们的日常生活中，部分老年人捡拾废品进行变卖的行为较为常见。在网络快递购物日益频繁的前提下，包装箱等物品时常成为老年人捡拾废品的对象。本案即是老年人在捡拾废品的过程中，因疏忽大意误将他人放置门外的装有化妆品的箱子当作废品处理而引发的侵权损害赔偿。该类案件的处理过程中，主要涉及如下三个问题的判断。

一、侵权责任构成的一般要件

《民法典》第一千一百六十五条第一款规定："行为人因过错侵害他人民事权益造成损害的，应当承担侵权责任。"该条内容是对一般侵权责任的规范，再结合法学理论的研究成果，侵权责任的构成要件一般包括四个。其一是行为，即存在侵犯他人合法权益的加害行为，若无此行为，自然也难以产生相应的损害和责任，至于行为的种类，既包括作为也包括不作为。其二是损害事实，即他人的财产或者人身权益遭受了破坏和其他不利影响，包括财产灭失、人身遭受伤亡、精神遭受痛苦等。其三是因果关系，即行为与损害之间存在引起与被引起的关系。具体来说，其包括了责任成立和责任范围两种因果关系，前者是指侵权行为直接引发了损害后果，重点在于认定责任是否成立；后者是指侵权行为程度与损害后果大小之间的对应关系，重点在于考察责任成立后的范围问题。其四是过错，即行为人的主观状态，包括了故意和过失两种形式。

二、侵权责任要件之损害事实及因果关系的举证责任分配

损害事实、因果关系作为侵权责任的构成要件，其能否被证明将直接影响侵权责任能否成立，相比其他要件，上述两者时常成为诉讼的争议焦点所在。在财产类案件中，原告不仅需要证明财产被损害，还需要证明被损害的具体价值，以此来判断侵权人的责任及赔偿数额。那么，损害事实、因果关系应当由谁来举证？《最高人民法院关于适用〈中华人民共和国民事诉讼法〉的解释》第九十条规定："当事人对自己提出的诉讼请求所依据的事实或者反驳对方诉讼请求所依据的事实，应当提供证据加以证明，但法律另有规定的除外。在作出判决前，当事人未能提供证据或者证据不足以证明其事实主张的，由负有举证证明责任的当事人承担不利的后果。"由此可见，除非法律另有规定外，在

一般侵权责任中，首先由权利人举证证明自己所遭受的具体损害、侵权行为与损害之间的因果关系，恰如本案，双方对于损害事实即捡走化妆品的情况并无争议，争议在于损害结果即被告的行为给原告造成了多大损失。就此，原告提供了化妆品销售商开具的发票、出库单和交易的银行转账记录，这些证据前后衔接印证了损失物品的数量、价值，原告已经完成了相应的举证责任。反观被告，其认为原告收货后对快递进行了拆封验货，这一过程存在一个货物数量和价值减少的合理怀疑。此时，若要求原告继续就货物损失价值和数量未发生变动进行举证，势必会过于苛责而加重原告的举证责任，不合理亦不公平，故法院有必要对举证责任进行公平合理的分配。具体来说，被告应当就其反驳意见，即对化妆品数量、价值的质疑进行相应的举证，因其未能完成举证，故法院无法采信其意见。

三、侵权之损害赔偿数额确定的考量因素

在侵权人需要承担赔偿责任的前提下，法院需要进一步确定赔偿数额，该数额的大小与侵权人赔偿责任的比例具有直接的关系。换言之，除了侵权行为之外，被侵权人是否也存在过错，是决定能否减免侵权人责任的基础，就此，《民法典》第一千一百七十三条规定："被侵权人对同一损害的发生或者扩大有过错的，可以减轻侵权人的责任。"具体到本案，被告作为成年人，在处置纸箱和纸箱内物品的过程中，应当根据纸箱和物品的包装情况对其是否属于他人抛弃的废品进行合理判断。被告想当然地将纸箱和物品作为废品处置，其主观应当或能够预见自己行为的损害结果，由于疏忽大意没有预见，符合侵权法律规定的主观过错要件。因此，被告应当赔偿原告已遭受的财产损失。但原告在明知自己所购货物为贵重物品的前提下，将所购物品放置在楼道公共区域内，且时间长达近 5 个小时，对本案的损害结果亦存有一定程度的过失。故此，法院根据"过失相抵减责"规则，认定由被告承担 60% 的赔偿责任较为合理，同时也得到了双方当事人的一致认同，体现了社会效果和法律效果的统一。

31

邮寄物品灭失责任

📄 实务观点

问题 1：快递公司对于邮寄物品的灭失存在故意或重大过失时，能否主张依照保价条款进行赔偿？

观点：快递公司负有防止快递毁损、灭失的法定义务，快递邮寄过程中毁损、灭失时，如果快递公司存在故意或重大过失，不能以保价条款作为赔偿数额的有效抗辩，应当结合财产损失的具体情况进行赔偿。

问题 2：快递邮寄物品丢失时，对于标的物的价值如何分配举证责任？

观点：对于标的物的价值，应当由物品所有人提供初步证据予以证明，在物品所有人完成初步举证之后，如果快递公司否认，应当就其反驳理由或事实提供反证，未提供者需要承担不利后果。

📖 案例精释

快递公司对于邮寄物品的灭失存在故意或重大过失时能否主张依照保价条款进行赔偿

——杜某诉快递公司等侵权责任纠纷案

案情要览

2020 年 10 月 24 日，杜某将两块分别为甲品牌和乙品牌的手表从 A 市快递给 B 市的梁某某进行维修，由快递公司承运，梁某某收到后进行维修，杜某通过微信转账维修费用 700 元给梁某某。2020 年 11 月 8 日，梁某某将修理完毕的两块手表委托员工张某寄出，收件地址是杜某告知梁某某的，快递公司收派员原某揽件并查验为两块手表后寄往 A 省，张某为该寄件保价 5000 元，邮寄费用是到付方式。2020 年 11 月 10 日，杜某收到该邮件，经当场开箱查验发现是空包裹，遂拒收。杜某联系梁某某和快递公司，快递公司只同意赔付 5000 元保价金额，后 2020 年 12 月 10 日杜某向某派出所报警，某派出所《接报警回执》答复杜某："……民警来到快递分公司了解情况，在快递系统中查询到报警人杜某的快递包裹在某中转仓库已经被二次包装后邮寄至报警人杜某手中，经联系快递分公司的主任，其称包裹到中转站时已经破损，除一张白纸外包裹内空无一物，民警告知其应向当地的公安机关报警维护物品所有人的权益，主任称快递方未发现有内盗行为，故无法向公安机关报警，民警又驱车赴快递 4 号仓库，调取当日中转分拣快递时现场视频资料及快递分拣员上传的报警人杜某的快递包裹破损照片，经核实此快递包裹在哈尔滨中转时就已经破损，包裹内无报警人杜某的两块手表……"杜某与梁某某共同确认两块手表中一块是甲品牌，一块是乙品牌，其中乙品牌手表是杜某在 2019 年从梁某某处购买的二手手表，购买价格为 35000 元，实际出资人并非杜某本人。梁某某称甲品牌手表真假不知，仅是为杜某维修，并曾在杜某微信询问甲品牌手表能卖多少钱时答复"留着戴吧，卖不上多少钱，我建议你不要卖了，留着戴多好啊"。杜某称丢失的两块手表，甲品牌手表是在俄罗斯购买，并提交了购物小票，梁某某、杨某某、快递公司对此购物小票真实性均不认可，而杜某也没有就两块手表丢失时的价值提交证据。快递公司认可涉诉包裹在杜某收到时是空包裹。梁某某提交寄件人张某与快递公司快递员原某的视频、证明等材料以证明梁某某在寄出两块手表时是经过查验，包装完好后寄出。快递公司称原某是快递公司员工，但其言论是代表个人，不代表公司。快递公司提交杜某在该公司曾经邮寄其他快递时保价的快递单号，以证明杜某在将涉诉两块手表从黑龙江寄往北京梁某某处时未保价是明确知道手表并不值钱，也清楚保价规则。杜某称未保价是信任快递公司的快递服务安全。另，杜某确认在让梁某某寄回维修完毕的手表时并未要求梁某某保价，梁某某也确认是按照店内经营的惯例投保了保价，未接到杜某的保价指示，保价金额是自行估算确定。梁某某称与杨某某离婚多年，使用杨某某实名注册的微信号及银行账户收付款，杨某某对此确认；杜某称确未见过杨某某，一直是与梁某某接触。杜某向法院起诉请求：1. 判令快递公司、杨某某、梁某某赔偿杜某财产损失114000元；2. 快递公司、杨某某、梁某某赔偿杜某律师费20000元。

各方观点

原告杜某观点： 2020年10月24日，原告杜某将分别为甲品牌和乙品牌的两块手表邮寄到被告梁某某处进行维修保养。2020年11月8日，被告梁某某称手表保养维修完毕，原告以微信转账方式向梁某某支付费用700元并要求将手表快递给原告。同日，被告梁某某称将两块手表按原告提供的地址交寄快递公司。未经原告确认，交寄人填写快递保价金额为5000元，显示保价费为25元，到付金额为48元，涉诉快递由快递公司快递员原某揽收。2020年11月10日，快递送达原告处，原告杜某要求当场查验，快递员拆箱后发现包装箱内是空的，原告拒收后通知被告梁某某，并向被告快递公司投诉，快递公司称仅可按保价金额赔付。原告不认可赔付金额。原告交给被告梁某某维修的乙品牌手表系2019年12月在被告处购得，购买价为35000元，甲品牌的手表系2017年8月25日在某购物中心购得，购买价格为79000元。被告杨某某在原告购买乙品牌手表时为梁某某代收款项，系与被告梁某某共同经营手表维修店铺，应与梁某某一同承担责任。故请求：1. 判令快递公司、梁某某、杨某某赔偿原告财产损失114000元；2. 赔偿原告律师费20000元。

被告梁某某辩称： 不同意原告的诉讼请求。原告将两块手表快递给我进行维修，没有进行保价，邮费是到付由我支付的，且修好后，原告也没有要求我保价寄回，我的工作人员保价5000元寄回已考虑了手表的实际价值，并无不妥。我与杨某某离婚多年，使用的微信是杨某某原先实名注册的账户，也用杨某某的银行账户收过原告的转账，但杨某某并非与我共同经营，也并不知情。我的工作人员将两块手表交寄快递公司，有快递公司快递员作证，我方对手表丢失并无过错。而原告所称的手表之一，甲品牌手表的实际购买价格无法确认，乙品牌手表也没有什么市场价值，原告起诉请求没有依据。被告没有侵权行为，快递公司丢失快递应由快递公司赔偿。

被告杨某某观点：不同意原告的诉讼请求。我与梁某某离婚多年，对本案所发生的事实并不清楚，也没有参与梁某某的手表维修生意，毫不知情。梁某某使用我身份信息注册的微信号和我原先的银行账户，但是我对本案没有过错，与我无关。

被告快递公司观点：我公司认可原告所述快递已经丢失，但经过保价，我公司同意按照保价金额予以赔偿。原告没有证据证明事实上丢失了两块手表，是什么品牌手表无从知道，本运单是快递公司与张某的邮寄关系，与原告没有邮寄关系，即便是索赔，也应当是寄件人索赔。快递员原某的声明不代表快递公司，我公司不认可证明目的。原告从鸡西将两块手表寄往北京时并未保价，但原告曾就邮寄的其他物品保过价，可见原告知道保价规则，对手表的价值并不重视。

裁判要旨

一审法院经审理认为：其一，梁某某在维修手表后按照杜某要求寄回指定地址，并在快递公司快递员原某的见证下完好包装并发出邮件，出于谨慎进行了保价并选择了到付费用，梁某某尽到了基本的注意义务，也按照杜某指示完成了手表交递，梁某某对杜某财产损失的后果没有故意也不存在明显过失，杜某的意见不符合事实，法院不予支持；其二，关于杨某某的责任承担，因杜某亦自述未接触过杨某某，且梁某某与杨某某早已离婚，杨某某亦没有明显过错或存在明显过失，法院对杜某请求杨某某承担连带侵权责任的意见难以支持；其三，关于快递公司的责任承担，快递公司辩称与杜某不存在邮寄服务合同关系，法院认为，快递公司在本案中的涉诉包裹内物品确系丢失，且并非因杜某的过错，而是快递公司未能尽到安全送达包裹的服务义务，存在重大过失，快递公司损害了该包裹内物品的实际权利人即杜某的财产权，理应对杜某就财产损害承担赔偿责任。关于赔偿金额，法院认为，杜某提交的俄罗斯购买甲品牌手表票据的真实性无法核实，快递公司、杨某某、梁某某均不认可，而购买乙品牌手表的真实性存在，梁某某确认购买价格是 35000 元，但杜某自述手表质量不佳，因手表故障才寄往梁某某处维修，因此，购买价格不是其现实价值。因此，综合考虑庭审已查明的情况，在两块手表丢失时所对应的市场价值已无法确认，且杜某自身明知快递保价条款并认为丢失手表的价值较高仍未明确要求梁某某适当保价，对自身权益存在疏忽、放任，故法院酌情确定财产损失金额为 5000 元。关于杜某主张的律师费，没有法律依据，法院不予支持。

一审法院判决：一、快递公司于本判决生效之日起七日内赔偿杜某财产损失五千元；二、驳回杜某的其他诉讼请求。

二审法院经审理认为：本案存在的主要争议焦点如下。

一、关于邮寄财产损失的原因及责任的认定

根据已查明事实，快递公司从张某处揽收了两块手表，并将两块手表快递给杜某，但在快递公司邮寄的过程中，邮件的包装被破坏，在邮寄工作人员发现包装破损且包装内没有邮寄物时仍二次包装继续寄送；现有证据能够证明涉案邮件在邮寄过程中被破坏，邮件内的手表被拿走，快递公司的邮寄人员私拆邮件并非法占有他人财产的行为，性质非常恶劣，属于故意侵害他人财产的行为；另外，在邮件中转时工作人员已经发现邮件包装损坏，邮件内没有邮寄物，工作人员仍二次包装继续寄送，该行为属于故意掩盖邮件丢失的行为，如果杜某在收件时没有检查邮件，就会造成杜某收到邮件的事实，二次包装的恶意显而易见。基于以上几方面的因素，可以认定杜某的手表是在快递公司的邮寄过程中被恶意占有，相关工作人员发现包装破损且没有邮寄物时，二次包装掩盖事实，均属于故意，并不属于过失，故快递公司应当承担财产损害赔偿责任。

二、关于本案是否适用保价条款及限价赔偿的问题

首先，从快递公司诉讼中提交的《电子运单契约条款》来看，"4.3 未保价快件在运输环节发生灭失、破损、短少的，我公司在 7 倍运费的限额内向您赔偿托寄物的实际损失，双方另有约定的除外。如您认为该赔偿标准不足以弥补您的损失，应根据托寄物的实际价值进行保价。如您未保价，视为托寄物价值不超过 1000 元。""4.4.5 保价快件在运输环节全部灭失的，我公司按照实际损失向您赔偿，但最高不超过保价金额；快件部分灭失的，我公司按照全部灭失赔偿标准乘以损失比例向您赔偿。您或指定付款人拒绝支付保价费用的，我公司将按照未保价快件进行赔偿。"上述条款约定的情形为邮寄物损坏、灭失等情形，显然是过失导致邮寄物的损坏、灭失，并不包括故意损坏或非法占有邮寄物的情形；而本案中，杜某的两块手表是被非法占有，并不属于保价或限价条款约定的情形，不适用保价或限价条款的约定。其次，《快递暂行条例》第二十四条规定，"经营快递业务的企业应当规范操作，防止造成快件损毁"，相关法规明确规定了防止邮寄物损坏、灭失是快递经营者的义务。邮寄物损坏、灭失后，快递经营者按照保价或限价予以赔偿，前提是经营者是因过失等原因导致邮件损坏、灭失，即经营者尽到相应的注意义务后，邮寄过程中出现不可控的原因造成邮寄物损坏、灭失，才适用保价或限价赔偿规则；如果对于故意占有邮寄物予以保价或限价赔偿，当邮寄物的实际价值高于保价或限价赔偿的数额时，可能导致恶意占有邮寄物，赚取差价的行为发生，故在邮寄过程中出现非法占有邮寄物的情况下，不适用保价或限价赔偿，符合相关法律、法规的规定。最后，从杜某发现包装内没有手表、公安机关的调查及本案诉讼的过程来看，快递公司发现包装内没有邮寄物后，没有查找、追查原因，并且在公安机关已经查明邮件的包装破损、二次包装等情形下，快递公司仍未追查邮件在运送过程中出现的问题，给寄件人或收件人以合理说明，而是推卸责任，快递公司对待邮寄物的态度明显懈怠，也未尽到防止邮寄物损坏、灭失的法定义务，如果仍按照保价或限价赔偿，快递公司难以认识到自身的责任，也不利于保护

寄件人或收件人的合法权益。基于以上几方面的因素，按照邮寄物的价值赔偿，符合法律规定，也有利于保护寄件人或收件人的合法权益，故快递公司主张按照保价或限价规则赔偿的意见，法院不予采纳。

三、关于赔偿金额如何确定的问题

侵害他人财产的，财产损失按照损失发生时的市场价格或者其他方式计算。首先，快递公司揽收了张某交寄的两块手表，快递公司没有按照约定将两块手表交给杜某，是因快递公司的原因不能将手表交给杜某，并非杜某的原因，快递公司应当举证证明其控制的手表的市场价格，而非否认杜某主张的手表价格；但在诉讼中，快递公司未提供证据证明其揽收的两块手表的价格，快递公司应当承担举证不能的后果。其次，在诉讼中，杜某提供了相应证据，可以佐证两块手表的品牌、购买时间、购买价格，在快递公司未提供证据推翻杜某的证据的情况下，法院采信杜某提供的证据，但考虑手表已经使用和维修的情况，法院酌情确定快递公司应当赔偿的数额为8万元。原审法院认定的数额过低，二审法院予以纠正。

二审法院判决：一、撤销一审判决；二、本判决生效后七日内，快递公司赔偿杜某财产损失八万元；三、驳回杜某的其他诉讼请求。

法官评析

随着我国网络经济的发展，快递产业也随之得到长足进步。快递流转的过程中，丢失货物的情况并不鲜见，为了明确货物灭失的具体赔偿数额，快递公司时常提示邮寄人选择保价条款。然而，由于货物灭失的原因复杂多样，保价条款应当如何适用，实践中不乏争议，本案的争议焦点之一也集中在此。

一、保价条款的适用条件

作为快递公司，其基本的合同义务是安全及时将标的物送达收件人，防止快递物品灭失自然是应尽的义务，正如我国《快递暂行条例》第二十四条规定

"经营快递业务的企业应当规范操作，防止造成快件损毁"。快递公司出于经营需要，在快递服务合同中设置了标的物灭失相关的"保价条款"。关于该条款的性质，因其是快递公司为了重复使用而预先拟定，并在订立合同时未与对方协商的条款，依照《民法典》第四百九十六条的规定，显然属于格式条款。

依照《民法典》第四百九十六条、第四百九十七条的规定，该格式条款如果欲成为合同内容或发生应有的效力，需要遵循两个条件：其一，快递公司已采取合理的方式提示对方注意免除或者减轻其责任等与对方有重大利害关系的条款，按照对方的要求，对该条款进行了说明。其二，该格式条款不存在法定的无效情形，如提供格式条款一方不合理地免除或者减轻其责任、加重对方责任、限制对方主要权利，提供格式条款一方排除对方主要权利，因故意或者重大过失造成对方财产损失的。由此可见，快递公司单方设计的具备格式条款性质的保价条款，能否对当事人产生约束力尚具有一定的"不确定性"，唯有满足《民法典》上述条文规定的条件时，才能产生预期的效果。

二、丢失标的物的价值认定与举证责任分配

《民法典》第四百九十七条规定："有下列情形之一的，该格式条款无效：……（二）提供格式条款一方不合理地免除或者减轻其责任、加重对方责任、限制对方主要权利；……"由此可知，如果快递公司在邮寄过程中，存在故意或重大过失导致财产损失的，即便存在保价的格式条款，也属于不合理的免除或减轻其责任，该条款也将无效，难以成为快递公司的有效抗辩理由，在此前提下，快递公司自然应当依照财产损害赔偿的一般规则即标的物的价值赔偿权利人的损失。至于快递公司存在故意或重大过失情形的认定，则需要结合具体案情和快递的收发过程综合判断。比如本案中，在邮寄过程中，邮件的包装被破坏，并且快递公司的工作人员发现包装破损且包装内没有邮寄物时，应当将该邮件拣出并查找、追查原因，但快递公司的工作人员未按照相关规范操作，仍二次包装继续寄送，该行为属于故意掩盖邮件丢失的行为，如果杜某在收件时没有检查邮件，就会造成杜某收到邮件的事实，二次包装的恶意显而易

见，快递公司显然存在故意或重大过失。此时，如果仍坚持按照保价或限价赔偿，不仅会纵容快递公司松散管理，也不利于保护寄件人或收件人的合法权益。

　　此外，现实生活中，邮寄人邮寄物品时经常没有明码标价（如本案中的手表），保价的数额时常也只是估计，法院裁判之时应当如何判断标的物的价值？该问题涉及诉讼中的举证责任问题，《最高人民法院关于适用〈中华人民共和国民事诉讼法〉的解释》第九十条规定："当事人对自己提出的诉讼请求所依据的事实或者反驳对方诉讼请求所依据的事实，应当提供证据加以证明，但法律另有规定的除外。在作出判决前，当事人未能提供证据或者证据不足以证明其事实主张的，由负有举证证明责任的当事人承担不利的后果。"以此为基础，对于标的物的价值，首先，应当由物品所有人提供初步证据予以证明，如本案中的杜某，提供了手表品牌、购买时间、购买价格等凭证。其次，在物品所有人完成初步举证之后，如果快递公司否认，应当就其反驳理由或事实提供反证，未提供者就需要承担不利后果，本案中的快递公司虽然否认杜某主张的手表价格，但却就此未提供证据，故此，二审法院结合杜某提交的证据，再考虑手表的维修情况，确定了快递公司应当赔偿的数额。

第六章
产品责任

32

产品缺陷认定

问题1：如何认定产品存在质量缺陷？

观点：判断某一产品是否存在缺陷所依据的不仅仅是法定标准，还包括判断产品是否存在危及人身、他人财产安全的不合理的危险。

问题2：司法鉴定意见与产品缺陷认定之间是什么关系？

观点：司法鉴定意见是认定产品缺陷的重要证据，但不应也不能完全替代裁判者对于产品缺陷的认定；缺乏司法鉴定意见并不意味着产品没有缺陷，也不能直接认定产品生产者或销售者不存在侵权责任。

📖 案例精释

如何认定产品存在质量缺陷
——苗某、张某乙诉某家具厂等产品责任纠纷案

关键词：高箱床　质量缺陷　生产者责任　销售者责任

案情要览

2010 年 9 月 19 日，张某甲（买方）与某家具厂（卖方）签订《家具买卖合同》购买高箱床（含床垫）两个及床头柜三个，以上共计 6400 元。质保三年，终身维修。后张某甲一家一直在使用上述家具，并未出现质量问题。2017年 4 月 14 日，张某甲因窒息死于家中型号为 1.8 米×2 米高箱床处，死亡时该人脖子被夹床垫与床屉夹角处。经公安机关调查排除刑事案件嫌疑。诉讼中，苗某、张某乙申请对涉案产品（含支架）是否存在质量缺陷进行鉴定。后某鉴定机构出具退函，认为鉴定标的物不具备鉴定条件无法进行鉴定。

各方观点

原告苗某、张某乙观点： 受害人张某甲与苗某系夫妻关系，与张某乙系父子关系。2017 年 4 月 14 日 14 时许，张某甲在家中为取出高箱床（型号为 1.8米×2 米）箱内存放的物品，借助高箱床配备的支架将床板支起，在张某甲探身取物品时，该支架故障导致床板脱落，砸中张某甲颈部，经 120 出诊及派出所出警共同确认死亡，死亡原因为窒息。第一，某家具厂作为产品的生产商和销售商，其向张某甲交付的产品中的高箱床自身配备存在严重质量缺陷，具有过错，与张某甲死亡存在直接因果关系；另外，某弹簧公司生产、销售的支架存在严重质量缺陷亦是导致张某甲窒息死亡的另一原因，前述原因相结合并共同作用下最终导致张某甲的窒息死亡。第二，某家具厂对该产品原设计做了重大调整，涉案产品相同设计方案与同款产品不再继续用于生产销售的事实也佐证了厂家意识到原产品存在设计缺陷和使用风险的事实，而某家具厂、某弹簧公司未在产品本身上采取任何实际的防范措施，最终导致本次案件发生，存在直接因果关系。同时，苗某没有收到过与涉案产品相关的任何使用说明书。第三，原告在购买及使用涉案产品中，首先，某家具厂未尽到依法向消费者作出真实的说明和明确的警示义务。涉案产品上没有任何警示标识。其次，某家具厂在使用说明中仅标明"严禁从此处放物"，该种类似于"严禁吸烟"的警示语，不足以在产品存有重大设计缺陷和使用危险情况下引起普通人产生"危及生命"的防范意识。第四,质量问题的呈现并非完全随时间线性增加或陆续出现的,本次事故存在偶然性和不确定性,消费者在产品使用过程中死亡是产品设计缺陷和质量问题的直接结果,涉案产品的买卖合同中约定"质保一年,终身维修",其中年限的约定不应作为产品出现质量问题的借口,更不应视为出现人身伤亡重大事故后的免责理由。综上,某家具厂和某弹簧公司作为高箱床和支架的生产者和销售者,应该对该产品质量问题所引发的张某甲死亡承担赔偿责任。包括丧葬费 50802 元、死亡赔偿金 1359800 元、被扶养人生活费 240385.6 元、精神损害赔偿金 100000 元。

被告某家具厂观点: 第一,涉案床型是在 2014 年左右因更新换代而停产,涉案床型这种 3000 元上下价位的家具,更换周期为五年左右。《企业所得税法实施条例》第六十条规定,家具计算折旧的最低年限为 5 年。第二,双方所签订的《家具买卖合同》第九条约定的质保期为三年,高于《家具产品修理、更换、退货责任规定》明确的"三包"有效期最长 180 天的六倍。从原告提供的照片中也可以看出,一个成年人的身体,很难从气弹簧三角区进入床箱,更无法从此处将整个头肩部伸入床箱去取物!如果张某甲是在取物过程中发生的意外,则张某甲的手臂应该在床箱内,但一审法院调取的公安机关现场勘验笔录显示,张某甲仅仅是头部在床箱内,整个身体却在床箱之外。第三,本案发生在 2017 年 4 月,已经远超出了双方约定的三年质保期。质保期是生产者和销售者应当保证产品正常使用的期限,生产者和销售者在该期限内的免费维修义务亦因此而产生;质保期届满后,生产者和销售者并无义务确保产品能够正常使用而不发生故障。过了质保期的产品在使用过程中对产品以外的人身或财产造成损失时,产品的生产者和经营者将不再承担包括侵权责任在内的任何责任。一审法院两次委托鉴定机关对涉案的床及弹簧是否存在质量缺陷进行鉴定,我方均是积极配合。但均因气弹簧现在的质量不能代表其出厂时的质量,且根据相关标准,鉴定机关无法对原告认为的鉴定标的物的三角区域过宽过大的设计缺陷进行鉴定。关键是原告认为气弹簧的三角区域过宽过大的设计缺陷,明显违背物理常识。涉案床型当年我公司每年生产上千张，加上其他厂家每年有上万张流向市场，但从未出现过任何的事故。涉案床符合包括原告所列法规在内的各项标准，因此涉案产品不存在任何设计缺陷。

被告某弹簧公司观点：原告并未提供证据证明案涉高箱床和支架存在质量缺陷，未证明案涉支架曾出现过失效的情况，也未证明张某甲的死亡与上述产品的质量缺陷存在因果关系，且涉案气弹簧并非某弹簧公司所生产，应当承担举证不能的责任。本案涉案产品的质量缺陷，只有通过鉴定方能进行认定，但二原告现有证据不足以认定案涉产品存在缺陷。且某弹簧公司在看到二原告提交的证据后，又与我方生产的气弹簧进行了对比，发现其并非我方所生产。二原告没有提供证据证明其主张，应当承担举证不能的后果。二原告认为案涉产品设计存在缺陷，于法无据，其并未提供证据证明案涉产品存在不符合设计标准的情形。

裁判要旨

一审法院经审理认为：因产品存在缺陷造成人身损害的，受害人可以向产品的生产者要求赔偿，也可以向产品的销售者要求赔偿。因提供缺陷产品致人损害而构成侵权的，受害人要求生产者或销售者承担民事责任必须满足以下条件：受害人受到人身损害；受害人的人身损害是由产品造成的或两者之间存在因果关系；产品在致害时存在缺陷。生产者能够证明有下列情形之一的，不承担赔偿责任：（一）未将产品投入流通的；（二）产品投入流通时，引起损害的缺陷尚不存在的；（三）将产品投入流通时的科学技术水平尚不能发现缺陷的存在的。因销售者的过错使产品存在缺陷，造成他人损害的，销售者应当承担侵权责任。销售者不能指明缺陷产品的生产者也不能指明缺陷产品的供货者的，销售者应当承担侵权责任。庭审中，某家具厂认可涉案产品系其生产、销售，对此一审法院不持异议。本案中，为确定涉案产品是否存在缺陷，一审法院根据双方的意见委托了具有相应司法鉴定资质的鉴定机构进行司法鉴定，后一审法院收到该公司出具的无法鉴定的《退函》。各方亦无法进一步就涉案产品质量进行鉴定。根据苗某、张某乙提供的现有证据，一审法院无法确认涉案产品（支架）存在质量缺陷。鉴于涉案产品从购买到事故发生已近 7 年时间，已经远远超过《家具买卖合同》约定的三年质保期。《产品质量法》第四十六条规定："本法所称缺陷，是指产品存在危及人身、他人财产安全的不合理的危险；产品有保障人体健康和人身、财产安全的国家标准、行业标准的，是指不符合该标准。"此处所称缺陷系指不合理的危险抑或不符合相应标准，涉案产品从购买到事故发生在长达近 7 年的时间中并未出现质量问题，根据现有证据一审法院亦无法确认涉案产品存在不合理的危险或不符合相应标准。对于产品存在缺陷的举证责任在苗某、张某乙一方，一审法院本着保护消费者权益的原则，对于苗某、张某乙的举证证明力予以酌情衡量，即便如此，按照民事证明标准中的高度盖然性标准考量，根据苗某、张某乙提供的现有证据，亦无法就此认定涉案产品必定存在缺陷。与此同时，本着保护正常经营主体的正常生产，优化营商环境的原则，在苗某、张某乙无法举证证明产品存在缺陷，且在产品长时间使用未出现问题的情况下，不应当就此加重产品生产者、销售者的责任而直接认定其生产、销售的产品存在质量缺陷。综上所述，苗某、张某乙要求某家具厂、某弹簧公司承担侵权责任并赔偿其相关损失的诉讼请求，证据不足，一审法院不予支持。

一审法院作出判决：驳回苗某、张某乙的全部诉讼请求。

苗某、张某乙不服提出上诉。

二审法院经审理认为：本案的争议焦点有二：一是在现有鉴定条件下是否能够认定涉案高箱床存在产品缺陷；二是某家具厂、某弹簧公司是否应承担赔偿责任。

关于争议焦点一，鉴定机构写明不能鉴定的原因是涉案高箱床三角区域的设计并无国家标准，该标准应认定为衡量产品缺陷的法定标准，即国家和行业对某些产品制定的保障标准，但是判断某一产品是否存在缺陷所依据的不仅仅是法定标准，更重要的标准是判断产品是否存在危及人身、他人财产安全的不合理的危险。高箱床储物功能的正常使用的前提是床板不会出现意外坠落，对于一般消费者或使用者而言，其在正常使用高箱床的储物功能时可以期待高箱床的此类设计是安全的，生产者已经尽到了谨慎设计的义务。如果床板发生坠落且无第三人看护的情况下则可能发生使用人被砸伤乃至致死的严重后果。对于上述危险，某家具厂并未在高箱床的任何位置进行警示，且其作为家具的生产、销售厂家，对于其生产的涉案高箱床在设计和制造过程中是否符合国家标准或存在不合理危险均未提供证据予以证明，对于高箱床的储物功能在使用过程中所存在的潜在风险也没有向使用者进行必要的提示。某家具厂称其承诺的质保年限已经超过了国家规定的期限，法院认为厂家承诺的质保年限与产品是否存在缺陷并不存在必然联系。故，法院认定涉案高箱床存在产品缺陷。

关于争议焦点二，苗某及其家人正常使用高箱床已近 7 年，可以推定其对于如何使用床箱是知晓的，一般人出于对自身安全的考虑应对如何更安全地使用产品有一定的认知，且苗某、张某乙在一审法院审理期间亦认可受害者张某甲本身确实存在一定过失。综上法院酌情认定某家具厂对苗某、张某乙因张某甲死亡所受损失承担 50% 的赔偿责任。苗某、张某乙上诉要求某弹簧公司承担侵权责任，但根据现有证据无法认定涉案高箱床使用的气弹簧确为该弹簧公司生产，故其该项诉讼请求法院不予支持。

二审法院判决：一、撤销一审判决；二、某家具厂赔偿苗某、张某乙丧葬费、死亡赔偿金、被扶养人生活费、精神损害赔偿金共计 841153 元；三、驳回苗某、张某乙的其他诉讼请求。

法官评析

在产品责任纠纷中，产品是否存在缺陷往往是各方争议的核心问题，也是法院裁判的基础事实，因此问题具有一定的专业性，故时常需要借助于司法鉴定的方式进行判断，但如果专业鉴定机构也无法给出意见，恰如本案的情形，裁判者又应当如何认定产品存在缺陷，值得探讨和研究。

一、关于产品缺陷认定标准与司法鉴定之间关系的认识

因产品存在缺陷造成他人损害的，生产者、销售者应当承担侵权责任。通常而言，产品责任的构成必须具备以下三个条件：产品具有缺陷，缺陷产品造成了受害人的损害，缺陷产品与造成损害事实之间具有因果关系。在上述三个构成要件中，产品缺陷是认定产品侵权责任的最关键要素，也是消费者或用户向生产者主张权利的基础。《产品质量法》第四十六条规定："本法所称缺陷，是指产品存在危及人身、他人财产安全的不合理的危险；产品有保障人体健康和人身、财产安全的国家标准、行业标准的，是指不符合该标准。"虽然法律中对于产品缺陷已有明确定义，但是司法实践中对于通过何种方式来认定缺陷存在，却有不同观点。一种观点认为，产品责任案件中应通过司法鉴定方式，来甄别涉案产品是否存在产品缺陷，在无法进行司法鉴定时，应推定认为原告方（主张产品存在缺陷一方）未尽举证责任，承担举证不能的不利后果；另一种观点认为，涉案产品是否存在产品缺陷不应仅仅依靠鉴定结论认定，如果根据查明的事实及证据能够认定产品存在危及人身、他人财产安全的不合理的危险，在缺乏鉴定结论的情况下同样可以认定产品存在缺陷。本案中一、二审法院的裁判理由所反映的就是上述不同观点。

二、缺乏司法鉴定意见并不意味着产品缺陷无法判断

司法鉴定是指在诉讼活动中鉴定人运用科学技术或者专门知识对诉讼涉及的专门性问题进行鉴别和判断并提供鉴定意见的活动。绝大多数产品责任案件中，法官都希望通过鉴定意见来判断涉案产品是否存在缺陷，原因就在于面对五花八门的产品，尤其是涉及汽车、高科技产品等超出日常认知领域的专门性问题，司法鉴定意见为法官提供了更专业的判断，是审判中的重要裁判依据。但笔者认为，司法鉴定意见是认定产品缺陷的重要证据，但不应也不能完全替代裁判者对于产品缺陷的认定，换言之，缺乏司法鉴定意见并不意味着产品没有缺陷，也不能直接认定产品生产者或销售者不存在侵权责任。

首先，司法鉴定的启动具有局限性，有的案件中没有鉴定机构可供选择。比如本案中原告提出鉴定申请后，法院将鉴定资料移送相关部门后被告知无法通过摇号的方式产生鉴定机构，最终各方协商同意由具有相应资质的鉴定机构对涉案床（含支架）是否具有质量缺陷进行鉴定，但是在更多的案件中法院难以找到合适的鉴定机构启动鉴定。

其次，鉴定标准缺失导致无法得出鉴定结论的情况十分普遍。本案中法院根据当事人委托启动了鉴定程序，但是鉴定机构回函写明："根据床的有关标准，没有对床的三角区域相关尺寸作出规定。"最终鉴定申请被退检。这种情况在司法实践中并不鲜见，即使启动了鉴定程序但是受限于国家或行业缺乏相关产品的标准仍存在无法作出鉴定结论的情况，过分依赖于鉴定结论不利于对消费者的保护。

最后，判断某一产品是否存在缺陷所依据的不仅仅是法定标准，更重要的标准是判断产品是否存在危及人身、他人财产安全的不合理的危险。通常而言，鉴定机构所依据的标准是法定标准，即国家和行业对某些产品制定的保障人体健康、人身和财产安全的专门标准。当存在法定标准时，可以适用法定标准进行认定，如果没有法定标准的就应该适用一般标准，即人们对产品有权期待的安全性。更进一步而言，即使产品符合相应的"国家标准、行业标准"，如果可以通过证明该标准不能保证产品不存在缺陷，则生产者仍要承担产品责任。也就是说，鉴定机构所依据的法定标准仅仅应作为法官在认定产品缺陷时的一个标准，当没有法定标准或经审查产品符合法定标准却不符合一般标准时，法官仍然可以认定产品存在缺陷。

三、司法裁判中认定产品存在缺陷的具体要素

结合《产品质量法》的规定，产品缺陷的认定中除了包括"国家、行业标准"的法定标准之外，同时将消费者的合理期待标准也作为认定标准之一。但是，考虑到消费者合理期待标准都过于抽象，司法实践中法官一般会借助下列认定要素对产品是否存在缺陷进行判断，包括：产品的一般用途；产品的正常

使用方式；产品的结构、原材料等内在特征；产品的标识；产品的使用消费时间。具体分析如下：

首先，消费者主张产品缺陷对其造成损害必须是按照产品一般用途正常使用方式使用或消费产品，超出产品的一般用途或以非正常方式使用产品的，即使造成消费者的人身或财产损害也无法认定产品存在缺陷。本案中，高箱床在设计之初除了通用的睡眠功能外，床的箱体部分还可以作为储物空间使用，消费者使用高箱床的储物功能时必须将床板抬起，在这一过程中高箱床的床板坠落致使正在取放物品的消费者被压，应认定消费者系按照正常方式使用产品，不存在超过产品的一般功能或正常使用方式的情形。

其次，在能够确定消费者系按照正常方式使用产品的前提下，产品的结构设计、原材料等内在特征对认定产品是否存在缺陷有重要影响。本案中，根据查明的事实，涉案床板抬起时采用的是整体床板抬起的模式，床板长宽约 1.8 米×2 米且为实木材质，质量较重，消费者取放物品时站立于床边侧或床后侧。造成床板坠落的原因有多种可能，如床板与床箱之间的夹角角度过小，可能是气弹簧的安装角度不当，可能是气弹簧的支撑性不稳定，等等。但是对于消费者而言，其在使用高箱床的储物功能时有理由相信生产者已经尽到了谨慎义务，可以期待高箱床的此类设计是安全的，故消费者无须举证证明造成床板坠落的具体原因，因为其在正常使用过程中坠落的事实本身实际已经起到了"自证事实"的效果。退一步而言，即使消费者提供的证据不足以认定涉案产品存在制造缺陷及设计缺陷，但是在产品责任纠纷中通常应由生产者、销售者承担更重的举证责任，家具厂作为家具的生产、销售厂家，对于其生产的涉案高箱床在设计和制造过程中是否已经考虑到如果床板发生坠落且无第三人看护的情况下则可能发生使用人被砸伤乃至致死的严重后果，是否已尽到审慎义务应进行说明并提供证据，但是本案中某家具厂不能说明该种床型设计的合理性，也无法证明消费者存在超出一般使用功能非正常使用产品，应由其自身承担举证不能的后果。

再次，产品标识是产品生产者告知消费者如何正确使用产品做出的必要说明，同时也是对产品危险性做出的警示。本案中，家具厂对于高箱床床板抬起时可能发生坠落的风险，并未在高箱床的任何位置进行警示，同时也未以其他形式对消费者进行告知或提示，其虽辩称已在说明书中对人不能进入三角区域进行了警示，但却并不能提供消费者收到过说明书的证据，应认定高箱床缺乏必要的产品标识。

最后，将产品的使用时间作为认定产品缺陷的考量因素并不意味着超出产品质保期限后产品生产者不承担责任，具体还应考虑到产品的用途、性质。本案中，家具厂认为根据国家规定木质家具的质保期仅为一年，而家具厂承诺的质保期限是三年已经远远超过了国家规定的期限，故即使认定产品存在缺陷，产品生产者也不应承担责任。但对于普通的消费者而言，床的使用寿命绝不应是短短的三年，产品生产者所述的质保期限与法院认定产品缺陷不产生必然联系。不过本案的特殊之处在于，消费者正常使用高箱床已近七年，一般人出于对自身安全的考虑应对如何更安全地使用产品有一定的认知，且原告方在庭审中自认死者自身存在一定过失，故此，法院最终认定消费者自身也应对损害后果承担部分责任。

消费者因所购买的产品存在缺陷造成人身或财产损失的，完全可依据《民法典》中关于产品责任的相关规定向产品制造者或产品销售者主张侵权赔偿责任。诉讼过程中，原则上应由消费者举证证明缺陷在产品销售当时即已存在，缺陷产品在被使用或消费中造成了损害，缺陷与损害之间存在因果关系。但是由于消费者对于产品的了解程度或举证能力要远低于产品生产者或销售者，故当消费者采取通常的方法使用或消费产品而发生损害时，法院可根据案件事实要求由生产者、销售者承担更进一步的举证责任；应明确的是，即使无法通过司法鉴定认定产品缺陷，或通过鉴定程序确认产品符合国家标准及行业标准，如果能够认定产品存在不合理的危险或与消费者的合理期待不符，仍应认定产品存在缺陷，产品的生产者或销售者应对因产品缺陷造成的损害后果进行赔偿。

33

汽车产品缺陷

问题 1：产品责任的构成需要具备什么要件？

观点：产品责任的构成，需要具备三个要件：产品具有缺陷，通常包括制造缺陷、设计缺陷和跟踪观察缺陷；缺陷产品造成了受害人的损害；缺陷产品与造成的损害事实之间具有因果关系。至于产品的生产者是否具有主观过错，并非责任的判断要件。

问题 2：在汽车是否存在产品缺陷的认定中，自燃事故的证明效力如何判断？

观点：在汽车是否存在产品缺陷的认定中，对消费者的举证责任不宜过苛，在未有外来因素参与时，尚在保修期内的汽车在停放期间发生自燃的事实本身即可初步证明汽车存在缺陷，消费者在保养时间方面的过失不影响对产品缺陷的认定。

产品责任纠纷中的归责原则和缺陷的认定标准
——牛某诉甲公司、乙公司产品责任纠纷案

关键词： *产品缺陷 归责原则*

案情要览

2011 年 8 月，牛某与汽车销售商甲公司签订汽车销售合同，约定牛某购买某品牌汽车一辆，售价 86800 元，根据车辆一致性证书显示，乙公司为涉案车辆生产者。保养手册显示整车质量担保期限为汽车销售之日起 3 年或 6 万公里，全车线束的质量担保期为 5 年或 10 万公里。2014 年 6 月 5 日 0 时 48 分左右，涉案车辆起火，导致车辆及车内物品均被烧损。中国人民武装警察部队学院火灾物证鉴定中心出具鉴定报告，鉴定意见为检材（车前蓄电池连线两端）熔痕为电热作用形成。鉴定部门分析认定为涉案汽车蓄电池处线路故障引发火灾。车辆维修保养记录显示：截至 2014 年 6 月 6 日，涉案车辆于 2012 年 3 月 25 日接受 7500 公里的定里程保养，2012 年 8 月 11 日进行 15000 公里定里程保养，2012 年 11 月 20 日参加厂家活动接受小修服务，此后没有其他维修保养记录。涉案车辆 2012 年 11 月 20 日形成的结算单记载：车辆行驶里程 16238 公里，下次保养里程为 22500 公里，下次保养时间为 2013 年 5 月 8 日。但是直至火灾发生，牛某未再按期进行保养，火灾发生后，牛某获得保险公司理赔款 43141.12 元。此外，涉诉车辆完全烧毁，已不具备产品缺陷鉴定条件，牛某将车辆残骸拖到停车场发生拖车费 1500 元；因火灾认定并应乙公司和甲公司要求车辆在停车场长期停放发生停车费 6500 元。2015 年 2 月，牛某以汽车存在质量缺陷为由将乙公司、甲公司诉至法院，要求连带赔偿：车辆损失 86800 元，拖车费和停车费 8000 元，因车辆自燃支付的电线、有线电视线、电表等费用 10500 元。

各方观点

原告牛某观点： 2011 年 8 月 31 日，我和甲公司签订了由乙公司生产的某品牌汽车销售合同，我支付了购车款 86800 元，并支付了车辆购置税 6900 元。2014 年 6 月 5 日 0 时，涉案车辆发生火灾，我及时报警，后消防大队出警后将大火扑灭，经该队火灾事故认定，是位于某品牌汽车前部蓄电池接线路故障引发的火灾。该起火灾导致涉案车辆完全烧毁，周围的电线、电话线、有线电视线、电表等损坏，车内现金等财物烧毁。事后，我通过互联网查询到该品牌汽车有多起因蓄电池接线问题引发的自燃事件，认为该车具有质量缺陷，随后索赔，遭到拒绝，故我诉至法院，要求乙公司和甲公司连带赔偿我车辆损失86800元、购车税6900元、拖车费1500元、停车费6500元、因车辆自燃支付的电话线、电线、有线电视线、电表等费用3500元、因车辆自燃损失的人民币5000元、烟酒2000元。

被告甲公司观点： 我公司销售车辆不存在销售者过错致使产品存在缺陷，造成他人损害的事实，也不存在销售者不能指明缺陷产品的生产者也不能指明缺陷产品供货者的情况，故我公司无须承担赔偿责任，本案不论是否构成产品责任，最终损害赔偿均与我公司无关；产品质量是否存在缺陷属当事人举证的范围，应由牛某向法院提供证据加以证明，火灾事故认定书对于起火原因认定为该品牌汽车蓄电池处线路故障引发火灾，但并不能排除起火原因是使用、维护、维修不当或非法改装、私改线路、增加电器以及电路老化，导致短路从而引发火灾事故，另外牛某从购买车辆到发生事故连续使用了近3年，在此期间没有任何引起火灾的事故，足以证明我公司销售的车辆在投入使用时并不存在引起损害的缺陷，可以排除销售者对其承担赔偿责任；用户有责任按照《使用说明》和《保养手册》的相关规定正确使用、维护和爱护车辆，并及时到销售服务中心进行保养和维修，用户有责任出示这些记录，以证明该车辆已进行必要的维修保养，汽车每行驶7500公里或每隔6个月需要进行定期保养检查，2012年11月20日，我公司在牛某结算单中明确告知牛某，下次保养时间是2013年5月8日或下次保养里程是22500公里，但一直到事故发生时牛某都没有在我公司进行维护保养，在此期间，我公司无法确定牛某是否对车辆进行过维修、保养，是否进行过改装、私改线路、增加电器等，所以在无法证明事故车辆是由于产品缺陷导致火灾事故发生的情况下，牛某应该对损害结果承担全部责任；公安消防部门并不是法定的产品质量鉴定机构，其对于起火原因的分析认定仅限于其职权范围内使用，不能代替产品质量鉴定结论。

被告乙公司观点： 牛某并无充分证据证明涉案车辆存在缺陷，其提供的唯一证据就是公安消防部门出具的火灾事故认定书，该认定书结论是"蓄电池处线路故障引发火灾"，首先该结论并未直接确认所谓"线路故障"是车辆原始缺陷，公安消防部门在确认火灾原因为"线路故障"时，应根据线路是否存在短路的熔痕来确定，线路故障导致火灾一定是发生了线路短路，这样才会发生火花引燃易燃物，消防部门勘验现场确实对蓄电池处的线路进行了取样，但并没有提供线路存在短路熔痕的证明，没有实物照片也没有鉴定结论，也就是说消防部门的"线路故障"结论本身看不到具体事实作为依据，其次，"线路故障"本身不是对产品缺陷的认定，因此在推断"线路故障"是不是"产品缺陷"时，应根据客观事实综合判断，而事实是车辆在长时间停放状态下，没有外界环境的干扰，线路自行短路起火的可能性极其微小，车辆购买近三年时间，行驶里程近6万公里，如果车辆线路本身存在缺陷，不会正常行驶这么长时间和这么长里程，可见"线路故障"难以推导出"产品缺陷"的结论。车辆保养手册对车辆保养有明确规定，但是从车辆原始保养记录及牛某陈述来看，从16238公里之后至6万公里之间，牛某没有证据证明进行了正常保养，进一步推断，"线路故障"是没有正常保养所致。由于查不到车辆在指定服务站进行正常保养的原始记录，存在牛某在其他地方进行了非正常保养或维修的可能性，而非正常保养和维修所使用的零部件、维修的技术手段、工具等都很难保障车辆的正常车况，发生线路、接线处松动而导致火灾可能性大大提高。牛某购买的车辆有合格证，经过了出厂严格检验，又在登记上牌时经过了车管所检验确认，经过近6万公里正常行驶，可以证明车辆出场时的状况是合格的，对此也无须举证证明。

裁判要旨

一审法院经审理认为： 因产品存在缺陷造成他人损害的，生产者应当承担侵权责任。因销售者过错使产品存在缺陷，造成他人损害的，销售者应当承担侵权责任。牛某所有的某品牌涉案车辆因蓄电池线路故障起火导致损失，乙公司为车辆生产者，甲公司为车辆销售者。本案的争议焦点为涉案车辆是否存在质量缺陷。车辆在使用过程中配件磨损老化属正常现象，需进行定期保养以保证车辆整体运行性能以及安全性。涉案车辆经检测合格出厂，销售后近三年时间正常行驶，但自 2012 年 11 月 20 日至 2014 年 6 月 5 日未查询到车辆保养记录，依据现有证据难以认定车辆存在质量缺陷。牛某主张的车辆损失、因车辆自燃支付的电表线路等费用、因车辆自燃导致的其他损失均为车辆起火导致，在不能认定车辆存在缺陷的情况下，牛某要求乙公司和甲公司赔偿损失不予支持。车辆燃烧后的残骸因公安消防部门火灾事故认定的要求，并应乙公司和甲公司火灾事故调查的需要拖到停车场停放，客观上导致了拖车费、停车费的增加，该费用由双方分担。

一审法院判决：一、甲公司与乙公司给付牛某拖车费、停车费共计 4000元；二、驳回牛某的其他诉讼请求。

牛某不服，提起上诉。

二审法院经审理认为：所谓产品存在的"缺陷"，是指产品存在危及人身、他人财产安全的不合理危险。判断是否存在不合理危险的重要标准之一为一般标准，即一个善良人在正常情况下对一件产品所具备安全性的期望，如果购买者按照一般常人理解的用途使用该产品而发生损害，那么它就不具备合理期待的安全。本案中，自燃发生时，涉诉汽车尚在质保期内；依照火灾事故认定书的结论，火灾由"蓄电池处线路故障"引发，并未显示有人为或其他外来因素导致。涉诉汽车在停放期间发生自燃事件本身，即已初步证明汽车存在质量缺陷，并不符合人们对于汽车安全性的正常期望。甲公司和乙公司未能证明汽车自燃存在其他外来因素，仅以汽车在约一年半的时间内未到指定店内保养作为不存在缺陷的抗辩，依据不足。乙公司作为生产者理应承担相应的赔偿责任，现未有证据显示因甲公司销售过程中存在过错导致缺陷产生，故对于牛某要求甲公司承担责任的请求，不予支持。但同时亦需指出，作为汽车的使用者，牛某理应知晓，对汽车进行定期保养的重要目的之一在于消除隐患预防故障发生，此亦为汽车使用者为自己或他人的人身、财产安全应尽到的注意义务。牛某自

2012 年 11 月 20 日接受小修服务之后直到自燃事故发生，未有涉诉汽车正常保养的记录，故牛某对于自燃事故的发生及由此所造成的财产损失，亦当承担一定的责任，具体比例法院予以酌定。

二审法院判决：一、维持一审判决第一项；二、撤销一审判决第二项；三、乙公司于判决生效后十日内赔偿牛某 31448 元。四、驳回牛某的其他诉讼请求。

法官评析

近年来，汽车自燃事故多发，但由于举证能力薄弱和专业信息的不对等，消费者提起产品责任之诉后，面对汽车是否存在缺陷的争议焦点，时常会陷入举证责任的困境。该案例从缺陷的认定标准入手，结合汽车的自燃原因、保修期间等因素明确了此类事故中汽车是否存在质量缺陷的认定规则，具有一定的实践意义。[①]

一、产品责任的归责原则

关于产品责任的归责问题，各国立法多数确立了严格责任，在我国也是如此，产品责任实行的是严格责任，具体来说产品责任之构成不必考虑过错因素，无论其有没有过错，在所不论，只要产品存在缺陷，即可构成侵权责任。正如《民法典》第一千二百零二条规定："因产品存在缺陷造成他人损害的，生产者承担侵权责任。"结合上述规定，可知产品责任的构成，需要具备三个要件：产品具有缺陷，通常包括制造缺陷、设计缺陷和跟踪观察缺陷；缺陷产品造成了受害人的损害；缺陷产品与造成的损害事实之间具有因果关系。至于产品的生产者是否具有主观过错，在所不问。当然，在上述三个构成要件中，产品缺陷是认定产品侵权责任的最关键要素，也是消费者或用户向生产者主张任何权利的基础。

---

① 史智军：《自燃事故在汽车产品缺陷认定中的证明效力》，载《人民司法·案例》2016 年第 26 期。

二、产品缺陷的判断标准

什么是产品缺陷，依据《产品质量法》第四十六条的规范内容：缺陷是指产品存在危及人身、他人财产安全的不合理的危险；产品有保障人体健康和人身、财产安全的国家标准、行业标准的，是指不符合该标准。具体来说，我国法律对于产品缺陷规定了两个标准：第一个是不合理危险；第二个是国家标准和行业标准。所谓不合理危险是指产品不符合人们在正常条件下对其安全性的合理期待，判断一个产品是否存在不合理危险，一般考虑如下因素：其一，产品的一般用途。按照产品的通常使用目的，如果消费者按照一般常人的理解去使用该产品而发生损害，该产品就不具备合理期待的安全。其二，产品的正常使用方式。即一般消费者在使用时按照自己的理解应当如何使用，如正常使用过程中发生损害，则可作为判断该产品存在缺陷的参考。其三，产品的标识。某产品如果明确标明其具有某种性能，但使用中发现与标明的功能不一致，则应考虑产品缺陷存在。

所谓国家标准和行业标准，是指按照标准化法的规定，对在全范围内需要统一技术要求的产品，由国务院标准化行政主管部门制定国家标准；对于没有国家标准又需要在全国某个行业范围内统一技术要求的产品，由国务院有关行政主管部门制定行业标准，并报国务院标准化行政主管部门备案。如果产品的各项性能指标符合法定标准但仍造成消费者人身或财产损害的，能否认定产品存在缺陷进而要求生产者承担责任？实践中虽有不同意见，但多数观点认为：标准的制定和修改是一个相对滞后的过程，而且该标准一般是对产品较低的要求，如果以国家、行业标准作为认定产品的唯一标准，对消费者来说是不公平的[1]。某一产品的强制性标准，可能并未覆盖该产品的全部安全性能指标，在这种情况下，如果因该产品的某项属于国家强制性标准、行业标准中未作规定的性能指标不符合保障人身、财产安全的要求，可能造成他人损害的，仍可判

---

[1] 最高人民法院侵权责任法研究小组编著：《〈中华人民共和国侵权责任法〉条文理解与适用》，人民法院出版社 2010 年版，第 302 页。

定该产品存在缺陷①。

恰如本案中，虽然汽车已经全部过火，车前方线路全部烧损，蓄电池已烧化，但并不妨碍结合相关证据对汽车是否存在不合理的危险进行判断。结合《保养手册》的内容，自燃发生时，该汽车尚在质保期内；参照火灾物证鉴定报告，车前蓄电池连线两端为"电热作用形成熔痕"；依照火灾事故认定书的结论，起火原因为"蓄电池处线路故障"，并未显示有人为或其他外来因素导致。所以，综合上述产品缺陷认定的标准，可以判断争议的汽车在停放期间，其发生自燃事件本身，已经初步证明汽车存在质量缺陷，并不符合人们对于汽车安全性的正常期待，公司作为生产者理应承担相应的赔偿责任。

三、产品缺陷的举证责任应当如何分配

正如前文所述，产品缺陷是认定产品侵权责任的最关键要素，也是消费者或用户向生产者主张任何权利的基础，故此，关于产品存在缺陷和损害事故的发生，需要消费者承担举证责任。但是，消费者应承担到何种程度的举证责任，需要结合客观情况进一步分析。在产品责任当中，面对产品的生产情况，作为普通的消费者，其与专业的生产者之间存在信息上的严重不对称，时常难以从专业角度直接证明产品存在缺陷。有鉴于此，在产品责任纠纷中，对于消费者应当承担的举证责任，应当结合其举证能力、专业知识等因素综合考虑，不宜过于严格。具体来说，只要消费者证明了产品缺陷的存在具有极大的可能性就可以认为消费者已经完成初步的举证责任，下一步再由生产者承担不存在缺陷的举证责任。比如本案，作为一名普通的消费者，牛某已经通过销售合同、消防部门的认定结论，并结合同类车型的保养手册，证明了该汽车从购买到发生自燃事故不足三年，而且还在整车的质保期内，自燃的原因是蓄电池线路故障，在此前提下，应当认为牛某关于涉诉汽车存在缺陷之提供证据的责任已经完成。与牛某相比，乙公司作为汽车生产者，显然

---

① 王胜明主编：《中华人民共和国侵权责任法释义》，法律出版社 2010 年版，第 225 页。

具备更加专业的行业知识和相应的举证能力，如果乙公司认为汽车不存在缺陷，汽车自燃事故存在其他外来原因时，应当要求乙公司就此承担相应的举证责任。

34

产品监制者责任

📄 **实务观点**

问题 1：在判断产品监制者是否对产品质量实施了影响和控制时，应当如何分配举证责任？

观点：产品监制者是否对产品质量实施了影响和控制，应由消费者应当承担初步的举证责任，但从消费者的举证能力和客观情况出发，该种责任不宜过于苛责。如果消费者提供了产品的相关资料或产品监制者的相关信息等内容，即可视为完成了产品监制者对产品质量实施影响的初步举证。如产品监制者无法提供反证，则可以认定产品监制者为实质意义上的产品生产者。

问题 2：产品监制者是否应当与生产者就产品质量问题承担连带赔偿责任？

观点：通过对产品监制者与产品生产者之间的具体商业合作模式、合同约定、技术方案、生产能力等因素的综合考量，如果生产涉案产品的过程中体现了监制者的技术方案、要求或其对产品质量实施了影响和控制的行为，则产品监制者构成了实质意义上的生产者，应与产品生产者就产品质量责任承担共同侵权责任。

📖 **案例精释**

符合一定情形的监制者应与生产者就产品质量导致的损害承担连带赔偿责任

——左某诉 A 公司等产品责任纠纷案

关键词： 监制　生产　产品质量责任　连带

案情要览

2016 年 10 月左某购买涉案电动车。该电动车的产品质量手册中安全行车注意事项中记载："严格遵守交通规则，不要争道抢行，行驶于非机动车道。"在该手册背面注明制造商为 A 公司，B 公司为监制单位。

2017 年 7 月 29 日，左某驾驶涉案电动车发生交通事故。经交通事故司法鉴定，涉案电动车属于机动车范畴。道路交通事故认定书认定左某未取得机动车驾驶证驾驶机动车且违反分道行驶规定，负次要责任。

2018 年，左某以机动车交通事故责任纠纷为由，将事故相对方起诉至法院，要求赔偿住院伙食补助费、营养费、护理费等费用，法院生效判决确定左某需自行承担 30% 的责任。

2019 年，左某以产品责任纠纷为由，将 A 公司、B 公司起诉至法院，要求 A 公司、B 公司赔偿其自行承担的 30% 的费用，一审法院作出民事判决书，确定 A 公司按照非机动车生产、销售涉案电动车，并要求驾驶人行驶于非机动车道，但涉案电动车被鉴定为机动车，导致左某被交管部门认定为未取得机动车驾驶证驾驶机动车及违反分道行驶规定，承担了事故次要责任，A 公司理应就左某所承担的损失承担赔偿责任。B 公司为涉案电动车的监制单位，左某要求 B 公司承担赔偿责任于法无据，法院不予支持。此后，左某及 A 公司均提起上诉，各方在二审法院组织下依法达成调解协议。

2019年7月，左某再次起诉要求赔偿其残疾辅助器具费等费用，法院作出民事判决书，左某仍自行承担30%的责任。该案已生效。

后左某诉至一审法院，主张A公司赔偿上述三个案件中其自行承担的30%的费用，并由B公司承担连带责任。

根据资料显示，B公司的股东为外国公司，法定代表人为周某；A公司的股东也包括周某。左某称，其在购买涉案电动车时，随产品交付的商品相关说明和资料仅包括《产品使用手册》和《自行车销售（保修）登记单》。《产品使用手册》封底载明："美国独资B公司监制，制造商：A公司。"在空白的《自行车销售（保修）登记单》上载明："生产企业：A-B公司，B-A公司。"此外，根据左某提供的照片，涉案电动车悬挂有相应标识。

各方观点

原告左某观点：本案涉诉产品（电动车）的生产者并不唯一，产品使用手册、销售保修登记单、网站截图都记载B公司是生产者，该公司法定代表人周某的朋友圈截图可证明A公司和B公司是关联公司。任何将自己的姓名、名称、商标或者可识别的其他标识，体现在产品上表示其为产品制造者的企业和个人，均属于《民法通则》规定的产品制造者和产品质量法规定的生产者，因此A公司应当赔偿左某自行承担的费用，B公司承担连带责任。

被告A公司、B公司经法院合法传唤未出庭，亦未发表己方观点。

裁判要旨

一审法院经审理认为：根据此前案件审理中查明的事实，因涉案电动车被鉴定为机动车，导致左某在此次交通事故中被认定为未取得机动车驾驶证驾驶机动车及违反分道行驶规定，承担次要责任。而A公司将涉案电动车按照非机动车进行售卖，系造成左某违规的根本原因，故A公司应就左某的损失承担赔偿责任。关于损失的金额，根据生效判决书中所确认合理损失项目及金额，左某主张A公司承担 168227 元并无不当。关于 B 公司，左某主张其同为涉案电动车的生产者，但其未能就此充分举证，左某要求 B 公司承担赔偿责任于法无据，不予支持。

一审法院判决：一、A 公司于判决生效后七日内赔偿左某残疾辅助器具费、交通费、食宿费、护理费、医疗费共计 168227 元；二、驳回左某的其他诉讼请求。

二审法院经审理认为：本案的争议焦点为，B 公司是否应对 A 公司的侵权行为承担连带责任。所谓生产者，是指具有产品生产行为的人。实践中，在产品上标明"监制"，被视为一种类似参与生产的行为，但参与的程度应结合监制方和被监制方之间的具体商业合作模式、合同约定、技术方案、生产能力等因素综合判定，法院不能仅凭"监制"二字就认定监制方是产品生产者。但反之，如果通过对上述因素的综合考量可以认定被监制方在涉案产品的生产过程中体现了监制方的技术方案、技术要求等，则可以认定两方共同实施了制造涉案产品的行为，即监制方为实质意义上的生产者。此外，从普通消费者的角度来讲，当消费者看到产品说明上的"监制"字样时，通常会认为是指企业委托他人生产产品，并对生产工艺、流程、质量等进行监督管理。根据在案证据，依据普通消费者的认识和常理可以推定，在本案中，B 公司系引进美国公司技术，使用其名称和商标进行生产或者委托生产，A 公司在 B 公司的监制下从事产品的生产和销售等环节。B 公司是实质意义上的生产者。此外，《自行车销售（保修）登记单》上同时载明了两家生产企业，A-B 公司，B-A 公司，因此，在消费者看来，B 公司和 A 公司均为电动车的生产者，两公司没有实质区别。本案中，两家公司为关联公司，且无证据表明，B 公司与 A 公司之间无共同生产制造行为。本案中左某作为消费者，已经尽到了举证责任，证明了 B 公司和 A 公司之间的关系以及在本案中的法律地位。B 公司和 A 公司经法院合法传唤未到庭，视为其放弃了质证和答辩权利。因此，从法律意义和从普通消费者的理解角度均可以认定，在本案中，监制方 B 公司为实质意义上的生产者，当被监制方 A 公司实施了侵权行为时，则应认定为监制方或委托方构成共同侵权，应当承担连带责任。

二审法院判决：一、撤销一审判决；二、A 公司于本判决生效后七日内赔偿左某残疾辅助器具费、交通费、食宿费、护理费、医疗费共计 168227 元，B 公司对此承担连带赔偿责任。

在市场经济的发展过程中，商业模式也在不断创新。比如出于品牌效应和扩充销售渠道的目的，很多具有市场知名度的生产企业与一般企业合作，通过在一般企业生产的产品上标注知名企业"监制"的方式，提高产品销售量。但是，当产品出现质量问题时，生产者和监制者应当如何承担责任便成了司法审判中的热点和难点问题。本案即是一起因产品质量问题给消费者造成损失，消费者要求产品监制者与产品生产者承担共同侵权责任的纠纷。当"监制"的产品出现质量问题时，监制者应否承担责任以及应当承担何种责任，实践中存在一定的分歧。

第一种观点认为，在产品上标明"监制"的企业，并不是产品的实际生产者，与产品出现的质量问题之间没有行为意义上的因果关系，不应与产品生产者承担连带责任。

第二种观点认为，企业在产品上标明"监制"，应当被视为一种类似参与生产的行为，应当为此承担相应的责任，但在认定过程中，应考虑监制方的参与程度，结合监制方和被监制方之间的具体商业合作模式、合同约定等因素综合判定。

笔者更倾向于第二种观点，在产品生产者责任纠纷中，对产品监制方是否应当与生产者承担连带责任，应结合监制方和生产者之间的合作模式、约定内容、技术方案、生产能力等因素作实质审查。如监制方的生产技术、生产能力在成品的完成度中占有一定比例，或者在涉案产品的生产过程中体现了监制方的技术方案、技术要求等方面内容的，应当认定监制方为实质意义上的生产者，与生产者承担连带责任，具体分析如下。

一、产品监制的实践模式

顾名思义，所谓监制，即监督产品的生产、制造。监制过程中，监制主体自然应当负有一定的注意义务，以纠正生产过程中出现的不当行为，确保产品符合相应要求。就监制模式的应用场景分析，实践中主要包括平等主体间的委托加工和商标许可等商业模式，监制者与生产者时常存在委托、授权或者产品质量监督等关联关系。监制者因为"监制行为"和"署名"而获得相应的利益，被监制者希望借此而提升产品知名度，获取更大的市场认可度和销售利益。

二、有关产品监制者的责任规范尚不完善

就我国目前的法律规范而言，尚没有关于产品监制者责任的具体规定，[①] 仅规定了生产者的责任，故时常需要通过对"生产"与"监制"二者关系的解读来判断监制者的责任。《民法典》第一千二百零二条规定："因产品存在缺陷造成他人损害的，生产者应当承担侵权责任。"《产品质量法》第二条第二款将产品定义为"经过加工、制作，用于销售的产品"。何为"加工、制作"，实践中对其理解也存在一定争议，有学者认为：仅将加工、制作理解为"机械化的、工业生产的加工、制作"不利于消费者权益的保护，有悖于产品责任法的立法宗旨。[②] 最高人民法院针对该条款的释义资料中认为：应将"加工、制作"界定为既包括机械化的，也包括手工业的加工、制作，乃至任何对产品质量实施影响和控制的行为都属于加工、制作。[③] 以此为基础，对于产品监制者而言，如果实施了对产品质量有影响和控制的行为，则将构成实质意义上的生产者，也成为判断其是否承担侵权责任的关键。

三、产品监制者是否对产品质量实施影响和控制的举证责任分配

鉴于产品监制者承担责任的前提是参与扮演了"生产者"的角色，对此，消费者应当承担初步的举证责任，但从消费者的举证能力和客观情况出发，该种责

---

① 目前，部分地方性法规对产品监制者的责任进行了规定，但责任范围也存在区别。例如：《新疆维吾尔自治区产品质量监督条例》第二十二条第二款规定生产者、销售者违法违规生产、销售禁止生产、销售的产品，产品监制者承担生产者相应的产品质量责任。《广东省产品质量监督条例》第七条规定了产品的监制者应对被监制产品质量负责。

② 季义流：《论产品的范围》，载《当代法学》2002 年第 11 期。

③ 最高人民法院民法典贯彻实施工作领导小组主编：《中华人民共和国民法典侵权责任编理解与适用》，人民法院出版社 2020 年版，第 311 页。

任不宜过于苛责。换言之，如果消费者提供了产品的相关资料或产品监制者的相关信息等内容，即可视为完成了产品监制者对产品质量实施影响的初步举证。至于产品监制者与生产者之间的商业合作模式、合作协议的约定、技术方案、生产能力、质量控制等情况，则属于市场经营者的内部法律关系，从普通消费者的角度无法获知，因此应由产品监制者承担进一步的举证责任，如产品监制者无法提供反证，则可以认定产品监制者为实质意义上的产品生产者。

本案中，《产品使用手册》中标注 B 公司为监制方，A 公司为制造商，但在空白的《自行车销售（保修）登记单》中 B 公司又与 A 公司共同列为生产企业。结合《产品使用手册》关于 B 公司与 A 公司的介绍、B 公司的法定代表人同时为 A 公司股东的情况，可初步认定 B 公司提供技术和商标，同时参与生产或者委托生产涉诉产品。本案中左某作为消费者，已经尽到了举证责任，证明了 B 公司为实质意义上的产品生产者。B 公司和 A 公司经法院合法传唤未到庭，视为其放弃了质证和答辩权利。在没有相反证据的情况下，可认定 B 公司为实质意义上的产品生产者。

35

职业打假索赔

📄 实务观点

问题 1：如何认定食品是否存在不符合安全标准的质量问题？

观点：食品安全，指食品无毒、无害，符合应当有的营养要求，对人体健康不造成任何急性、亚急性或者慢性危害。审判实务中不宜对食品安全做过度扩张性解释。

问题 2：如何认定食品安全相关产品责任纠纷中索赔金额与职业打假人的关系？

观点：在食品领域，购买者是否明知产品存在质量问题、是否是职业打假人，并不是否定惩罚性赔偿规则的法定前提。实践中可以适当转换角度，淡化对购买者身份的考查，将焦点集中在"生活消费需要"层面，从而在惩罚性赔偿和保护生活消费需要之间寻找到平衡点。

📖 案例精释

食品安全相关产品责任纠纷中索赔金额与职业打假人的关系

——刘某诉某海珍品公司等产品责任纠纷案

关键词：食品安全标准　食品安全法　产品责任纠纷

案情要览

2015 年 1 月 22 日至同年 12 月 31 日，某展览公司在中国国际科技会展中心举办购物节，李某于 2015 年 5 月 2 日至同年 6 月 9 日参展，主营产品为海产品。6 月 1 日，刘某从上述李某摊位处购买了某海珍品公司生产的每盒重量 250 克、单价为 1250 元的海参 80 盒，刘某支付价款 10 万元。同年 6 月 5 日，刘某在公证员见证下，又在上述地点购买了与上述 80 盒海参一样的海参 6 盒，支付价款 7500 元。李某称上述海参均通过网上从某海珍品公司购进，并提供收据加以证明。刘某认为所购海参不符合食品安全标准，遂向法院起诉赔偿。

各方观点

原告刘某观点： 1. 所购买的海参是不符合食品安全标准的产品，销售者李某不具备合法销售海参产品资格；2. 某展览公司允许不具有销售食品资质的李某参展销售食品，应当承担连带责任；3. 《食品安全法》没有限制消费者的购物动机，也并没有限制消费者事前知道食品不符合安全标准而得不到索赔，刘某应当得到十倍赔偿。故请求法院，判令：1. 某展览公司、某海珍品公司、李某退还货款 107500 元；2. 三被告共同赔偿 1075000 元；3. 三被告支付公证费 2500 元。

被告某展览公司观点： 1. 刘某并非法律意义上的善意消费者，而是职业打假人；2. 刘某要求某展览公司承担连带赔偿责任，属于适用法律错误，某展览公司已经尽到合理审查义务，不存在任何过错，其并非生产者或销售者，仅是展览会举办者，不应承担连带赔偿责任；3. 刘某主张十倍赔偿金，缺乏事实和法律依据：本案并未给刘某造成任何人身、财产损失，不能适用惩罚性条款，其行为属于恶意诉讼。

被告某海珍品公司观点： 首先，刘某购买的海参是否是某海珍品公司出售的需要查明。刘某仅公证了 6 盒，另外 80 盒没有进行公证。刘某没有提供 80 盒海参原包装，购买的海参是否符合法律规定没有第三方公证意见，仅是其口头诉述，没有任何证据。如认为刘某是消费者就应适用《消费者权益保护法》，而不应适用《合同法》。其次，刘某购买海参，并试图通过诉讼获得赔偿来获利，不应适用《食品安全法》的十倍赔偿，本案中未对购买者造成人身损害。

被告李某观点： 李某进货渠道是合格的，厂家（某海珍品公司）提供了所有的资质和手续，李某是从正规的批发市场进货的。刘某看了几盒后，让李某又给进的货，86盒海参均是李某出售给刘某的，食药监督管理部门检验的并不是李某出售的海参。李某是个体户，没有发票，只能写白条收据。

裁判要旨

一审法院经审理认为： 因刘某购买涉案海参的收据及付款凭证与公证的收据及付款凭证一致，另李某也当庭认可刘某主张的事实，再结合司法鉴定意见书中的鉴定结论，可以认定涉案海参系李某从某海珍品公司购进并销售给了刘某的事实。因涉案海参不符合相关法律规定，因此刘某要求李某及某海珍品公司返还购物款107500元及公证费2500元的诉讼请求，法院予以支持。因某展览公司既不是销售者也不是生产者，故刘某要求其承担赔偿责任的诉讼请求，依据不足，法院不予支持。关于刘某要求赔偿商品价款十倍的诉讼请求，法院认为，《食品安全法》（2009年）第九十六条第二款规定："生产不符合食品安全标准的食品或者销售明知是不符合食品安全标准的食品，消费者除要求赔偿损失外，还可以向生产者或者销售者要求支付价款十倍的赔偿金。"根据该条款的规定，索要十倍赔偿是消费者才享有的权利。本案中，结合刘某找到公证处办理保全证据的公证以及其另有数十起购买商品后索赔案件的情形，法院对刘某购买涉案海参是以生活消费为目的的主张不予认可，因此，对其要求某展览公司、某海珍品公司、李某支付十倍赔偿的诉讼请求不予支持。

一审法院判决：一、某海珍品公司及李某向刘某退还货款107500元；二、某海珍品公司及李某向刘某支付公证费2500元；三、驳回刘某的其他诉讼请求。

原告刘某不服，提起上诉。

二审法院经审理认为： 民以食为天，国家保障食品安全，责任重于泰山。对于食品安全的监管和生产者、销售者的法律责任认定问题，应当首先适用《食品安全法》。刘某购买某海珍品公司生产的涉案海参引发本案纠纷。刘某的消费行为发生在 2015 年 6 月 1 日及 6 月 5 日，《食品安全法》（2015 年）自 2015 年 10 月 1 日起施行，故本案仍应当适用 2009 年 6 月 1 日起施行的《食品安全法》。结合双方诉辩意见以及本案查明的事实，本案的争议焦点为：1. 刘某是否属于应依法保护的消费者；2. 某海珍品公司、李某是否应当承担十倍价款的赔偿责任；3. 某展览公司应否承担连带赔偿责任。

一、刘某是否属于应依法保护的消费者

《消费者权益保护法》第二条规定："消费者为生活消费需要购买、使用商品或者接受服务，其权益受本法保护；本法未作规定的，受其他有关法律、法规保护。"自 2014 年 3 月 15 日起施行的《最高人民法院关于审理食品药品纠纷案件适用法律若干问题的规定》第三条规定："因食品、药品质量问题发生纠纷，购买者向生产者、销售者主张权利，生产者、销售者以购买者明知食品、药品存在质量问题而仍然购买为由进行抗辩的，人民法院不予支持。"可见，消费者是相对于生产经营者即生产者和销售者的概念，只要在市场交易中购买、使用商品是为了个人、家庭生活需要，而不是为了生产经营需要的，就应当认定为消费者，法律并没有对消费者的主观购买动机作出限制性规定，其合法权益就应当受消费者权益保护法、食品安全法的保护。

本案中，虽然李某、某海珍品公司主张刘某为职业打假人，具有主观恶意，并非真正的消费者，也不能据此否定刘某的消费者身份，其合法权益应依法予以保护。

二、某海珍品公司、李某是否应当承担十倍价款的赔偿责任

依据食品安全国家标准《预包装食品标签通则》（GB 7718-2011）第 4 条标示内容第 4.1.1 条的规定："直接向消费者提供的预包装食品标签标示应包括食品名称、配料表、净含量和规格、生产者和（或）经销商的名称、地址和联系方式、生产日期和保质期、储存条件、食品生产许可证编号、产品标准代号及其他

需要标示的内容。"第4.1.7.1条："应清晰标示预包装食品的生产日期和保质期。如日期标示采用'见包装物某部位'的形式，应标示所在包装物的具体部位。日期标示不得另外加贴、补印或篡改……"第4.1.10条："在国内生产并在国内销售的预包装食品（不包括进口预包装食品）应标示产品所执行的标准代号和顺序号。"《食品安全法》（2009年）第四十一条："食品经营者贮存散装食品，应当在贮存位置标明食品的名称、生产日期、保质期、生产者名称及联系方式等内容。食品经营者销售散装食品，应当在散装食品的容器、外包装上标明食品的名称、生产日期、保质期、生产经营者名称及联系方式等内容。"第四十二条第一款："预包装食品的包装上应当有标签。标签应当标明下列事项：（一）名称、规格、净含量、生产日期；（二）成分或者配料表；（三）生产者的名称、地址、联系方式；（四）保质期；（五）产品标准代号；（六）贮存条件；（七）所使用的食品添加剂在国家标准中的通用名称；（八）生产许可证编号；（九）法律、法规或者食品安全标准规定必须标明的其他事项。"某海珍品公司生产的涉诉海参包装上未标明生产日期，且标注的产品标准号为冻扇贝的标准。故某海珍品公司生产的涉诉海参不符合《食品安全法》（2009年）及《预包装食品标签通则》（GB 7718-2011）4.1.1和4.1.7.1和4.1.10的标准要求，尤其涉诉海参包装无生产日期，足以影响食品安全并对消费者造成误导，食用超过保质期的食品有可能造成人身伤害，是涉及食品安全的重大问题。

《食品安全法》（2009年）第九十六条第二款规定："生产不符合食品安全标准的食品或者销售明知是不符合食品安全标准的食品，消费者除要求赔偿损失外，还可以向生产者或者销售者要求支付价款十倍的赔偿金。"自2014年3月15日起施行的《最高人民法院关于审理食品药品纠纷案件适用法律若干问题的规定》（已修改）第十五条亦规定："生产不符合安全标准的食品或者销售明知是不符合安全标准的食品，消费者除要求赔偿损失外，向生产者、销售者主张支付价款十倍赔偿金或者依照法律规定的其他赔偿标准要求赔偿的，人民法院应予支持。"根据已查明的事实，可以认定刘某自李某处购买了某海珍品公司生产的涉案海参，故某海珍品公司作为生产者、李某作为销售者，应当承担十倍价款的赔偿责任。

上述涉案海参购买于 2015 年，现早已超过保质期，不应再进入消费者市场流通，故剩余海参无须退回，由刘某自行销毁。

三、某展览公司应否承担连带赔偿责任

《食品安全法》（2009 年）第五十二条规定："集中交易市场的开办者、柜台出租者和展销会举办者，应当审查入场食品经营者的许可证，明确入场食品经营者的食品安全管理责任，定期对入场食品经营者的经营环境和条件进行检查，发现食品经营者有违反本法规定的行为的，应当及时制止并立即报告所在地县级工商行政管理部门或者食品药品监督管理部门。集中交易市场的开办者、柜台出租者和展销会举办者未履行前款规定义务，本市场发生食品安全事故的，应当承担连带责任。"目前证据未显示本案构成食品安全事故，且某展览公司未收取销售海参款项，本案销售行为与某展览公司无关。因此，某展览公司无须承担连带赔偿责任。

食品安全事关公共利益，每一起消费者针对经营者生产不符合食品安全标准的食品或销售明知是不符合食品安全标准的食品提起的诉讼都会或多或少促使经营者更加重视食品安全，促使消费者更加关注食品安全，进而提高大众的健康水平与生活质量。我们不应因消费者可能存在的获利结果或获利的动机，而否认此类事件对于维护食品公共安全的积极意义。

综上所述，刘某的上诉请求符合法律规定，应予支持；一审法院判决结果有误，法院予以改判。二审法院判决：一、维持一审民事判决第一、二项；二、撤销一审民事判决第三项；三、某海珍品公司及李某向刘某赔偿 1075000 元；四、驳回刘某的其他诉讼请求。

二审宣判后，被告某海珍品公司不服判决，对本案提起再审。

再审法院经审理认为：再审中李某陈述：李某当时卖的是散装海参，装海参的泡沫箱上有生产日期，刘某以送礼为由要求提供有包装盒的海参，李某收其一万元定金后告诉厂家，从厂家进的有包装盒的海参。

某海珍品公司称：根据李某要求，某海珍品公司把散装海参装进礼品盒，

礼品盒是为了顾客美观要求进行的包装,包装盒四周用胶带粘好,不是预包装食品。

另查,案涉干海参包装上注明:"净含量:复称出售。"

再审认为:本案的争议焦点为案涉干海参是否是预包装食品,是否存在不符合食品安全标准的质量问题;某海珍品公司、李某是否应当承担十倍价款的赔偿责任。

《食品安全法》(2009 年)第九十九条规定,"预包装食品,指预先定量包装或者制作在包装材料和容器中的食品"。《预包装食品标签通则》(GB 7718-2011)第 2.1 条规定,"预先定量包装或者制作在包装材料和容器中的食品,包括预先定量包装以及预先定量制作在包装材料和容器中并且在一定量限范围内具有统一的质量或体积标识的食品。"法院根据李某陈述及李某从某海珍品公司进货并在展销会销售的情况,可以认定刘某实际购买的是装入包装盒的散装海参,案涉干海参外包装上"复称出售"的说明对此事实也予以了佐证,故原判认为案涉干海参是预包装食品确有不当。根据《民事诉讼法》的有关规定,当事人对自己提出的主张,即对自己提出的诉讼请求所依据的事实或者反驳对方诉讼请求所依据的事实有责任提供证据加以证明。刘某作为本案原告有义务举证证明其购买的海参存在质量问题,刘某虽提出鉴定申请,要求对涉案干海参的糖含量进行鉴定,但鉴于涉案干海参的包装并非封闭,且距离购买已有较长时间,无法排除产品暴露在空气中吸收外界糖分的可能,且刘某未提供证据证明其本人或他人食用该食品导致损害的事实,故法院对其鉴定申请不予考虑。刘某未能提交证据证明案涉干海参存在质量问题且对其造成人身损害,故其请求某海珍品公司、某展览公司、李某承担十倍价款的赔偿责任没有依据,法院不予支持。

根据本案查明的事实,涉案海参包装上未载明生产日期,标签中载明的产品标准号 SC/T3111-2006 系冻扇贝的产品标准号,非海参的产品标准号。涉案食品标签确有不实之处,故刘某要求退还货款的诉讼请求,于法有据,法院予以支持。

再审法院判决：一、撤销本案二审民事判决；二、维持本案一审民事判决。

法官评析

民以食为天，食品安全一直是社会关注的焦点问题，对于不符合安全食品的生产者、销售者，我国立法都采取了严格的规制措施，同时赋予了消费者成倍索赔的权利。在消费者索赔的此类纠纷中，时常涉及的问题是食品的购买者是否为消费者，特别是在职业打假人出现的时候，其能否获得成倍赔偿，往往成为争议的焦点。

一、食品安全相关纠纷中消费者索赔的规范基础

生产者、销售者生产、销售不符合安全标准的食品时，购买该食品的消费者应如何维护自身权利，可以进行何种索赔？与此相关的规范体现在一部法律和一部司法解释当中。前者是现行《食品安全法》，其第一百四十八条第二款规定："生产不符合食品安全标准的食品或者经营明知是不符合食品安全标准的食品，消费者除要求赔偿损失外，还可以向生产者或者经营者要求支付价款十倍或者损失三倍的赔偿金；增加赔偿的金额不足一千元的，为一千元。但是，食品的标签、说明书存在不影响食品安全且不会对消费者造成误导的瑕疵的除外。"后者是 2021 年《最高人民法院关于审理食品药品纠纷案件适用法律若干问题的规定》，其第三条规定："因食品、药品质量问题发生纠纷，购买者向生产者、销售者主张权利，生产者、销售者以购买者明知食品、药品存在质量问题而仍然购买为由进行抗辩的，人民法院不予支持。"

二、食品安全相关产品责任纠纷中索赔金额与职业打假人身份关系的实践观点及变化

本案中一个重要的争议焦点涉及职业打假人能否以消费者的身份主张十倍赔偿，该问题在实践中争议已久，相关的实践观点也在不断发生变化。所谓职业打假，是指以索赔牟利（营利）为目的，且以知假买假为业的行为。在人民

法院近年来受理的惩罚性赔偿消费纠纷中，部分原告就是职业打假人，实践中的裁判观点以及整个社会对职业打假的认识也经历了一个变化的过程。

第一个阶段。因《消费者权益保护法》《食品安全法》《最高人民法院关于审理食品药品纠纷案件适用法律若干问题的规定》等法律、司法解释明确规定了消费者有权就销售者的欺诈行为主张三倍惩罚性赔偿，或就食品药品不符合安全标准的问题主张十倍惩罚性赔偿。出于净化市场环境的初衷，一段时间内很多地方的裁判对此类案件的原告主体未进行区别对待，都倾向于认定为消费者。

第二个阶段。随着职业打假的盛行，销售者和生产者对职业打假人提起的诉讼提出了主体抗辩，认为职业打假人以牟利为目的并非法律保护的消费者主体。随后，部分裁判观点开始将职业打假人排除在消费者之外，"职业打假"案件逐渐减少。但在食品药品领域，2013年最高人民法院发布《关于审理食品药品纠纷案件适用法律若干问题的规定》，其第三条明确："因食品、药品质量问题发生纠纷，购买者向生产者、销售者主张权利，生产者、销售者以购买者明知食品、药品存在质量问题而仍然购买为由进行抗辩的，人民法院不予支持。"2020年、2021年修正该司法解释时均沿袭了该规定。由此进一步明确了即使明知存在质量问题故意购买，也不影响食品消费者的身份认定，并未否定该领域内的"知假买假"现象。但同时，最高人民法院对"知假买假"的适用领域也明确，"不宜将食药纠纷的特殊政策推广适用到所有消费者保护领域""适时借助司法解释、指导性案例等形式，逐步遏制'知假买假'人的牟利性打假行为"①。

在此前提下，可以看出，在食品领域，购买者是否明知产品存在质量问题、是否是职业打假人，并不是否定惩罚性赔偿规则的法定前提。但笔者认为，实践中可以适当转换角度，淡化对购买者身份的考量，将焦点集中在"生活消费需要"层面，从而在惩罚性赔偿和保护生活消费需要之间寻找到平衡点，具体

---

① 参见《最高人民法院办公厅对十二届全国人大五次会议第5990号建议的答复意见》（法办函〔2017〕181号）。

来说，对于购买者购买相同或同类食品后多次起诉的情形，可以通过将多次购买的上述食品合并计算作为判断是否超过生活消费需要的标准，在购买者一次起诉并获得十倍赔偿之后又再次起诉主张惩罚性赔偿金的，可不予支持。至于如何界定食品的"质量问题"，司法实践的做法也在逐步统一，恰如本案再审判决的裁判理由，一般对于食品标签错误或标注瑕疵的，不再判决惩罚性赔偿，而是将过期、出售国家禁止进口的产地等食品纳入质量问题范畴。概括来说，据笔者观察，当前对食药类惩罚性赔偿案件的审理思路总体是理性且谦抑的：对于不影响食品、药品实质安全的，一般不支持原告有关惩罚性赔偿的诉讼请求；对经营者"明知"的理解，通常包括以下情形：销售法律法规明令禁止的食品；更改食品生产日期的；同一批食品经有关部门检测确定为不符合食品安全标准并被责令停止经营仍然销售的；从未依法取得食品生产许可的食品生产者处进货的；未按食品安全法规定履行进货查验记录义务的；未按食品安全法要求运输、储存食品的。①

---

① 最高人民法院民事审判第一庭编：《民事审判实务问答》，法律出版社 2021 年版，第 169 页。

第七章
机动车交通事故责任

36

安全统筹相关责任

实务观点

问题 1：在机动车交通事故责任纠纷中，应当如何认定安全统筹合同的性质？

观点：根据《保险法》的规定，国家对保险业务实行特许制度，未经准许，任何单位和个人不得经营保险业务；安全统筹公司（本案承保公司）不是经过合法批准的保险公司，不能开展保险业务，进而缺乏成立保险合同的法律基础。安全统筹合同性质上是一个普通民事合同，只不过该类民事合同具有类似保险的功能作用。

问题 2：在机动车交通事故责任纠纷中，涉及安全统筹合同时，如何确定承担责任的主体？

观点：涉及安全统筹合同的机动车交通事故中，原则上超出交强险部分的损失应当由侵权人承担赔偿责任。当受害人将安全统筹公司一并起诉，且该公司明确表示同意按照其与侵权人签订的交通安全统筹协议承担赔偿责任时，可以判决该公司与侵权人在其约定的机动车三者统筹金额范围内共同承担赔偿责任；如果统筹公司未到庭应诉，或者明确拒绝赔偿时，应判决侵权人承担赔偿责任，至于侵权人与统筹公司之间的问题，可另行处理。

📖 案例精释

被侵权人能否要求安全统筹公司承担保险责任

——杜某等诉某安全统筹公司等机动车交通事故责任纠纷案

关键词： 安全统筹公司　保险责任　机动车交通事故责任

案情要览

2019 年 7 月 17 日 4 时许，杜某驾驶三轮摩托车（无车牌照）在北京市某路段由东向西行驶，后三轮摩托车前部与被告王某由东向西停放的重型半挂牵引车、重型仓栅式半挂车后部左侧相撞，造成杜某死亡，两车损坏。交警部门对事故现场进行勘查、调查取证等工作后认为各方存在的违法违规行为有：1. 杜某未依法取得机动车驾驶证；2. 杜某未按照操作规范安全驾驶；3. 杜某驾驶摩托车未按规定戴安全头盔；4. 杜某驾驶未按规定登记的机动车；5. 王某违法停车；6. 王某不按规定停车且未开启危险报警闪光灯；7. 王某驾驶的车辆尾部标志板设置、后部车身反光标识粘贴不符合相关规定，后下部防护装置尺寸参数不符合相关规定；8. 王某驾车未办理进京通行证。其中，杜某未依法取得机动车驾驶证和未按照操作规范安全驾驶的违法行为，以及王某违法停车和驾驶的车辆尾部标志板设置、后部车身反光标识粘贴不符合相关规定的违法行为与本案交通事故的发生有因果关系，交警部门认定杜某、王某承担事故同等责任。死者杜某的户口户别为家庭户口，其父母分别为杜某 A 和李某，二人育有包含杜某在内的两个儿子。杜某曾办理北京市居住证，有效期自 2017 年 10 月 17 日至 2018 年 10 月 17 日；并于 2019 年 3 月 21 日取得卫生法规知识培训合格证和北京市从业人员健康证明。关于涉案车辆投保情况，王某驾驶的车辆分别在某保险公司投保机动车交通事故责任强制保险（以下简称交强险）、在被告某安全统筹公司投保商业机动车第三者责任保险（以下简称商业三者险，统筹金额/责任限额为 100 万元），事故发生在保险责任期间和统筹期限内。某保险公司先行在交强险限额范围内赔偿原告方死亡伤残赔偿金 110000 元、财产损失 400 元。另外，事故发生时，王某驾驶车辆系受张某雇佣。

各方观点

原告杜某 A 等观点： 杜某驾驶三轮摩托车与王某停放的牵引车和半挂车发生交通事故，造成杜某死亡，两车损坏。交警认定杜某、被告王某承担事故同等责任。被告张某作为被告王某的雇主，被告某安全统筹公司作为涉案牵引车和半挂车的承保公司，均应当承担相应赔偿责任，故请求法院判令：被告王某、张某、某安全统筹公司赔偿二原告死亡赔偿金 1359800 元、精神损害抚慰金 100000 元、丧葬费 63552 元、交通费 10000 元、住宿费 2000 元、误工费 18000 元、财产损失费 400 元，以上共计 1553752 元；扣除交强险已赔付的 110400 元后，按 50% 的责任比例三被告还应赔偿的金额为 721676 元。

被告王某观点： 王某是涉案车辆司机，受张某雇佣驾驶车辆。

被告张某观点： 二原告合理合法的损失应该由保险公司赔付。

被告某安全统筹公司观点： 事故车辆在我司投保三者统筹险 100 万元，不计免赔，事故发生在保险期间内。我司核实司机驾驶证、车辆运输证、行驶证、从业资格证等真实有效且不存在免赔事由的情况下，对于二原告合理合法的损失超过交强险各分项限额以上的部分在事故责任范围内承担赔偿责任，诉讼费、精神损害抚慰金、交通费等间接损失不同意承担。

裁判要旨

一审法院经审理认为： 经核实，基于原告方的诉讼请求，法院认定原告方的损失如下：死亡赔偿金 1359800 元（20 年×67990 元/年）、精神损害抚慰金

100000 元（酌定）、交通费 5000 元（酌定）、丧葬费 47129 元（94258 元/年÷2）、住宿费 2000 元（酌定）、误工费 4500 元（2 人×15 日×150 元/日/人）、财产损失 400 元（酌定）。

机动车发生交通事故造成损害，先由承保交强险的保险公司在责任限额范围内予以赔偿，不足部分，由承保商业三者险的保险公司根据保险合同予以赔偿；仍有不足的，依照道路交通安全法和侵权责任法的相关规定由侵权人予以赔偿。王某承担本案交通事故同等责任，法院依法认定其在交强险限额范围外承担的责任比例为 50%。某保险公司已在交强险范围内赔付完毕（死亡伤残赔偿金 110000 元、财产损失 400 元），对于交强险不足部分，某安全统筹公司应在其承保的商业三者险限额范围内赔偿原告方各项损失共计 704214.5 元（1408429 元×50%）。

一审法院判决：一、某安全统筹公司赔偿杜某 A、李某各项损失共计 704214.5 元；二、驳回杜某 A、李某的其他诉讼请求。

宣判后，某安全统筹公司不服提起上诉。

二审法院经审理认为： 杜某在涉案交通事故中死亡，损害后果严重，杜某 A、李某承受了丧子之痛的精神打击，一审法院综合全案情况酌情认定精神损害抚慰金的数额为 10 万元，并无不当。本案的精神损害抚慰金在交强险中予以赔付，杜某 A、李某已通过交强险得到赔付 110400 元（含精神损害抚慰金部分），故一审法院根据交通事故责任比例及杜某 A、李某的损失，判决某安全统筹公司赔偿杜某 A、李某各项损失共计 704214.5 元，数额正确，法院予以维持。对某安全统筹公司所提的上诉理由，法院不予采纳。

二审法院判决：驳回上诉，维持原判。

判决生效后，杜某 A、李某仍不服，提起再审。

申请理由：经查询，某安全统筹公司类型为：集体所有制，注册资本为：100 万元，经营范围为：全市供销社系统内部财产安全统筹，而我国《保险法》第六十七条、第六十九条规定，设立保险公司应当经国务院保险监督管理机构批准且注册资本的最低限额为人民币 2 亿元（必须为实缴货币资本）。由此可知，某安全统筹公司并非我国《保险法》所规定的保险公司，同时根据我国《保险法》第六条"保险业务由依照本法设立的保险公司以及法律、行政法规规定的其他保险组织经营，其他单位和个人不得经营保险业务"的规定可知，某安全统筹公司并没有经营保险业务的权限，其与张某签署的"机动车辆统筹单"并非保险合同，"三者统筹险"也非我国《保险法》所规定的"商业三者险"，而是具有担保性质的担保合同，故本案对于交强险不足部分，应当依照道路交通安全法和侵权责任法的相关规定由雇主张某予以赔偿，某安全统筹公司在赔偿限额内承担担保的连带责任。一审法院未查明某安全统筹公司和"三者统筹险"的性质，直接将其认定为保险公司和商业三者险，并以此判决交强险不足部分由某安全统筹公司在"商业三者险"限额内赔偿杜某 A、李某各项损失，属于事实不清且适用法律错误。故申请再审请求：1. 撤销一、二审民事判决；2. 由张某赔偿杜某 A、李某各项损失共计 704214.5 元；3. 由某安全统筹公司对上述损失 704214.5 元承担连带赔偿责任。

再审法院经审理认为：本案再审争议焦点为涉案交通事故造成的损失在交强险不足部分的赔偿责任应如何承担。本案中，涉案交通事故发生后，某保险公司在本案原审法院审理过程中已先行在交强险限额范围内赔偿杜某 A、李某死亡伤残赔偿金及财产损失 110400 元（含精神损害抚慰金部分）。法院再审查明，某安全统筹公司并非保险公司，不具有经营保险业务的权限，其与张某签署的"机动车辆统筹单"并非保险合同，"三者统筹险"也非"商业三者险"。原审法院认定某安全统筹公司应在其承保的商业三者险限额范围内赔偿杜某 A、李某各项损失，认定事实及所做处理有误，法院再审予以纠正。王某承担本案交通事故同等责任，一审法院认定其在交强险限额范围外承担的责任比例为50%，并无不当。王某系受张某雇佣驾驶涉案车辆发生交通事故，张某应对此承担雇主责任，故涉案交通事故造成的损失在交强险不足部分应由张某进行赔偿。鉴于某安全统筹公司与张某签署"机动车辆统筹单"，约定了相关赔偿责任，再审庭审中，某安全统筹公司亦明确表示愿意承担赔偿责任，对此法院不持异议。故张某与某安全统筹公司应共同赔偿杜某 A、李某各项损失共计

704214.5 元（1408429 元×50%）。

再审法院判决：一、撤销一、二审民事判决；二、被告张某、某安全统筹公司共同赔偿原告杜某 A、李某各项损失共计 704214.5 元；三、驳回原告杜某A、李某的其他诉讼请求。

法官评析

对于保险公司来说，机动车保险是其业务中的一种重要类型。但是，考虑到营运大货车风险大、保费高，部分保险公司一般不会将营运大货车作为保险标的。然而随着物流业的快速发展，此种类型的保险需求日渐增多，与之相适应，一种名为交通安全统筹的新形式应运而生，但同时也引发了司法实践中的一些新问题。

一、安全统筹服务的含义及实践情况

作为机动车交通领域的一项"自发生长"的制度，安全统筹并没有法定的含义，从实践情况来看，其核心内容是：安全统筹公司通过向车主集资的方式，要求车主缴纳相应的交通安全统筹费，形成统筹资金来为参与统筹的大型货车提供保障，就其目的而言，是通过互助的方式降低车主的风险。就该项制度的形成背景而言，来源于交通运输系统内部开展的一种非经营性活动，是加强交通安全管理的一项行政措施，目的在于积累事故理赔专用基金，统一调配进而帮助企业减轻因交通事故带来的经济压力。比如，2012 年国务院发布《关于加强道路交通安全工作的意见》，其中明确："鼓励运输企业采用交通安全统筹等形式，加强行业互助，提高企业抗风险能力"，随后交通运输部、部分地方政府也都出台了相应的指导性文件，帮助企业提高抗风险能力。

但实践中，特别是近年来的机动车交通事故责任纠纷中涉及的安全统筹服务，与该项制度的最初目的出现了差异。该类纠纷中的安全统筹公司几乎都是自然人发起设立的有限责任公司，已经脱离了行政性、公益性的特征，其服务对象由原来的大型运输集团内部，演变成全社会的营运车辆，缴纳安全统筹费

的车辆在遭遇交通事故、自然灾害、乘客意外伤害等造成损失时，公司承诺可以获得相应的经济赔偿。特别是2020年车险改革实施后，大部分保险公司都强化了对于业务品质的要求，高风险营运车辆保险业务为很多公司所限制，不少营运车辆纷纷转向服务价格更低、条款也更加灵活的交通安全统筹。但客观而言，"安全统筹"产品以"统筹互助"之名变相开展"保险业务"的目的不言而喻。由此也导致了发生交通事故后，受害人依据交通安全统筹协议，将侵权人以及安全统筹服务公司一并起诉至法院的案件逐渐增多。

二、安全统筹合同的性质与效力认定

在性质问题层面，安全统筹合同是保险合同还是民事合同，实践中存在不同认识。概括来说，主要有两种观点：第一种观点认为安全统筹合同属于保险合同，三者统筹险属于商业三者险范畴，进而统筹公司应按照商业三者险规则进行责任承担；第二种观点认为安全统筹合同不属于保险合同，性质属于普通民事合同，三者统筹险不属于商业三者险范畴，如果统筹公司未明确表示愿意承担责任，则不在案件中一并处理。单就安全统筹合同的性质而言，笔者倾向于第二种观点，首先，在法律规定上，根据《保险法》第六条、第六十七条的规定，国家对保险业务实行特许制度，未经准许，任何单位和个人不得经营保险业务。安全统筹公司不是经过合法批准的保险公司，不能开展保险业务，进而也就缺乏成立保险合同的法律基础。其次，从赔付效果上，安全统筹公司的赔付能力一般都比较弱，如果按照保险合同的思路判决安全统筹公司先行赔付，被侵权人很可能难以得到赔偿，综上，安全统筹合同性质上是一个普通民事合同，只不过该类民事合同具有类似保险的功能作用。

在合同效力层面，实践中也未达成一致性意见。有观点认为安全统筹合同实质上是保险行为，该行为违反了《保险法》第六条的效力性强制性规定，应为无效合同，侵权人可向统筹公司主张合同无效的损失。另有观点认为以违反效力性强制性规定为由认定合同无效理据不足，且现实中因保险公司拒保和统筹险保费便宜等因素，侵权人选择安全统筹业务，很难说有多大过错。[①] 笔者认为，机动车安全统筹的出现具有特定社会背景，《保险法》第六条能否成为否定该类合同效力的法律依据确实可以进一步探讨，除此之外，未见有明确的法律法规的强制性规定对该类合同效力进行否定。此外，从笔者检索的案例情况来看，认定安全统筹合同无效的判决并不多见，究其背后的原因，避免影响安全统筹公司赔付积极性，最大限度地推动侵权人主动赔付、保护受害人利益或是其中一个重要的考量因素。有鉴于此，在合同效力层面，笔者更倾向于第二种观点。

三、安全统筹公司在机动车交通事故中的责任判断

在前文所述安全统筹合同不属于保险合同的前提下，其自然也不具有保险合同中的优先赔付功能。发生交通事故后，我国立法确定的按照交强险、商业三者险、侵权人的顺序承担赔偿责任，是为了充分发挥保险的保障作用、保障当事人合法权益。如果将风险巨大的安全统筹合同置于商业三者险的地位，优先于侵权人，一旦统筹公司无法发挥应有的赔偿作用，将导致被侵权人的合法权益受损。故此，笔者认为，涉及安全统筹合同的机动车交通事故中，原则上超出交强险部分的损失应当由侵权人承担赔偿责任。因为安全统筹协议是侵权人与安全统筹公司之间签订的协议，被侵权人不是安全统筹协议的当事人，被侵权人与安全统筹公司之间没有直接的法律关系，安全统筹公司对被侵权人不承担任何责任与义务，因此，当受害人将安全统筹公司一并起诉，如果安全统筹公司明确表示同意按照其与侵权人签订的交通安全统筹协议承担赔偿责任时，可以判决该公司与侵权人在其约定的机动车三者统筹金额范围内共同承担赔偿责任；如果安全统筹公司未到庭应诉，或者明确拒绝赔偿时，应判决侵权人承担赔偿责任，但不能直接判决安全统筹公司承担赔偿责任，至于侵权人与统筹公司之间的问题，可另行处理。

---

① 刘刚：《机动车安全统筹合同的性质与效力》，载《人民法院报》2023 年 4 月 13 日。

37

车辆贬值损失

📄 实务观点

问题 1：购买新车后不久发生交通事故，导致车辆维修发生大量费用，车主能否要求侵权人赔付车辆贬值损失？

观点：对于当事人主张车辆贬值损失并申请鉴定的，法院应从严掌握，只有在少数、极端情形下，如发生事故之日购买时间较短的新购置车辆发生比较严重的交通事故尤其是关键部件受损，才可以考虑适当赔偿并准许对车辆贬值进行评估。

问题 2：在认定车辆贬值损失时，应当考虑哪些因素？

观点：即便在极端、少数情形中可以认定车辆存在贬值损失，但在案件裁判中，也应结合具体情况充分考虑当事人的过错程度、车辆价值差别等因素，避免利益严重失衡。应考虑把握以下因素：事故发生不是索赔车辆所有人的主要原因造成的，其在交通事故认定书中认定为无责或次要责任；该车辆购买时间较短；需要出现关键部位损坏；适度参考评估报告。

📖 案例精释

新车发生交通事故受损，车主能否主张"贬值损失"

——边某诉王某、某保险公司机动车交通事故责任纠纷案

关键词： 机动车交通事故　新车　贬值损失

案情要览

2020 年 10 月 19 日，王某驾驶的小型普通客车与边某驾驶的小型轿车在某市某路段发生交通事故，造成边某的车辆接触部位损坏，无法行驶。当日，交警部门作出《交通事故认定书》，认定边某无责，王某负全部责任。某保险公司为承保王某车辆的保险公司。事故发生后，边某驾驶的车辆当日送交 4S 店进行维修，边某共花费车辆维修费 170512 元。经查，边某车辆于 2020 年 4 月 26 日登记发证，购车发票金额为 346000 元。

诉讼过程中，法院委托某评估公司就边某车辆进行鉴定，评估公司出具鉴定意见为，边某的小型轿车因交通事故造成的车辆贬值损失在价格鉴定基准日的价格为 8 万元。因此，边某向王某和某保险公司主张上述车辆贬值损失和替代性交通费。

各方观点

原告边某观点：本人驾驶的车辆是刚购置不久的新车，事故致使车辆损坏，无法行驶，造成替代性交通费和车辆贬值损失，但二被告未向原告赔偿任何损失费用，故请求法院判令：被告赔偿原告替代性交通费 7974.38 元、车辆贬值损失 80000 元，共计 87974.38 元。

被告王某观点：依据最高人民法院司法解释规定，车辆贬值损失不属于财产损失的范围。根据北京高院会议纪要，明确说明了对造成车辆可修复性外观损坏、可替换性损坏不支持车辆贬值损失。即使法院支持原告主张的各项损失，也应由承保的保险公司承担。

被告某保险公司观点：王某驾驶的车辆在保险公司投保交强险及商业三者险 100 万元，含不计免赔，事故发生在保险期间内。交强险财产损失 2000 元已用尽，商业三者险限额已使用 182859 元。原告主张的替代性交通费和贬值损失均是间接损失，不属于保险理赔范围，不同意承担。诉讼费、鉴定费亦不属于保险理赔范围，不同意承担。

裁判要旨

一审法院经审理认为：本案的争议焦点为车辆贬值损失是否应当赔偿。

车辆贬值损失是指车辆发生事故后，经过专业维修后外观恢复并可继续使用，但其安全性、舒适性、驾驶操控性等性能无法恢复到事故前而使车辆价值有所降低，事故后车辆价值与正常使用情况下无事故车辆的价值之差。车辆贬值损失的实现需以贬值达到一定程度为条件。对车辆贬值损失的赔偿应当持谨慎态度，原则上不予支持，但在少数特殊、极端情形下，可以考虑适当赔偿。本案中，边某的车辆购买半年左右，事发时行驶里程7656公里，且因事故导致后围板等重要部位受损。法院依据边某申请评估作出的《价格鉴定意见书》、车辆购买年限、行驶里程和受损程度及部位等因素，酌情认定车辆贬值损失为40000元。

边某主张的替代性交通工具费用过高，且未提交行程单予以佐证，法院考虑到车辆停驶可能对边某出行产生影响，结合其上班及接送孩子路线、车辆维修时间，酌情认定替代性交通工具费用为2000元。

某保险公司辩称相关损失属于商业三者险免赔范围，并提交了相关证据予以佐证，王某并未提交相反证据予以反驳，故法院对某保险公司的上述辩称予以采信。边某主张的贬值损失及替代性交通费应由王某承担。

一审法院判决：一、王某向边某给付车辆贬值损失40000元、替代性交通工具费2000元，共计42000元；二、驳回边某的其他诉讼请求。

宣判后，被告王某不服提起上诉。

二审法院经审理认为：车辆贬值损失是一种客观存在、既得利益的损失，对该损失的认定一方面受害人对损失应尽举证责任，另一方面要考虑主张者在交通事故中的过错情况、车辆新旧程度、使用年限和车辆的受损程度。本案中，经边某申请，法院委托具有价格评估资质的评估机构，对车辆贬值损失作出评估鉴定意见，可以作为证据予以采信，边某尽到举证义务。受损车辆购买半年左右，事发时行驶里程7656公里，事故造成左前纵梁、后地板右后纵梁、后围板等66处部位受损，车辆内在结构受到损害，虽经维修但仍然存在技术性能下降等不可全面修复的内在损伤，边某在事故中不存在违法行为，不承担事故责任，其主张车辆贬值损失应当支持，一审法院根据评估意见酌情认定车辆贬值损失，并无不当。非经营性车辆因无法使用，所产生的替代性交通费属于合理损失范围，应当予以赔偿。一审法院考虑到边某主张该费用存在合理性和必要性，在边某举证责任没有完全尽到的情况下，未采信其提交的替代性交通费发票，而是酌情认定交通费，符合法律规定。

王某与某保险公司通过电子投保形式订立了保险关系，某保险公司将保险条款以及免责事项等相关信息通过电子信息方式发送至投保人王某的手机，履行告知义务，免责条款发生效力，王某上诉要求某保险公司承担贬值损失和替代性交通费的赔偿责任，缺乏依据，法院不予支持。

二审法院判决：驳回上诉，维持原判。

法官评析

机动车交通事故发生之后，车辆因为碰撞等原因会发生一定的损坏，一般经过修复之后还可正常使用，但不可否认的是，对于车辆所有人或管理人而言，事故前的原装车辆和事故后的修复车辆在使用、市场价值等层面均会出现差异，有鉴于此，在机动车交通事故责任纠纷中，受害人经常要求侵权人赔偿车辆贬值损失，该项损失能否支持是司法实践中的争议问题。

一、车辆贬值损失的含义和裁判观点

所谓车辆贬值损失，一般是指车辆发生事故后，经过专业维修后外观恢复并可继续使用，但其安全性、舒适性、驾驶操控性等性能无法恢复到事故前而使车辆价值有所降低，由此导致的事故后车辆价值与正常使用情况下无事故车辆的价值之差。司法实践中，当事人在机动车交通事故责任纠纷案件中主张车辆贬值损失的能否支持，一直存在分歧。支持类观点认为车辆贬值损失是侵权造成的客观存在的财产损失，由于汽车的特殊性以及受客观条件和维修工艺、

水平的影响，汽车受损后很难完全恢复到原有水平，法律规定的恢复原状仅仅是一种理想状态，现实中很难做到。[①] 否定类观点认为，车辆经恢复原状即恢复车辆应有的使用价值，已足以弥补受害人的损失，至于车辆交易价值，则会受各种市场因素的影响；车辆贬值损失往往取决于当事人对汽车修复后的价值较事故前价值跌落的心理评价，并非必然会产生的损失。[②] 就此问题，2016 年3 月 4 日，最高人民法院曾经在官方网站上就一份建议作出《关于"关于交通事故车辆贬值损失赔偿问题的建议"的答复》，该份答复在实践中的影响也较为广泛，其主要内容如下："我们认为，任何一部法律法规以及司法解释的出台，均要考虑当时的社会经济发展情况综合予以判断，目前我们尚不具备完全支持贬值损失的客观条件：（1）虽然理论上不少观点认为贬值损失具有可赔偿性，但仍存有较多争议，比如因维修导致零部件以旧换新是否存在溢价，从而产生损益相抵的问题等。（2）贬值损失的可赔偿性要兼顾一国的道路交通实际状况。在事故率比较高、人们道路交通安全意识尚需提高的我国，赔偿贬值损失会加重道路交通参与人的负担，不利于社会经济发展。（3）我国目前鉴定市场尚不规范，鉴定机构在逐利目的驱动下，对贬值损失的确定具有较大的任意性。由于贬值损失数额确定的不科学，导致可能出现案件实质上的不公正，加重侵权人的负担。（4）客观上讲，贬值损失几乎在每辆发生事故的机动车上都会存在，规定贬值损失可能导致本不会成诉的交通事故案件大量涌入法院，不利于减少纠纷。综合以上考虑，目前，我们对该项损失的赔偿持谨慎态度，倾向于原则上不予支持。当然，在少数特殊、极端情形下，也可以考虑予以适当赔偿，但必须慎重考量，严格把握。"部分省市法院同样以缺乏客观评定标准或具有不可确定性为由，对车辆贬值损失不予支持。[③]

---

① 伍南冬：《车辆贬值损失能否获得赔偿，其性质为何，损失数额如何确定，法律依据是什么》，载国家法官学院案例开发研究中心编：《中国法院 2012 年度案例·道路交通纠纷》，中国法制出版社 2012 年版，第 123 页。

② 李林强：《车辆贬值损失不应当由肇事方承担赔偿责任》，载国家法官学院案例开发研究中心编：《中国法院 2014 年度案例·道路交通纠纷》，中国法制出版社 2014 年版，第 141 页。

③ 转引自李承亮：《侵害财产造成财产损失的计算》，载《法学家》2021 年第 6 期。

二、认定车辆贬值损失的原则及理由

笔者对车辆贬值的认定问题亦持谨慎性观点，具体来说，对于当事人主张车辆贬值损失并申请鉴定的，法院应从严掌握，只有在少数、极端情形下，比如发生事故之日购买时间较短的新购置车辆发生比较严重的交通事故，尤其是关键部件受损，才可以考虑适当赔偿并准许对车辆贬值进行评估。究其原因，主要如下：对于购买不久的车辆，各个机械部位尚处于较新阶段，初始价值明确；若因严重事故经过拆解安装、平整钣金、切割铆焊等修复工艺后虽可使用，受客观条件及维修水平影响，零部件装配无法达到原车出厂时的技术参数，整体技术指标通常达不到事故前的状态，相比同样使用年限的正常车辆，难以达到原车的使用性能和舒适性、安全性，使用寿命无疑也会受到一定程度的影响；此外，对于车主而言，"新车"和"事故车"之间的体验感落差也会异常明显。恰如本案，一则考虑了车辆的购买时间只有半年，二则考虑了车辆的 66 处部位受损，车辆内在结构受到严重损害，故此法院才适当支持了贬值损失。

三、认定车辆贬值损失的参考因素

即便在极端、少数情形中可以认定车辆存在贬值损失，但在案件裁判中，也应结合具体情况充分考虑当事人的过错程度、车辆价值差别等因素，避免利益严重失衡。具体而言，应考虑把握以下因素：其一，事故发生不是索赔车辆所有人的主要原因造成的，即其在交通事故认定书中认定为无责或次要责任；其二，该车辆购买时间较短，从行驶里程和购买后到事故发生的期间两方面考虑，一般可参考 5000 公里里程和 6 个月的时间节点；其三，需要出现关键部位损坏，而非可修复性外观损坏、可替换性部件损坏；其四，适度参考评估报告，结合专业机构给出的市场价格和其他要素综合予以确定。

$\boxed{38}$

电动车转化机动车相关责任

📄 **实务观点**

问题1：交通事故中电动车被认定为机动车后，如何判断产品缺陷与事故之间的因果关系？

观点：考虑到电动车超速、超重、超标的情况，已不符合国家相关部门关于电动车的技术规范与标准，产品存在危及他人人身、财产安全的危险，应当认定存在缺陷，但是企业不仅没有作警示说明，反而在说明书中误导消费者"电动车属非机动车辆"，进一步增加了电动车使用中潜在的危险性。从普通人知识经验判断，电动车存在的产品缺陷显然增加了发生事故的可能性，因此，电动车的产品缺陷与交通事故的发生存在因果关系。

问题2：如何理解格式化保险合同之免责条款中的"机动车"范围？

观点：格式化保险合同之免责条款中的"机动车"，应理解为可以取得有效驾驶证和车辆牌照的机动车，不包括交警部门在处理交通事故时按机动车处理的超标电动车。

📖 **案例精释**

交通事故中电动车被认定为机动车后，销售商应当承担的产品责任认定

——曹某诉某车店产品责任纠纷案

关键词： 电动车　机动车　知情权　如实说明义务

案情要览

2017 年 4 月 8 日，购车人曹某从某车店购买某品牌电动车一辆，车店向曹某提供了收据、电动车合格证、产品使用说明书。合格证标注产品名称为电动自行车、产品型号 T90，车身颜色玫瑰金/亮黑，生产者某车业公司。产品使用说明书标注电动自行车主要技术参数中，整车重量 ≤40 千克、最高车速 ≤20 千米/小时。2018 年 7 月 10 日 17 时许，曹某的妻子贾某在驾驶曹某购买的电动车（无号牌）时，与王某驾驶的小型轿车、戴某驾驶的电动自行车接触，发生交通事故，贾某受伤经医院抢救无效于 2018 年 7 月 16 日死亡。经鉴定，贾某行驶的"某品牌"两轮车由电机驱动，整车质量大于 40 千克，无脚踏装置，车轮轮胎宽度大于 54 毫米，其技术参数超出 GB 17761-1999《电动自行车通用技术条件》的要求规范，符合 GB 7258-2017《机动车运行安全技术条件》中摩托车技术参数和要求，为两轮摩托车，属于机动车范畴。交警部门认定，贾某未取得机动车驾驶证驾驶无号牌的两轮摩托车上道路行驶未按规定让行的行为违法，与本起道路交通事故的发生有因果关系，是事故发生的原因，王某与贾某之间双方为同等责任，王某与戴某之间双方为同等责任。因贾某发生交通事故死亡，曹某及其子曹某甲以王某和某保险公司为被告诉至一审法院。一审法院作出判决，确认王某与贾某之间交通事故双方为同等责任，认定王某与贾某各负 50% 的责任。该判决确定赔偿总额中，保险公司在机动车事故责任强制

保险限额内赔偿曹某及其子曹某甲 121900 元，在商业第三者责任保险限额内赔偿曹某、曹某甲医疗费、死亡赔偿金、住院伙食补助费、营养费、护理费、误工费、丧葬费，处理丧葬事宜人员住宿费、交通费、误工费共计 701820.18 元；王某赔偿曹某、曹某甲鉴定费 1000 元；曹某、曹某甲负担案件受理费 3043.5元。根据该判决认定事实及赔偿责任划分，曹某及其子曹某甲自担因贾某发生交通事故致死造成的损失共计为 702820.18 元，承担诉讼费用 3043.5 元。曹某认为某车店销售的电动车存在产品瑕疵，导致贾某使用涉案电动车发生交通事故时，责任比例被认定为同等责任，导致贾某最后获得的赔偿数额减少，因此某车店应当对事故损害承担产品责任。

各方观点

原告曹某等观点：某车店销售的某品牌电动自行车不符合 GB 17761-1999《电动自行车通用技术条件》，违反国家标准，由于涉案电动车被认定为机动车，所以死者贾某交通事故的责任比例被认定为同等责任，导致贾某最后获得的赔偿数额减少，我方主张的损害后果就是因此减少的赔偿数额。产品侵权责任是无过错责任，应该由某车店举证证明电动车是合格的，符合自行车的标准，在产品没有任何瑕疵的情况下，车店才不承担责任，否则车店应当对电动车的超标情况承担赔偿责任。故请求法院依法判令某车店赔偿曹某、曹某甲医疗费、营养费、住院伙食补助费、死亡赔偿金、护理费、误工费、丧葬费、处理丧葬事宜人员误工费、交通费等差额损失 210846 元。

被告某车店观点：在出售的同时，我方向曹某交付了电动车以及该电动车的产品使用说明书、合格证。在使用说明书第一页敬告用户第二条明确记载：使用前请仔细阅读本说明书，在没有了解电动自行车的性能、特点之前请不要使用。使用时务必遵守交通法规，要在非机动车道行驶，不准带人骑行……使用时遇到路面积水请予以避让，不能蹚水骑行等注意事项。在交通责任认定书中，贾某是因为违反《道路交通安全法》第四十四条关于机动车进出或者穿越道路的应当让在道路上正常行驶的车辆、行人先行，辅路上的机动车给主路上的机动车让行的规定。当时在同一道路上行驶的戴某也是违反了该条规定。贾某因其骑行的电动车被王某的机动车撞倒，诱发颅脑损伤而死亡，这与产品质量责任没有任何因果关系。原告应当对产品缺陷、产品缺陷造成了受害人的损害、因果关系等案件基本事实承担举证责任，如果举证不能要承担不利的法律后果。

裁判要旨

一审法院经审理认为：根据《侵权责任法》第四十三条①第一款的规定，因产品存在缺陷造成损害的，被侵权人可以向产品的生产者请求赔偿，也可以向产品的销售者请求赔偿。根据《侵权责任法》第二十六条②的规定，被侵权人对损害的发生也有过错的，可以减轻侵权人的责任。本案中，曹某、曹某甲与某车店的争议焦点为某车店销售的某品牌电动车是否存在缺陷，以及某车店应否对贾某骑行某品牌电动车发生交通事故致死而使曹某、曹某甲遭受的损失承担赔偿责任。首先，涉案事故车辆是否存在缺陷。根据曹某、曹某甲提供的双方均认可的电动车合格证、产品使用说明书显示，某车店向曹某销售的某品牌电动车合格证标注产品名称为电动自行车，产品使用说明书标注电动自行车主要技术参数中，整车重量≤40千克、最高车速≤20千米/小时。经鉴定，贾某发生交通事故时骑行的两轮车由电机驱动，整车质量大于40千克，无脚踏装置，车轮轮胎宽度大于54毫米，最高车速≥20千米。其技术参数超出GB 17761-1999《电动自行车通用技术条件》的要求规范，符合GB 7258-2017《机动车运行安全技术条件》中摩托车技术参数和要求，为两轮摩托车，属于机动车范畴。据此可以认定，某车店向曹某销售的涉案事故车辆存在缺陷。其次，某车店对贾某骑行该品牌电动车发生交通事故致死而使曹某、曹某甲遭受

---

① 对应《民法典》第一千二百零三条。该条规定："因产品存在缺陷造成他人损害的，被侵权人可以向产品的生产者请求赔偿，也可以向产品的销售者请求赔偿。产品缺陷由生产者造成的，销售者赔偿后，有权向生产者追偿。因销售者的过错使产品存在缺陷的，生产者赔偿后，有权向销售者追偿。"

② 对应《民法典》第一千一百七十三条。该条规定："被侵权人对同一损害的发生或者扩大有过错的，可以减轻侵权人的责任。"

的损失应否承担赔偿责任。根据交通事故责任认定书，贾某承担事故责任的原因之一系其骑行的某品牌电动车被认定为两轮摩托车，属于机动车范畴，贾某骑行该车属于无证驾驶无号牌摩托车，构成交通违法，并因此承担相应事故责任，自担了50%的损失，曹某、曹某甲因此获得赔偿相应减少，上述贾某交通违法，是由某车店产品质量存在缺陷造成，对曹某、曹某甲因上述原因遭受的损失应予赔偿。根据曹某、曹某甲因贾某负事故同等责任而自担的损失数额，一审法院依法酌情确定由某车店承担曹某、曹某甲自担损失20%的赔偿责任。前述案件中由曹某、曹某甲承担的诉讼费，并非直接损失，一审法院不予认定。

一审法院判决：一、某车店赔偿曹某、曹某甲经济损失140564元；二、驳回曹某、曹某甲的其他诉讼请求。

被告某车店不服提起上诉。**二审法院同意一审法院裁判意见**，判决：驳回上诉，维持原判。

法官评析

近些年，道路上的电动车越来越普遍，但是由此而发生交通事故的也不在少数。在事故发生后，如果电动车被认定为机动车，在交通事故责任认定方面也会产生相应变化。本案中，消费者本意是购买电动车，但未承想出现交通事故后该电动车被认定为符合机动车条件，进而导致受害人产生了一定损失。该类案件中，主要涉及以下三个问题的判断。

一、产品缺陷的含义、责任承担主体及举证责任的分配

作为典型侵权行为的一种，产品责任被明确写入了《民法典》之"侵权责任"编。最高人民法院《民事案件案由规定》中也存在相应的"产品责任纠纷"。《民法典》第一千二百零二条明确："因产品存在缺陷造成他人损害的，生产者应当承担侵权责任。"从中可以看出，我国立法中对于产品责任采取了严格责任的归责原则，即只要产品存在缺陷，无论生产者是否存在主观过错，都需要承担侵权责任。所谓的缺陷，一般是指产品存在危及人身、他人财产安

全的不合理的危险；产品有保障人体健康和人身、财产安全的国家标准、行业标准的，是指不符合该标准。产品缺陷一般包括设计缺陷、生产缺陷、提示或警示缺陷等。司法实践中，产品是否构成质量缺陷，需要结合产品的用途、通常使用方式、消费者知情程度及事故发生的可能性等因素，综合判断产品中存在的危险是否达到了"不合理"程度。本案中，电动车生产企业为消费者提供的产品不符合国家标准，客观上增加了车辆驾驶风险，增加了消费者人身、财产受到损害的可能性，应认定存在质量缺陷。

关于产品责任的责任承担主体，《民法典》第一千二百零三条规定："因产品存在缺陷造成他人损害的，被侵权人可以向产品的生产者请求赔偿，也可以向产品的销售者请求赔偿。产品缺陷由生产者造成的，销售者赔偿后，有权向生产者追偿。因销售者的过错使产品存在缺陷的，生产者赔偿后，有权向销售者追偿。"由此可见，对于消费者而言，其遭受侵害后既可以向生产者也可以向销售者请求赔偿，目的在于方便消费者及时维护自己的权利，至于生产者和销售者之间的追偿问题，由他们自行解决，这也是本案判决电动车销售者承担责任的规范基础。关于产品责任的举证问题，正如上文所述，虽然消费者不需要证明生产者、销售者是否存在过错，但并不意味着消费者在该类诉讼中没有任何举证责任，否则对于生产者和销售者也过于苛刻，具体而言，在产品责任纠纷中，消费者需要尽到产品存在缺陷、缺陷与其损害之间存在因果关系的初步举证义务，如果生产者、销售者对此进行否认时，则需要承担相应的反证责任。

二、电动车被认定为机动车的情形及其与产品缺陷的关系

近年来，我国电动车市场发展迅速，国家相关部门对于电动车的规格出台了相应的技术规范，要求电动自行车最高车速不应大于 20 千米/小时，整车质量不大于 40 千克，但是一些商家为了规避国家的标准要求，擅自对电动车进行改装，不仅提高了电动车的时速，也增加了电动车的重量。按照公安部《机动车驾驶证申领和使用规定》，最大设计时速 50 千米/小时的轻便摩托车即需领取

驾照,部分改装后的电动自行车时速可以轻松地超过50千米,显然已经不符合电动车的相关标准。对于产品缺陷与事故责任之间因果关系的认定,是为了合理界定侵权责任的范围,使具体案件处理能够公平合理。具体到本案中,考虑到电动车超速、超重、超标的情况,已不符合国家相关部门关于电动车的技术规范与标准,产品存在危及他人人身、财产安全的危险,应当认定存在缺陷,但是企业不仅没有作警示说明,反而在说明书中误导消费者"电动车属非机动车辆",进一步增加了电动车使用中潜在的危险性。从普通人知识经验判断,电动车存在的产品缺陷显然增加了发生事故的可能性,因此,法院最终认定电动车的产品缺陷与交通事故的发生存在因果关系。

三、保险公司能否以被保险人无证驾驶为由免除其保险责任的延伸思考

本案中一个相关的衍生问题是如果交通事故认定书认定事故电动车为机动车,保险公司能否以被保险人无证驾驶为由免除其保险责任?笔者个人认为,在被保险人向保险公司索赔时,保险公司通常会以《保险合同》格式条款中"被保险人无有效驾驶证驾驶机动车"的免责事由进行抗辩,主张其不承担保险赔偿责任,免责条款中的"机动车"是否包括交管部门事故认定书中认定的超标电动车,该问题的关键在于对格式化的保险合同免责条款中"机动车"的解释。

首先,《民法典》第四百九十八条规定:"对格式条款的理解发生争议的,应当按照通常理解予以解释。对格式条款有两种以上解释的,应当作出不利于提供格式条款一方的解释。格式条款和非格式条款不一致的,应当采用非格式条款。"《保险法》第三十条规定:"采用保险人提供的格式条款订立的保险合同,保险人与投保人、被保险人或者受益人对合同条款有争议的,应当按照通常理解予以解释。对合同条款有两种以上解释的,人民法院或者仲裁机构应当作出有利于被保险人和受益人的解释。"依照上述两部法律的规范内容,保险合同免责条款中的"机动车",应按照普通人的理解和识别力进行判

断，解释成具有普遍意义上的机动车外观、动力，且可以办理机动车驾驶证照等手续的机动车，即便交管部门出具的交通事故认定书将超标电动车认定为机动车，但是按照目前我国的相关规定，电动车还无法取得机动车牌照，也无法申领机动车驾驶证和行驶证，显然免责条款中所列的该种情形是对驾驶者怠于履行申领证照义务的制约和风险提示。其次，交管部门对于事故电动车的认定是基于当时发生事故时电动车的动力、速度、质量等因素做出的一种推定，是为处理交通事故赔偿做出的认定，可以有效地区分事故责任，形式上仅是行政机关做出的一种行政确认。综上，笔者认为格式化保险合同之免责条款中的"机动车"，应理解为可以取得有效驾驶证和车辆牌照的机动车，不包括交警部门在处理交通事故时按机动车处理的超标电动车。究其原因，如上文所述，保险合同属于格式条款，如果保险人和被保险人对于上述免责条款中的"机动车"存在不同的解释，也依法应当作出不利于格式条款提供者保险公司一方的解释。

39

出租车承包金损失

📄 实务观点

问题 1：机动车交通事故责任纠纷中，出租车司机因人身损害导致其无法正常驾驶车辆从事车辆运营而产生的车辆承包金损失，机动车交通事故责任强制保险应否赔付？

观点：出租车司机因人身损害导致其无法正常驾驶车辆从事车辆运营而产生的车辆承包金损失，应计入误工损失的范畴，在交强险的死亡伤残赔偿限额项下予以先行赔偿。

问题 2：机动车交通事故责任纠纷中，因车辆受损导致出租车司机无法从事车辆运营而产生的车辆承包金损失，机动车交通事故责任强制保险应否赔付？

观点：仅因车辆受损导致出租车司机无法从事车辆运营而产生的车辆承包金损失属于间接的财产损失，不属于交强险的赔偿范围。

📖 案例精释

出租车辆承包金应计入误工损失还是间接财产损失

——黄某诉任某、某保险公司机动车交通事故责任纠纷案

关键词：交通事故　赔偿范围　车辆承包金　机动车交通事故责任强制

保险

案情要览

2012 年 8 月 7 日 20 时许，任某驾驶小轿车倒车时将遛狗的黄某及其所牵的狗撞伤。此事故经交通支队认定，任某负全部责任。任某所驾车辆在某保险公司投保了交强险。受伤后，黄某于 2012 年 8 月 7 日至 8 月 15 日在某医院急诊留观治疗，其伤情被诊断为头皮裂伤、异物残留、多发皮肤挫伤及脑外伤后神经反应。经司法鉴定所鉴定，黄某身体所受损伤的合理误工期为 60 日。另查，黄某采取单班运营的方式承包了某出租汽车公司的一辆出租车，双方签订了车辆营运承包合同书、劳动合同书，其中约定承包期间为 2009 年 12 月 1 日至 2012 年 9 月 1 日，每月承包金为 7394 元，协议工资为 640 元/月，出租汽车公司每月向该运营车辆支付相应的燃油补贴。原告黄某起诉要求任某、某保险公司赔偿住院伙食补助费 450 元、营养费 6500 元、误工费 11050 元、车辆承包金（俗称份子钱）损失费 32045 元、交通费 700 元、护理费 2250 元、狗的营养费5000 元及精神损害抚慰金 1 万元。

各方观点

原告黄某观点：2012 年 8 月 7 日 20 时 10 分，原告在湖边散步遛狗，由东向西行至南岸路时，正赶上被告任某驾驶车辆由西向东倒车，将原告及其所牵的爱狗撞伤。此事故经交通支队认定，任某负事故全部责任。经查，被告任某驾驶的小轿车在某保险公司投保机动车交通事故责任强制保险（以下简称交强险）和商业性机动车第三者责任险（以下简称商业三者险）。任某支付了原告住院期间的医疗费及原告爱狗的治疗费，但仍有如下损失双方未达成一致意见：住院伙食补助费 450 元、营养费 6500 元、交通费 700 元、护理费 2250 元、误工费 11050 元、车辆承包金损失费 32045 元、狗的营养费 5000 元、精神损害抚慰金 10000 元。为维护原告合法权益，故原告诉至法院，要求判令某保险公司和任某赔偿原告上述损失并负担本案诉讼费。

被告任某辩称：对交通事故事实及责任认定没有异议。任某驾驶的车辆在被告保险公司投保了交强险和商业三者险，应当由保险公司赔偿原告损失。

被告保险公司辩称：涉诉车辆在该公司投保了交强险，事发在保险期间内，对事故事实及责任无异议。原告急诊留观而非住院，不认可住院伙食补助费；营养费没有医嘱及票据不认可；交通费没有证据不赔偿；护理费不认可原告方提交的证据；误工期间不认可原告主张的 130 天，鉴定结论是 60 天，对原告主张的误工费数额不认可；原告主张的车辆承包金损失费属于间接损失，不同意赔偿；原告未构成伤残，不同意赔偿精神损害抚慰金；关于狗的营养费没有正式票据，不认可。另外保险公司支付了鉴定费 2100 元，应当由原告负担。

裁判要旨

一审法院经审理认为：同时投保交强险和商业三者险的机动车发生交通事故造成损害，当事人同时起诉侵权人和保险公司的，人民法院应当按照下列规则确定赔偿责任：（1）先由承保交强险的保险公司在责任限额范围内予以赔偿；（2）不足部分，由承保商业三者险的保险公司根据保险合同予以赔偿；（3）仍有不足的，依照道路交通安全法和侵权责任法的相关规定由侵权人予以赔偿。此次事故经认定被告任某负全部责任，任某所驾小轿车在被告保险公司投保交强险及 20 万元不计免赔商业三者险，故保险公司应在交强险限额内先行承担赔偿责任，不足部分由保险公司在商业三者险限额内按照保险合同承担赔偿责任。超出交强险和商业三者险部分，由被告任某承担赔偿责任。关于原告黄某主张的住院伙食补助费，法院根据其住院天数及相关标准予以确认，对于其主张数额过高部分，法院不予支持。关于营养费的诉讼请求，法院根据原告伤情及当地生活水平予以酌定，对于其数额过高部分，法院不予支持。关于交通费的诉讼请求，属于就医的必然支出，法院根据原告就医情况予以酌定。关于护理费的诉讼请求，法院根据医嘱及原告提交的相关证据予以确认，数额过高部分，法院不予支持。关于误工费的诉讼请求，法院参照鉴定意见及原告提交的证据予以确定。关于车辆承包金损失费，法院根据原告提交的证据予以确定，对于其主张数额过高部分，法院不予支持。原告黄某主张精神损害抚慰金及狗的营养费，于法无据，法院不予支持。经过庭审质证，法院审核确认原告黄某因此事故造成合理损失的项目及数额如下：住院伙食补助费 400 元、营养费 400 元、护理费 1200 元、交通费 300 元、误工费 5100 元、车辆承包金损失费 4400 元，以上共计 11800 元。

一审法院判决：一、被告保险公司在交强险范围内赔偿原告黄某医疗费用赔偿金 800 元、死亡伤残赔偿金 11000 元（其中含车辆承包金损失 4400 元）；二、驳回原告黄某的其他诉讼请求。

保险公司不服，提起上诉。

二审法院经审理认为： 本案焦点系保险公司是否应赔偿黄某车辆承包金损失。车辆承包金系黄某向出租汽车公司交纳的特定费用，源于其驾驶出租车运营而产生的收益，系其日常工作收益的一部分。根据北京市出租车行业惯例，在黄某正常出车的情况下，该项收益具有可预见性，系预期财产利益。黄某因交通事故人身受到伤害不能工作，必然导致其该项利益受到损失。根据《侵权责任法》第十六条之规定，黄某因人身损害导致的车辆承包金损失，应属于误工损失的范畴，应当在交强险死亡伤残限额项下予以赔偿。

二审法院判决：驳回上诉，维持原判。

法官评析

机动车交通事故责任纠纷中，对于出租车司机遭受的车辆承包金损失，是否属于交强险应当进行赔偿的范围，实践中存在一定分歧。结合上述案例，笔者认为对于该问题应当适当区分车辆承包金损失产生的损害前提，进行区别对待。

一、因出租车司机人身受到损害而造成的车辆承包金损失的性质判断

我国的实践中，出租车营运属于特许经营，只有具有相应经营权的出租汽

车公司才有权进行营运，而个人无权进行营运。就出租车司机与出租车公司之间的关系而言，出租车司机每月交纳承包金，出租车公司对司机进行管理，包括交纳各种社会保险以及个人所得税。就司机的收入构成分析，包括了其通过劳动所赚取的一切收入，自然也涵盖了承包金。更为重要的是，实际操作中，承包金制度不以实际运营为前提，即使司机受伤后遵医嘱休息，该承包金仍需交纳，因此，如果出租车司机因他人侵害行为而出现停运，必须上交的承包金则成为出租车司机的实际损失，其原因是出租车司机因人身受到伤害而造成劳动收入的减少。以此为基础，再从性质上判断，该种情形下的承包金损失已经属于误工费的范畴，即赔偿义务人应向受害人支付的从受害人遭受损害时起至恢复治愈时止这一时段内，受害人因无法从事正常工作或劳动而减少的收入。故此，该部分损失由承保交强险的保险公司在死亡伤残赔偿限额项下予以赔偿，也符合《道路交通安全法》和《机动车交通事故责任强制保险条例》对人身损害赔偿范围的规定。当然，若出租车司机人身损害后果严重，如终身无法从事出租车运营，则属于应否解除与出租车公司相关协议的问题，需要另行考查判断。

二、因车辆损坏停运而造成的出租车司机车辆承包金损失的性质判断

机动车交通事故责任纠纷中，对于因侵害财产造成的损失，自然属于财产损失赔偿范围，但还需要进一步判断属于直接损失还是间接损失，以便确定是否属于交强险赔偿范围。所谓间接损失，是指区别于交通事故造成的直接人身损害、车辆损坏之外的其他损失，如停车费损失、营运损失等。就交通事故造成车辆损坏无法运营而产生的车辆修理费和出租车司机的承包金损失而言，显然车辆修理费是直接损失，承包金损失是间接损失。就间接损失是否应当由交强险赔偿的问题，参考《机动车交通事故责任强制保险条款》第十条第三项的内容，被保险机动车发生交通事故，致使受害人停业、停驶、停电、停水、停气、停产、通信或者网络中断、数据丢失，电压变化等造成的损失以及受害人

财产因市场价格变动造成的贬值、修理后因价值降低造成的损失等其他各种间接损失均不属于交强险赔偿范围。由此可见，因车辆损坏停运而造成的出租车司机的车辆承包金损失本质上是"停运损失"，属于交强险不予赔偿的间接损失。这与上文提到的出租车司机人身受到伤害而产生的车辆承包金损失性质完全不同。

$\boxed{40}$

驾驶人与第三者转化

📄 实务观点

问题1：在机动车交通事故中，投保人允许的驾驶人能否转化为第三者？

观点： 在保险合同中，被保险人是承担责任主体，第三者是权利主体，保险公司是替代被保险人向第三者履行赔偿义务的主体，其与被保险人同属责任主体。在同一法律关系中，责任主体与权利主体之间应当相互独立，投保人允许的合法驾驶人作为被保险人，其始终处于第三者的对立面，不能转化为本车的第三者。

问题2：驾驶人因本人过错发生交通事故被撞击，致其脱离本车又与本车接触受到二次伤害的，该驾驶人请求保险公司予以赔偿的，能否支持？

观点： 在机动车交通事故责任强制保险（以下简称交强险）和商业性机动车第三者责任保险（以下简称商业三者险）中，投保人允许的驾驶人，其法律地位相当于被保险人，原则上不能纳入第三者的范围。如驾驶人因本人过错发生交通事故被撞击，致其脱离本车又与本车接触受到二次伤害的，该驾驶人请求承保本车交强险和商业三者险的保险公司予以赔偿的，人民法院不予支持。

📖 **案例精释**

驾驶人在交通事故中被撞击致其脱离本车又与本车接触受到二次伤害的，能否要求保险公司予以赔偿

——邵某诉贾某、乙保险公司机动车交通事故责任纠纷案

关键词： 交通事故　驾驶人　车上人员　第三者

案情要览

邵某系甲公司的司机，2013 年 1 月 14 日 9 时许，邵某驾驶所有人为甲公司的大型普通客车 A 由北向南行驶时，适有贾某驾驶所有人为杨某的中型普通客车 B 由西向东行驶，A 车前部与 B 车左侧相撞，撞击后邵某从自己驾驶的车辆中被甩出，之后又与自己驾驶的车辆发生二次接触，导致其严重受伤。交通管理部门经调查后认定邵某负此事故主要责任，贾某负此事故次要责任。经查，贾某驾驶的 B 车登记在杨某名下。该车在丙保险公司营销服务部投保了交强险和商业三者险，事故发生在保险期间内，其中商业三者险赔偿限额为 10 万元（含不计免赔）。邵某所驾驶的 A 车在乙保险公司投保了交强险以及商业三者险，事故发生在保险期间内，其中商业三者险赔偿限额为 50 万元（含不计免赔）。

各方观点

原告邵某观点： 原告邵某认为根据最高人民法院公报案例《郑某诉徐某、中国人民财产保险股份有限公司某支公司道路交通事故人身损害赔偿纠纷案》，其在第一次撞击之后被甩出本车并与本车发生二次接触，相对本车来说应当是第三人，故被告乙保险公司作为本车的保险人应当在所承保的交强险和商业三者险范围内按照法律规定承担赔偿责任。即自己投保了交强险和商业三者险，

应予得到赔付。

被告乙保险公司观点：邵某作为本车驾驶人，不属于法定和约定的交强险、商业三者险的赔偿对象，故不同意对邵某承担赔偿责任。

被告贾某观点：贾某陈述其系服装公司职员，事故发生时其正在履行职务，应由公司承担责任（对此服装公司予以否认）。

裁判要旨

一审法院经审理认为：其一，根据《保险法》（2009 年）第六十五条第四款"责任保险是指以被保险人对第三者依法应负的赔偿责任为保险标的的保险"的规定，在责任保险中，被保险人是责任主体，第三者是权利主体，二者相互对立，同一主体在同一责任保险中不能既是被保险人又是第三者。《机动车交通事故责任强制保险条例》（2012 年第二次修订）第四十二条第二项规定："被保险人，是指投保人及其允许的合法驾驶人。"根据行业规定，保险机动车在被保险人或其允许的合法驾驶人使用过程中发生意外事故，致使第三者遭受人身伤亡或财产的直接损失，对被保险人依法应支付的赔偿金额，保险人依照本保险合同的约定，对于超过机动车交通事故责任强制保险各分项赔偿限额的部分给予赔偿。由此可知，投保人允许的合法驾驶人无论是否应对第三者负赔偿责任，其致害方的角色不变，都应与被保险人一并处于第三者的对立面。本案中，结合法院审理查明的事实，可以认定邵某系投保人允许的合法驾驶人，其地位相当于被保险人，原则上不是第三者。

其二，邵某作为负事故主要责任的驾驶人，不能既是侵权人又是受害人，不得主张"自己赔偿自己"。根据侵权法基本原理，任何危险作业的直接操作者不能构成此类侵权案件的受害人。驾驶人作为车辆的操作者，因过错发生交通事故产生损害，其危险驾驶行为本身是损害产生的直接原因，这种因果关系不因驾驶人物理位置的变化而变化，即不论驾驶人于事故发生时处于车上还是车下，都无法改变其自身的危险驾驶行为是事故发生原因的事实。如果机动车驾驶人因本人的过错行为造成自身损害，他不能成为自身过错行为的受害者并以此要求赔偿。本案中，邵某作为负事故主要责任的驾驶人，对自身及其他事故当事方损害结果的发生负有重大过错。甲公司基于用人单位责任对其他事故当事方承担的赔偿责任属于替代性赔偿责任，其责任基础仍为邵某的过错行为，邵某不能以其不承担赔偿责任为由否定自身的过错行为，也不能成为自身过错行为的受害人。

其三，邵某所引公报案例的事实与本案存在重大差异，因此公报案例的裁判方法和裁判结论无法完全适用于本案。邵某援引最高人民法院的 2008 年第 7 期公报案例《郑某诉徐某、中国人民财产保险股份有限公司某支公司道路交通事故人身损害赔偿纠纷案》支持其主张。但是，该公报案例中关于车上人员、第三者的认定方法有特定的事实前提，即原告郑某为致害车辆的乘客，不是保险合同关系中的投保人、被保险人，也非保险人，因此在特定情况下可以转化为第三者。而本案中的原告邵某是致害车辆的驾驶人，如前所述，其地位相当于被保险人，不是第三者。乘客和被保险人（本案中的驾驶人）是两个不同的法律主体，所产生的法律关系和应适用的法律规定亦不相同，故法院对邵某的上述主张难以支持。

综上，虽然邵某于事故发生过程中被甩出车外又与本车发生二次事故，但由于邵某系甲公司的司机，是大型普通客车的驾驶人，负事故主要责任，故法院认为不应将邵某视为本车的第三人，乙保险公司也不应对邵某承担赔偿责任。

一审法院判决：一、被告乙保险公司在交强险责任限额内赔偿原告邵某共计 120731 元；二、被告乙保险公司在商业第三者责任保险范围内赔偿原告邵某 44359.31 元；三、被告贾某赔偿原告邵某鉴定费 1200 元；四、驳回原告邵某的其他诉讼请求。

宣判后，原、被告均未上诉，判决已发生法律效力。

法官评析

机动车交通事故责任纠纷中，因为有交强险和商业三者险的存在，遭受侵害的第三者一般都能够从保险公司处获得相应的赔偿，前提是受害人需要被界定为"第三者",然实践中的情形却是复杂多样,比如本案,其之所以具有一定的典型性,原因在于涉及对于驾驶人邵某是否属于"第三者"的认定,这也是实践中的一个难点问题。本案最终认定驾驶人邵某不属于本车所投交强险和商业三者险的"第三者"范围,故承保本车的保险公司无须予以赔偿。对于该案所涉及的相关法律问题,分析如下。

一、投保人允许的驾驶人是被保险人,不能转化为第三者

《保险法》第六十五条第四款规定:"责任保险是指以被保险人对第三者依法应负的赔偿责任为保险标的的保险。"《机动车交通事故责任强制保险条例》第二十一条第一款规定:"被保险机动车发生道路交通事故造成本车人员、被保险人以外的受害人人身伤亡、财产损失的,由保险公司依法在机动车交通事故责任强制保险责任限额范围内予以赔偿。"第四十一条第二项规定:"被保险人,是指投保人及其允许的合法驾驶人。"结合上述规定可知,在保险合同中,被保险人是承担责任主体,第三者是权利主体,保险公司是替代被保险人向第三者履行赔偿义务的主体,换言之,其与被保险人同属责任主体。在同一法律关系中,责任主体与权利主体之间应当相互独立,投保人允许的合法驾驶人作为被保险人,其始终处于第三者的对立面。本案中,邵某系投保人允许的合法驾驶人,属于保险合同中的被保险人,不能转化为本车的第三者。

二、同一民事主体不能既是侵权人又是受害人

侵权法律规范调整的是侵权人与受害人之间的法律关系。一般而言,侵权人与受害人不可能"合二为一",特殊情形中,即便出现"自己侵害自己",受害人因其自己过错所导致的后果也应当自行承担。正如有学者所言,"任何危险作业的直接操作者不能构成此类侵权案件的受害人,当他们因此而受到损害时,应基于其他理由(如劳动安全)请求赔偿"。① 依据上述理论,如果受害人

---

① 张新宝:《侵权责任法原理》,中国人民大学出版社 2005 年版,第 327 页。

系发生交通事故时候的驾驶人，其驾驶车辆造成的自身损害不产生侵权责任，也不存在赔付对象，进而也不会产生责任保险的赔偿责任。本案中，邵某作为负事故主要责任的驾驶人，对危险和损害后果的发生具有重大过错，在此前提下，邵某要求承保自己车辆的保险公司对自身损害进行赔偿，实际上等同于"自己赔偿自己"，有悖于侵权法的基本原理和保险法的相关规定。

41

机动车挂靠人雇员损害

实务观点

问题1：道路运输经营的机动车挂靠与日常生活中的机动车挂靠，在责任判断层面有什么区别？

观点：《民法典》第一千二百一十一条规定："以挂靠形式从事道路运输经营活动的机动车，发生交通事故造成损害，属于该机动车一方责任的，由挂靠人和被挂靠人承担连带责任。"该条规范的内容仅限于从事道路运输经营的机动车挂靠行为，至于有偿或无偿的挂靠均不影响本条的适用。如果是用于生活而非经营性机动车挂靠的，其中挂靠人、被挂靠人的责任判断，应参照适用出借、租赁机动车的规定。

问题2：挂靠人所雇的雇员在机动车交通事故中遭受损害，雇员能否主张机动车挂靠人和被挂靠人就其损害承担连带赔偿责任？

观点：以挂靠形式从事道路运输经营活动的机动车发生交通事故造成损害，属于该机动车一方责任，当事人请求由挂靠人和被挂靠人承担连带责任的，人民法院应予支持。但该处的当事人应为本车人员以外的第三者，不包括挂靠人所雇佣的人员。

📖 案例精释

机动车挂靠人的雇员能否主张挂靠人和被挂靠人就其损害承担连带赔偿责任

——刘某某等诉后某某等机动车交通事故责任纠纷案

关键词： 机动车交通事故　挂靠　雇员　连带责任

案情要览

2018 年 1 月 30 日 01 时 10 分，刘甲将重型半挂牵引车停在道路南侧非机动车道内，适有武某某驾驶轻型普通货车（内乘：韩某某、陈某某）由西向东行驶，轻型普通货车前部撞重型半挂牵引车后部，造成车辆损坏，武某某、陈某某受伤，韩某某死亡。经交警认定，此次事故武某某为全部责任，刘甲、韩某某、陈某某均无责任。事故发生时，武某某驾驶的涉案京牌车辆的实际所有人为后某某，挂靠在 A 公司名下从事运营活动，后某某每年向其支付项目年服务费。武某某受雇于后某某，事发时系履行职务行为。刘甲驾驶的车辆在保险公司投保了交强险。本次事故发生于保险期内。韩某某与刘某某系夫妻，二人育有一女韩某。韩某某的父母均先于韩某某去世。韩某某生前受雇于后某某，从事装卸工的工作。

各方观点

原告刘某某等观点： 武某某驾驶涉案车辆发生交通事故，造成车上人员韩某死亡，武某某全责。涉案车辆为后某某所有，事发时武某某和韩某某均受雇于后某某，正在履行职务。因此，后某某作为雇主应当对事故承担赔偿责任。又因为车辆挂靠在 A 公司名下，A 公司应当与后某某共同承担连带赔偿责任。对方车辆已经投保了交强险，保险公司亦应当在限额内赔偿 110000 元。故向法院提起诉讼：要求后某某、武某某、A 公司、保险公司赔偿刘某某、韩某死亡赔偿金 1248120 元、丧葬费 61860 元、被抚养人生活费 60519 元、亲属办理丧葬事务的交通费 2935 元、误工费 9000 元，停尸、运尸费 15805 元、精神损害抚慰金 100000 元，以上共计 1498239 元，因后某某已经给付 60000 元，应再给付 1438239 元。

被告后某某观点：1. 涉案车辆挂靠于 A 公司，根据相关法律规定，车辆发生事故造成他人损害后，挂靠人与被挂靠人应当共同承担连带赔偿责任。2. 对方车辆虽然在事故中无责任，但保险公司应当在第三者责任险强制保险限额内赔付 110000 元。

被告 A 公司观点：不同意后某某提出的要求 A 公司与之共同承担连带赔偿责任的主张。根据《机动车交通事故责任强制保险条例》第二十一条的规定，第三人不包括车上人员及被保险人，所以后某某要求 A 公司承担连带赔偿责任的诉请不成立。A 公司与事故受害人韩某某之间没有雇佣劳动关系及合作关系，不适用《最高人民法院关于审理道路交通事故损害责任赔偿案件适用法律若干问题的解释》第三条中关于挂靠人与被挂靠人承担连带责任的法律规定。

裁判要旨

一审法院经审理认为：侵害他人造成人身损害的，应当赔偿医疗费、护理费、交通费等为治疗和康复支出的合理费用。造成死亡的，还应当赔偿丧葬费和死亡赔偿金。机动车发生交通事故造成人身伤亡、财产损失的，由保险公司在交强险限额范围内予以赔偿。同时投保交强险和商业三者险的机动车发生交通事故造成损害，当事人同时起诉侵权人和保险公司的，先由承保交强险的保险公司在责任限额范围内予以赔偿；不足部分，由承保商业三者险的保险公司根据保险合同予以赔偿；仍有不足的，依照道路交通安全法和侵权责任法的相关规定由侵权人予以赔偿。根据已查明的事实，刘甲驾驶的车辆在保险公司投保了交强险，刘甲在此次交通事故中无责任，故保险公司理应首先在交强险无责限额内赔偿刘某某、韩某的合理损失。关于保险不足赔付的部分，一审法院认为应该由后某某承担赔偿责任。理由如下：雇员在从事雇佣活动中遭受人身损害，雇主应当承担赔偿责任。雇员在从事雇佣活动中致人损害，雇主应当承担赔偿责任。本案中，韩某某和武某某均受雇于后某某，事发时均系履行职务行为，武某某驾车（内乘韩某某）发生事故，造成韩某某死亡，武某某对此次交通事故负全部责任，故后某某应承担雇主责任，赔偿刘某某、韩某的合理损失。因武某某受雇于后某某且在履行职务过程中发生交通事故，后某某应承担雇主责任，故一审法院对于刘某某、韩某要求武某某承担赔偿责任的请求不予支持。以挂靠形式从事道路运输经营活动的机动车发生交通事故造成损害，属于该机动车一方责任，当事人请求由挂靠人和被挂靠人承担连带责任的，人民法院应予支持。根据《道路交通安全法》和《最高人民法院关于审理道路交通事故损害赔偿案件适用法律若干问题的解释》的相关规定，此处所指的当事人应为本车人员以外的第三人。另韩某某与 A 公司亦不存在劳务关系。综上，一审法院对于刘某某、韩某要求 A 公司承担赔偿责任的请求不予支持。

一审法院判决：一、保险公司在机动车第三者责任强制保险限额内赔偿刘某某、韩某各项损失共计人民币 11000 元。二、后某某赔偿刘某某、韩某各项损失共计人民币 1303058.5 元。三、驳回刘某某、韩某的其他诉讼请求。

二审法院经审理认为：根据一审查明事实，刘甲驾驶的车辆在保险公司投保了交强险，且刘甲在此次交通事故中为无责任一方，故一审法院判决保险公司在交强险无责限额内赔偿损失并无不当。以挂靠形式从事道路运输经营活动的机动车发生交通事故造成损害，属于该机动车一方责任，当事人请求由挂靠人和被挂靠人承担连带责任的，人民法院应予支持。对于该规定中请求主体的理解，应指非本车人员以外的第三者，故后某某要求 A 公司承担连带责任的请求缺乏法律依据，法院不予支持。

二审法院判决：驳回上诉，维持原判。

法官评析

本案是因挂靠机动车交通事故所引发的纠纷，与传统第三人主张挂靠人、被挂靠人承担连带赔偿责任不同,本案中受害人是挂靠人的雇员,该种情形下,受害人能否主张挂靠人、被挂靠人承担连带责任?该问题涉及对《最高人民法院关于审理道路交通事故损害赔偿案件适用法律若干问题的解释》原第三条(现《民法典》第一千二百一十一条)的理解。①

一、《民法典》第一千二百一十一条规范的"挂靠"内容

《民法典》第一千二百一十一条规定:"以挂靠形式从事道路运输经营活动的机动车,发生交通事故造成损害,属于该机动车一方责任的,由挂靠人和被挂靠人承担连带责任。"挂靠在实践中较为普遍,广泛分布在机动车、旅游、建设工程等领域,究其原因,在于上述领域施行资质准入制度,缺乏资质的挂靠人为了在该行业获取利益,便谋求借用他人的资质从事相关经营活动。关于实践中的机动车挂靠,原因和性质各不相同,《民法典》的上述条文,所规范的内容仅限于从事道路运输经营的机动车挂靠行为,至于有偿或无偿的挂靠均不影响本条的适用。当然,并非所有的机动车挂靠都属于该条的涵盖范围,比如,在大多数城市实施购买机动车摇号政策的情况下,不少个人和单位借用他人名义购买机动车,这种日常生活中的挂靠行为,与挂靠运输经营的风险明显不同。至于用于生活而非经营性挂靠中挂靠人、被挂靠人是否需要承担连带责任,实践中不乏肯定性意见,但笔者倾向于认为:基于连带责任的法定性和约定性,以及出借名义之人的非控制性和非行驶收益性,本条不适用于该种情况,该种情况应参照适用出借、租赁机动车的规定。②

二、《民法典》第一千二百一十一条规定的"连带责任"的基础和主张主体

挂靠运输经营中,挂靠人、被挂靠人承担连带责任的理论依据,笔者倾向

---

① 《最高人民法院关于审理道路交通事故损害赔偿案件适用法律若干问题的解释》(2012年)在2020年修正时删除了第三条,该条内容被《民法典》第一千二百一十一条所吸收。

② 最高人民法院民法典贯彻实施工作领导小组主编:《中华人民共和国民法典侵权责任编理解与适用》,人民法院出版社2020年版,第280页。

于是共同侵权。依照《民法典》第一千一百六十八条的规定，共同侵权是指二人或二人以上实施侵权行为导致同一损害后果，包括共同故意或共同过失的主观共同侵权。具体到挂靠人和被挂靠人在侵权行为中的形态表现，需要结合道路运输资质的相关规定判断。《道路运输条例》明确规定，从事客运或货运经营，应具备一定条件并申请取得道路运输经营许可。该条例第三十三条还规定，车辆营运证不得转让、出租。故此，允许他人挂靠运输经营的行为违反了行政法规，被挂靠人允许挂靠人使用其名义，造成危险扩大，放任风险发生，主观上存在明显的过错。而挂靠人明知自己不具有运营资质，却通过挂靠他人名义运营，对风险的发生主观上同样具备明显过错。二者之间相互明知，共同实施非法行为，过错相互结合造成事故发生，符合共同侵权的要件。

至于可主张连带赔偿责任的主体是否包括挂靠人的雇员，需要结合挂靠所产生的外观信赖进行判断。《民法典》之所以规定挂靠人、被挂靠人对外承担连带责任，其基础在于不特定的道路交通参与人对于被挂靠人的经营外观产生了信赖，至于内部是否存在挂靠则无从知晓，也不需要知晓，[①] 如此规定的目的在于更全面地保护第三人的利益。反观车辆所有人所雇佣的人员，显然不存在上述信赖的外观和利益，其对于自己所从事的劳务活动内容和雇佣者具有明确认知，显然不属于《民法典》第一千二百一十一条所规定的受害人保护范围，也不能依照上述规定主张挂靠人、被挂靠人承担连带赔偿责任。

---

① 刘圣磊、裴葭暇：《挂靠人雇佣的司机受伤不能请求被挂靠人承担连带责任》，载《人民法院报》2020 年 12 月 10 日，第 7 版。

42

投保义务人与侵权人责任

📄 **实务观点**

问题1：在机动车交通事故责任纠纷中，如何判断应投保而未投保义务人的责任？

观点：投保义务人因故意或重大过失而违反法定义务的不作为，是投保义务人存在过错的具体表现；由于投保义务人未投保机动车交通事故责任强制保险（以下简称交强险）导致受害人（第三人）不能从交强险中获得赔偿的损失，是损害的具体表现；二者之间具有相应的因果关系，投保义务人因其未投保的侵权行为需要对受害人承担相应的赔偿责任。

问题2：在机动车交通事故责任纠纷中，交强险投保义务人与侵权行为人不同时，如何确定各自的责任承担方式？

观点：未依法投保强制保险的机动车发生交通事故造成损害，投保义务人和交通事故责任人不是同一人的，投保义务人和交通事故责任人为共同被告的，投保义务人在机动车强制保险责任限额范围内与交通事故责任人共同承担责任，但被侵权人获得的赔偿不应超出损害范围。

📖 案例精释

交强险投保义务人与侵权行为人不同时的责任承担
——李某诉魏某某机动车交通事故责任纠纷案

关键词： 交强险 投保义务人 侵权人 责任形式

案情要览

2017 年 10 月 1 日，被告魏某某驾驶无号牌二轮摩托车与行人李某发生碰撞，造成二轮摩托车损坏，魏某某、李某受伤的道路交通事故。责任认定：魏某某负事故全部责任，李某无责任。肇事车辆没有投保交强险，其车主是李某 1，李某 2 是涉事车辆的实际管理人。李某于 2020 年 3 月 8 日至 2020 年 3 月 12 日在市人民医院治疗，拆除内固定，住院 4 天。治疗期间产生医疗费 13038.94 元。原告伤后初次治疗住院 36 天。经过司法鉴定：李某本次交通事故所致损伤属于十级伤残。李某向法院提出诉讼请求：判决被告魏某某赔偿原告的损失 92588.94 元，被告李某 1、李某 2 负连带责任。

各方观点

原告李某观点： 李某 1 是案涉摩托车的投保义务人，其没有投保交强险，而魏某某是侵权行为人。魏某某驾驶无号牌二轮摩托车与行人李某发生碰撞，造成李某受伤，依法应当承担赔偿责任。

被告李某 1 和李某 2 观点： 交通事故赔偿责任在交强险限额内先行赔偿的前提是车辆已经投保交强险，本案车辆没有投保交强险，魏某某主张由李某 1 先行赔偿李某的经济损失没有事实和法律依据。即使由李某 1 先行赔偿，但魏某某醉驾导致案涉事故，李某 1 也有权向魏某某追偿。

被告魏某某观点： 魏某某驾驶的摩托车是李某1所有的，李某1没有依法为该摩托车购买强制保险，也没有保管好自己的车辆，明知李某2没有驾驶机动车的资格证，仍将该摩托车交由李某2驾驶；李某2明知魏某某未满十八周岁，在魏某某喝酒后让其在禁止机动车行驶的道路行驶，导致发生本案事故。李某1是车辆所有人，没有依法购买交强险，导致李某无法从交强险限额范围内获得120000元赔偿。根据法律的规定，李某因交通事故造成的损失147915.14元应先由李某1在强制险限额范围内赔偿120000元给李某，不足部分由车辆所有人李某1、管理人李某2、驾驶人魏某某按过错责任承担赔偿责任。

裁判要旨

一审法院经审理认为： 交通事故责任人应当按照其在交通事故中的过错程度承担损害赔偿责任。原告作为受害人请求侵权人承担侵权损害赔偿责任，符合法律规定，该院予以支持。原告合理合法经济损失有：医疗费13038.94元、住院伙食补助费400元（100元/天×4天）、护理费480元（120元/天×4天）、误工费2280元（120元/天×4天+120元/天×50%×30天）、残疾赔偿金69490元（按2020年广西城镇居民人均可支配收入34745元/年×20年×10%）、精神损害抚慰金3000元、交通费根据原告治疗和鉴定等实际情况酌定616元、鉴定费3930元，以上合计93234.94元，其中属交强险医疗费用范围13438.94元、伤残损失范围79796元。原告请求的误工费，该院参照《人身损害误工期、护理期、营养期评定规范》，予以认可。原告主张的鉴定费未超过实际支出，该院予以认可。肇事车辆没有投保交强险，根据该险有关规定，被告魏某某应当在交强险赔偿限额内先行赔偿原告相关损失。本次事故的前期损失经该院生效民事调解书作出处理，其中医疗费用超过10000元、伤残损失不足10000元。因此，交强险赔偿限额内的医疗费用前期已赔偿，本案产生的伤残损失也未超出该限额，故被告魏某某应当在交强险赔偿限额内赔偿原告伤残损失79796元，肇事车辆车主李某1未依有关法律规定投保交强险，存在过错，依法应对此承担连带责任。不足部分 13438.94 元（93234.94-79796），根据事故责任认定及李某 1、李某 2 对肇事车辆存在管理不善等责任等，该院确定由被告魏某某承担 10751.15 元、被告李某 2 承担 2015.84 元、被告李某 1 承担 671.95 元。已支付部分应予扣减。综上，原告请求中合理合法部分，该院予以支持；超出部分不予支持。被告魏某某及其代理人要求驳回原告对魏某某的诉讼请求的意见，理据不足，不予采纳。

一审法院判决：一、被告魏某某赔偿原告李某伤残损失人民币 77666 元，被告李某 1 负连带责任；二、被告魏某某赔偿原告李某医疗费用人民币 10751.15 元；三、被告李某 2 赔偿原告李某医疗费用人民币 2015.84 元；四、被告李某 1 赔偿原告李某医疗费用人民币 671.95 元。

魏某某不服，提起上诉。

二审法院经审理认为：本案是交通事故责任纠纷，依法由交通事故责任人根据其过错程度对受害人的经济损失承担赔偿责任。根据《民法典》第一千二百零九条的规定，魏某某是肇事车辆的使用人即本案事故的直接侵权人；李某 2 是车辆管理人，其未尽车辆管理义务导致魏某某驾驶车辆时发生事故，对本案事故存在过错。因此，依照上述法律规定，魏某某与李某 2 均应当承担本案侵权损害赔偿责任。案涉车辆未投保机动车强制保险不属于法定免除侵权人承担赔偿责任的事由，但根据《最高人民法院关于审理道路交通事故损害赔偿案件适用法律若干问题的解释》第十六条第二款的规定，投保义务人和侵权人不是同一人，当事人请求投保义务人和侵权人在交强险责任限额范围内承担相应责任的，人民法院应予支持。李某 1 作为案涉车辆的所有人即交强险的投保义务人，其没有依法投保交强险，应当在交强险责任限额范围内承担相应责任。综上，魏某某主张其不应承担本案侵权赔偿责任缺乏事实依据，法院不予采纳。

二审法院判决：驳回上诉，维持原判。

法官评析

本案涉及的焦点问题是：交强险投保义务人与侵权行为人不同时，如何确定各自的侵权责任形式。该问题因为涉及《民法典》和相关司法解释的前后变化，故在实践中也出现了观点分歧。

一、交强险投保义务人与侵权人不同时的规范变化及适用分歧

《民法典》颁布之前，《最高人民法院关于审理道路交通事故损害赔偿案件适用法律若干问题的解释》第十六条规定："未依法投保交强险的机动车发生交通事故造成损害，当事人请求投保义务人在交强险责任限额范围内予以赔偿的，人民法院应予支持。投保义务人和侵权人不是同一人，当事人请求投保义务人和侵权人在交强险责任限额范围内承担连带责任的，人民法院应予支持。"

《民法典》第一百七十八条第三款规定："连带责任，由法律规定或者当事人约定。"在此背景下，因为连带责任需要法律明确规定或者约定，故此《最高人民法院关于审理道路交通事故损害赔偿案件适用法律若干问题的解释》（法释〔2012〕19号）进行了修改，原来的第十九条经修改后变为了第十六条，其规定："未依法投保交强险的机动车发生交通事故造成损害，当事人请求投保义务人在交强险责任限额范围内予以赔偿的，人民法院应予支持。投保义务人和侵权人不是同一人，当事人请求投保义务人和侵权人在交强险责任限额范围内承担相应责任的，人民法院应予支持。"

由此引发的争议问题是：《最高人民法院关于审理道路交通事故损害赔偿案件适用法律若干问题的解释》第十六条中的"相应责任"应当如何理解？是否意味着投保义务人和侵权人各自承担一部分的交强险责任限额内责任？有观点认为，此时应当由侵权人对其造成的损失先行承担责任，如果其先行承担责任仍然不能赔偿被侵权人的全部损失的，由投保义务人在交强险责任限额范围内进行赔偿，且投保义务人虽然是在后位承担责任，具有补充责任的外观，但其实质并非补充责任。[①] 也有观点认为，应当根据投保义务人和侵权人的具体过错确定各自承担的责任份额，如果投保义务人故意未投保且未告知车辆使用

---

① 最高人民法院民法典贯彻实施工作领导小组办公室编著：《最高人民法院实施民法典清理司法解释修改条文（111件）理解与适用》，人民法院出版社2022年版，第334页。

人的应当在交强险范围内承担主要赔偿责任。

二、交强险投保义务人与侵权人不同时的责任承担

笔者认为，对于投保义务人和侵权人的责任承担，需要在考察投保义务人和侵权行为人之行为性质的基础上进行分析。

首先，从责任的承担原因分析。对于投保义务人来说，《道路交通安全法》第十七条规定："国家实行机动车第三者责任强制保险制度，设立道路交通事故社会救助基金。具体办法由国务院规定。"《机动车交通事故责任强制保险条例》第二条第一款规定："在中华人民共和国境内道路上行驶的机动车的所有人或者管理人，应当依照《中华人民共和国道路交通安全法》的规定投保机动车交通事故责任强制保险。"由此可见，为机动车投保交强险，是机动车所有人或者管理人的法定义务。投保义务人因故意或重大过失而违反法定义务的不作为，是投保义务人存在过错的具体表现；由于投保义务人未投交强险导致受害人（第三人）不能从交强险中获得赔偿的损失，是损害的具体表现；二者之间的因果关系自不待言，故此可知，投保义务人因其未投保的侵权行为需要对受害人承担相应的赔偿责任。

对于侵权行为人来说，其是机动车的使用者，使用过程中以直接、直观的侵权行为给他人的人身、财产权利造成损害、产生损失，侵权人的过错是损失产生的直接原因，侵权人因过错行为自然需要对全部损失承担赔偿责任，这是侵权责任法过错责任原则的应有之义，不再赘述。综上，投保义务人与侵权人各自均应向受害人承担损害赔偿责任。

其次，从侵权责任法的目的分析，其基本功能是对受害人的损害提供全面的救济。后随着社会的发展，责任保险制度应运而生，由此也增添了侵权责任法的另一重补偿功能。责任保险的目的，就是将承担侵权责任的风险由社会共同分担，以此避免责任人因无力赔偿导致受害人不能得到真正救济的情况。但客观而言，不能因为存在责任保险制度而完全免除侵权人的损害赔偿责任，否则有违侵权责任法"自己责任"的基本法理，亦可能导致侵权行

为人放纵自己的行为。对于交通事故中的受害人来说，其因侵权行为而遭受的损害后果是固定的，无论由侵权行为人还是责任保险来弥补损失，受害人的损害得到弥补即实现了救济目的，受害人不应因此而获得双重赔偿。故此，尽管投保义务人需要对受害人在交强险责任限额范围内承担赔偿责任，但不意味着侵权人的责任当然免除；如果受害人从侵权人处得到了损失弥补，就不能再请求投保义务人承担责任。

由于交强险与侵权责任损害赔偿存在高度关联，因此，尽管侵权人与投保义务人在因未投保交强险的情况下对被侵权人承担的是不同的侵权责任，但由于二者同时具有损失填补功能，从结果上看，在交强险责任限额范围内，侵权人与投保义务人对被侵权人的损害赔偿责任产生了重合。在此前提下，笔者认为：在"交强险责任限额范围"内，投保义务人与侵权人应当是构成了客观上的连带，二者都有赔偿义务，但基于禁止得利原则，受害人只能得到一份赔偿，二者之间所承担的也就是部分的不真正连带责任。

第八章
环境污染和生态破坏责任

43

部分侵权人履行全部责任

📄 **实务观点**

问题1：部分侵权人履行生态环境全部修复责任的，超支部分费用应向其他侵权人追偿，还是可以抵扣其应承担的生态功能损失赔偿金额？

观点： 两个以上侵权人分别实施污染环境、破坏生态行为造成同一损害，每一个侵权人的污染环境、破坏生态行为都不足以造成全部损害，部分侵权人根据修复方案确定的整体修复要求履行全部修复义务后，请求以代其他侵权人支出的修复费用折抵其应当承担的生态服务功能损失赔偿金额的，人民法院应予支持。

问题2：如何对侵权人自行进行生态修复的效果进行评估？

观点： 相关行政机关积极履行环境监督管理职责，对于侵权人的自行生态修复工程进行过程监督并出具相应的验收意见，可以作为认定当事人自行实施的生态修复工程质量符合标准的重要依据。同时，评估机构在此基础上，对修复工程进行了效果评估，确认案涉受损地块内土壤已恢复至基线水平，可以认定侵权人已经履行生态环境修复责任。

📖 案例精释

部分侵权人对他人破坏环境造成的后果修复后，可折抵其应承担的生态服务功能损失赔偿金额

——某市检察院诉朱某甲、朱某乙土壤污染责任环境民事公益诉讼案

关键词：分别侵权　环境修复　生态功能损失赔偿

案情要览

2015 年 10 月至 12 月，朱某甲、朱某乙在承包土地内非法开采建筑用砂 89370.8 立方米，价值人民币 4468540 元。某市检察院以朱某甲、朱某乙非法开采造成土壤受损，破坏生态环境，损害社会公共利益为由于 2020 年 3 月提起环境民事公益诉讼，要求朱某甲、朱某乙承担涉案地块的生态环境修复责任，并赔偿生态环境受到损害至恢复原状期间的服务功能损失。

在案件审理过程中，经鉴定，朱某甲、朱某乙二人非法开采的土地覆被类型为果园，地块内原生土壤丧失，原生态系统被完全破坏，生态系统服务能力严重受损，确认存在生态环境损害。鉴定机构确定生态环境损害恢复方案为将损害地块恢复为园林地，将地块内缺失土壤进行回填，下层回填普通土，表层覆盖 60 厘米种植土，使地块重新具备果树种植条件。恢复工程费用评估核算为 2254578.58 元。2020 年 6 月 24 日，朱某甲、朱某乙的代理人朱某丙签署生态环境修复承诺书，承诺按照生态环境修复方案开展修复工作。修复工程自 2020 年 6 月 25 日开始，至 2020 年 10 月 15 日完成。2020 年 10 月 15 日，某市某区政法委员会牵头会同某区检察院、某区城管委等五家单位对该修复工程施工过程中各相关单位监督管理情况进行汇总并对施工质量进行现场勘验。五家单位认为修复工程依法合规、施工安全有序开展、施工过程中未出现安全性问题、

环境污染问题，施工程序、工程质量均符合修复方案要求。施工过程严格按照生态环境修复方案各项具体要求进行，回填土壤质量符合标准，地块修复平整，表层覆盖超过 60 厘米的种植土，已重新具备果树种植条件。

上述涉案土地内存在无法查明的他人倾倒的 21392.1 立方米渣土，朱某甲、朱某乙在履行修复义务的过程中对该部分渣土进行环境清理支付工程费用 75.4 万元。

各方观点

某市检察院观点： 某区检察院在履行公益诉讼检察职责中发现，被告朱某甲、朱某乙非法采矿的行为损害社会公共利益，将该线索移送某市检察院提起环境民事公益诉讼。某市检察院于 2019 年 11 月 27 日立案，同日履行公告程序。

2015 年 5 月 12 日，朱某甲从他人处转包位于某区某村西的土地 20 余亩。2015 年 10 月 22 日至 2015 年 12 月 28 日，在未取得采矿许可证的情况下，朱某甲指使朱某乙等人在前述承包的土地内非法开采建筑用砂。经原某市国土资源局鉴定：某区某村的建筑用砂属于矿产资源；朱某甲、朱某乙等人非法开采建筑用砂量为 89370.8 立方米，价值人民币 4468540 元。某区法院判决朱某乙犯非法采矿罪，判处有期徒刑三年，并处罚金人民币 1 万元；判决朱某甲犯非法采矿罪，判处有期徒刑四年六个月，并处罚金人民币 2 万元。

2018 年 12 月 18 日，经某区检察院申请，某市检察院委托鉴定机构对朱某甲、朱某乙非法开采建筑用砂造成的生态环境损害情况进行评估鉴定。鉴定机构出具评估报告认定，盗采行为产生的生态系统服务价值损失总计 600787.17 元，生态修复工程费用 2254578.58 元。如不能按期恢复，则 2020—2024 年每年依次增加 139605.2 元、141306.2 元、143081.2 元、150477 元、157872.8 元的损失价值。

某市检察院认为，被告朱某甲、朱某乙未取得采矿许可证的情况下，在涉案土地内非法开采矿产资源，违反了《矿产资源法》第三条的规定。被告朱某甲、朱某乙非法采矿的行为导致涉案地块土壤及植被提供的防风固沙、土壤养分保持、水源涵养、产品生产四类主要生态系统服务能力损失，破坏了生态环境，损害了社会公共利益，同时损害了社会公众所享有的追求美好生态环境的精神利益。虽然非法采矿的行为已经停止，但是朱某甲、朱某乙并未采取有效措施修复受损的生态环境，生态环境受破坏的状态仍然持续存在。被告朱某甲、朱某乙应承担恢复原状、赔偿损失、赔礼道歉的民事责任。某市检察院发现被告违法行为后，依法在正义网进行了公告，公告期满，法律规定的机关和有关组织没有提起民事公益诉讼，社会公共利益仍处于持续受侵害状态。

被告朱某甲、朱某乙观点：同意公益诉讼起诉人的全部诉讼请求，其中第一项诉讼请求，已经自行修复完成，且经某区相关部门验收合格。对于第二项诉讼请求，因为案涉地块上有其他人倾倒的大量渣土，但不知道谁卸的，评估下来逾两万多立方米，在修复过程中各单位经协调，由朱某甲、朱某乙的委托诉讼代理人朱某丙负责修复并承担修复费用。共计花费清理渣土的人工费、机械费、车费等 754000 元，请求这些费用冲抵第二项诉讼请求的赔偿费用。

裁判要旨

法院经审理认为：朱某甲、朱某乙非法开采的行为，造成了生态环境破坏，侵害了不特定多数人的合法权益，损害了社会公共利益，构成环境民事侵权。朱某甲、朱某乙作为非法开采行为的侵权人，违反了保护环境的法定义务，应对造成的生态环境损害承担民事责任。

一、关于被告对他人倾倒渣土的处理费用能否折抵生态功能损失赔偿费用的问题

从环境法的角度而言，生态环境具有供给服务、调节服务、文化服务以及支持服务等功能。生态环境受损将导致其向公众或其他生态系统提供上述服务的功能减少或丧失。朱某甲、朱某乙在其租赁的林果地上非法开采，造成地块土壤受损，属于破坏生态环境、损害社会公共利益的行为，还应赔偿生态环境

受到损害至恢复原状期间的服务功能损失。根据《鉴定报告》对生态服务价值损失的评估意见，确定朱某甲、朱某乙应承担的服务功能损失赔偿金额为652896.75元。《最高人民法院关于审理环境民事公益诉讼案件适用法律若干问题的解释》第二十四条第一款规定，人民法院判决被告承担的生态环境修复费用、生态环境受到损害至恢复原状期间服务功能损失等款项，应当用于修复被损害的生态环境。故被告人承担的生态环境受到损害至恢复原状期间服务功能损失的款项应当专项用于该案环境修复、治理或异地公共生态环境修复、治理。朱某甲、朱某乙对案涉土地进行生态修复时，因土地上还存在无法查明的他人倾倒渣土，为全面及时恢复生态环境，朱某甲、朱某乙根据修复方案要求对该环境内所倾倒渣土进行清理并为此实际支出75.4万元，系属于对案涉环境积极的修复、治理，这与法律、司法解释规定的被告承担生态功能损失赔偿责任的目的和效果是一致的。同时，侵权人在承担修复责任的同时，积极采取措施，对他人破坏环境造成的后果予以修复治理，有益于生态环境保护，在修复效果和综合治理上亦更能体现及时优化生态环境的特点。因此，综合两项费用的功能目的以及赔偿费用专项执行的实际效果考虑，朱某甲、朱某乙对倾倒渣土环境进行清理的费用可以折抵朱某甲、朱某乙需要承担的生态功能损失赔偿费用。

二、关于被告诉讼过程中自行进行生态修复的效果评估问题

朱某甲、朱某乙在诉讼过程中主动履行环境修复义务，并于2020年6月25日至10月15日按照承诺书载明的生态环境修复方案对案涉地块进行了回填修复。根据《最高人民法院关于审理生态环境损害赔偿案件的若干规定（试行）》第九条的规定，负有相关环境资源保护监督管理职责的部门或者其委托的机构在行政执法过程中形成的事件调查报告、检验报告、监测报告、评估报告、监测数据等，经当事人质证并符合证据标准的，可以作为认定案件事实的根据。本案中，相关行政机关积极履行环境监督管理职责，对于被告人的自行生态修复工程进行过程监督并出具相应的验收意见，符合其职责范围，且具备相应的专业判断能力，相关行政机关联合出具的验收意见，可以作为认定当事

人自行实施的生态修复工程质量符合标准的重要依据。同时，评估机构在此基础上，对修复工程进行了效果评估，确认案涉受损地块内土壤已恢复至基线水平，据此可以认定侵权人已经履行生态环境修复责任。

一审法院判决：一、朱某甲、朱某乙对其造成的某村西的 14650.95 平方米土地生态环境损害承担恢复原状的民事责任，确认朱某甲、朱某乙已根据《某区朱某甲等人盗采砂石矿案生态环境损害鉴定评估报告书》确定的修复方案将上述受损生态环境修复到损害发生之前的状态和功能（已履行完毕）；二、朱某甲、朱某乙赔偿生态环境受到损害至恢复原状期间的服务功能损失652896.75 元；三、朱某甲、朱某乙在履行本判决第一项修复义务时处理涉案地块上建筑垃圾所支付费用 75.4 万元折抵其应赔偿的生态环境受到损害至恢复原状期间的服务功能损失 652896.75 元。

判决后，双方当事人均未提出上诉，现判决已产生法律效力。

法官评析

环境民事公益诉讼的目的在于通过及时改善与修复的方式保护生态环境。部分侵权人对他人破坏环境造成的后果修复后，可否折抵其应承担的生态服务功能损失赔偿金额？侵权人在公益诉讼期间主动履行修复责任的，对其实施的生态环境修复工程应当采用何标准进行评估？本案例对于上述问题进行了分析，具有一定的实务指导意义。

一、分别侵权行为的规范内容及类型划分

《民法典》第一千一百七十一条和第一千一百七十二条分别规定了分别侵权行为的两种不同样态以及对应的连带责任和按份责任规则。以上述法典为基础，《最高人民法院关于审理环境侵权责任纠纷案件适用法律若干问题的解释》（已废止）第三条针对环境分别侵权行为及责任作出了细化，即："两个以上侵权人分别实施污染环境、破坏生态行为造成同一损害，每一个侵权人的污染环境、破坏生态行为都足以造成全部损害，被侵权人根据民法典第一千一百七十

一条规定请求侵权人承担连带责任的，人民法院应予支持。两个以上侵权人分别实施污染环境、破坏生态行为造成同一损害，每一个侵权人的污染环境、破坏生态行为都不足以造成全部损害，被侵权人根据民法典第一千一百七十二条规定请求侵权人承担责任的，人民法院应予支持。两个以上侵权人分别实施污染环境、破坏生态行为造成同一损害，部分侵权人的污染环境、破坏生态行为足以造成全部损害，部分侵权人的污染环境、破坏生态行为只造成部分损害，被侵权人根据民法典第一千一百七十一条规定请求足以造成全部损害的侵权人与其他侵权人就共同造成的损害部分承担连带责任，并对全部损害承担责任的，人民法院应予支持。"

同时，2023 年 9 月 1 日施行的《最高人民法院关于审理生态环境侵权责任纠纷案件适用法律若干问题的解释》，通过三个条文的形式，对于分别侵权的行为进一步调整、规范，第五条规定："两个以上侵权人分别污染环境、破坏生态造成同一损害，每一个侵权人的行为都足以造成全部损害，被侵权人根据民法典第一千一百七十一条的规定请求侵权人承担连带责任的，人民法院应予支持。"第六条规定："两个以上侵权人分别污染环境、破坏生态，每一个侵权人的行为都不足以造成全部损害，被侵权人根据民法典第一千一百七十二条的规定请求侵权人承担责任的，人民法院应予支持。侵权人主张其污染环境、破坏生态行为不足以造成全部损害的，应当承担相应举证责任。"第七条规定："两个以上侵权人分别污染环境、破坏生态，部分侵权人的行为足以造成全部损害，部分侵权人的行为只造成部分损害，被侵权人请求足以造成全部损害的侵权人对全部损害承担责任，并与其他侵权人就共同造成的损害部分承担连带责任的，人民法院应予支持。被侵权人依照前款规定请求足以造成全部损害的侵权人与其他侵权人承担责任的，受偿范围应以侵权行为造成的全部损害为限。"

结合上述规范内容，可以看出，对于分别侵权行为的认定应当符合相应要件：首先，数人的人数为"二人以上"。其次，数人分别实施侵权行为。数人中的每一个人的行为，都是相互独立的，即他们之间在主观上，既不存在共同的故意，也不存在共同的过失。再次，数人的侵权行为造成同一个损害结果，而非数个独立的损害结果。"同一损害"既指损害的性质相同，亦要求损害后果的发生，与数人的侵权行为之间，都存在因果关系。最后，分别侵权行为对同一损害均具有原因力。但是，原因力的不同产生不同的责任承担形式，具体来说，包括以下类型：

其一，叠加的分别侵权行为。指任何一个侵权人的单独行为都足以独立造成该损害后果的。正如《民法典》第一千一百七十一条所言"每个人的侵权行为都足以造成全部损害的，行为人承担连带责任"，叠加的分别侵权行为侵权人承担连带责任需要满足每个侵权人的侵权行为都足以造成全部损害结果这一认定要件，即每一个行为人实施的侵权行为对于损害后果的发生都具有100%的原因力。其二，典型的分别侵权行为。每一个行为人实施的侵权行为加到一起，构成全部损害发生的原因力。正如《民法典》第一千一百七十二条规定"二人以上分别实施侵权行为造成同一损害，能够确定责任大小的，各自承担相应的责任；难以确定责任大小的，平均承担责任"，鉴于数人中的每一个人实施的侵权行为，都不可能单独造成损害后果的发生，而需要全体行为人的行为之共同作用才能造成损害后果的发生，即损害后果存在可分性，故不同侵权行为人可以根据其对损害后果发生原因力的不同而承担相应的按份责任。其三，半叠加的分别侵权行为。构成半叠加的分别侵权行为，每一个行为人的行为对损害后果的发生（包括扩大）都具有原因力，并且有的行为人其行为的原因力为100%，有的行为人其行为的原因为不足100%。如果每一个行为人的行为的原因力都不足100%的，就不构成半叠加的分别侵权行为，也不构成叠加的分别侵权行为。

二、分别污染环境时部分侵权人对他人侵害后果进行修复与生态功能损害赔偿的关系

从环境法的角度而言，生态环境具有供给服务、调节服务、文化服务以及支持服务等功能。生态环境受损将导致其向公众或其他生态系统提供上述服务

的功能减少或丧失。环境侵权人破坏生态环境的行为，同时损害了环境公共利益，故侵权人除承担生态修复责任外，还应赔偿生态环境受到损害至恢复原状期间的服务功能损失。

本案中涉及的一个焦点问题是，环境污染是由多个侵权人的行为造成，其中的部分侵权人对全部损害后果进行修复的费用，可否折抵生态功能损害赔偿金额。朱某甲、朱某乙按照整体修复方案要求履行了全部修复义务，其中清理倾倒渣土的费用应由倾倒渣土的其他侵权人承担，因此朱某甲、朱某乙二人所支付的该部分费用系代垃圾侵权人履行的修复义务。对于该部分费用应由朱某甲、朱某乙向垃圾侵权人追偿，还是可以抵扣其应承担的生态功能损失赔偿金额？法律层面未有明确规定。本案判决提出来一个可供参考的思路：在其他侵权行为人无法找到的前提下，被告人朱某甲、朱某乙对案涉土地进行生态修复时，对他人倾倒渣土处理实际支出的费用，系用于案涉环境的修复、治理，这与法律、司法解释规定的被告承担生态功能损失赔偿责任的目的和效果是一致的，该类行为应当予以鼓励；同时，侵权人在承担修复责任的同时，积极采取措施，对他人破坏环境造成的后果予以修复治理，有益于生态环境保护，在修复效果和综合治理上亦更能体现及时优化生态环境的特点；因此，环境污染侵权人清理他人倾倒渣土的修复费用和生态服务功能损害赔偿费用在功能目的和赔偿费用专项执行的实际效果方面，两者具有共通性，应当允许折抵。

三、侵权人自行进行生态修复的效果评估

生态环境修复责任是造成生态环境损耗的主体主动修复受损生态环境，使之恢复至基线状态的一种法律责任承担方式。在环境侵权案件中，法院通常在裁判环境侵权人承担环境修复责任时，同时确定其不履行环境修复义务时所承担的环境修复费用。但司法实践对于生态环境修复责任的具体执行及效果评估标准缺乏明确的规定。对于当事人在环境民事公益诉讼过程中自行进行生态修复的，从恢复性环境司法理念的角度，应当予以肯定并确定相应的效果评估标准。根据《最高人民法院关于审理生态环境损害赔偿案件的若干规定（试

行）》第九条的规定，负有相关环境资源保护监督管理职责的部门或者其委托的机构在行政执法过程中形成的事件调查报告、检验报告、监测报告、评估报告、监测数据等，经当事人质证并符合证据标准的，可以作为认定案件事实的根据。本案中相关行政机关积极履行环境监督管理职责，对于被告人的自行生态修复工程进行过程监督并出具相应的验收意见，符合其职责范围，且具备相应的专业判断能力，相关行政机关联合出具的验收意见，可以作为认定当事人自行实施的生态修复工程质量符合标准的重要依据。同时，评估机构在此基础上，对修复工程进行了效果评估，确认案涉受损地块内土壤已恢复至基线水平，据此可以认定侵权人已经履行生态环境修复责任。

第九章
建筑物和物件损害责任

44
树木折断归责原则

📑 **实务观点**

问题1：因树木折断引发的侵权责任纠纷中，适用何种归责原则？

观点：因林木折断、倾倒或者果实坠落等造成他人损害，林木的所有人或者管理人不能证明自己没有过错的，应当承担侵权责任。在归责原则方面，我国《民法典》针对该领域确定的是过错推定原则，即损害发生时推定行为人具有过错，除非其能够证明自己没有过错。

问题2：因树木折断造成他人财产损害，树木管理者是否需要承担赔偿责任？

观点：树木位于小区公共场所，物业公司作为小区公共服务提供者，应承担相应的管理职责，物业公司与小区业主签订的物业服务合同中亦有明确约定，包括管理区域内绿化养护费用。物业公司将损害原因归结于大风，在大风情况不能构成不可抗力的前提下，物业公司未举证证明其尽到了管理、维护义务，应当承担相应的责任。

📖 **案例精释**

大风致树木折断造成财产损害，管理者是否担责
——魏某诉某物业公司等财产损害赔偿纠纷案

关键词：管理责任　财产损失　自然事件

案情要览

2015 年 2 月 21 日，某地出现八级以上大风。次日，魏某发现自己停在小区内的车辆被大树砸坏。该小区为经济适用房，土地由行政划拨而来，某房地产公司是该小区的开发商，某物业公司于 2010 年 7 月 8 日开始提供前期物业服务至今。2013 年 6 月 29 日魏某收房，并与某物业公司签订物业服务合同。某绿化公司承揽了该小区的绿化工程。2012 年 5 月 17 日，魏某从案外人杜某处买来该车，价格为 58500 元。事故发生后，魏某支出维修费 76891 元。

各方观点

原告魏某观点： 一棵大树砸在本人停放在小区内停车位的车辆上面。车辆经维修，花费 76891 元。本人系小区的业主，某物业公司为我所住小区提供物业服务，该小区房屋是某房地产公司开发建设，某绿化公司为我们小区做了绿化。故三公司应对我支出的维修费予以赔偿。

被告某物业公司观点： 原告所述事实不属实，案发时间是 2015 年 2 月 21 日，也就是大年初三的晚上，大树是被大风刮倒的，是自然原因，并不是我公司管理停车位不当所致。本次损害事件客观原因是不可抗力的意外事件，事发当天风力很大。作为物业公司，我公司不是树木所有者也不是管理者，树木是开发商公司保留的原有树木。在我公司入驻之前，某房地产公司与某绿化公司

签订合同负责小区的景观工程等，工程质保期是两年。但至今为止，某绿化公司都没有完成绿化工程。本案法律关系应该是财产损害侵权的关系，侵权必须要有侵权行为，原告车辆发生损害，直接原因是刮大风，树倒了把车砸了，在侵权过程中，某物业公司对于这棵树发生的损害既不是所有者，根据现有证据，我们也没有实际管理义务。因为施工没有完毕，物业公司始终没有介入。我公司没有实际管理的事实及义务，对于树的损害是不可抗力造成的结果，业主个人本身是自行停车，我公司在事故发生时还没有取得停车场经营备案证。车辆停在树下会有相应风险，业主本身也要承担一定责任。对于修车部位只是右侧外部等部位，车辆维修费用数额过高，原告买的时候 5 万多元，现在修理费花了 7 万多元，明显不合理。我公司不承担侵权责任。

被告某房地产公司观点： 案件发生是自然原因，事情发生是因不可抗力，事发当天风力很大。房屋是我公司建造，某物业公司是 2010 年 7 月 8 日开始提供前期物业服务。我公司与某物业公司服务协议中第三条第四项有明确约定，某物业公司应提供绿地和景观的养护。这个小区的所在地原来就是一个厂子，我公司和这个厂子同属于某控股有限公司，这个树原来就是厂子的，因为不影响盖楼，我们就留下了该树。原告的修车费数额过高。综上，管理责任应该是在物业，我公司不应该承担责任。

被告某绿化公司观点： 同意某物业公司和某房地产公司阐述的树倒是不可抗力所致。树并不是我公司栽植的，在施工之前我公司和某房地产公司签订合同，合同中第十一条、第三十一条有规定，我们对树木没有收取任何费用。我公司的中标清单中收取了一年的树木管理费用，但是不包含对这棵树进行管理，我们仅对我们施工的树木进行管理。该树所在的范围我公司并没有完成施工。当初我公司和某房地产公司签订过竣工移交确认书。我公司只是和某房地产公司签订的合同。我公司与某物业公司不存在是否移交的问题。我公司完成工程后，没有向物业公司移交的义务。现在施工已经完毕，事发时还没有施工完。树周围的停车位、围墙、主路等都不是我公司施工的，是市政施工的。无论从合同还是事实来说，这棵树都不属于我公司管理范围，我公司是和房地产公司签订的合同，我公司与业主、物业公司没有直接的责任义务关系。所以不同意赔偿。

裁判要旨

一审法院经审理认为：大风是指近地面层风力达八级（平均风速 17.2 米/秒）或以上的风，大风会毁坏地面设施和建筑物等，危害极大，是一种灾害性天气。林木的折断是自然原因，某物业公司、某房地产公司、某绿化公司不应承担侵权责任。故判决驳回魏某的全部诉讼请求。

宣判后，魏某不服提起上诉。

二审法院经审理认为：本案有以下几个争议焦点。

一、关于树木的管理责任应属于某物业公司

首先，某物业公司自 2010 年开始提供前期物业服务，其在与某房地产公司签订的服务协议里明确约定物业公司应提供绿地和景观的养护。涉案树木位于小区公共场所，某物业公司作为小区公共服务提供者，应承担相应的管理职责。其次，某物业公司与小区业主签订的物业服务合同中亦有明确约定，某物业公司收取物业费用，主要开支包括物业管理区域内绿化养护费用。业主按约交纳物业费，某物业公司应按照合同约定履行合同义务。

二、关于过错责任的分担问题

结合本案具体情况，某物业公司未尽到管理职责，应承担侵权责任。魏某在恶劣天气中，仍将车停放在树下，对于可能发生的财产损害未尽到合理的注意义务，自身存在过错，应减轻某物业公司的责任。某物业公司提交气象台凭证，欲证明车辆损害是由大风造成的，属于不可抗力。法院认为，不可抗力是指不能预见、不能避免并不能克服的客观情况，八级大风会毁坏地面设施和建筑物等，危害极大，但在北京这种温带季风气候中亦不罕见，难以构成不可抗力。鉴于本案发生的直接原因是灾害性天气，对于树木管理者的责任应予以

减轻。

三、关于损失数额的确定问题

被侵权人对损失的扩大有过错的，应抵扣侵权人的责任。魏某购入车辆价格 58500 元，修车费用支出 76891 元，应以其购车价格为基准来计算损失数额。关于具体赔偿数额的认定，应结合魏某车辆使用折旧、双方过错责任程度进行酌定。

二审法院作出判决：一、撤销一审判决；二、某物业公司给付魏某车辆维修费 15000 元；三、驳回魏某其他诉讼请求。

法官评析

一、物件损害责任的归责原则及构成要件

关于物件损害责任，我国原《侵权责任法》当中专门设立一个章节进行了较为系统的规定，这些内容后来基本上被《民法典》第十章"建筑物和物件损害责任"所吸收。归责原则方面，我国《民法典》第七编针对该领域确定的是过错推定，即损害发生时推定行为人具有过错，除非其能够证明自己没有过错，如第一千二百五十三条规定："建筑物、构筑物或者其他设施及其搁置物、悬挂物发生脱落、坠落造成他人损害，所有人、管理人或者使用人不能证明自己没有过错的，应当承担侵权责任。所有人、管理人或者使用人赔偿后，有其他责任人的，有权向其他责任人追偿。"再如，第一千二百五十五条规定："堆放物倒塌、滚落或者滑落造成他人损害，堆放人不能证明自己没有过错的，应当承担侵权责任。"具体到本案，树木折断导致的损害，归责同样如此，其体现在我国《民法典》第一千二百五十七条，即："因林木折断、倾倒或者果实坠落等造成他人损害，林木的所有人或者管理人不能证明自己没有过错的，应当承担侵权责任。"与《侵权责任法》第九十条仅仅限于"树木折断"情形相比，《民法典》的上述规定更加丰富，增加了"倾倒、果实坠落"等内容。

构成要件层面，依然需要遵循侵权责任的典型结构。首先，发生林木折断的事实，至于林木的范围，本条规范并未限定，换言之，公共道路两旁的护路林、院落周围生长的零星树木都在规范之列。其次，因林木折断造成了他人损害，具体包括导致他人人身伤亡或者财产损害。最后，林木的所有人或者管理人不能证明自己没有过错，林木的所有人或者管理人负有管理、维护的义务，应对林木采取合理的修剪及必要的防护措施，在林木致人损害时，原则上推定所有人或者管理人存在疏忽、懈怠的过失，除非其能够证明自己尽到了应有的义务。

二、林木等物件致人损害的免责事由

关于该种情形中的免责事由，除了《民法典》第一千二百五十七条涉及的具体要素之外，还需要再考虑《民法典》总则编当中对于民事责任的相关免责事由。两者结合，可以知晓，林木致人损害中免责事由主要有两个。其一是不可抗力。所谓不可抗力，即《民法典》第一百八十条第二款所述"不可抗力是不能预见、不能避免且不能克服的客观情况"。其内容上兼顾了主客观两方面，包括主观上不能预见，客观上不能避免、不能克服，独立于人的行为之外，并且不受当事人意志所支配。侵权责任判断中，如果将不可抗力认定为免责原因，还需要一个前提，即不可抗力是损害发生的唯一原因。只有证明不可抗力与损害后果具有因果关系而与侵权人的行为没有因果关系，同时表明侵权人没有过错的情况下，才能免除其侵权责任。[①] 具体到本案中，判断大风是否属于不可抗力，首先要看风力是否够大，从而造成损害发生。气象学上根据风对地上物体所引起的现象将风的大小一般分为 13 个等级，其中 8 级风为"微枝折毁，人向前行感觉阻力甚大"。从风力上看具有一定的损害力。其次要看该大风天气是否属于不能预见的，"不可预见"一般是指根据现有技术水平，对某事件的发生没有预知能力，随着科技的发展，天气预报的准确率不断提高，如果已经

---

① 杨立新：《侵权法论》，人民法院出版社 2013 年版，第 350 页。

被提前预报或者经常性出现，大风天气一般也不会构成不可抗力。二审法院即认为在北京这种温带季风气候中亦不罕见，难以构成不可抗力。其二是林木的所有人或者管理人已尽管理、维护义务。该项义务不仅仅要求所有人或者管理人尽到定期管护的义务，还要求其管理、维护能够达到确保公众安全的程度。恰如本案，涉案树木位于小区公共场所，物业公司作为小区公共服务提供者，应承担相应的管理职责，物业公司与小区业主签订的物业服务合同中亦有明确约定，包括管理区域内绿化养护费用。物业公司将损害原因归结于大风，未举证证明其尽到了管理、维护义务，自然应当承担相应的责任。

三、被侵权人过错行为在物件损害责任中的影响力

在一般侵权行为中，由于严格地适用过错原则，会出现所谓混合过错，即加害人的过错与受害人的过错交织在一起的情况，这时往往会适用过错相抵原则，即《民法典》第一千一百七十三条"被侵权人对同一损害的发生或者扩大有过错的，可以减轻侵权人的责任"之规定，但在推定过错责任中，是否使用过错相抵，理论界存在一定分歧，笔者认为，推定过失原则仅仅是出现林木折断致人损害的事实后，推定林木的所有人或者管理人有过失，并不意味着否定受害人行为对损害发生的作用，而且过错推定原则的实质并未完全脱离于过错原则，只不过是举证责任的倒置而已，故此，如果受害人本身存在重大过失，可以适用过失相抵原则，适当减轻林木管理者的责任。

第十章
饲养动物损害责任

45

马术训练致死责任

📖 实务观点

问题 1：女童学习马术过程中被马踩踏死亡，培训学校是否应承担侵权责任？

观点：如果将马术活动致人损害界定为饲养动物损害责任纠纷，则应当适用无过错责任进行归责，无论培训学校是否存在主观过错，均应承担民事责任。如果将马术活动致人损害界定为生命权纠纷，应当适用过错原则进行归责，考察培训学校是否存在主观过错。该类纠纷属于新类型问题，对于动物在该类活动中的功能、作用以及对于案由界定产生的影响，尚需要随着司法实践丰富而不断深化。

问题 2：因体育培训类活动导致学员遭受损害时，教练和培训机构对外应当如何承担责任？

观点：如果教练属于培训机构的职员，其所从事的教学也是培训机构的工作内容，两者之间一般形成了用人单位和劳动者的关系，如果教练在培训活动中致他人损害需要承担责任，应当由培训机构对外承担侵权责任。如果教练不属于培训机构职员，只是利用培训机构场所教学，两者之间是合作关系，需要考察培训机构和教练各自的过错程度、原因力结合情况等因素判断是按份责任还是连带责任。

📖 案例精释

女童学习马术过程中被马踩踏死亡，教练及培训学校是否应承担侵权责任

——殷某某、杨某某诉吉某、某养殖公司饲养动物致人损害纠纷案

关键词： 马术训练　生命权　侵权责任　自甘风险

案情要览

2015 年 5 月 17 日上午 9 时许，杨某某带领女儿殷某甲至某养殖公司马场，杨某某将女儿交给教练吉某，由吉某牵马带殷某甲骑马，殷某甲未抓马鞍。在殷某甲慢速骑行过程中，被骑马匹受惊，致使殷某甲从马上摔下。殷某甲落马后，被所骑乘马匹踩踏其右脑后耳根部致死亡。

2014 年 8 月 30 日殷某某向吉某账户汇入 11800 元。该款系 50 次学习骑马的学费。

2015 年 1 月 24 日，殷某某向吉某转账 200000 元，该款为购马款。所购马匹并非事发时殷某甲骑乘马匹。

2015 年 4 月 4 日，杨某某向吉某转账 12200 元。殷某某、杨某某认为该笔费用系马匹饲养费和马术训练课程费。吉某认为该笔费用仅系马匹饲养费，不包含马术训练课程费。

各方观点

原告殷某某、杨某某观点： 2014 年 7 月左右，殷某某夫妇经朋友介绍认识

了马术教练吉某，并为 8 岁的女儿殷某甲购买了对方马术课程，定期在某养殖公司的马场参加马术培训。2015 年 1 月，殷某某夫妇花费 21 万余元购买马匹以及支付饲养费，将马寄养在某养殖公司，打算将来孩子长大后再骑。2015 年 5 月 17 日上午 9 时 40 分左右，杨某某送女儿殷某甲前往马场进行骑马训练，殷某甲在训练过程中从马背上摔落下来，并可能被马踩踏。由于某养殖公司没有任何医护人员以及医疗设施，殷某甲被送医抢救因伤势严重死亡。殷某某从吉某处了解到，殷某甲在骑马的过程中外翻下马，头盔右侧有被马踩踏的痕迹，而且该匹马在事发前几天曾多次摔下其他骑马儿童，但吉某并未对该马采取任何检查或防护措施。事故发生后至殷某甲去世，某养殖公司未采取任何救援措施。在救治及处理丧葬事宜的过程中，所有费用均由夫妇二人自行垫付。马场作为专业的经营场所，并未有任何有效的安全防范措施，明显没有尽到安全保障义务，教练明知马匹近期曾摔过其他儿童，仍然在危险未排除时给殷某甲使用，导致事故发生，存在重大过错，应承担连带赔偿责任。于是提起诉讼，请求二被告连带赔偿医疗费 45395.18 元、丧葬费 38778 元、死亡赔偿金 878200 元、精神损害抚慰金 20 万元。

吉某观点：首先，吉某和殷某某、杨某某之间根本不存在合同关系，更不存在有偿骑乘教学合同关系，事发时吉某系无偿帮忙，注意义务为一般注意义务，远低于有偿骑乘教学合同中的注意义务。其次，吉某已经尽到了相应注意义务，不存在故意或者重大过失，吉某对殷某甲的死亡不存在过错，不应承担赔偿责任。殷某某、杨某某作为受害人的监护人，未能尽到监护责任，对受害人死亡存在过错，应当承担相应责任。

某养殖公司观点：某养殖公司与吉某之间系租赁合同关系，并非殷某某、杨某某主张的雇佣关系，某养殖公司与吉某之间是租赁马房的合同关系，某养殖公司的安全保障义务仅限于保障马房的安全使用，对吉某对外私自教学行为导致的侵权不应当承担连带赔偿责任，某养殖公司对使用马匹有严格的管理制度，吉某在没有经过某养殖公司领导签字同意的情况下，私自将被人寄养的马匹拉走并用于私自的教学，且发生严重后果。这一情形明显属于第三人过错导致的动物侵权，依法应当由吉某及殷某某、杨某某对侵权行为承担一定的赔偿责任。殷某某、杨某某在本案中存在严重过错，其明知该马场不是用来专门授课的，监护不当，依法应当对此次事故承担主要责任。事发当日，殷某甲骑马系无偿的，在此情形下，殷某某、杨某某作为监护人却主动将孩子脱离自己的监护，对此，殷某某、杨某某应当承担监护不当的法律责任。马术是一项贵族运动，也是一项高风险运动，这是众所周知的事实，法院认定某养殖公司、吉某当然知晓的同时，作为未成年人的父母在选择该项运动时，也同样知晓该运动的高风险，殷某某、杨某某对此事故的发生没有尽到监护、防范义务，应当承担主要法律责任。殷某甲使用的头盔不合格且尺寸偏大，没有起到安全防护的作用，殷某某、杨某某对此应当承担相应法律责任。本案中，某养殖公司只是马匹的饲养人，对马匹的管理有严格的规定。吉某在没有经过某养殖公司马房管理者书面允许的情况下，将被人寄养马匹私自牵出马房，用于对外免费培训，且殷某某、杨某某明知马场不是用于专门授课，吉某及殷某某、杨某某应对此次事故各自承担与其过错相当的赔偿责任。

裁判要旨

一审法院经审理认为：公民的生命健康权受法律保护，侵害公民的人身权利造成损害的，应当承担相应的法律责任和赔偿责任。

本案争议的焦点在于某养殖公司、吉某就殷某甲坠马被踩踏一事是否存在过错，应否承担侵权责任。

某养殖公司的经营范围为淡水养殖、牲畜、家禽饲养，其无资质为他人提供场地进行骑马教学。至事发时止，殷某甲与证人任某之女等人在某养殖公司马场已经参加骑马培训几十课时，某养殖公司当然知晓吉某所进行的为儿童提供骑乘教学的活动。且经一审法院勘验，某养殖公司较大规模饲养马匹，并自建有马场，其当然知晓骑马运动系高风险性体育运动。即，某养殖公司应该并且能够预见骑马运动可能发生的危险和损害，并应采取必要的措施防止损害发生。涉案马匹事发前已经造成其他人员落马，某养殖公司本应在他人落马后对该马严格管理。但诉争事实的发生明显系该公司未采取必要的安全保障措施防止损害所导致，即某养殖公司就诉争事实发生存在重大过失，应承担侵权责任。就某养殖公司辩称吉某提供骑马教学其不知情、其与殷某某和杨某某并无合同关系等答辩意见，于法无据，一审法院难以采信。

吉某在从事骑马运动教学的同时应充分保障未成年人的人身安全不受侵害。吉某具有骑手等级资质证书，其从事骑马运动多年，应知晓骑马运动系高风险体育运动，更应知晓为未成年人提供骑乘教学应负担严格注意义务。相关注意义务包括受训前被骑乘马匹状态的查验，未成年人所佩戴的护具是否足以保护其人身安全，受训过程中未成年人的骑乘方式等。首先，吉某明知涉案马匹事发前已经造成其他人员落马，仍选择该马匹进行教学活动；其次，吉某以同意殷某甲骑乘的方式，确认了其认为殷某甲所佩戴的护具足以保障其生命安全；最后，殷某甲在落马前未手握马鞍。综上，一审法院认为吉某在提供骑乘培训的过程中，未尽到审慎的注意义务，其就诉争事实发生存在主观过错，应承担侵权责任。就吉某辩称其不存在主观过错，头盔不符合标准等答辩意见，于法无据，一审法院难以采信。

综上所述，某养殖公司、吉某对殷某甲的死亡后果均存在过错，应当连带赔偿医疗费、丧葬费、死亡赔偿金、精神损害抚慰金等费用。但殷某某、杨某某主张的精神损害抚慰金数额偏高，一审法院依法予以调整。判决：一、某养殖公司、吉某连带赔偿殷某某、杨某某医疗费、丧葬费、死亡赔偿金、精神损害抚慰金等共计1062373.18元；二、驳回殷某某、杨某某的其他诉讼请求。

一审法院判决后，某养殖公司、吉某对此不服，提出上诉。

二审法院经审理认为：本案二审存在以下争议焦点：1. 本案案由的适用及应当适用何种归责原则来确定吉某和某养殖公司的民事责任；2. 吉某和某养殖公司是否应当承担民事责任及责任的形式；3. 本案中殷某甲及其法定监护人是否有过错及本案是否有减轻吉某和某养殖公司民事责任的因素。

一、本案案由的适用及应当适用何种归责原则

合议庭对本案属于侵权责任纠纷并无异议，对具体案由的适用归责原则问题，存在两种意见。

多数意见认为：本案属于饲养动物致人损害纠纷，应当适用无过错责任进行归责。

《侵权责任法》第七十八条①规定："饲养的动物造成他人损害的，动物饲养人或者管理人应当承担侵权责任，但能够证明损害是因被侵权人故意或者重大过失造成的，可以不承担或者减轻责任。"根据该条规定，动物致人损害责任的构成要件包括：1. 造成损害的动物系人工饲养；2. 存在人身损害后果；3. 人身损害后果与该动物之间存在因果关系。具体到本案，根据查明的事实，本案中某养殖公司工商登记机关的登记经营范围包括牲畜的饲养，而造成事故的马匹，某养殖公司亦认可系受他人所托负有饲养职责，吉某亦认可在平时实际从事了对马匹进行饲养和调教。损害后果方面，根据死亡证明等材料足以认定本案中殷某甲发生了死亡的严重损害后果。因果关系方面：殷某甲坠马后被送入医院亦是事实，综合吉某在一审、二审中对坠马受伤的陈述（不知道为何马突然蹿了一下，突然往前跑了一下，孩子摔下来……从头盔的情况看，头盔有一侧后面有马蹄踩坏的印子），结合医院的诊断（特急特重型闭合性颅脑损伤），足以认定殷某甲的损害后果系由该马匹的行为造成。因而本案满足动物致人损害责任的全部构成要件，且饲养动物致人损害责任属于侵权责任法中特殊侵权责任类型，也就是说在符合动物致人损害责任情形下，应当优先适用饲养动物致人损害责任的规定对案件进行认定，因此本案应当认定为饲养动物致人损害纠纷。根据上述法律规定，饲养的动物造成他人损害，动物饲养人或者管理人是否有主观过错不影响其承担侵权责任。因而饲养动物致人损害责任的

---

① 对应《民法典》第一千二百四十五条。该条规定："饲养的动物造成他人损害的，动物饲养人或者管理人应当承担侵权责任；但是，能够证明损害是因被侵权人故意或者重大过失造成的，可以不承担或者减轻责任。"

归责原则应当为无过错责任。本案应当适用无过错责任原则对吉某和某养殖公司进行归责。

少数意见认为：本案属于生命权纠纷，应当适用过错原则进行归责。

首先，本案不宜适用饲养动物致人损害责任纠纷，《侵权责任法》第七十八条所称的损害系"他人损害"，饲养动物致人损害的对象不应当包括对马匹进行控制、管理的人员，本案中，殷某甲虽为无民事行为能力人，但其骑马行为本身仍属于对马匹的管理和控制行为的一种，因而此时的殷某甲也属于马匹的管理人。其次，我国侵权责任法并未界定对军用、警用以及专业表演团体、科研机构等单位因工作需要饲养的动物是否属于《侵权责任法》第七十八条所称的"饲养的动物"。本案中，马匹是否属于法律规定的"饲养的动物"存在一定的疑问。最后，本案的事实系从事体育活动的未成年人在参加体育活动时不幸受到伤害，马匹应被视为马术活动中的体育器械，涉案纠纷在外观上更接近于生命权纠纷，应当适用《侵权责任法》第六条的规定，并以过错责任进行归责更为恰当。

二、吉某和某养殖公司是否应当承担民事责任及责任的形式

吉某和某养殖公司应当承担连带的民事责任是没有争议的，但具体理由有所区别。

多数意见认为：本案中，根据查明的事实某养殖公司系涉案马匹的受托管理人，吉某系涉案马匹的饲养人和调教人，鉴于吉某和某养殖公司饲养的马匹造成殷某甲死亡的后果，根据饲养动物致人损害责任的法律规定，无论吉某和某养殖公司是否存在主观过错，均当承担民事责任。

对于二者的责任形式，从证据上看，并未有证据证明吉某和某养殖公司存在雇佣关系，因此二者之间并非雇主与雇员的民事关系。但二者确系达成某种默契形式的合作关系，某养殖公司对吉某训练孩子的行为默许并提供马匹。根据证人证言，吉某在此地培训孩子达相当长的时间，某养殖公司作为封闭的饲养公司对此不可能不知情，此外，吉某亦自认负责为某养殖公司调教和饲养涉

案马匹。所以应当将某养殖公司及吉某作为涉案马匹的共同饲养人和管理人，应当共同对殷某甲的损害后果承担民事责任。

少数意见认为：本案中，适用一般侵权相关过错责任的归责原则，吉某和某养殖公司具有过错，应当对殷某甲的死亡承担连带责任。

本案中，吉某作为从事马术运动的专业运动员，应当对骑马运动的高风险性具有高于一般人的认识。根据查明的事实，在本次事故前，吉某曾与殷某甲建立有偿骑乘教学关系并进行数十次的培训，殷某甲的法定监护人亦出资 20 万元向吉某购买马匹并委托其饲养，并在购马后每月向吉某支付一定费用，虽然双方对费用的性质是否包含培训费用说法不一，但上述事实足以让法官相信殷某甲是要在吉某的协助与指导下长期学习骑马，据此能够认定事发当日吉某并非偶发性地带殷某甲骑马游玩，而是带有训练的目的帮助殷某甲进行骑马学习。吉某应当在从事骑马运动教学的同时充分保障未成年人的人身安全不受侵害，考虑到吉某教学的对象是无民事行为能力人，而所教授的又是具有较高危险性的体育运动项目，应当认为吉某对殷某甲的安全负有高度注意义务。这些义务包括但不限于受训前被骑乘马匹状态的查验，未成年人所佩戴的护具是否足以保护其人身安全，受训过程中未成年人的骑乘方式等。而本案中，根据证人证言和吉某的表述，能够认定涉案马匹在事发前曾造成其他人员落马，但吉某仍然选择该马匹进行教学。另外，吉某对所教学人员的护具亦未尽到妥善审查的义务，未对殷某甲是否采用足够保证安全的骑乘方式进行提示和纠正。因此，应当认定吉某未尽到注意义务，对殷某甲的死亡具有过错。

某养殖公司系从事马匹养殖的公司，其经营范围不包括从事马术培训。本案中，根据证人证言及吉某的陈述，能够看出吉某曾多次在某养殖公司从事未成年人的马术骑乘培训，经法院现场勘验某养殖公司的环境及封闭程度，未经允许受训未成年人及家长是不可能自由出入某养殖公司的场地，某养殖公司对此不可能不知情，且涉案马匹亦由某养殖公司提供马厩饲养，马匹的牵出均需某养殖公司工作人员的配合，且培训场地配有实时监控摄像头，虽不具备存储功能，但某养殖公司显然能够知晓吉某培训行为。结合吉某二审中陈述的为何能够使用涉案马匹用于教学的过程，法官相信某养殖公司对于吉某使用该公司饲养的马匹及场地用于未成年人的骑乘教学是明知的。某养殖公司饲养马匹并建有马场供运动员训练，其显然知晓骑马运动特别是未成年人从事骑马活动的高风险性，但某养殖公司却放任这种风险的发生，在不具备经营马术培训资格的情况下，并未针对这种风险活动予以制止或者采取任何防范措施减少风险的发生。因而某养殖公司对殷某甲的死亡具有过错。

综上所述，某养殖公司、吉某对殷某甲的死亡后果均存在过错。《中华人民共和国侵权责任法》第八条规定："二人以上共同实施侵权行为，造成他人损害的，应当承担连带责任。"《最高人民法院关于审理人身损害赔偿案件适用法律若干问题的解释》（法释〔2003〕20号）第三条规定："二人以上共同故意或者共同过失致人损害，或者虽无共同故意、共同过失，但其侵害行为直接结合发生同一损害后果的，构成共同侵权，应当依照民法通则第一百三十条规定承担连带责任。二人以上没有共同故意或共同过失，但其分别实施数个行为间接结合发生同一损害后果的，应当根据过失大小或者原因比例各自承担相应的赔偿责任。"具体到本案，吉某和某养殖公司均未尽到应尽的合理注意义务，且各自的过错对于损害发生的原因不易区分，应当认定侵害行为直接结合，造成殷某甲死亡的惨重后果，应当根据上述法律及司法解释的规定，承担连带赔偿责任。

三、本案中殷某甲及其法定监护人是否有过错及本案是否有减轻吉某和某养殖公司民事责任的因素

本案不宜认定殷某甲及其法定监护人在行为上存在过错。

对于殷某甲在事故发生时是否存在过错，合议庭多数意见认为：在饲养动物致人损害责任纠纷的前提下，根据《侵权责任法》的规定，只有在被侵权人故意或者有重大过失的情形下，才能减轻动物饲养人的责任。本案中，殷某甲年仅8岁，属于无民事行为能力人，其在本次事故中并无过错，吉某亦在二审

询问中明确表示"孩子当时几乎都是按照教练要求做的"。因而不能认为被侵权人有过错。合议庭少数意见认为：现有证据不能证明殷某甲在此次骑乘活动中存在任何不适当或者导致马匹受惊的行为，因而不能认为殷某甲存在任何过错。

对于殷某甲父母在事故发生时不在现场是否构成过错，首先，吉某作为马术行业的专业人士，其有能力也有义务在从事相关教学活动中保证未成年人的参与安全，殷某甲父母将孩子交给专业人士亦已经尽到了监护责任。其次，殷某甲并非首次训练该科目，在已经进行了数十次类似的培训情形下，要求父母寸步不离过于苛刻，也不符合马术训练中的一般习惯。最后，就事件发生的过程来看，即使殷某甲的父母在场，在坠马发生时也来不及救助，因而合议庭认为殷某甲父母并无过错。

对于殷某甲父母是否应为头盔承担责任一节，合议庭一致赞同一审法院意见，吉某作为专业人士允许殷某甲佩戴头盔参与训练，说明其认可头盔装置足以保障殷某甲的生命安全，因而不能以此认为殷某甲的父母存在过错。

对于减轻吉某和某养殖公司民事责任的其他因素，合议庭一致认为：本案应当考虑殷某甲从事骑马运动的特殊因素，暨自甘风险原则在体育运动人身损害中的适用。

自甘风险原则是指受害人明知可能遭受来自特定危险源的风险，仍愿意主动地介入该风险当中冒险行事。如最终风险成真而使自身遭受损失，加害人可以免除或减轻民事责任。自甘风险原则可以广泛地适用于日常生活的各个方面，对于体育活动意义更为重大。不同于一般的生活领域，在体育活动中，伤害事件是不可避免的，所有理性的体育活动参与者对此都有所预料。在无行为能力人参与风险性体育活动的过程中，如果未成年人参与该项体育活动经过了法定监护人的同意，且其法定监护人对体育活动的风险应当有所预见，应当认为无民事行为能力人与其法定监护人构成自甘风险。具体到本案，涉及项目是骑马活动，骑马活动涉及人与动物的密切配合，需要一定的胆量和技术，具有较强的专业性，骑马中有高处跌落、动物踩踏等风险，这些风险应当认为是众所周知的事实，本案中殷某甲经父母允许进行骑乘学习活动，应当认为殷某甲及其父母殷某某、杨某某的行为构成自甘风险。

一定的风险性是体育活动固有的特点，基于这一特点，参与者无一例外地处于潜在的危险之中，既是危险的潜在制造者，又是危险的潜在承担者。在体育活动中出现的正当损害后果是被允许的，否则，将不利于体育活动，尤其此类具有人身危险性的体育项目的健康发展。因而合议庭认为应当考虑体育活动的风险性特点，在非故意侵权情形下减轻体育活动中侵权方的民事责任。

对于自甘风险减轻责任的比例，合议庭一致认为：鉴于马术培训行业在中国仍处于初步发展阶段，该项目培训中的规范及风险告知体系尚不健全，因而现阶段不宜设定过高免责比例，在本案中酌定自甘风险免责比例为20%，需要指出的是，未来这一比例因人们对马术行业运动风险认识的不断深化及行业整体的规范化发展将继续提升。就本案暴露出的马术培训行业的不规范之处，法院将另行向相关行业协会发送司法建议。

综上所述，经评议表决，合议庭最终意见认为：吉某、某养殖公司的部分上诉理由具有合理性，应予采纳，其他上诉理由缺乏事实和法律依据，应当不予采纳。本案一审判决认定事实清楚，但适用法律有误，判决结果亦有不当之处。

二审法院判决：一、维持一审民事判决第二项。二、变更一审民事判决第一项为：某养殖公司、吉某连带赔偿殷某某、杨某某医疗费、丧葬费、死亡赔偿金、精神损害抚慰金等共计849898.54元。三、驳回某养殖公司的其他上诉请求。四、驳回吉某的其他上诉请求。

法官评析

近年来，随着社会经济水平的提高，人们对于体育、娱乐活动的需求日益增长，涌现了诸如马术、蹦极、蹦床、攀岩、CS射击等多种冒险、刺激的游玩类、教学类项目，既推动了体育娱乐市场的多元化发展，也丰富了群众的消费选择。然而，在这些项目受到消费者青睐的同时，由于安全事故所引发的矛盾纠纷也日渐凸显。恰如本案，即是一起 8 岁女童在马术训练课程中坠马而亡引发的侵权责任纠纷。该类案件中，主要涉及以下三个方面的问题。

一、民事案由：马术培训致人损害与饲养动物致人损害的关系分析

该案例形成时，《民法典》还未公布，故其相应的规范依据和法律分析是以当时的法律为基础。但为了突出对于当下实践的借鉴意义，笔者以《民法典》的相关规定为基础展开分析。关于本案的案由适用，正如二审法院所述，实践中也存在不同的认识。第一种观点认为属于饲养动物损害责任纠纷；第二种观点认为属于生命权纠纷。笔者认为两种观点都有一定道理，而且其背后涉及一个普遍性问题：在以动物为工具的培训类活动中因动物致人损害时，应当如何区分饲养动物损害责任纠纷和传统的身体权、健康权、生命权纠纷。笔者尝试结合本案中的马术培训活动作出如下阐述。

首先，不同法律关系性质（案由）的确定，需要考查动物在损害事故中的具体功能和作用。动物的功能、作用不同，会对纠纷的法律关系性质的确定产生影响。在饲养动物致人损害的情形中，动物本身是致人损害的"危险源"，是侵权行为的实施主体，受害人的主观愿望是远离"危险源"，故一般不会主动与动物亲密接触，之所以会造成损害，是因为饲养人、管理人疏于管理看护进而导致动物攻击他人，故饲养人、管理人应当按照无过错原则承担饲养动物损害责任。在马术等培训活动中，管理人为活动参加者提供教育培训服务或活动，马匹等动物本身是培训活动的一个组成部分，不是令人恐惧的"危险源"，反而马匹是活动参加者希望主动接触进而完成该项活动所依赖的"工具"，作为马匹的饲养人或管理人而言，其所负有的义务不可能是要求马匹远离活动参加者，而应该是让马匹更有秩序地配合活动参加者的使用要求，使活动参加者能够熟练掌握主动控制马匹的技术。故此，从动物在损害事故中的功能作用来看，与动物致人损害相比，马术活动具有一定的特殊性，其本质是动物管理人提供了一种教学类培训活动或服务，动物只是培训的载体和工具，如果在上述培训活动中因马匹失控致人损害，其问题的本质一般不在于马匹，而在于活动

的组织者或教练没有尽到培训中应尽的安全保障职责。

其次，需要考察动物和受害人之间是否具有管理、使用的关系。在饲养动物致人损害的情形中，对外承担责任的是饲养人或管理人，因此，对于谁是饲养人、管理人的角色判断属于确定责任的基础。客观而言，该类纠纷中，因为受害人和动物本身具有分离性，故此，饲养人或管理人的判断并不困难。但是，在马术等体育培训活动中，上述问题将变得复杂，因为接受培训的学员要骑马活动，前提自然要完成对马匹的管理、控制，教练也时常需要参与其中，从该角度分析，骑马的学员和教练都是动物的管理人，该种情形下的管理人能否同时成为动物致人损害的受害人也值得进一步商榷。

结合上述分析，笔者认为，本案非常宝贵之处在于，二审法院将合议庭合议过程与合议庭存在的分歧真实完整写入了判决书，合议庭少数意见从涉诉马匹是否属于现在《民法典》第一千二百四十五条中"饲养的动物"角度出发，进行了分析，所持的观点也有一定道理，为我们研究这类纠纷提供了一个剖析的新的视角与样本。与其他体育活动相比，目前，我国的马术活动还属于一种新的体育消费形式，与此相关的纠纷也呈现出一定的新颖性，但是，在司法实践中，这类纠纷的数量比较少，对于该类纠纷特点、法律关系的分析、研究也是初步的，因此，司法实践中大家对这类纠纷的权利义务的性质、特点的认识还有不成熟之处，存在一定分歧也非常正常，上述探讨也只是对本案中合议庭少数意见引发的一些思考，但并不意味着能够代表多数意见，本案的裁判者也正是在充分考查两种意见的基础上，依照法律规定的程序作出了最终判决。相信，随着司法实践的丰富，我们对这类纠纷的认识会随着司法实践的发展而不断深化。

二、责任主体：马术培训教练与培训机构对外承担责任的关系分析

在马术等体育培训中，教练和培训机构之间是什么关系，不仅关系到教练的行为性质判断，也涉及对外责任承担。实践中，主要有两种情形。第一种，教练属于培训机构的职员，其所从事的教学也是培训机构的工作内容，该种情

形下，两者之间一般形成了用人单位和劳动者的关系，如果教练在培训活动中致他人损害需要承担责任，因其是执行工作任务，依照《民法典》第一千一百九十一条的规定，应当由培训机构对外承担侵权责任，至于内部可否追偿，需要再考察教练是否存在故意或重大过失。第二种，教练不属于培训机构职员，只是利用培训机构场所教学，恰如本案，两者之间是合作关系。该种情形下，如果教练因培训活动致人损害，需要考察培训机构和教练各自的过错程度、原因力结合情况等因素判断是按份责任还是连带责任。具体到本案，合议庭少数意见在坚持应当按照一般侵权责任进行归责的前提下，认为教练和培训公司均未尽到应尽的合理注意义务，且各自的过错对于损害发生的原因不易区分，故认定两者的侵害行为直接结合，造成受训者死亡的惨重后果，二者应当承担连带赔偿责任。合议庭多数意见在坚持饲养动物损害责任案由的前提下，将培训公司和教练作为涉案马匹的共同饲养人和管理人，同样认为二者应当对损害后果承担连带民事责任。

三、延伸思考：自甘风险规则与体育类培训、体育比赛之间的关系

关于自甘风险规则，本案中也进行了探讨，由于当时《民法典》尚未出台，故该案结合理论界的研究成果和实践需求进行了分析。2021 年施行的《民法典》首次对自甘风险进行了全面规定，该法第一千一百七十六条明确："自愿参加具有一定风险的文体活动，因其他参加者的行为受到损害的，受害人不得请求其他参加者承担侵权责任；但是，其他参加者对损害的发生有故意或者重大过失的除外。活动组织者的责任适用本法第一千一百九十八条至第一千二百零一条的规定。"从中可见，自甘风险规则适用范围是"具有一定风险"的"文体活动"。对于马术等体育比赛而言，因为其所具有的竞技体育的特点，风险性不言而喻，自甘风险规则自然也具有适用空间。但对于马术等体育活动的培训项目而言，其不同于正式比赛，很多参加者并不具有正式比赛的能力，甚至连基本技能都尚未掌握，培训的目的是帮助参加者完成从"一无所知"到"基本掌握"运动技能的过程，由此引发的相关法律问题是自甘风险规则是否

同样适用于该类培训活动。笔者认为，自甘风险的适用基础是"存在风险"，故体育类培训项目是否存在风险，是回答上述问题的前提。具体而言，体育类培训项目的目的虽然是帮助参加者成长为合格的运动参加者，但并不意味着该过程毫无风险，如果培训的过程具有体育运动明显的对抗性、竞技性，则依然应当适用自甘风险规则；如果培训的过程只是教练指导个人关于基础动作的反复练习，缺乏上述体育运动固有特点，则难以适用自甘风险规则，因此应当具体问题具体分析。

46

烈性犬致人损害

📄 实务观点

问题1：饲养的动物造成他人损害的，应当采用何种归责原则？

观点： 饲养动物侵权一般适用无过错责任原则，究其原因，在于饲养人对饲养动物具有高度的排他支配性，同时，在侵权事实发生过程中，被侵权人通常处于被动承受的地位，因此，饲养动物侵权适用无过错责任更为妥当。

问题2：禁止饲养的烈性犬致人损害，受害人存在故意的，是否可以减轻或免除侵权人责任？

观点： 饲养人或管理人违反禁止性规定饲养烈性犬等动物，本身具有可非难性，应当适用更加严格的严格责任，不应适用免除或减轻侵权责任的规定，不得依据《民法典》第一千二百四十五条后段规定的"损害是因被侵权人故意或者重大过失造成的"，或者依据第一千一百七十三条和第一千一百七十四条的一般性规定，请求法院免除或者减轻侵权责任。

📖 案例精释

禁止饲养的烈性犬致人损害，受害人存在故意可否减轻或免除侵权人责任

——龙某诉曲某身体权纠纷案

关键词： 烈性犬　受害人故意　严格责任　减轻

案情要览

龙某于 2020 年 10 月初开始在某 KTV（歌舞娱乐场所）从事服务员工作。曲某系该 KTV 管理者。2020 年 10 月 19 日下午 2：30 左右，一名粉衣女子坐在 KTV 后院椅子上抽烟，两条黑狗散坐在院里，龙某位于粉衣女子身后的房间内。随后粉衣女子从椅子上起身走向龙某房间，龙某自房间内冲出，二人在房间门口发生争吵后相互厮打，龙某倒地，粉衣女子未停手，此时其中的一条黑狗对龙某进行撕咬，数秒后，闻声而来的其他房间的人员将粉衣女子拉开，龙某从地上起身返回房间内，狗仍未离开，旁观人员随即将狗驱离关入笼中。当晚龙某报警，后曲某安排司机带龙某到甲医院就医。后经公安机关询问调查，涉诉的狗为曲某所养，属于禁止饲养的烈性犬、大型犬范围。

各方观点

龙某观点：我在某 KTV 工作，居住在员工宿舍。曲某系该 KTV 的经营者。2020 年 10 月 19 日下午两点半左右，我在宿舍门口被曲某饲养的大型犬咬伤，头部 7 处损伤，均深及颅骨，其中最严重的一处损伤长约 4.5 厘米，左上臂多处不规则开放损伤，贯穿伤，其中最严重一处长约 3.5 厘米。我前往医院治疗，头部和左臂做清创手术、缝合手术共计 21 针，接种狂犬疫苗和免疫球蛋白 5 次，每次疫苗和免疫球蛋白的注射均存在不确定的风险，且疫苗需要多次注射，整个治疗周期为一个月，使得我承受不良反应和身体损伤，伤口部位有感染风险，加之我对大型犬的恐惧，严重影响了我的身心健康，给我身心造成巨大痛苦，曲某态度冷漠，连一句道歉都没有，故诉至法院。请求：依法判令曲某赔偿医疗费、后续治疗费（除疤）、误工费、护理费、营养费、伙食费、住宿费、交通费、财物损失费、精神损害抚慰金，共计 146432.51 元。

曲某观点：不同意龙某的诉讼请求。我并未指使狗去咬龙某，是她跟别人打架才会被狗咬，龙某有过错，因为她是公司员工才带她去医院，她不是我公司正式员工，而且咬人的狗不是我的，我没有责任，我已经为龙某垫付 27000

元，现要求退还。

裁判要旨

一审法院经审理认为： 根据《北京市养犬管理规定》第七条的规定，涉案所在区为重点管理区。第十条第一款规定，在重点管理区内，每户只准养一只犬，不得养烈性犬、大型犬。第二十六条规定，对违反本规定第十条第一款，在重点管理区内饲养烈性犬、大型犬的，由公安机关没收其犬，并可对单位处10000元的罚款，对个人处5000元罚款。虽然曲某不认可咬人犬只系其所养，但是根据法院调取的询问笔录，公安机关认定曲某违反了《北京市养犬管理规定》第十条规定，并根据第二十六条规定对其犬只进行没收，并对其罚款5000元，曲某并未就上述处罚提出异议，故法院据此认定曲某存在饲养烈性犬、大型犬的违法行为。禁止饲养的烈性犬等危险动物造成他人损害的，动物饲养人或者管理人应当承担侵权责任。禁止饲养的危险动物致害责任是特殊类型的动物致害责任，适用无过错责任归责原则，构成要件包括：违反了禁止饲养烈性犬等危险动物的规定，造成他人损害以及二者具有因果关系三个要件。本案中，曲某存在饲养烈性犬、大型犬的违法行为，且其饲养的烈性犬造成了龙某损害，故曲某应当承担侵权责任。虽然曲某主张龙某存在与他人打架激怒狗的过错行为，其不应承担责任，但是法院认为被侵权人过错和受害人故意两种过错的适用范围在特殊侵权行为领域，尤其是无过错责任领域的适用，是以法律明文规定为限的，本条未将被侵权人故意、重大过失作为减免责事由，即使受害人故意或者重大过失，也不得减轻责任，更不得免除责任，故本案中无论龙某是否存在过失，曲某均应承担全部的侵权责任，对龙某的合理损失进行赔偿。

一审法院判决：一、曲某赔偿龙某医疗费、误工费、住院伙食补助费、住宿费、交通费、财物损失费、精神损害抚慰金共计2940.51元；二、驳回龙某的其他诉讼请求。

龙某不服，提起上诉。

二审法院经审理认为： 禁止饲养的烈性犬等危险动物造成他人损害的，动物饲养人或者管理人应当承担侵权责任。曲某饲养的烈性犬将龙某咬伤，故一审法院确定由曲某承担全部责任正确，法院予以确认。鉴于龙某在二审期间提交新证据，故法院对一审法院判决赔偿数额予以改判。

二审法院判决：一、撤销一审判决；二、曲某赔偿龙某各项费用 65455.58 元（扣除曲某已经垫付的 25515.07 元，曲某应赔偿龙某 39940.51 元）；三、驳回龙某的其他诉讼请求。

法官评析

近年来，无论是出于陪伴还是看护需要，饲养动物的群体逐渐壮大。与之相伴随的，除了动物疾病的防治、管理之外，因饲养动物损害的案件也呈现出多发的趋势。对于该类纠纷的责任判断，《民法典》中专门设立一个章节"饲养动物损害责任"。本案涉及的是一起禁止饲养的烈性犬致人损害，争议焦点之一在于受害人存在故意或者重大过失的，是否可以减轻或免除侵权人责任。

对上述问题，实践中存在不同意见。第一种观点认为，《民法典》侵权责任编一般规定中第一千一百七十三条和第一千一百七十四条规定了减轻或免除侵权人责任的情形，该一般规定可以成为第一千二百四十七条的抗辩事由。第二种观点认为，禁止饲养的危险动物自身极具危险性，该危险并非动物饲养人或管理人可以控制，且饲养人（管理人）违反禁止性规定饲养烈性犬等动物，不应适用免除或减轻侵权责任的规定。

笔者赞同第二种观点，具体分析如下。

一、关于饲养动物损害责任的一般归责原则

《民法典》第一千二百四十五条规定："饲养的动物造成他人损害的，动物饲养人或者管理人应当承担侵权责任；但是，能够证明损害是因被侵权人故意或者重大过失造成的，可以不承担或者减轻责任。"根据本条规定，饲养动物侵权一般适用无过错责任原则，这也是学术界的通说。究其原因，在于饲养人对饲养动物具有高度的排他支配性，同时，在侵权事实发生过程中，被侵权人

通常处于被动承受的地位，因此，饲养动物侵权适用无过错责任更为妥当。[①] 除非被侵权人故意自损或者存在重大过失导致损害发生。

二、关于禁止饲养危险动物损害责任的特殊归责原则

与一般动物不同，行政部门禁止饲养的烈性犬等危险动物的致害性更为严重，故此，《民法典》第一千二百四十七条专门就此进行了规定，即："禁止饲养的烈性犬等危险动物造成他人损害的，动物饲养人或者管理人应当承担侵权责任。"该条适用过程中，同样可能出现被侵权人故意或者重大过失的情形，此时能否适用上述《民法典》第一千二百四十五条或者第一千一百七十三条和第一千一百七十四条的一般性规定，请求法院免除或者减轻侵权责任，笔者认为该问题的解答，需要探究该条款与上述相关条款在适用层面的关系。

受害人故意或者重大过失作为减免事由，需要以法律明文规定为限，但第一千二百四十七条显然是针对特殊情形作出特殊规定，其中并未将被侵权人故意或重大过失作为减免事由，究其原因，在于禁止饲养的危险动物不仅具有高度的危险性，而且不是饲养人或管理人职业上、生计上必需的，要求其饲养人或者管理人承担更重的责任，并非十分苛刻。[②] 换言之，饲养人或管理人违反禁止性规定饲养烈性犬等动物，其故意性明显，应当适用更加严格的严格责任，不应适用免除或减轻侵权责任的规定，不得依据《民法典》第一千二百四十五条后段规定的"损害是因被侵权人故意或者重大过失造成的"，或者依据第一千一百七十三条和第一千一百七十四条的一般性规定，请求法院免除或者减轻侵权责任。

[①] 最高人民法院民法典贯彻实施工作领导小组主编：《中华人民共和国民法典侵权责任编理解与适用》，人民法院出版社2020年版，第645页。

[②] 最高人民法院民法典贯彻实施工作领导小组主编：《中华人民共和国民法典侵权责任编理解与适用》，人民法院出版社2020年版，第657页。

第十一章
交叉领域相关侵权责任

47

刑事判决与民事责任

📄 实务观点

问题1：在处理刑民交叉问题时，应当坚持何种基本的判断标准？

观点：同一当事人因同一法律事实分别发生刑事案件、民事案件，应由刑事案件吸收民事案件，人民法院不应受理民事案件，已经受理的，裁定驳回起诉并移送公安机关处理。刑事案件作出判决后，民事不再受理。同一当事人因不同法律事实分别引发民事法律关系和刑事法律关系，原则上，民事案件和刑事案件应分别立案，再分别进行审理。

问题2：刑事判决后，受害人另行对单位提起民事诉讼，单位承担责任的性质如何判断？

观点：行为人以法人、非法人组织或者他人名义订立合同的行为涉嫌刑事犯罪或者刑事裁判认定其构成犯罪，合同相对人请求该法人、非法人组织或者他人承担民事责任的，人民法院可依法受理。在判断单位责任时，首先，应独立判断合同法律关系，确定民事主体的行为是否构成职务行为或表见代理。其次，如职务行为或表见代理不成立，则需要依照《最高人民法院关于在审理经济纠纷案件中涉及经济犯罪嫌疑若干问题的规定》审查单位是否存在过错行为，进而判断其是否需要承担侵权责任。

📖 案例精释

刑事判决责令退赔之后受害人能否另行主张民事侵权责任
——孟某诉某房地产公司、某经纪公司财产损害赔偿纠纷案

关键词： 责令退赔 民事诉讼 受理 责任形式

案情要览

某房地产公司系 K2 项目的开发商，案外人吴某系某经纪公司的销售经理。吴某在承接 K2 项目销售房屋期间，自 2014 年 6 月起至 10 月止，指使自己的销售团队将 K2 项目的部分房屋销售给了孟某等十人，其中九人均将部分首付款按照吴某及其团队销售人员指示汇至案外人闫某账户，部分首付款付至吴某个人账户。孟某支付了首付款536016 元后，收到了盖有某房地产公司的财务专用章的收据。随后，孟某继续联系吴某办理购房手续时发现其失踪无法联系上，后得知吴某伪造某房地产公司财务章及合同章实施诈骗，导致多名购房者被骗，并卷款潜逃。孟某等人报案后，吴某于 2015 年 8 月 6 日被公安机关抓获，一审法院以合同诈骗罪判处吴某有期徒刑 12 年；责令吴某向被害人孟某退赔人民币536016 元。刑事判决生效后，孟某依据该判决书提出强制执行申请，申请执行吴某退赔的 536016 元。法院在执行过程中，经查询，被执行人吴某名下无房产，无车辆，已冻结被执行人名下银行账户，被执行人吴某已被列入失信被执行人名单。后法院依法裁定终结本次执行程序，刑事判决书中判决吴某退赔孟某的款项分文未退。因此，孟某向法院提起民事诉讼，要求某房地产公司、某

经纪公司赔偿其上述损失以及因错过购房机会导致的财产损失。

各方观点

原告孟某观点：2014 年 8 月 15 日，孟某在销售经理吴某引导下，在某房地产公司开发的 K2 项目售楼处签订了商品房预售合同。随后，孟某支付了首付款 536016 元。后来得知吴某伪造某房地产公司财务章及合同章实施诈骗，被法院以合同诈骗罪判处有期徒刑 12 年。吴某作为某经纪公司的工作人员，在工作时间、工作地点长时间诈骗多位购房人房款未被发现，这本身足以证明某经纪公司和某房地产公司存在严重管理失误与过错。在另案受害者之一起诉某房地产公司的财产损害赔偿民事案件中，某房地产公司认可其在销售 K2 项目时，确有让购房人将购房款汇至该公司人员个人账户的情况，因此可以说明某房地产公司也未尽到交易的安全保证义务。正因为某房地产公司和某经纪公司的管理过错导致孟某所签订购房合同无效，错过了购房机会。故诉至法院，请求判令：某经纪公司和某房地产公司赔偿损失 1076016 元，其中包括吴某骗取的 536016 元及因错过购房机会导致财产损失 54 万元。事实上，吴某已不可能依据刑事判决退赔，如某房地产公司在本案中履行了赔偿义务，今后如发现吴某有赔偿能力，孟某愿意放弃刑事判决中的相应权利并把权利转让给某房地产公司。

被告某房地产公司观点：1. 刑事判决业已解决购房款纠纷，购房款应当通过追赃、退赔等途径解决。孟某就购房款另行提起诉讼，法院不予受理，应当驳回其起诉。2. 孟某购房款损失的最主要原因是吴某实施诈骗，某房地产公司并非吴某的用人单位，对吴某不承担选任、委派、管理及支付报酬的责任，故不存在严重管理失误之说。3. 房屋差价损失属于可得利益损失，即合同履行后可以实现的利益。鉴于原告与某房地产公司之间无商品房预售关系，不具有实际履行的内容，故房屋差价损失不是现实的可以实际获取的利益，不应纳入赔偿范围。

被告某经纪公司观点：吴某与我方仅为代理与被代理的关系，其不是我方员工，没有与客户签订购房合同、收取购房款的权限。吴某的个人行为并非利用了职务上的便利，其个人行为是严重的犯罪行为，受到了应有的制裁，这是任何一家公司的管理规定所不能约束、预防和避免的。刑事判决书主文中已判令吴某退赔骗取孟某的购房款，其请求应当被驳回。

裁判要旨

一审法院经审理认为：关于吴某涉嫌合同诈骗罪的公安机关侦查卷宗中，有孟某等人签署的商品房预售合同的文本照片，故可以认定孟某签订了商品房预售合同，但吴某并未将合同文本交付孟某。对于商品房预售合同中加盖的某房地产公司合同专用章及收款收据上某房地产公司财务专用章，当事人均认为系吴某私刻，故孟某和某房地产公司之间不存在商品房预售合同关系。对于孟某主张某房地产公司的差价损失或者错过购房机会损失54万元，于法无据，不予支持。关于孟某主张的要求二被告赔偿购房款损失536016元，该笔损失确实发生，通过法院强制执行，吴某至今未退赔，法院还出具了终结本次执行裁定，其损失至今未得到弥补，而并非孟某另行提起民事诉讼要求吴某返还该购房款或者要求某房地产公司、某经纪公司返还该笔购房款，而是要求某房地产公司与某经纪公司赔偿因侵权给其造成的购房款的实际损失536016元。孟某本案所提起的诉讼也是财产损害赔偿纠纷，系对其实际的财产损失进行赔偿的诉讼，并非返还原物或返还财产纠纷。某房地产公司在吴某销售房屋的过程中疏忽大意，未尽到相应的监督注意义务，且存在指示购房人将购房款汇至个人账户的情况，导致被吴某利用，对于此次损害的发生存在重大过错，因此对于给孟某造成的损失，应予赔偿。鉴于孟某在此次纠纷中亦有过错，故对于孟某要求某房地产公司赔偿购房款损失的合理部分，法院予以支持。对于孟某要求某经纪公司承担赔偿责任，法院不予支持。

一审法院判决：一、某房地产公司赔偿孟某购房款损失共计428812.8元，于本判决生效之日起七日内给付；二、驳回孟某的其他诉讼请求。

某房地产公司不服，提起上诉。

二审法院经审理认为： 吴某及销售团队均在某房地产公司售楼处进行销售工作，某房地产公司系商品房销售合同的缔约主体，亦系合同缔约关系的直接利害关系人，理应对销售人员从事房屋销售、签约等行为予以监督、管理。在长达四个月的时间内，吴某成功实施数起诈骗行为，某房地产公司亦未及时发现，故某房地产公司未尽到充分的监督、管理、注意义务。涉案商品房预售交易资金数额巨大，某房地产公司作为开发商在房屋销售过程中处于优势地位，某房地产公司应当在交易过程中保障资金交易安全、准确，特别是在购房款支付的流程中，应做好提示、监督等工作。现二审期间某房地产公司主张其从未承认存在将购房款交至个人账户的情况，但其未提供充分的证据推翻其在另案的相反陈述，故法院不予采信。吴某利用某房地产公司上述财务管理存在的漏洞，私刻印章实施诈骗，并指示团队销售人员让孟某将购房款汇至闫某账户，其他工作人员亦未怀疑上述行为，造成孟某的经济损失，某房地产公司对此负有不可推卸的责任。故此，某房地产公司对孟某的经济损失存有重大过错，应承担相应的赔偿责任。孟某作为买受人，基于对某房地产公司销售人员的交易信赖，按照某房地产公司正常卖房流程予以操作，虽然其对最终交纳购房款没有转至某房地产公司账户未充分予以注意，但并非重大过错。某房地产公司主张孟某存在重大过错，依据不足，法院不予采纳。

二审法院判决： 驳回上诉，维持原判。

法官评析

近年来，在房屋买卖、民间借贷等活动中，与集资诈骗、合同诈骗、非法吸收公众存款等犯罪相关的民事纠纷案件有所增长，这类案件突出的特点，就是纠纷涉及刑事法律和民事法律的交叉应用，刑民交叉主要涉及程序问题，即案件涉嫌刑事犯罪在刑事判决处理之后，当事人在刑事退赔无法实现的情况下，就同一案件提起民事诉讼，人民法院是否受理，换句话说，刑事诉讼判决后，民事诉讼能否再就同一问题进行救济，本案即是其中的一个代表。

关于民刑交叉案件，民事案件能否受理问题，实践中存在两种观点：

第一种观点认为，在当事人同一、法律事实同一或者存在牵连的情形下，应由刑事案件吸收民事案件，刑事案件判决后，人民法院不应受理民事案件，如果刑事判决退赔后，民事再进行救济，会使受害人"重复受益"或"双重受益"，特别是刑事判决与民事判决的执行机构不在同一法院的话，这个问题更突出。

第二种观点认为，民事诉讼与刑事诉讼在价值取向、诉讼目的、诉讼原则、证据认定标准、责任构成要件等方面均存在较大的差异，刑事法律关系与民事法律关系、刑事责任与民事责任是完全不同的两种法律关系和法律责任，两者不能相互替代，因此，一般而言，只要民商事案件的当事人之间存在民商事法律关系的，民刑案件就应遵循分别受理、分别审理原则。此外，在日常司法实践中，在刑事案件判决退赔后，往往存在犯罪分子无财产可退赔的情形，因此，应当赋予受害人享有民事诉讼救济的权利，虽然在实践可能产生双重受益问题，但这个执行中的技术操作问题，不是一个法律障碍。[①]

笔者赞同第一种观点。

一、同一当事人因同一法律事实分别发生刑事案件、民事案件，应由刑事案件吸收民事案件，人民法院不应受理民事案件

最高人民法院先后颁布了相关司法解释、司法政策对民刑交叉案件所涉程序问题进行规定，这是当前处理刑民交叉纠纷程序问题的裁判依据。

首先，最高人民法院于1998年颁布实施的《最高人民法院关于在审理经济纠纷案件中涉及经济犯罪嫌疑若干问题的规定》对该问题规定得较为系统、全面。其在第一条明确规定，在同一当事人之间，因不同法律事实分别涉及经济纠纷和经济犯罪嫌疑的，民事案件和刑事案件应分开审理，确定了分开审理的原则。第十条规定了人民法院在审理经济纠纷案件过程中，应对与本案有牵连但不是同一法律关系的刑事犯罪嫌疑线索、材料进行移送，民商事案件应继续审理。第十一条规定，如果人民法院作为经济纠纷受理的案件不属于经济纠纷

---

① 最高人民法院民事审判第二庭编著：《全国法院民商事审判工作会议纪要理解与适用》，人民法院出版社2019年版，第650页。

而有经济犯罪嫌疑的，应当裁定驳回起诉，将有关材料移送公安机关、检察机关。第十二条规定，人民法院已立案审理的经济纠纷案件，公安机关或检察机关认为有经济犯罪嫌疑，函告受理人民法院后，人民法院对民商事纠纷案件可以视情况分别采取全案移送或继续审理两种方式。

其次，《最高人民法院关于审理民间借贷案件适用法律若干问题的规定》《最高人民法院关于审理非法集资刑事案件具体应用法律若干问题的解释》等司法解释以及最高人民法院、最高人民检察院、公安部先后颁布的《关于办理非法集资刑事案件适用法律若干问题的意见》《关于办理非法集资刑事案件若干问题的意见》等司法解释和司法政策分别对审理民间借贷纠纷以及涉嫌集资诈骗、非法吸收公众存款等涉众型经济犯罪的特定种类的民事案件应否受理等问题进行了规定。

《最高人民法院关于审理民间借贷案件适用法律若干问题的规定》第五条规定："人民法院立案后，发现民间借贷行为本身涉嫌非法集资等犯罪的，应当裁定驳回起诉，并将涉嫌非法集资等犯罪的线索、材料移送公安或者检察机关。公安或者检察机关不予立案，或者立案侦查后撤销案件，或者检察机关作出不起诉决定，或者经人民法院生效判决认定不构成非法集资等犯罪，当事人又以同一事实向人民法院提起诉讼的，人民法院应予受理。"第六条规定："人民法院立案后，发现与民间借贷纠纷案件虽有关联但不是同一事实的涉嫌非法集资等犯罪的线索、材料的，人民法院应当继续审理民间借贷纠纷案件，并将涉嫌非法集资等犯罪的线索、材料移送公安或者检察机关。"第七条规定："民间借贷纠纷的基本案件事实必须以刑事案件的审理结果为依据，而该刑事案件尚未审结的，人民法院应当裁定中止诉讼。"

2014年颁布实施的《最高人民法院、最高人民检察院、公安部关于办理非法集资刑事案件适用法律若干问题的意见》在"关于涉及民事案件的处理问题"部分规定，公安机关、人民检察院、人民法院正在侦查、起诉、审理的非法集资刑事案件，有关单位或者个人就同一事实向人民法院提起民事诉讼或者申请执行涉案财物的，人民法院应当不予受理，并将有关材料移送公安机关或者检察机关。

最后，《全国法院民商事审判工作会议纪要》第一百二十九条就"涉众型经济犯罪与民商事案件的程序处理"进一步进行规定：强调2014年颁布实施的《最高人民法院、最高人民检察院、公安部关于办理非法集资刑事案件适用法律若干问题的意见》和2019年1月颁布实施的《最高人民法院、最高人民检察院、公安部关于办理非法集资刑事案件若干问题的意见》规定的涉嫌集资诈骗、非法吸收公众存款等涉众型经济犯罪，所涉人数众多、当事人分布地域广、标的额特别巨大、影响范围广，严重影响社会稳定，对于受害人就同一事实提起的以犯罪嫌疑人或者刑事被告人为被告的民事诉讼，人民法院应当裁定不予受理，并将有关材料移送侦查机关、检察机关或者正在审理该刑事案件的人民法院。受害人的民事权利保护应当通过刑事追赃、退赔的方式解决。正在审理民商事案件的人民法院发现有上述涉众型经济犯罪线索的，应当及时将犯罪线索和有关材料移送侦查机关。侦查机关作出立案决定前，人民法院应当中止审理；作出立案决定后，应当裁定驳回起诉。

从上述规定中，我们可以看出处理刑民交叉问题存在两个基本判断标准：

第一，同一当事人因同一法律事实分别发生刑事案件、民事案件，应由刑事案件吸收民事案件，人民法院不应受理民事案件，已经受理的，裁定驳回起诉并移送公安机关处理。刑事案件作出判决后，民事不再受理。

第二，同一当事人因不同法律事实分别引发民事法律关系和刑事法律关系，原则上，民事案件和刑事案件应分别立案，再分别进行审理。

二、刑事、民事分别受理的原则与情形

（一）分别受理、分别审理的原则

同一公民、法人或其他组织因不同法律事实分别涉及刑事法律关系和民事法律关系，因法律事实之间具有一定的牵连关系而形成民刑交叉案件。这种情况下，民事诉讼与刑事诉讼在价值取向、诉讼目的、诉讼原则、证据认定标准、责任构成要件等方面均存在较大的差异，刑事法律关系与民商事法律关系、刑

事责任与民事责任是性质完全不同的两种法律关系和法律责任，两者不能相互替代，因此，一般而言，民刑交叉案件应遵循分别受理、分别审理原则。《最高人民法院关于在审理经济纠纷案件中涉及经济犯罪嫌疑若干问题的规定》第一条对此进行了规定，即："同一公民、法人或其他经济组织因不同的法律事实，分别涉及经济纠纷和经济犯罪嫌疑的，经济纠纷案件和经济犯罪嫌疑案件应当分开审理。"分别审理实质意味着对于民刑交叉案件，因不同的法律事实分别引发民事法律关系和刑事法律关系，尽管当事人同一，但由于法律关系不同、前述民事责任与刑事责任的不同，故在当事人之间存在民商事法律关系的情形下，原则上，民事案件和刑事案件应分别立案，再分别进行审理。①

（二）分别受理和审理的具体情形

《全国法院民商事审判工作纪要》第一百二十八条对分别审理的 5 种具体情况进行规定：

1. 主合同的债务人涉嫌刑事犯罪或者刑事裁判认定其构成犯罪，债权人请求担保人承担民事责任的，主合同的债务人涉嫌刑事犯罪或者生效裁判认定其构成犯罪，债权人请求担保人承担民事责任的。

担保合同是主合同的从合同，二者当事人不同，法律关系的性质也不同，当事人诉讼请求的请求权基础也不同，是两个独立的诉讼，故人民法院应当受理民事案件。此外，在刑事审判中，由于刑事诉讼法及其司法解释关于刑事诉讼追缴、退赔措施，附带民事诉讼程序均不能解决保证责任承担、第三人提供的物的担保优先受偿问题，故债权人有必要通过民事诉讼程序分案审理来解决。

2. 行为人以法人、非法人组织或者他人名义订立合同的行为涉嫌刑事犯罪或者刑事裁判认定其构成犯罪，合同相对人请求该法人、非法人组织或者他人承担民事责任的。

由于刑事案件的被告人是行为人，而民事诉讼的被告是法人、非法人组织

---

① 最高人民法院民事审判第二庭编著：《全国法院民商事审判工作会议纪要理解与适用》，人民法院出版社 2019 年版，第 648-651 页。

或者他人，故民事诉讼和刑事诉讼的法律主体和法律关系并不相同，刑事诉讼并不解决民事诉讼被告方的责任问题，故权利人需另行提起民事诉讼救济自己的民事权利，民事案件与刑事案件应当分别受理和审理。

3. 法人或者非法人组织的法定代表人、负责人或者其他工作人员的职务行为涉嫌刑事犯罪或者刑事裁判认定其构成犯罪，受害人请求该法人或者非法人组织承担民事责任的。

该情形与第 2 项规定的不同之处在于：本项规定着重强调的是法人或者非法人组织的法定代表人、负责人或者其他工作人员的职务行为构成刑事犯罪，被害人以单位为被告提起民事诉讼。而第 2 项则是行为人以法人、非法人组织名义与受害人订立合同从事犯罪活动，被害人请求该法人、非法人组织承担民事责任的情形。

4. 侵权行为人涉嫌刑事犯罪或者刑事裁判认定其构成犯罪，被保险人、受益人或者其他赔偿权利人请求保险人支付保险金的。

5. 受害人请求涉嫌刑事犯罪的行为人之外的其他主体承担民事责任的。此为兜底规定，防止前述列举挂一漏万。[①]

本案中，吴某及销售团队均在某房地产公司售楼处进行销售工作，吴某私刻房地产公司公章，以房地产公司名义进行销售房屋，并与孟某签订合同实施了诈骗行为，吴某被刑事以合同诈骗罪判决后，承担退赔孟某的刑事退赔责任。法院在执行过程中，经查询，被执行人吴某名下无房产，无车辆，已冻结被执行人名下银行账户，被执行人吴某已被列入失信被执行人名单。后法院依法裁定终结本次执行程序，至今上述刑事判决书中判决吴某退赔孟某的款项分文未退。因吴某无财产可供执行，在此情形下孟某以房地产公司为被告提起民事诉讼。本案的特点属于上述规定分别受理、分别审理的第二种情形。因此，本案属于同一公民、法人或其他组织因不同法律事实分别涉及刑事法律关系和民事法律关系，应当受理民事诉讼。

[①] 最高人民法院民事审判第二庭编著：《全国法院民商事审判工作会议纪要理解与适用》，人民法院出版社 2019 年版，第 651-652 页。

三、刑事判决后，受害人另行对单位提起民事诉讼，单位承担责任的性质

本案中房地产公司承担的民事赔偿责任的性质是合同责任还是侵权责任，一、二审法院对此认识是有一定差别的。一审法院认为：吴某涉嫌合同诈骗罪的公安机关侦查卷宗中，有孟某等人签署的商品房预售合同的文本照片，故可以认定孟某签订了商品房预售合同，但因房地产公司的公章、财物章为吴某私刻，故孟某和某房地产公司之间不存在商品房预售合同关系。孟某提起民事诉讼要求赔偿某房地产公司因侵权给其造成的购房款的实际损失，孟某本案所提起的诉讼案由也是财产损害赔偿纠纷，并非返还原物或返还财产纠纷，因此，从上述论述中可看出，一审法院认定本案中房地产公司承担的民事赔偿责任的性质是侵权责任。二审法院认为，吴某及销售团队均在某房地产公司售楼处进行销售工作，某房地产公司系商品房销售合同的缔约主体，亦系合同缔约关系的直接利害关系人，某房地产公司作为开发商在房屋销售过程中处于优势地位，吴某利用某房地产公司上述财务管理存在的漏洞，私刻印章实施诈骗，并指示团队销售人员让孟某将购房款汇至闫某账户，造成孟某的经济损失，某房地产公司对此负有不可推卸的责任。孟某作为买受人，基于对某房地产公司销售人员的交易信赖，按照某房地产公司正常卖房流程予以操作，认定某房地产公司系商品房销售合同的缔约主体，虽然其对最终交纳购房款没有转至某房地产公司账户未充分予以注意，但并非重大过错。从上述论述中可看出，二审虽然维持了一审判决，但在赔偿责任的性质上，实质上是以合同责任来认定的。

对于该类责任的性质，我国法律、司法解释没有明确规定，《全国法院民商事审判工作会议纪要》第一百二十八条第二项规定：行为人以法人、非法人组织或者他人名义订立合同的行为涉嫌刑事犯罪或者刑事裁判认定其构成犯罪，合同相对人请求该法人、非法人组织或者他人承担民事责任的，可受理。《最高人民法院关于在审理经济纠纷案件中涉及经济犯罪嫌疑若干问题的规定》第五条第二款规定：行为人私刻单位公章或者擅自使用单位公章、业务介绍信、

盖有公章的空白合同书以签订经济合同的方法进行的犯罪行为，单位有明显过错，且该过错与被害人的经济损失之间具有因果关系的，单位对该犯罪行为造成的经济损失，依法应当承担赔偿责任。

分析上述司法解释，其对于单位承担的责任分别规定为"民事责任"或"赔偿责任"，然而责任基础是来自侵权还是合同却未明确。笔者认为，上述司法解释虽可作为认定单位责任的规范依据，但法律关系的明确依然是责任确定的前提。笔者认为，此类纠纷的逻辑判断可参考如下思路：

首先，当独立判断合同法律关系，确定民事主体的行为是否构成职务行为或表见代理，如成立，则合同约束被代表（代理）单位与合同相对人，被代表（代理）单位直接向合同相对人承担合同责任，然后可向刑事被告人追偿。

其次，如职务行为或表见代理不成立，则需要依照《最高人民法院关于在审理经济纠纷案件中涉及经济犯罪嫌疑若干问题的规定》审查单位是否存在过错行为，进而判断其是否需要承担侵权责任。如该规定第五条第二款规定："行为人私刻单位公章或者擅自使用单位公章、业务介绍信、盖有公章的空白合同书以签订经济合同的方法进行的犯罪行为，单位有明显过错，且该过错行为与被害人的经济损失之间具有因果关系的，单位对该犯罪行为所造成的经济损失，依法应当承担赔偿责任。"

最后，如果单位或其他过错方应承担侵权责任，尚需判断责任形式为连带、补充还是按份。笔者认为：刑事被告人责无旁贷地需要履行退赔义务，且是最终的责任承担者；其他过错行为人，依照民法基本原理和《民法典》的规定，承担与其过错程度相当的补充责任。当然，其他行为人承担责任之后，有权向刑事被告人追偿。

本案中，笔者赞同二审法院的观点，房地产公司承担合同责任。理由如下：本案中吴某及销售团队均在某房地产公司售楼处进行销售工作，且销售活动以房地产公司的名义进行，孟某作为买受人，基于对某房地产公司销售人员的交易信赖，按照某房地产公司正常卖房流程予以操作，所以本案构成表见代理，应认定某房地产公司与孟某之间建立了商品房销售合同关系，房地产公司是基于销售合同承担的民事责任。

48

非法期货交易平台责任

📋 实务观点

问题 1：非法期货交易相关纠纷中，交易平台、会员单位、资金存管银行能否成为责任主体？

观点：投资者以期货交易纠纷起诉的，其往往同时将交易平台、会员单位、资金存管银行均列为被告要求承担民事责任。投资者与银行之间成立储蓄合同关系或服务合同关系，因银行仅负责资金存管，并未直接参与非法期货交易，既不是非法期货交易的一方主体，亦未就非法期货交易进行经纪、收取佣金等，故银行就非法期货交易而言，不存在承担民事责任的事实基础。投资者与会员单位之间可能存在期货经纪合同关系、服务合同关系或者期货交易合同关系，与交易平台之间可能存在服务合同关系或期货交易合同关系，而上述法律关系均与非法期货交易直接相关，会员单位与交易平台均有向投资者承担相应民事责任的可能性。

问题 2：载体型交易模式中，当投资者起诉要求交易所承担赔偿责任时，请求权性质是合同责任还是侵权责任？

观点：载体型交易模式中，交易平台的职责是向投资者提供交易载体，交易平台不直接参与交易，交易所作为载体只为期货交易提供包含担保、延期、结算、交割等在内的各项服务，因此，交易所与投资者之间建立了服务合同关系，并没有建立期货交易合同，期货交易的双方是投资者与会员单位，因此，对于投资者的投资损失不承担期货合同责任。因交易所为投资者与会员单位的交易提供了载体，而这个载体是交易产生的基本前提，且投资者与会员单位交易所遵循的交易规则、采用的交易品种也是由交易所设立的，交易所作为现货交易平台未经国家批准擅自进行期货交易导致被认定为非法行为，该违法行为对投资者损失的形成有一定的过错，违法行为与损害结果之间存在因果关系，因此，交易所对投资者的投资损失应承担过错侵权责任。

📖 案例精释

非法期货交易中投资者要求平台承担的赔偿责任是侵权责任还是合同责任

——王某某诉甲交易所等期货交易纠纷案

关键词： 非法期货　做市商　债务承担　连带责任

案情要览

2011 年 11 月 25 日，乙公司和丙公司投资设立甲交易所，2013 年 3 月 15 日，甲交易所获得某市金融发展局审批。

甲交易所成立时的经营范围为：贵金属市场管理服务，同时二公司向工商局出具《承诺函》，表明：乙公司和丙公司成立甲交易所，如因名称原因产生的一切法律责任，均由二公司承担。此外，甲交易所的经营范围为贵金属市场管理服务，如有涉及国家法律、行政限制的项目，应取得相关行业的许可后方可从事相关经营活动，国家法律、行政法规禁止的项目不得经营。如果违反上述承诺，由此产生的一切法律责任均由乙公司与丙公司承担。按照甲交易所规定，投资者须经甲交易所审批确定的会员单位经纪方能至交易所进行交易。

2016 年 5 月 19 日，证监会某市监管局出具检查意见，认定甲交易所存在集中交易方式，包括连续竞价、电子撮合、匿名交易等交易方式，且投资者买入后卖出或者卖出后买入同一交易品种的时间间隔少于 5 个交易日，以上行为违反国家相关规定。随后，某市金融发展局出具意见，甲交易所的交易产品与交易规则未经金融局审批，责令停止交易。

王某某在甲交易所开户后，多次对甲交易所上线的产品进行买入、卖出交易，出入金差额包括交易亏损、延期费、手续费，共计 78470.14 元，王某某认为甲交易所作为现货交易平台在交易过程中存在非法期货交易的违规行为造成其上述损失，故以此数额要求赔偿，乙、丙公司承担连带责任。

各方观点

原告王某某观点： 1. 被告甲交易所行为严重违反我国法律法规，其不具备合法期货交易资格，但其交易平台的交易规则和期货交易规则完全一致，具体表现为采取集中竞价、电子撮合、匿名交易、做市商等集中交易方式进行标准化合约交易，涉案交易行为属于现货交易平台进行非法期货交易；原告作为普通投资者，对于甲交易所的资质情况并不清楚，甲交易所对原告存在欺诈，因此造成涉案交易行为应属无效，甲交易所因无效合同而取得的财产应当依法返还。2. 乙公司、丙公司因书面承诺对甲交易所的一切法律责任承担责任，因此二者对原告损失承担连带责任。故请求法院：1. 判令确认原告与被告甲交易所的交易行为无效；2. 判令三被告甲交易所、乙公司、丙公司承担连带责任返还原告损失款 78470.14 元。

被告甲交易所观点： 不同意原告的全部诉讼请求。1. 甲交易所经中国证监会部际联席会议同意，经某市金融局核准，具备开展现货类交易活动的资质，甲交易所依法提供现货类交易，并非期货交易，甲交易所的现货延期交易模式与上海黄金交易所的现货延期交收合约特征相似，而上海黄金交易所的所有经营业务都是合法的现货交易，故具备同等特征的本案交易也属于合法的现货交易。2. 甲交易所实行会员制交易，原告是与会员单位进行的交易，交易所并非原告的交易对手，与原告不存在合同关系。根据合同相对性原则，原告应依合同关系向其交易对手会员单位追偿，甲交易所不是本案的适格被告。3. 在同等交易规则下并非所有投资者都是亏损的，仍然存在盈利的投资者案例，这说明投资者执行不同的投资策略将导致不同的盈亏情况，原告的出入金亏损系其自主操作下的正常投资风险，而非甲交易所所致，故甲交易所没有过错不应承担任何补偿或者赔偿责任。

被告乙公司、丙公司观点：不同意原告提出的诉讼请求，不同意承担连带责任。事实和理由：1. 乙公司、丙公司与本案涉诉交易没有任何法律关系，被列为本案被告没有法律依据，原告诉求我二公司对甲交易所的行为承担连带责任的理由不能成立；2. 二公司在甲交易所交易平台从事的交易不是非法期货，原告关于涉案交易属于非法期货的指控缺乏法律依据及事实基础；3. 原告要求法院对涉案交易是否属于非法期货进行认定，是要法院逾越其权力范围，行使行政机构的权力，其要求不能实现。

裁判要旨

一审法院经审理认为：本案主要存在以下争议焦点：一、涉案交易模式的性质如何认定；二、甲交易所应否承担侵权责任以及责任范围、责任承担方式如何确定；三、乙公司和丙公司应否承担民事责任及责任形式。具体分析如下：

一、涉案交易模式的性质如何认定

关于涉案交易模式的性质，各方当事人的主要分歧在于涉案交易模式是现货交易还是非法期货交易。对此，合议庭一致意见认为：涉案交易模式符合期货交易的特征，应当认定为非法期货交易。

根据《期货交易管理条例》第二条的规定，期货交易是指采用公开的集中交易方式或者国务院期货监督管理机构批准的其他方式进行的以标准化合约为交易标的的交易活动，俗称标准化合约的买卖；标准化合约（期货合约）是指期货交易场所统一制定的、规定在将来某一特定的时间和地点交割一定数量标的物的合约。

我国对期货交易采取严格的行政监管，《期货交易管理条例》第四条规定，期货交易应当在依照本条例第六条第一款规定设立的期货交易所、国务院批准的或者国务院期货监督管理机构批准的其他期货交易场所进行。禁止在前款规定的期货交易场所之外进行期货交易。据此，在有权机关批准的期货交易场所之外进行的期货交易，应当认定为非法期货交易。一般来说，区别现货交易与期货交易有三个标准：一是交易对象为标准化合约。二是交易方式为集中交易，即现货市场安排众多买方、卖方集中在一起进行交易，集中交易又可以细分为集合竞价、连续竞价、电子撮合、匿名交易、做市商机制等交易方式。三是就目的要件而言，期货交易允许交易者以对冲平仓方式了结交易，而不以实物交收为目的或者不必交割实物。

本案中，从交易对象来看，《甲交易所交易规则》载明交易所提供的电子交易合同示范条款显示，交易合同内容除了价格一项外，其他合约要素均已提前确定，具体交易价格是交易所的超级会员单位进行的动态实时报价，该种情况符合标准化合约的特征。从交易方式来看，投资者通过会员单位经纪在甲交易所开户后，一般与其会员单位进行一对一的交易，虽然就单独投资者而言，其与会员单位是一对一的交易，但就会员单位而言，其同时与其发展的多名投资者进行交易，实际上构成了集中交易的结果，且本案中还存在匿名交易、做市商机制的集中交易方式。中国证券监督管理委员会某市监管局进行现场检查亦反馈甲交易所存在集中交易方式，包括连续竞价、电子撮合、匿名交易等交易方式。根据上述事实，应当认定丙公司采取了集中交易的方式。从交易目的来看，在进行交易时，投资者并非全额付款，而是缴纳商品价值的一定比率作为保证金即可买入或者卖出，合约订立后，允许投资者不实际履行，而是通过反向操作、对冲平仓的方式了结权利义务，甲交易所亦认可实物交收比例较低，绝大部分投资者系通过对冲平仓的方式了结权利义务。据此可以认定涉案交易的目的并非取得现货商品的所有权，交易双方并不期待真实交付，而是期望通过价格涨跌获取利润。综上，本案的交易模式符合期货交易的目的与形式构成要件，鉴于甲交易所系现货商品交易场所，未取得期货交易场所的资质，故本案交易模式构成非法期货交易。

被告乙公司和丙公司抗辩称涉案交易模式是否属于非法期货交易应由行政

机关认定，未经行政前置程序人民法院无权直接认定，对此法院认为，根据《民事诉讼法》的相关规定，人民法院有权在案件审理中对事实进行认定，行政机关出具的认定文书可以作为证据使用。故某一特定事实的认定如须经行政前置程序，应当由法律、法规明确规定，否则不应对民事诉讼程序的发起时间、人民法院事实认定权力进行限制。《期货交易管理条例》仅明确了期货监督管理的主管机关，并未明确规定期货违法行为应经行政前置程序认定；《关于认定商品现货市场非法期货交易活动的标准和程序》中仅要求各地证监局对于非法期货交易活动予以查处，亦未明确规定非法期货活动的认定仅能由地方证监局进行。鉴于当前并无任何法律、法规对于非法期货交易应由行政机关先行认定作出规定，故本案无须经过行政前置程序，人民法院有权对包括非法期货交易在内的事实直接进行认定和裁决。

二、甲交易所应否承担侵权责任以及责任范围、责任承担方式如何确定

经法院询问，王某某在庭审中明确其交易对手是会员单位，其与甲交易所之间不存在交易关系，本案起诉的请求权基础为侵权责任，即甲交易所因非法组织期货交易活动，对王某某存在欺诈，应当对给王某某造成的损失进行赔偿。因此，在法院认定涉案交易模式构成非法期货交易的前提下，本案要探讨的是甲交易所作为交易平台，在交易模式违法的情况下，对于投资者参与交易形成的损失应当承担的责任性质、责任范围与责任承担方式问题。

《侵权责任法》第六条①第一款规定，行为人因过错侵害他人民事权益，应当承担侵权责任。根据该条规定，侵权责任的构成要件包括：1. 行为人实施了侵权行为；2. 存在民事权益损害结果；3. 侵权行为与损害结果之间存在因果关系；4. 行为人存在过错。具体到本案，根据查明的事实，侵权行为与主观过错方面，甲交易所以现货交易场所获得批准设立，其在不具备期货交易场所资质

---

① 对应《民法典》第一千一百六十五条。该条规定："行为人因过错侵害他人民事权益造成损害的，应当承担侵权责任。依照法律规定推定行为人有过错，其不能证明自己没有过错的，应当承担侵权责任。"

的情况下组织投资者与会员单位进行非法期货交易，违反了《期货交易管理条例》的规定，具有明显的主观故意，存在过错。损害结果方面，王某某作为投资者在甲交易所平台上进行交易，入金和出金之间存在差额，该差额的具体构成为：交易亏损、延期费、会员单位收取手续费、交易所收取手续费。因果关系方面，鉴于损害结果在形式和性质上具有可分性，法院认为，应当针对损害结果的具体构成逐一衡量因果关系，不宜笼统认定。

详言之，关于交易所收取手续费，系甲交易所通过组织非法期货交易直接向投资者收取的费用，应当认定投资者该部分损失系甲交易所行为造成，甲交易所应对此承担侵权责任。关于延期费，因该费用系甲交易所提供的标准化合约的内容，故延期费收取主体的证明责任应由甲交易所承担，现甲交易所未能提交充分证据证明延期费由会员单位收取，合议庭认定延期费的收取主体为甲交易所。鉴于收取延期费的目的是推迟实物交收，为投资者采取对冲平仓的方式了结权利义务提供便利，故这项交易制度属于甲交易所实现"以现货之名组织非法期货交易"的手段，应当认定投资者的该部分损失系甲交易所造成，甲交易所应对此承担侵权责任。关于会员单位收取手续费，会员单位向投资者收取手续费系基于与投资者之间的经纪合同关系，虽然甲交易所提供了交易平台，但该行为与会员单位向投资者收取手续费并无直接因果关系，故投资者的该部分损失，甲交易所无须承担侵权责任。

关于甲交易所应否就投资者的交易亏损承担侵权责任，合议庭存在两种意见，分歧的焦点在于甲交易所组织非法期货交易的行为与投资者的交易亏损之间是否存在因果关系。为避免因果关系链条无限延伸致使责任范围漫无边际，侵权责任构成要件意义上的因果关系认定要更为严格和谨慎。具体而言：

多数意见认为，甲交易所组织非法期货交易的行为与投资者交易亏损存在法律上的因果关系，甲交易所应当承担侵权责任。根据相当因果关系理论，行为人实施的行为如果增加了受害人既存状态的危险或者使得受害人暴露于与原危险状态不同的危险状态之中时，就认为行为人的行为与损害后果之间存在相当因果关系，行为人在法律上应当承担侵权责任。一般而言，在市场交易活动中，如果投资者明知或者应当知道存在交易风险，其应当自行承担交易风险。但是，期货交易具有不同于一般市场交易的特殊性，其市场风险远高于现货交易，对投资者的专业性和风险承受能力的要求也更高。正是基于这一考虑，我国对于期货交易实行严格的行政监管，并要求对期货投资者的适当性进行管理。本案中，甲交易所以现货交易为名组织非法期货交易，其虽未直接参与交易，但交易规则由其制定，交易平台由其提供，其对于投资者的适当性亦未进行任何审查与管理，甲交易所的违法行为使得投资者暴露于远比合法现货交易更高的风险之中，而这种更高的风险即表现为更高的交易亏损可能性，故应当认定甲交易所的行为与投资者的交易亏损之间存在相当因果关系，甲交易所应当对此承担侵权责任。综合全案案情，甲交易所的行为并非投资者交易亏损的唯一原因，投资者在该交易平台上开户并根据自己的判断开展交易、会员单位参与交易等行为亦是交易亏损的原因，因此，应当衡量甲交易所的违法行为对损害结果的原因力大小，进而确定其侵权责任的范围。合议庭考虑到投资者在交易前对于交易流程与交易杠杆率是明知的，投资者在此情况下自主决定开户并参与交易、会员单位作为投资者的对手进行交易等行为在原因力上所占比例应当更高，故酌情确定甲交易所对投资者交易亏损的30%承担侵权责任。

少数意见认为，甲交易所组织非法期货交易的行为与投资者交易亏损不存在法律上的因果关系，甲交易所无须对此承担侵权责任。交易亏损的本质是投资者与交易对手之间交易结果的一种表现方式，投资者在参与市场交易前对于交易结果应当存有预期，故交易亏损属于投资者参与市场交易活动应当承担的风险，在性质上不属于侵权责任构成要件意义的损害结果。换言之，交易亏损的直接原因系交易双方的交易行为，且仅在交易行为无效的情况下，交易亏损才可能成为侵权损害结果。本案中，甲交易所仅提供了交易平台，未参与投资者的交易过程，投资者系自主做出投资决策，且在涉案交易模式下，投资者既有可能获利，也有可能亏损，这种交易结果是双向的，因此，甲交易所提供交易平台并非投资者交易亏损直接的、必然的原因，据此难以认定甲交易所的行为与投资者的交易亏损之间存在法律上的因果关系，故甲交易所不应对此承担侵权责任。

本案最终认定，鉴于甲交易所组织非法期货交易的行为违法性较为突出、主观故意明显，在因果关系的判断中应当综合考虑法规目的、社会效果等因素，故认定甲交易所应当对投资者的交易亏损承担相应的侵权责任。

关于侵权责任承担方式，法院认为，应当适用赔偿损失。《侵权责任法》第十五条规定，承担侵权责任的方式主要有停止侵害；排除妨碍；消除危险；返还财产；恢复原状；赔偿损失；赔礼道歉；消除影响；恢复名誉等。本案的损害结果体现为财产减少，故侵权人应当以赔偿损失的方式承担侵权责任，对受害人因其侵权行为减少的财产进行补足。就本案而言，甲交易所应当承担的侵权责任为：赔偿王某某交易手续费 18953.75 元、延期费 724.22 元以及 30% 的交易亏损 6180 元。

三、乙公司和丙公司应否承担民事责任及责任的形式

基于有限责任公司的法律制度安排，如未出现"法人人格否认"等特殊法定情形，甲交易所应当自行承担全部债务，乙公司、丙公司作为股东对于甲交易所的债务依法不应承担连带责任。

本案的特殊之处在于，乙公司、丙公司是否应当依据其向工商行政管理机关出具《承诺书》的行为承担民事责任。对此，合议庭一致意见认为，乙公司、丙公司应当依据《承诺书》对甲交易所违法行为产生的侵权债务承担民事责任，但《承诺书》不具备担保合同的属性，乙公司、丙公司承担责任的性质不是保证责任，其承担民事责任的依据是独立的。这主要基于以下考虑：一是担保合同设立的前提是被担保的主债务已经产生，且数额、范围应当是具体明确的，而《承诺书》出具时，王某某与甲交易所不存在任何债务；二是担保合同设定担保责任一般应当是必然的、明确的，但根据《承诺书》的内容，乙公司、丙公司承担责任是附条件的，即甲交易所经营了未取得行业许可或者法律、法规禁止的项目，在《承诺书》出具时，甲交易所将来在经营过程中是否会出现上述问题是不确定的、或然的，也即乙公司、丙公司是否承担责任是不确定

的，具有或然性。

在乙公司、丙公司具体应承担的责任性质和责任形式上，存在两种意见：

多数意见认为，乙公司、丙公司出具《承诺书》的行为属于单方允诺的债务承担，或称债务加入，其应当对甲交易所的侵权债务承担连带责任。

根据《民法总则》第一百三十三条①、第一百三十四条②的规定，民事法律行为是民事主体通过意思表示设立、变更、终止民事法律关系的行为；民事法律行为可以基于双方或者多方的意思表示一致成立，也可以基于单方的意思表示成立。单方行为，是指基于一方民事主体的意思表示即可成立的民事法律行为，单方行为中的一方意思表示可产生设立、变更、终止法律关系的效果。本案中，《承诺书》载明，甲交易所经营未取得行业许可或者国家法律、行政法规禁止的项目而产生的一切法律责任由乙公司、丙公司承担。因乙公司、丙公司将该《承诺书》作为甲交易所登记资料的一部分置于行政监督管理机关供公众查阅，故乙公司、丙公司的上述承诺，属于向不特定相对人作出的单方法律行为。《民法总则》第一百四十三条③规定，具备下列条件的民事法律行为有效：（一）行为人具有相应的民事行为能力；（二）意思表示真实；（三）不违反法律、行政法规的强制性规定，不违背公序良俗。乙公司、丙公司做出的单方法律行为未违反上述规定，应属合法有效，乙公司、丙公司应受到该单方法律行为的约束，在符合其承诺的情形出现时，承担相应的法律责任。鉴于甲交易所系具有民事行为能力的法人，其违法经营产生的民事法律责任应自行承担，乙公司、丙公司以单方允诺的方式同意承担甲交易所违法经营产生的民事法律责任，在性质上属于债务承担。未经债权人许可，第三人的债务承担并不免除债务人的债务，即构成并存的债务承担，第三人与债务人共同成为连带债务人。根据本案查明的事实，甲交易所未取得期货经营场所资质而实际组织了非法期货交易，并因其该项违法经营行为应当对投资者承担侵权责任，该侵权责任属

---

① 对应《民法典》第一百三十三条，条文内容无变化。
② 对应《民法典》第一百三十四条，条文内容无变化。
③ 对应《民法典》第一百四十三条，条文内容无变化。

于《承诺书》中"一切法律责任"的范畴，现投资者未同意免除甲交易所的侵权责任，故乙公司、丙公司应当与甲交易所共同对投资者承担连带责任。

少数意见认为，乙公司、丙公司的不作为与甲交易所组织非法期货交易的行为构成竞合侵权行为，乙公司、丙公司应当承担补充责任。

根据《承诺书》的内容，乙公司、丙公司作为股东对于甲交易所的经营负有内部监督管理职责，也即乙公司、丙公司依据其向行政主管部门的承诺，负有积极的作为义务，防止甲交易所经营法律、法规禁止的项目。现甲交易所非法组织期货交易，违反了《期货交易管理条例》、国发〔2011〕38号文、国办发〔2012〕37号文的规定，且对投资者造成了侵权损害，而乙公司、丙公司未能提交证据证明其已经积极履行了监督管理职责。这种未尽到监督管理职责的不作为，为甲交易所实施非法组织期货交易的侵权行为提供了便利条件，如果乙公司、丙公司积极履行监督管理职责，则甲交易所难以实施侵权行为并对投资者造成损害，故乙公司、丙公司的不作为与投资者的损失存在一定的因果关系。根据竞合侵权行为理论，竞合侵权行为是指两个以上的侵权行为发生竞合，其中，一个行为是主行为，与损害结果之间存在直接因果关系，一个行为是从行为，与损害结果之间存在间接因果关系，对于损害的发生所起的作用主要是提供条件、创造机会，竞合侵权行为的行为人均应承担侵权责任。本案中，乙公司、丙公司的不作为与投资者损失之间的因果关系是一种间接的、或然的联系，而非直接的、必然的联系，这种不作为虽不能直接导致投资者的损失，但为甲交易所组织非法期货交易的侵权行为提供了条件，故两者构成竞合侵权行为，行为人各自均应承担侵权责任。在责任形态上，考虑到竞合的数个侵权行为对损害结果的原因力存在直接、间接之分，主侵权行为应当对应全部的侵权责任，而次侵权行为应当享有类似于一般保证的先诉抗辩权，故对应的是补充责任。本案中，乙公司、丙公司的不作为系次侵权行为，应对投资者的损失承担相应的补充责任。鉴于《承诺书》为乙公司和丙公司设定的监督管理职责完全覆盖了甲交易所在本案中的侵权行为，故乙公司、丙公司承担补充责任的范围应与甲交易所承担侵权责任的范围一致，即乙公司、丙公司应对甲交易所在本案中全部的侵权责任承担补充责任。

本案法院最终认定，对公司经营的合法性进行监督管理并非股东的法定义务，意定义务能否成为不作为侵权行为的前提仍待探讨，故对于乙公司、丙公司承担民事责任的性质与形式采纳多数意见。

一审法院判决：一、被告甲交易所赔偿原告王某某交易手续费损失18953.75元、延期费损失724.22元、交易损失6180元；二、被告乙公司、丙公司在本判决第一项的范围内对原告王某某承担连带赔偿责任；三、驳回原告王某某的其他诉讼请求。

宣判后，原告王某某与被告甲交易所、乙公司、丙公司均不服，对本案提起上诉。

二审法院判决：驳回上诉，维持原判。

法官评析

期货市场是商品市场发展的较高级形式，既是平衡大宗商品物价波动的金融工具，也是重要的投资和投机市场。期货交易杠杆高、风险大，传导效应明显，我国对期货交易实行较为严格的行政监管，对期货交易场所和经纪单位均作出了准入限制。在金融创新热潮中，现货商品交易平台从事非法期货交易的情形增多，增加了金融风险，有损金融市场秩序。清理整顿非法期货交易是我国开展的防范金融风险、维护金融市场秩序的重要举措，随着监管政策落地，相关诉讼大量进入法院。涉非法期货交易民事纠纷属于新类型案件，具有政策性、群体性特征，涉及利益广、影响范围大，尤其是还涉及司法与行政监管的关系问题，对于司法裁判水平和法院统筹协调能力均系考验。[1] 期货交易属于典型的商事纠纷，在非法期货交易中，投资者因投资行为出现亏损，投资者起诉交易所要求赔偿交易损失，请求权性质是商事交易中的合同纠纷还是民事侵权纠纷，或者是二者并存，实践中一直存在不同认识。因非法期货交易中存在

---

① 宋毅、熊静：《非法期货交易纠纷法律适用问题研究》，载《人民司法·应用》2020年第22期。

多重的法律关系，交易结构比较复杂，因此，非法期货交易中的民事责任问题值得我们深入研究、探讨。

一、非法期货交易的定义与特征

非法期货交易是基于我国对期货交易实行严格准入和行政监管而产生的概念。2012 年修改后的《期货交易管理条例》第二条规定，期货交易是指采用公开的集中交易方式或者国务院期货监督管理机构批准的其他方式进行的以期货合约或者期权合约为交易标的的交易活动。第七十四条规定，非法设立期货交易场所或者以其他形式组织期货交易活动的，由所在地县级以上地方人民政府予以取缔；非法设立期货公司及其他期货经营机构，或者擅自从事期货业务的，予以取缔。据此，在有权机关批准的期货交易场所之外擅自进行的期货交易，属于非法期货交易。

当前，非法期货交易在市场中主要表现出以下特征：（1）以现货交易的合法外衣作为掩饰。在鼓励金融创新的政策背景下，全国各地设立了许多现货商品交易平台，由于地方政府监管松散，非法期货交易假借现货交易、电子商务或者其他交易的名义，在正规现货商品交易平台上开展，具有较大的迷惑性。（2）实行会员制交易。投资者须通过会员单位方能至交易平台上开展交易，一般不直接与交易平台签订合同。会员单位系经过登记注册的公司，内部职能分工明确，有专门的销售、分析师和服务团队，往往依托互联网开展业务，并发展出不同的概念、交易模式等。（3）采用期货交易机制。例如，采取高倍率杠杆保证金制度、集中交易制度、当日无负债结算制度、标准化合约、未来交易等，投资者并不期待也不实际进行实物交割，而是通过对冲平仓等方式了结权利义务，以期获取涨跌差价收益。（4）引入做市商制度。交易平台自身或者其会员单位根据国际货物价格涨跌与客户对赌，同时收取交易的手续费、点差、过夜费、延期费等费用，会员单位按客户的交易量获得交易平台返还的佣金。为了更多地赚取客户佣金，暗箱操作、更改交易价格等情形并不鲜见。

非法期货交易本质上属于期货交易，但又脱离了监管序列，不仅放大了投资者的风险，也对金融秩序造成冲击，长期以来属于金融市场清理整顿的对象。

二、非法期货交易中的法律关系分析

非法期货交易中实行会员制，即投资者往往系经过交易平台的会员单位介绍至交易平台进行交易。这些会员单位出面招揽客户，会员单位员工作为行情分析、咨询师为客户提供操作建议，指导客户进行操作。此外，依托互联网，非法期货交易主要通过电子平台操作，需要由一家或几家银行提供资金出入端口，交易平台和投资者均与银行签订有相关协议。因涉及的主体众多，法律关系也较为复杂，甚至在诉讼中，投资者也难以明确其交易对手，对于法律关系的梳理是确定各主体民事责任的前提。因非法期货交易纠纷主要是投资者起诉相关主体要求赔偿投资损失，下文对法律关系的梳理主要是从投资者的角度展开。

（一）投资者与交易平台、会员单位的法律关系

交易平台在非法期货交易中可能担当不同的角色：一种是类似于柜台，仅仅为投资者和会员单位提供交易载体，不直接与投资者开展交易，这种可以称为载体型交易平台；一种是担当做市商，不断地向投资者提供买卖价格，并按其提供的价格接受投资者的买卖要求，以其自有资金和证券与投资者进行交易，这种可以称为做市商型平台。交易平台角色不同，投资者与交易平台、会员单位之间的法律关系有所不同。

1. 载体型交易平台

因交易平台不直接参与交易，故其与投资者之间成立服务合同关系，即交易平台向投资者提供交易载体，以及交易中包括担保、延期、结算、交割等在内的各项服务。投资者经会员单位介绍至交易平台进行交易，二者会存在两种关系：一是会员单位作为交易对手与投资者进行交易，则双方之间建立了期货交易合同关系；二是双方之间仅存在期货经纪合同关系或者服务合同关系，二者不直接进行交易。

2. 做市商型交易平台

在做市商市场，交易是在投资者和做市商之间完成的。在这种交易模式中，会员单位负责招揽客户、指导客户交易并通过交易系统撮合成交，交易平台负责确定交易品种合约，提供交易场所、接收保证金、日常结算。会员单位和交易平台虽系两个不同主体，业务范围也不同，但交易平台、会员单位分别从事的工作是同一笔交易的两个阶段，一个交易的完成必须要经过这两个阶段，相对于投资者来说，交易平台、会员单位的行为是不可分割的一个整体，共同构成了投资者的交易相对方。而且，会员单位按投资者交易款项比例获得会员单位返还的佣金，两者在利益上具有一致性，因此，投资者与交易平台、会员单位之间形成的是同一个法律关系，即期货交易合同法律关系。

（二）投资者与资金存管银行的法律关系

银行在非法期货交易中主要是作为第三方存管机构，为投资者提供向平台入金和出金的服务。因投资者在银行开户和存入投资款，故投资者与银行之间首先成立储蓄合同关系。就非法期货交易而言，无论交易平台担当何种角色，银行与投资者之间均成立服务合同关系。

三、非法期货交易的民事责任认定

投资者以期货交易纠纷起诉的，其往往同时将交易平台、会员单位、资金存管银行均列为被告，要求承担民事责任。根据前述对法律关系构成的分析，投资者与银行之间成立储蓄合同关系或服务合同关系，因银行仅负责资金存管，并未直接参与非法期货交易，其既不是非法期货交易的一方主体，亦未就非法期货交易进行经纪、收取佣金等，故银行就非法期货交易而言，不存在承担民事责任的事实基础。投资者与会员单位之间可能存在期货经纪合同关系、服务合同关系或者期货交易合同关系，与交易平台之间可能存在服务合同关系或期货交易合同关系，而上述法律关系均与非法期货交易直接相关，会员单位与交易平台均有向投资者承担相应民事责任的可能性。

（一）交易平台的民事责任

平台与投资者可能存在两种交易模式：一是载体型交易平台；二是做市商型交易平台。实践中做市商型交易平台中，平台直接与投资者做交易，二者存在期货合同关系，因此，当投资者出现损害后果时，平台应当承担合同责任。对此，在实践中大家认识一致。在实践中争议主要集中在载体型交易平台中，投资者起诉要求交易平台承担民事责任的，是合同责任还是侵权责任。

1. 载体型交易平台的责任性质认定：合同还是侵权

载体型交易模式中，当投资者起诉要求交易所承担赔偿责任时，请求权性质是合同责任还是侵权责任，在司法实践中存在很大的分歧，本案就是这类案件的代表：

一种观点认为，在这种交易模式下，交易平台的职责是向投资者提供交易载体，交易平台不直接参与交易，交易所作为载体只为期货交易提供包含担保、延期、结算、交割等在内的各项服务。因此，交易所与投资者之间建立了服务合同关系，并没有建立期货交易合同，期货交易的双方是投资者与会员单位。因此，对于投资者的投资损失不承担期货合同责任。因交易所为投资者与会员单位的交易提供了载体，而这个载体是交易产生的基本前提，且投资者与会员单位交易所遵循的交易规则、采用的交易品种也是由交易所设立的，交易所作为现货交易平台未经国家批准擅自进行期货交易导致被认定为违法行为，该违法行为对投资者损失的形成有一定的过错，违法行为与损害结果之间存在因果关系，因此，交易所对投资者的投资损失应承担过错侵权责任。

另一种观点认为，载体型交易模式中，交易所的职责不仅仅是向投资者提供交易载体，交易的种类、交易的规则、交易的结算均是由交易所设计、控制，虽然表面上交易发生在投资者与会员单位之间，但会员单位本身就与交易所存在特殊利益关系。因此，交易所与投资者之间建立的不单纯是服务合同关系，同时也包括交易合同的内容。而且在司法实践中从已有纠纷数据统计，投资者到法院起诉交易所的纠纷中，大部分投资者选择非法期货合同纠纷的案由，而不是侵权纠纷，充分说明从投资者角度讲，虽然表面形式为他在与会员单位交易，但实质上他在与交易所交易。因此，交易所责任的性质应为合同责任。

笔者赞同第一种观点。主要基于以下考虑：

一是载体型交易模式中，交易平台的职责是向投资者提供交易载体，交易平台不直接参与交易，它在交易中实质充当组织者或中介，类似在日常生活中在房屋买卖领域存在多个房屋买卖中介机构，会员单位与投资者是期货交易的直接主体，在有明确交易主体的情况下，否定直接的交易主体，从而间接认定交易所与投资者建立期货合同关系，没有充分的法律依据；

二是投资者起诉交易所均因国家清理整顿非法期货交易而引发，因此，投资者诉讼初期基于普通人的认识，多数将案由写成非法期货纠纷，这并不代表法院的专业认定。近年来，因非法期货引发的纠纷已发生很大变化，随着对这类纠纷法律关系认识的深入，目前绝大部分案件案由均界定为侵权纠纷。

2. 是否构成侵权：侵权责任中因果关系的认定

载体型交易模式中，投资者请求交易所承担投资损失的责任性质为侵权责任确定后，我们接下来面临的第二个难点问题是，交易所从事非法期货交易是否构成对投资者的侵权，是否要承担侵权责任。

对此问题，在实践中也存在不同意见。从侵权责任的构成要件也即侵权行为、损害后果、因果关系、过错进行分析，在交易被认定为非法期货交易的情况下，交易平台作为交易的组织者，行为违法性自不待言，侵权行为和过错要件可以确定，实践中的争议主要焦点是投资者的交易损失与交易平台行为之间是否存在因果关系。对此，实践中有两种观点：

一种观点认为，交易亏损的本质是投资者与交易对手之间交易结果的一种表现方式，投资者在参与市场交易前对于交易结果应当存有预期，故交易亏损属于投资者参与市场交易活动应当承担的风险，在性质上不属于侵权责任构成要件意义的损害结果。换言之，交易亏损的直接原因系交易双方的交易行为，且仅在交易行为无效的情况下，交易亏损才可能成为侵权损害结果。交易平台未参与投资者的交易过程，投资者系自主作出投资决策，根据其决策内容，投资者既有可能获利，也有可能亏损，这种交易结果是双向的。因此，交易平台提供交易载体并非投资者交易亏损直接的、必然的原因，难以认定交易平台与投资者的交易亏损之间存在法律上的因果关系。

另一种观点认为，根据相当因果关系理论，行为人实施的行为如果增加了受害人既存状态的危险或者使得受害人暴露于与原危险状态不同的危险状态之中时，就认为行为人的行为与损害后果之间存在相当因果关系，行为人在法律上应当承担侵权责任。一般而言，在市场交易活动中，如果投资者明知或者应当知道存在交易风险，其应当自行承担交易风险，但是，期货交易具有不同于一般市场交易的特殊性，其市场风险远高于现货交易，对投资者的专业性和风险承受能力的要求也更高。正是基于这一考虑，我国对于期货交易实行严格的行政监管，并要求对期货投资者的适当性进行管理。交易平台以现货交易为名组织非法期货交易，虽未直接参与交易，但交易规则由其制定，实践中其对于投资者的适当性往往也不会进行任何审查与管理，这种违法行为使得投资者暴露于远比合法现货交易更高的风险之中，而这种更高的风险即表现为更高的交易亏损可能性，故应当认定交易平台的行为与投资者的交易亏损之间存在相当因果关系。

因果关系的判断是认定交易平台应否承担侵权责任的依据。当前，非法期货交易中往往存在夸大甚至欺诈的情形，普通投资者因不具备专业知识，难以分辨非法期货交易与正规现货交易，加上交易杠杆率高，一旦开展交易就形成巨额亏损，而对应的则是交易平台或者会员单位牟取暴利。应当综合考虑平台组织非法期货交易具有突出的违法性、非法期货纠纷具有群体性等因素，从维护投资者权益、防范金融风险的角度放宽对于因果关系的认定，确认平台与投资者交易亏损之间存在因果关系，并通过原因力对侵权责任的比例进行限制，以确保分摊责任的适当性与合理性。也就是说，交易平台组织非法期货交易并非投资者交易亏损的唯一原因，投资者在该交易平台上开户并根据自己的判断开展交易、会员单位参与交易等行为亦是交易亏损的原因，应当衡量交易平台的违法行为对损害结果的原因力大小，进而确定其侵权责任的范围。一般而言，如果投资者在交易前对于交易流程与交易杠杆率是明知的，投资者在此情况下自主决定开户并参与交易、会员单位作为投资者的对手进行交易等行为在原因力上所占比例应当更高，可以考虑交易平台在50%以下的比例对投资者的交易亏损承担侵权赔偿责任。根据实践中较为常见的非法期货交易模式，笔者认为，仅担当载体的交易平台对投资者交易亏损承担侵权赔偿责任的比例在30%左右较为合理，本案就是按照上述原则进行确定的。

（二）会员单位的民事责任

投资者起诉要求会员单位承担民事责任的，亦存在侵权与合同两种请求权基础，投资者可以择一行使。

1. 侵权视角的责任认定

会员单位在非法期货交易中所担当的角色可能是中介，在被认定为非法期货交易的情况下，会员单位的经纪行为具有违法性，故符合侵权责任构成要件中的侵权行为和过错要件，关键仍然在于对损害后果和因果关系的认定。

如果会员单位从事经纪行为，会员单位就经纪行为收取了投资者的佣金或者手续费，则该部分费用系其通过从事非法期货交易经纪活动直接从投资者处得到的款项，其行为与投资者的该部分损失之间具有直接因果关系，会员单位应当就此承担侵权赔偿责任并全额赔偿。

2. 合同视角的责任认定

如果交易行为被定性为非法期货交易，会员单位与投资者之间无论成立期货经纪合同关系、服务合同关系还是期货交易合同关系，均应被认定为无效。会员单位所承担的民事责任主要是基于合同无效所产生的相关法律后果，具体包括：

返还财产。会员单位基于期货经纪合同、服务合同关系所取得的财产，包括但不限于佣金、手续费等其从投资者处收取的费用，均应予以返还。会员单位基于期货交易合同关系所获得的财产，如赚取的差价等，应当予以返还。

赔偿损失。在会员单位仅担当中介角色的情况下，投资者的交易亏损与其会员单位之间的经纪合同无关，会员单位无须基于经纪合同无效赔偿该部分损失。在会员单位作为投资者交易对手的情况下，投资者的交易亏损直接来源于双方的期货交易合同关系，如果返还财产后投资者仍有亏损的，该部分损失应根据双方对于合同无效的过错程度进行分担，由会员单位承担相应的赔偿责任。

第十二章
其他侵权责任

49
业委会决议撤销权

问题 1：业委会决议撤销权纠纷案件中，举证责任在当事人之间如何分配？

观点：业主以业委会程序严重违法形成的决议侵害业主权益为由，请求撤销业主大会或业主委员会决议的，业主应当提交证据予以证明。当业主履行相应的举证责任后，业主委员会仍主张决议程序合法的，业主委员会应承担证明程序合法的举证证明责任。

问题 2：业委会决议撤销权纠纷案件中，法院在何种情形下应当调查收集相关证据？

观点：人民法院在审理此类案件过程中，若发生业主及其诉讼代理人无法自行收集相关证据的客观情况，人民法院可以根据审理案件的需要，依据法律相关规定，审查当事人申请法院收集证据是否符合规定条件，对于符合规定的，应调查收集相关证据材料。

案例精释

业委会决议撤销权纠纷案件的举证责任如何分配
——某房地产公司诉某业主委员会业主撤销权纠纷案

关键词： 业主撤销权　业主大会决议　举证责任

案情要览

被告某业主委员会由某小区二次业主大会选举产生，并于 2015 年 1 月 29 日在当地乡政府备案。

2015 年 7 月 28 日，该业主委员会向当地乡人民政府提交《关于召开业主大会临时会议的申请报告》，申请召开业主大会临时会议，拟通过全体业主表决，授权业主委员会以招投标方式招聘物业公司。

2015 年 8 月 22 日至 2015 年 10 月 16 日，该业主委员会采用公示会议议题、投票表决的方式召开业主大会临时会议，投票表决议题包括："一、修改本小区业主大会《议事规则》；二、授权业主委员会以招投标方式招聘物业公司；三、本小区实行管理方式：'酬金制'；四、公共收益使用方式：A. 用于小区公共建设（或不可预见的需求）；B. 按平方米返还业主 30 万元，平均每平方米 4 元。"

2015 年 10 月 16 日，该业主委员会在乡人民政府房屋管理科工作人员、片区民警及业主代表的监督下进行唱票，后又经核实业主建筑物专有部分面积，于 2015 年 10 月 19 日作出《某小区业主大会临时会议决议》，会议表决决议事项如下：1. 通过第一项"修改本小区业主大会《议事规则》"决议。2. 通过第二项"授权业主委员会以招投标方式招聘物业公司"决议。3. 通过第三项"本小区管理方式酬金制"决议。4. 公共收益使用方式：均未获得通过。

后原告某房地产公司将该小区业主委员会起诉至法院，认为业主委员会此次临时会议程序和实体严重违法，并侵害了某房地产公司等广大业主的知情权和表决权，请求法院撤销 2015 年 10 月 19 日作出的《某小区业主大会临时会议决议》。

各方观点

原告某房地产公司观点：自小区建成之日起，我公司将本小区前期物业服务委托给现在的物业公司。自接手小区物业管理工作以来，物业公司即按物业服务合同约定的标准为全体业主提供物业服务，至今已七年整，赢得了绝大多数业主的认可。我公司作为小区开发商，现持有本小区 1、2 号楼会所和部分地下车位，总计建筑面积 4589.97 平方米，是小区的业主。2015 年 11 月初，被告某业主委员会在小区张贴了一张《某小区业主大会临时会议决议》，称其自 2015 年 8 月 22 日至 2015 年 10 月 16 日，采用书面征求意见方式组织召开业主大会临时会议，就"1. 修改本小区业主大会《议事规则》；2. 授权业委会以招投标的方式招聘物业公司；3. 本小区管理方式为'酬金制'；4. 公共收益使用方式"等四事项进行表决，并根据表决结果通过了 1、2、3 项议题。我公司随即向物业公司和其他业主核实此次临时会议的经过，得知业主委员会通过向部分业主发放《表决议题》和《表决票》的形式进行了此次临时会议表决，但是会议程序和实体严重违法，并侵害了我公司等广大业主的知情权和表决权，会议决议应予撤销。理由如下：

一、本次业主大会临时会议的表决议题内容不明确

被告在张贴会议决议前，未进行表决事项的内容公示，全体业主均不知道相关议题的具体内容。根据会议《表决议题》显示，本次业主大会临时会议确定的议题有四个，但这四个议题并没有明确的内容。从《表决票》和《表决议题》内容看，本小区业主无法了解本次会议要对《议事规则》的哪些内容进行怎样的修改，不知道以何标准选聘物业公司、物业公司的资质等级、物业服务

和收费标准是什么，不知道物业服务酬金制的具体比例和支付方式。表决文件对物业招标文件的内容、选聘标准、评标办法等均未公示，而这些内容是本次临时会议的核心问题，与业主利益息息相关。所以，参与投票的业主是在对表决议题内容完全不知情的情况下投票的，做出的决议内容也是空洞的，没有实际内容的，无法实际执行。

二、此次临时会议决议程序严重违法

根据我国《物权法》第七十六条和《物业管理条例》的相关规定，本次业主大会临时会议议题的表决通过必须达到参会人数和所占建筑面积双过半的条件。但是，被告在会议召开和表决过程中存在如下程序违法行为：1. 现有 2015年 10 月 16 日《唱票表决单》显示，上述三个议题仅符合参会人数过半同意的条件，并未比照相应的建筑面积所占比例。因此，这个结论是明显违法的。被告基于《唱票表决单》形成的《某小区业主大会临时会议决议》，认定会议通过了第 1、2、3 项议题。此次也是违反上述法律规定的，依法应予撤销。2. 在整个临时会议召开过程中，业主委员会未在小区张贴决议事项内容，未向全体业主送达选票。我公司作为小区最大业主，且在小区内办公，竟然未收到任何关于此次会议的通知。业主委员会此举严重侵害了包括我方在内的广大业主的知情权、投票权、监督权。3. 业主委员会聘用的工作人员在小区业主微信群中公然接受业主委托，未说明表决议题内容，未征询业主意愿，以个人意志代替部分业主意志进行投票。我公司据此有理由怀疑业主委员会存在欺瞒业主，伪造其他业主投票签字的行为，对选票内容的真实性持严重怀疑态度。

综上，某业主委员会在组织召开本次业主大会临时会议过程中，存在不公示会议议题内容，议题内容不明确，投票、表决程序违法，选票真实性存疑，侵害业主合法权益等违法行为。我方特依据《物权法》第七十八条①之规定，

---

① 对应《民法典》第二百八十条。该条规定："业主大会或者业主委员会的决定，对业主具有法律约束力。业主大会或者业主委员会作出的决定侵害业主合法权益的，受侵害的业主可以请求人民法院予以撤销。"

请求法院撤销被告于 2015 年 10 月 19 日作出的《某小区业主大会临时会议决议》。

被告某业主委员会观点：业主本人参与投票表决者，业主委员会由两名以上工作人员至业主房间让业主出示身份证核实身份，对于非业主本人参与投票表决者，须提交业主授权委托手续。本案诉争的业主临时大会决议从召集、表决，到最后形成决议，全程都是公开透明的，无论在程序上还是表决方式上，以及表决结果，完全符合我国法律法规和北京市相关规定，并且全程都是在乡、区人民政府的指导监督下进行的，最后在乡政府进行了备案登记。因此，本案诉争的业主临时大会决议是合法有效的，原告所述没有任何事实依据，应当依法予以驳回。

裁判要旨

法院经审理认为：《物权法》第七十八条第二款规定，业主大会或者业主委员会作出的决定侵害业主合法权益的，受侵害的业主可以请求人民法院予以撤销。本案中，根据查明事实，某房地产公司系涉案小区业主，其提出撤销业主大会作出的决议，主体适格。

《物权法》第七十六条①规定，制定和修改业主大会议事规则、选聘和解聘物业服务企业或者其他管理人以及有关共有和共同管理权利的其他重大事项，应当经专有部分占建筑物总面积过半数的业主且占总人数过半数的业主同意。本案中，法院就该小区召开业主大会临时会议一事向当地乡政府房屋管理科进行调查，该科工作人员答复称其监督并参与了表决票的唱票工作，没有参与业

---

① 对应《民法典》第二百七十八条。该条规定："下列事项由业主共同决定：（一）制定和修改业主大会议事规则；（二）制定和修改管理规约；（三）选举业主委员会或者更换业主委员会成员；（四）选聘和解聘物业服务企业或者其他管理人；（五）使用建筑物及其附属设施的维修资金；（六）筹集建筑物及其附属设施的维修资金；（七）改建、重建建筑物及其附属设施；（八）改变共有部分的用途或者利用共有部分从事经营活动；（九）有关共有和共同管理权利的其他重大事项。业主共同决定事项，应当由专有部分面积占比三分之二以上的业主且人数占比三分之二以上的业主参与表决。决定前款第六项至第八项规定的事项，应当经参与表决专有部分面积四分之三以上的业主且参与表决人数四分之三以上的业主同意。决定前款其他事项，应当经参与表决专有部分面积过半数的业主且参与表决人数过半数的业主同意。"

主身份核实、表决票的发放和投票工作。某房地产公司对业主大会临时会议就上述法律规定的事项作出决议的程序合法性提出质疑，并履行了相应的举证责任，业主委员会仍主张决议程序合法，应当对作出决议的程序合法性承担举证责任。现业主委员会未能举证证明参与投票表决业主和接受业主委托投票者身份的真实性、合法性，则不能认定业主大会临时会议的程序合法，故某房地产公司要求撤销业主大会临时会议决议的诉讼请求，法院予以支持。

一审法院判决：撤销被告某业主委员会于 2015 年 10 月 19 日作出的《某小区业主大会临时会议决议》。

一审宣判后，双方当事人均未上诉，现判决已产生法律效力。

法官评析

随着物业管理相关法律规定的完善，在业主权益遭受侵害之时，业主通过行使撤销权的方式进行维权的案例逐渐增加。该类案件审理中，时常涉及的一个焦点问题是业主大会或业委会的决定是否存在严重的程序违法事宜，对此应当如何分配举证责任，实践中存在一定分歧。

一、关于业委会决议程序是否合法之举证责任的不同观点

实践中，对于该问题主要存在两种观点。第一种观点认为，应当由业主委员会证明决议程序合法。其主要理由有如下几个方面：其一是根据《业主大会和业主委员会指导规则》的相关规定，业主委员会应当建立档案管理制度，并具有材料保管义务，如果其不能提供相关材料证明决议程序合法，法院可以对程序合法性作出否定性推定。其二是根据《最高人民法院关于审理建筑物区分所有权纠纷案件具体应用法律问题的解释》第十三条关于"业主知情权"的规定，可以认为业主委员会有义务公开其有关决议作出程序合法的相关材料，因此，在业主撤销权案件中，业主委员会证明其决议程序合法也是履行其公开义

务的要求。① 其三在法律没有具体规定，其他司法解释无法确定举证责任承担时，人民法院可以根据公平原则和诚实信用原则，因此，鉴于业主委员会较之业主而言举证能力更强，法院可以据此确定由业主委员会承担举证责任。②

第二种观点认为，应当由业主证明决议程序严重违反程序。其主要理由如下：其一是根据"谁主张，谁举证"的原则，当事人对自己提出的诉讼请求所依据的事实或者反驳对方诉讼请求所依据的事实需提供证据加以证明，业主主张决议程序严重违法请求撤销业委会决定的，应当对该事实承担证明责任。③其二是即使作为被告的业主委员会应当提供证明业主大会召开合法、决议做出程序符合规定的证据，也不能免除业主自身的举证责任，否则将容易导致业主轻率提出撤销之诉，造成业主委员会讼累，浪费诉讼资源。④

二、关于业委会决议程序是否合法之举证责任的合理分配

笔者认为，在业主撤销权之诉中，业主以程序严重违法为由，请求撤销业主大会或业主委员会决议的，应当由业主承担决议程序严重违法的举证责任。当业主履行相应的举证责任后，业主委员会仍主张决议程序合法的，业主委员会也应负担相应的举证责任。至于其具体的原因，集中在如下四个方面。

首先，根据"谁主张，谁举证"的证据规则，业主主张程序严重违法，理应就此承担举证证明责任。当业主大会或业主委员会决议程序是否严重违法的事实未被证明或出现真伪不明的情况时，应当由业主承担败诉风险。如果业主已经进行了相应的举证证明，并且使法官确信业主大会决议程序严重违法具有高度可能性时，上述事实的举证责任就转移到了被告业主委员会一方。此时，如果业主委员会仍主张决议程序合法，其也应当提供相应的证据。本案中，某房地产公司向法院提交了其自行向业主调查的调查问卷，此外，法院还就小区

---

① 参见武汉市武昌区人民法院（2017）鄂 0106 民初 3871 号民事判决书，载中国裁判文书网。
② 参见武汉市中级人民法院（2017）鄂 01 民终 7778 号民事判决书，载中国裁判文书网。
③ 参见北京市第二中级人民法院（2015）二中民终字第 10377 号民事判决书；上海市第二中级人民法院（2019）沪 02 民终 5333 号民事判决书，载中国裁判文书网。
④ 参见四川省成都市郫都区人民法院（2019）川 0124 民初 1145 号民事判决书，载中国裁判文书网。

召开业主大会临时会议一事向乡人民政府房屋管理科进行调查核实。通过以上证据，已经可以形成业主大会临时会议决议存在严重程序违法的内心确信，若被告业主委员会未能提供证明决议程序合法的相关证据材料，法院则可以认定程序严重违法的事实存在。

其次，从举证能力的角度考虑，业主委员会掌握业主大会会议决定形成的相关材料，在决议程序是否违法的问题上，具有更强的举证能力。在已经成立业主委员会的小区，业主委员会通常是业主大会的筹划组织者，掌握业主大会会议决定形成的相关材料，距离证据更近，举证更为方便。而作为业主大会的参与者，行使撤销权的业主掌握的材料相对较少，在某些情况下，其可能根本未接到召开业主大会的通知，或者由于其他原因未能参加业主大会，对于程序是否违法的举证能力相对有限。因此，法院结合个案情况，从证据占有的角度考虑，要求业主委员会对业主大会决定的程序合法性承担相应的举证责任，具有现实合理性。

再次，从行业指导的角度考虑，业主委员会对其作出决定的相关程序性材料具有保管义务。《北京市住宅区业主大会和业主委员会指导规则》第四十四条规定，业主委员会应当建立工作档案，并指定专人保管，主要包括以下材料：（一）业主大会、业主委员会会议记录；（二）业主大会、业主委员会的决议和决定；（三）管理规约、业主大会议事规则、物业服务合同、专项服务合同等；（四）业主委员会委员选举及备案材料；（五）专项维修资金账目和物业共用部分经营收益账目；（六）业主的意见和建议；（七）业主委员会印章使用记录和工作档案查阅记录；（八）业主委员会工作中产生的其他书面材料和音像资料等。该规定明确了业主委员会建立和保管工作档案的义务，其中第（八）项中"业主委员会工作中产生的其他书面材料和音像资料等"应当包含业主大会作出决定的相关程序性材料，如会议通知、会议议程告知书、表决票等。当业主委员会怠于履行其材料保管义务，或者因故意或重大过失导致上述材料灭失的，业主委员会应当承担相应的责任。法院在相关案件审理中，可以综合个案情况，基于业主委员会未履行保管义务的事实，作出不利于业主委员会的事实认定。

最后，从规范业主委员会工作的角度考虑，近年来，随着业主委员会数量的增加和业主权利保护意识的增强，业主撤销权纠纷案件数量呈增长趋势，业主委员会工作中的诸多乱象也在司法程序中不断暴露出来。明确业主委员会应当就作出决议程序的合法性承担相应的举证证明责任，有利于促进业主委员会这一基层社会自治组织加强其自律性和规范化，提高管理水平，更好地发挥其基层自治职能。

另外，鉴于业主在请求撤销业主大会或业主委员会决议的诉讼中存在举证困难的实际情况，并且业主在此类案件的自行取证过程中可能引发侵害其他业主隐私权、个人信息等风险，人民法院应当充分发挥自身作用，保障当事人实体权益的实现。具体来说，人民法院在审理此类案件过程中，若发生业主及其诉讼代理人无法自行收集相关证据的客观情况，人民法院可以根据审理案件的需要，依据《民事诉讼法》第六十四条、《最高人民法院关于适用〈中华人民共和国民事诉讼法〉的解释》第九十四条的相关规定，审查当事人申请法院收集证据是否符合规定条件，对于符合规定的，应调查收集相关证据材料。

50

业主知情权

📄 **实务观点**

问题 1：要求业委会公布、查阅业主大会或业主委员会决议的过程性资料是否属于业主知情权范围？

观点：业主依据《最高人民法院关于审理建筑物区分所有权纠纷案件具体应用法律若干问题的解释》第十三条行使知情权时，请求公布、查阅的资料应当与业主共有权及管理权密切相关。业主请求公布、查阅形成业主大会或业主委员会决议的过程性资料，人民法院一般不予支持，但业主能够证明这些资料与业主共有权及管理权密切相关的除外。

问题 2：对于司法解释规定的"其他应当向业主公开的情况和资料"的兜底条款应当如何理解？

观点：《最高人民法院关于审理建筑物区分所有权纠纷案件具体应用法律若干问题的解释》第十三条设置了"其他应当向业主公开的情况和资料"一项兜底条款。兜底条款只有在特殊情况下才可适用，不应滥用兜底条款，任意扩大知情权的范围。为了避免解释的随意性，对"兜底条款"解释时应以法律明确列举的情形作为参照，与明确列举的各项具有相似的性质或有相当的重要性的内容，才可被解释到"其他"这一用语的内涵之中。

📖 **案例精释**

业主能否请求公布、查阅业主大会或业委会决议过程性资料
—— 某公司诉某创业园业主委员会业主知情权纠纷案

关键词：业主知情权　建筑物区分所有权　过程性资料

案情要览

某公司系某科技创业园区 2405 号房屋的所有权人，房屋建筑面积 199.32 平方米。该创业园建筑物总面积 163636.31 平方米，业主总人数 426 人。2014 年 5 月 4 日，该创业园成立业主大会并召开第一次业主大会选举业主委员会，该业主委员会已经在当地街道办事处登记备案。2014 年 11 月某科技创业园区召开第二次业主大会，业主大会与业主委员会的会议记录、决议、选票等相关文件均由该创业园业主委员会保管。随后，该创业园业主委员会在业主不知情的情况下，就直接要求业主对更换物业公司进行表决，原告某公司认为这侵害了业主的切身利益和业主知情权，遂将业主委员会起诉至法院，要求其公开历次业主大会和业主委员会的相关文件材料。

各方观点

原告某公司观点：我方是某科技创业园区 2405 号房屋的所有权人，是该园区业主。2014 年 11 月园区召开第二次业主大会，业主大会与业主委员会的会议记录、决议、选票等相关文件均由该创业园业主委员会保管，业委会委托其他招标公司对园区物业服务进行招标，但是对于招标过程、服务标准、具体报价情况及欲更换的物业企业对小区服务具体项目、标准等都没有向业主公开，就直接要求业主对更换新物业进行表决。特别是具体服务标准、服务内容直接

关系到业主的切身利益，业委会在业主不知情的情况下要求业主作出选择严重
侵害了业主权益，原告和园区中企业多次要求公布历次业主大会、业主委员会
的会议记录、决议、历次会议的表决票及招投标所有文件，均遭被告拒绝。因
此，某公司根据相关法律与文件规定提出诉讼，请求判令某创业园业主委员会
备齐自申请成立业主大会之日起至 2015 年 5 月 26 日的全部工作档案资料并提
供给原告查阅、复制，具体包括：管理公约、业主大会议事规则；业主大会、
业主委员会的会议记录、决议或决定；业主委员会的选举及备案资料；业主及
业主代表的名册；业主的意见和建议；业主委员会印章使用记录和工作档案查
阅记录；业主大会、业主委员会的会议表决票；委托进行招标的文件以及业主
委员会在工作中产生的其他书面材料和音像资料等。

被告某创业园业主委员会观点：本案原告某公司是与服务于小区的物业公
司有关联关系的公司。本案诉讼是恶意诉讼，其起诉的目的不是本案诉求。现
在原告与物业公司是同一投资人，是原来的开发商，鉴于这种关联关系，对方
对部分资料是应该知道的。根据《最高人民法院关于审理建筑物区分所有权纠
纷案件适用法律若干问题的解释》第十三条第二项的规定，管理规约、会议记
录等应向业主提供查阅，并没有写明复制。我方已经提交规定中的资料，法律
未规定的部分是不用提交的。

裁判要旨

一审法院经审理认为：《最高人民法院关于审理建筑物区分所有权纠纷案
件具体应用法律若干问题的解释》第十三条规定，业主有权请求公布、查阅维
修资金的筹集和使用情况、管理规约、业主大会议事规则、业主大会或者业主
委员会的决定及会议记录、物业服务合同、共有部分的使用和收益情况、建筑
区划内规划用于停放汽车的车位和车库的处分情况，及其他应当向业主公开的
情况和资料。本案中，某创业园业主委员会应按照该条规定向某公司提供相关
资料，包括管理规约、业主大会议事规则、业主大会或业主委员会的决定及会
议记录。除上述资料外，某公司诉请某创业园业主委员会提供的其他资料，因

客观不存在或缺乏明确法律依据，法院不予支持。某公司为有效行使知情权而要求复印部分资料，符合立法本意，法院予以支持。复印费用由某公司自行承担。

一审法院判决：一、某创业园业主委员会向某公司展示管理规约、业主大会议事规则、业主大会、业主委员会全部决定及会议记录，并供某公司复制，复制费用由某公司承担。二、驳回某公司其他诉讼请求。

一审宣判后，某公司不服提起上诉。

二审法院经审理认为：一审中某创业园业主委员会已经提交有：2014年4月4日业主大会决议一份、2014年4月9日某创业园业主委员会第一次会议决议、2014年9月1日某创业园业主委员会第二次会议记录公告一份、某创业园业主委员会第三次会议记录公告一份、2014年9月5日某创业园业主委员会征询意见公告一份；召开第二次业主大会公告一份、延期公告复印件一份、第二次业主大会会议决议一份、公开信及公开招投标通知一份、招投标结果及告知函一份、召开第三次业主大会会议公告一份、延期公告一份、管理公约一份、议事规则一份。经法院释明，某公司表示，对于已经在原审法院审理过程中看到的资料，不再要求另行查阅；对于某创业园业主委员会在法院审理中陈述不存在的资料，不再坚持要求查看。某公司上诉坚持要求查阅的资料有：某创业园业主委员会选票和业主大会的选票、业主及业主代表名册、使用印章和查阅档案的记录、表决票、第三家投标人的投标文件及评标文件。其主要上诉理由是：1. 这些材料属于司法解释规定的"其他应当向业主公开的材料"；2. 这些材料是业主行使共同管理权和监督权所必须的材料。

依据《最高人民法院关于审理建筑物区分所有权纠纷案件具体应用法律若干问题的解释》第十三条之规定，某公司要求某创业园业主委员会提供查阅的材料应当属于该司法解释规定的范围，不应任意做扩大解释。本案中，关于业主委员会的组成、业主大会和业主委员会的会议、招投标等方面的情况，某创业园业主委员会已经当庭提供了符合司法解释规定的主要材料，足以保证某公司的知情权，某公司要求的其他材料，均是这几方面工作中可能产生的过程性资料，不直接影响业主权利，不属于司法解释明确列举的范围，且与司法解释所明确列举的应公开材料的性质、重要性明显不同，某公司主张属于兜底条款范围理由不充分，请求查阅这些材料的法律依据不足，对其上诉请求，法院不予支持。原审法院认定事实清楚、适用法律正确，但判决确定的义务在审理期间已经履行完毕，法院对原判相应部分予以纠正。

二审法院判决：一、撤销一审民事判决；二、驳回某公司的全部诉讼请求。

法官评析

在物业类相关的法律纠纷中，业主时常会要求查阅相关的资料，便于自己充分参与物业管理相关的重大决策，但是哪些资料属于业主有权查阅的范围，哪些资料不属于业主查阅范围经常成为争议焦点，本案即是其中一例。

一、业主知情权与过程性资料的查询边界

《民法典》第二百七十一条规定："业主对建筑物内的住宅、经营性用房等专有部分享有所有权，对专有部分以外的共有部分享有共有和共同管理的权利。"同时根据《物业管理条例》第六条之规定，业主有权对物业共用部位、共用设施设备和相关场地使用情况享有知情权和监督权。法律保护业主的知情权，目的在于保障业主充分行使对于区分所有物的共同管理权。业主知情权实质上是监督权的延伸，目的是保护业主对共有部分的合法权益。

关于业主的知情权范围，《最高人民法院关于审理建筑物区分所有权纠纷案件适用法律若干问题的解释》第十三条通过列举的方式进行了明确，即："业主请求公布、查阅下列应当向业主公开的情况和资料的，人民法院应予支持：（一）建筑物及其附属设施的维修资金的筹集、使用情况；（二）管理规约、业主大会议事规则，以及业主大会或者业主委员会的决定及会议记录；（三）物业服务合同、共有部分的使用和收益情况；（四）建筑区划内规划用于停放汽车的车位、车库的处分情况；（五）其他应当向业主公开的情况和资料。"但是，业主行使知情权查阅资料，应当有利于其充分参与重大事项决策，

充分对管理者进行监督；查阅的内容和方式，应当具有正当性、合理性、必要性，且不得严重影响管理者的正常工作，不得侵害其他业主的合法权益，不得侵害物业管理企业的合法商业秘密。

所谓过程性资料，一般是指决议作出前业主大会或业委会内部形成的研究、讨论等信息，此类信息一经公开或过早公开，可能会妨害决策过程的完整性，妨害小区共同事务的有效处理。但过程性资料不应是绝对的例外，当决策、决定完成后，此前处于调查、讨论、处理中的信息即不再是过程性资料，如果公开的需要大于不公开的需要，就应当公开。因此，当业主能够证明过程性资料与业主共有权及管理权密切相关的时候，还是应当支持业主要求公开的请求。本案中，关于业主委员会的组成、业主大会和业主委员会会议、招投标等方面的工作情况，业委会已经当庭提供了符合司法解释规定的主要材料，某公司已得到的材料，足以达到监督业主大会、业主委员会是否可能侵害其合法权利的目的，且某公司已经另行提起业主撤销权之诉，进一步说明其已对业主大会、业主委员会的行为知情，已经可以充分行使监督权。某公司如欲证明业主大会、业主委员会侵害其权益的，可以在相关案件中通过双方的举证实现，不属于行使业主知情权的范畴。某公司坚持要求行使业主知情权查阅的这些材料，缺乏正当性、必要性、合理性。

二、业主知情权相关司法解释兜底性条款的理解

《最高人民法院关于审理建筑物区分所有权纠纷案件具体应用法律若干问题的解释》第十三条设置了"其他应当向业主公开的情况和资料"一项兜底条款。本案中，某公司认为其要求的资料属于这一"兜底条款"。对这一条款，有必要做进一步解释。兜底条款是法律文本中常见的法律表述，是立法机关在不得已的情况下使用的模糊条款，主要是为了防止法律的不周延性以及社会情势的变迁。兜底条款只有在特殊情况下才可适用，如存在本建筑物不同于一般建筑物的情况、立法后新出现的情况、管理规约明确约定的情况等则可以适用，而不应滥用兜底条款，任意扩大知情权的范围。为了避免解释的随意性，对

"兜底条款"解释时应以法律明确列举的情形作为参照，与明确列举的各项具有相似的性质或有相当重要性的内容，才可被解释到"其他"这一用语的内涵之中。

三、业主知情权是否已经实现可以根据审理期间的相关证据情况综合判断

知情权的标的是管理人展示应公开材料的行为，但实质是业主对信息的获取。诉讼期间，法院应当积极促进双方通过证据交换等形式公开相关材料，或通过依申请调取证据等方式来尽可能满足业主知情权。当业主通过某种方式获取了相关信息后，应当慎重考虑该部分知情权是否还需要通过法律强制力获得保护。本案中，一方面，业委会在一审中当庭出示了部分某公司要求的材料，并进行了证据交换；另一方面，某公司二审中提交了其从其他渠道获得的一些文件，某创业园业主委员会当庭予以认可，以上这些材料虽不是业委会应某公司申请向其展示，但通过诉讼程序，某公司已经获得相关信息，其知情权已经得到实现，一审法院再通过判决要求业委会重复出示没有实际意义，二审法院予以撤销。对于业委会已经明确表示不存在的材料，事实上亦不可能通过法院强制方式实际履行，故予以驳回。

图书在版编目（CIP）数据

侵权责任纠纷案件实务观点与案例精释／宋毅著
. —北京：中国法制出版社，2023.9
ISBN 978-7-5216-3881-3

Ⅰ.①侵… Ⅱ.①宋… Ⅲ.①侵权行为-民事责任-
研究-中国 Ⅳ.①D923.04

中国国家版本馆 CIP 数据核字（2023）第 171247 号

策划编辑/责任编辑：孙静（bnusunjing@163.com）   封面设计：李宁

侵权责任纠纷案件实务观点与案例精释
QINQUAN ZEREN JIUFEN ANJIAN SHIWU GUANDIAN YU ANLI JINGSHI

著者/宋毅
经销/新华书店
印刷/三河市紫恒印装有限公司
开本/710 毫米×1000 毫米　16 开   印张/28.75　字数/345 千
版次/2023 年 9 月第 1 版   2023 年 9 月第 1 次印刷

中国法制出版社出版
书号 ISBN 978-7-5216-3881-3   定价：98.00 元

北京市西城区西便门西里甲 16 号西便门办公区
邮政编码：100053   传真：010-63141600
网址：http://www.zgfzs.com   编辑部电话：010-63141787
市场营销部电话：010-63141612   印务部电话：010-63141606

（如有印装质量问题，请与本社印务部联系。）